ビジュアル百科 写真と図解でわかる！

天皇〈125代〉の歴史

JN215877

東京大学史料編纂所教授
山本博文 監修
かみゆ歴史編集部 編著

西東社

もくじ

1章 神話～古墳時代の天皇 23▼50

1ページ目の写真：今上天皇（宮内庁・毎日新聞社提供）

2章 飛鳥・奈良時代の天皇

51▼82

3章 平安時代の天皇

83▼128

4章 鎌倉・室町時代の天皇

- 本書は特に明記しない限り、2018年11月1日現在の情報に基づいています。
- 本書内での神代の天皇については『日本書紀』をベースにしています。また、即位年や祭儀などのデータ・名称は宮内庁のHPに合わせています。
- 男性天皇の配偶者は立皇后した人物もしくは中宮です。
- 各天皇の年齢は、1～5章までの天皇は数え年、6章の天皇は満年齢です。
- 記載には異説のあるものもありますが、最も一般的と思われる説を掲載しています。

まず知りたい！

天皇の基礎知識

(朝日新聞社提供)
笑顔で国民に手を振る天皇皇后両陛下。とても印象的なお姿だ。

日本の歴史とともにありつづけた天皇とは

「天皇」と聞いて何をイメージするだろうか。たとえば、自然災害が起こったさいに被災者を見舞う今上天皇を連想する人も多いだろう。膝をついて被災者に言葉をかけたり、にこやかに手を振る姿がとても印象的だが、そもそも天皇とはどんな存在なのだろうか。

現在の日本国憲法において、天皇は**「日本国および日本国民の象徴」**と規定されている。その伝統的な役割は、**国と国民のために祈ること**であり、国会の召集や外国訪問といった公務の間に、日々の安寧を祈願する祭祀をこなされている。

また天皇家は、**世界の王室・皇室のなかでも突出して長い歴史をもつ**。実在が確かな天皇から数えても、実に1700年以上に及ぶ系譜がある。古代には統治者として君臨し、武家政権が誕生しても権威を保った。現在は政治的権限を一切もたないが、**天皇がどれほどの影響力をもっているかは私たち国民が一番よく知っていることだ。**

天皇について知ることは、日本そのものを知ることに通じる。ということで、天皇の歴史をひもといていこう。

「天皇」という名称

当たり前に使っている「天皇」という言葉は、古くから中国で使われてきた。中国を治めた伝説上の帝王である三皇（天皇、地皇、泰皇［または人皇］）のひとつで、天皇はここからとったものと考えられている（諸説あり）。天皇という号を使いはじめたのは、確実なところでは40代・天武《てんむ》天皇の代からである。

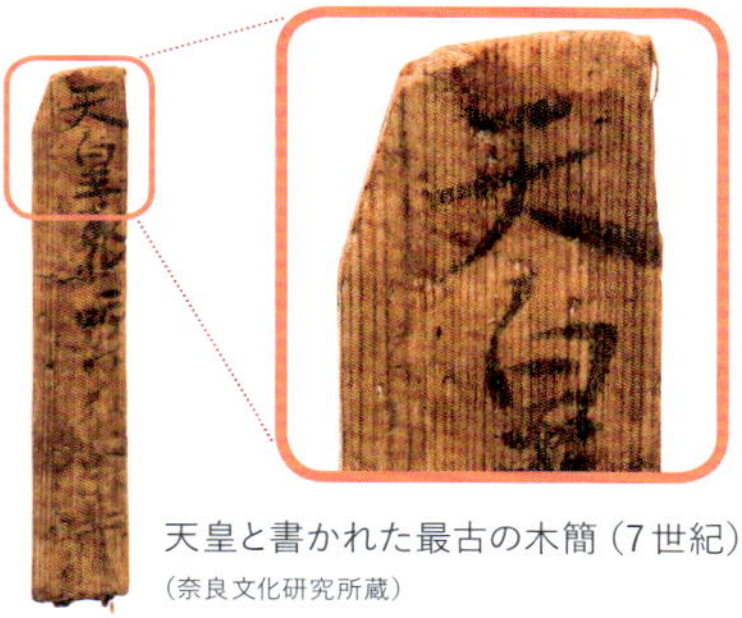

天皇と書かれた最古の木簡（7世紀）。
（奈良文化研究所蔵）

象徴天皇とは？

第二次世界大戦前まで、天皇は国の元首で統治権を総攬し、軍の統帥を保持していた。しかし戦後、日本国憲法第１条で「天皇は日本国の象徴である」と定められたことで、天皇は政治に一切関与ができなくなり、日本の象徴となることとなった。昭和天皇は「人間宣言」を行うと、巡幸《じゅんこう》で戦争に疲弊した国民を励ました。今上天皇も全都道府県を訪問、被災地では一人ひとりに声をかけるなど、象徴天皇としてのあり方を日々模索している。

（朝日新聞社提供）
横浜を視察する昭和天皇。

最初の天皇は誰？

初代・神武《じんむ》天皇から９代・開化《かいか》天皇までは神話の世界の存在で、天皇（大王）の実在が確かなのは、16代・仁徳《にんとく》天皇からである。ちなみに、神武が即位したとされる年を元年とすると、西暦２０１８年は皇紀《こうき》２６７８年に当たる。実在が確かな仁徳や、資料が残されている飛鳥《あすか》時代からだとしても、世界で一番古くから血脈が保たれている家柄が日本の天皇家だ。

（堺市提供）
仁徳天皇の陵墓とされる大仙陵古墳。

元号《げんごう》・諡号《しごう》って？

元号とは、支配者の統治の年代を示す紀年法の一種で、現在は日本でのみ用いられている。明治時代に定められた「一世一元《いっせいいちげん》の制《せい》」によって、天皇一代につき元号ひとつと決められたが、江戸時代以前は平均して４、５年に一度、改元されていた。

諡号とは、死後に贈られる尊称のこと。明治以降は元号を冠して「明治天皇」「昭和天皇」などと呼称されるが、江戸時代以前は先述のとおり、元号が複数あったため諡号＝元号ではない。

1989年1月7日に発表された「平成」。（朝日新聞社提供）

ひと目でわかる!

各時代の天皇の立場

国のトップだが実権は伴わないことが多い

天皇の始まりは、4世紀の古墳時代までさかのぼる。大和にクニを拓き、統一国家を打ち立て、**当時は大王と呼ばれた統治者が、のちの天皇である。**

平安時代にさしかかると、摂関《せっかん》家の藤原《ふじわら》氏、天皇を退位した上皇が力をもち、さらにその後の武家政権の誕生によって、統治者としての力は失った。しかし、**宮位を与えるという権威はもっていたため、公家や武士からはその立場を尊重され続けた。**

明治時代から第二次世界大戦以前までは再び国のトップに立つが、戦後の日本国憲法で改められ、**現在は政治に関わらない象徴天皇として存在している。**

時代	権力の所在	時代の動き
古代	地方分散	各地に部族の王がいた。神武東征でヤマトに入った神武天皇が天皇として即位したという伝説がある。
古墳時代	大王	ヤマト政権の確立期。支配地を広げ、王を束ねる大王として君臨。
ヤマト政権	天皇	東国などを除き日本を支配。律令制を敷き、天皇が直接統治を行った。
平安前期	摂関家（藤原氏）	天皇の幼少期は摂政が、成人後は関白が政治を行う摂関政治が行われた。
平安後期	院政（上皇）	藤原氏に代わり、退位した上皇（＝院）が権力を握り、院政を敷く。
源平時代	院政（平家・源氏）	院政は続くが、天皇や豪族の配下だった武士階級が力を持ち始める。
鎌倉時代	鎌倉幕府	関東に初の武士政権が誕生し、統治した。宮中では院政が続く。

天皇が統治者として政治を行う

天皇が主導する政権確立のため、38代・天智天皇や40代・天武天皇が権力の集中化を図る。

P68

政治の実権は藤原氏が握る

天皇家と外戚関係をもった藤原氏が、政治の主導権を握る。特に藤原道長は4人の娘を天皇に嫁がせ、全盛期を築いた。

P108

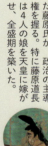

時代	実権	概要
建武親政	後醍醐天皇	後醍醐天皇によって鎌倉幕府が倒れる。天皇を頂点とした大改革を目指すが、5年ももたなかった。
南北朝時代	南朝と北朝	後醍醐天皇と、足利尊氏が奉ずる天皇が対立する。天皇の権威は失墜。
室町時代	室町幕府	足利義満が南北朝を統一。朝廷は足利幕府から、直接干渉されるようになる。
戦国時代	各地の大名	各地で戦国大名が実質的に統治。天皇は権威の象徴として君臨するも困窮し、戦国大名たちに支えられる。
江戸時代	江戸幕府	実権は徳川幕府が握り、さらに「禁中並公家中諸法度」によって天皇は政治から引き離された。
明治・大正	天皇	天皇が日本のトップに立つ。政治は議会制で行われた。
昭和（戦前）	大日本帝国軍	天皇が元首だが、実質的な統治は軍部が主導した。
昭和～現在	国民	日本国憲法により、主権は国民と定められている。天皇の政治的行為は禁止。

退位した上皇の力が増大

72代・白河天皇が、退位して上皇となったあとも政治を主導した。ここから天皇ではなく上皇の力が強まった。

P116

天皇の権力が一時的に復活

96代・後醍醐天皇が鎌倉幕府を倒したことで、幕府や院政による政治介入を一新。一時的に天皇が主権を握った。

P156

ふたつの血統が皇位を争う

ふたつの皇統が争う南北朝時代に突入。この皇統争いと室町幕府の介入、応仁の乱により、朝廷の力が衰退した。

P162

生活は大名頼り見返りに位を与える

朝廷は経済的に困窮。大名の献金の見返りに、天皇は位を与えた。織田信長や豊臣秀吉とは懇意にし、天下統一にも貢献した。

P182

江戸幕府により政治から遠ざけられる

江戸時代の天皇は、江戸幕府による統制を受け、政治に関わることはおろか、内裏から外へ出ることもままならなかった。

P186

天皇が国のトップに返り咲く

憲法により天皇が国のトップと定められ、統帥権など政治的な権利を得た。ただし、徐々に軍部が力をつけていくことに。

P208

政治とは切り離され国の象徴になる

第二次世界大戦後、天皇は〝日本の象徴〟と定められ、政治から完全に分離された。

P212

（写真：朝日新聞社提供）

写真で見る 現在の皇室と儀礼

約200年ぶりに行われる生前退位により、注目されている天皇という存在。日本国の象徴ということは誰もが知っているが、その役目や日々の暮らしぶり、家族構成など知らないことが意外に多い。そこで天皇と皇室の素顔に迫ってみよう。

200年ぶりの退位
新天皇の誕生

退位・即位のスケジュール（予定）

2019年		
	2月24日	天皇陛下御在位三十年記念式典
	4月30日	天皇陛下退位
	同日	退位礼正殿の儀
	5月1日	皇太子が新天皇に即位
	同日	**❶ 剣璽等承継の儀**
	同日	即位後朝見の儀
	10月22日	**❷ 即位礼正殿の儀**
	同日	**❸ 祝賀御列の儀**
	10月22日以降	**❹ 饗宴の儀**
	11月14日～15日	**❺ 大嘗祭**
2020年4月19日		立皇嗣の礼

1989年1月7日、剣璽等承継の儀に臨む今上天皇。（宮内庁提供）

❶
剣璽等承継《けんじとうしょうけい》の儀《ぎ》

皇位継承の証である「剣璽」を受け継ぐ儀式。剣璽とは、三種の神器のうちの草薙剣《くさなぎのつるぎ》と八尺瓊勾玉《やさかにのまがたま》のこと。

200年ぶりの退位に向けて

2016年8月8日、今上天皇が国民に向けたビデオメッセージを公表した。これを受けて特例法が定められ、**光格天皇以来、およそ200年ぶりの生前退位（譲位）が行われることになった。**

今上天皇はさまざまな宮中祭祀をこなしつつ、退位の日を迎える。この日、宮殿では天皇陛下が退位されることを内閣総理大臣が述べ、同時に陛下へ感謝の言葉を告げる。それに応え、天皇陛下が最後のお言葉を発せられ、皇太子殿下が新しい天皇に即位する。

② 即位礼正殿《そくいれいせいでん》の儀《ぎ》

天皇が黄櫨染御袍《こうろぜんのごほう》という特別な服をお召しになり、高御座《たかみくら》と呼ばれる玉座に立ち、国内外に即位を宣言する。皇后が立つのは御帳台《みちょうだい》という。

1990年11月12日、即位礼正殿の儀でお言葉を述べる今上天皇。

(宮内庁提供)

ミニコラム

解体される高御座《たかみくら》

高御座は通常、京都御所に置かれている。新天皇即位のため、2018年6月より高御座が解体が開始された。修繕や組み立て方法を入念に調べたうえで、東京に移送される予定だ。

(朝日新聞社提供)

(朝日新聞社提供)

今上天皇のパレードには12万人を超える国民が集まった。

③ 祝賀御列《しゅくがおんれつ》の儀《ぎ》

即位礼正殿の儀のあと行われるパレード。広く国民にご即位を披露され、祝福を受けられる。今上天皇の祝賀御列の儀では、皇居から赤坂御所までを進んだ。

即位は大嘗祭をもって完結

即位は、皇位を継承した証となる三種の神器のほか、各種の詔書に押印する御璽《ぎょじ》と、勲章の証書などに押印される国璽《こくじ》が新天皇に受け継がれる**「剣爾等承継《けんじとうしょうけい》の儀」**から始まり、そのあと、新天皇が即位後に初めて国民の代表に会う**「朝見《ちょうけん》の儀」**が行われる。

秋になると新天皇が内外に即位を宣言する**「即位礼《そくいれい》正殿《せいでん》の儀」**、さらに同日、パレードも行われる。そして最も大事なのが、**天皇が即位後に初めて行う「新嘗祭《にいなめさい》」である「大嘗祭《だいじょうさい》」**だ。新天皇は大嘗宮の悠紀殿《ゆきでん》・

④饗宴《きょうえん》の儀《ぎ》

即位を披露され、祝福を受けられる祝宴。今上天皇のさいは4日間で7回開催されたが、負担が大きいため、新天皇の饗宴の儀はこれよりも縮小される予定。

饗宴の儀に出席される天皇皇后両陛下。
（宮内庁提供）

⑤大嘗祭《だいじょうさい》

天照大神が与えた「地上を統治し天上の稲を広めよ」という神勅《しんちょく》を再確認する、天皇にとって最も重要な儀式のひとつ。儀式のための神殿・大嘗宮は皇居東御苑に建設される予定。

1990年11月22日、日が暮れてから行われた大嘗祭。

（宮内庁提供）

主基殿《すきでん》において初めて新穀《しんこく》を皇祖・天神地祇《てんじんちぎ》に供え、自らも食して国家と国民のため、その安寧と五穀豊穣などを感謝、そして祈念される儀式だ。これをもって即位が完了する。

今回の退位は、２０１８年12月23日で満85歳を迎える今上天皇が、高齢のために象徴天皇としての務めを果たせなくなること、摂政制度に強く反対をしていること、崩御後の国民の生活および家族への影響が大きいことを深く懸念し、国民の支持を得たため実現した。皇室の高齢化が避けられないなか、今後も天皇のあり方が問われるだろう。

天皇の一生と祭祀・儀礼

1月1日 四方拝《しほうはい》

元旦の未明、午前5時から始まる、天皇おひとりで行われる非公開の秘儀。52代・嵯峨天皇の頃から始まった。神嘉殿《しんかでん》南庭に設けられた屏風囲いのなかで国と国民の安寧、五穀豊穣を祈る。

（宮内庁三の丸尚蔵館蔵）

四方拝を描いた「四方拝 出御之図」（『公事録 附図』より）。

一年間の祭祀

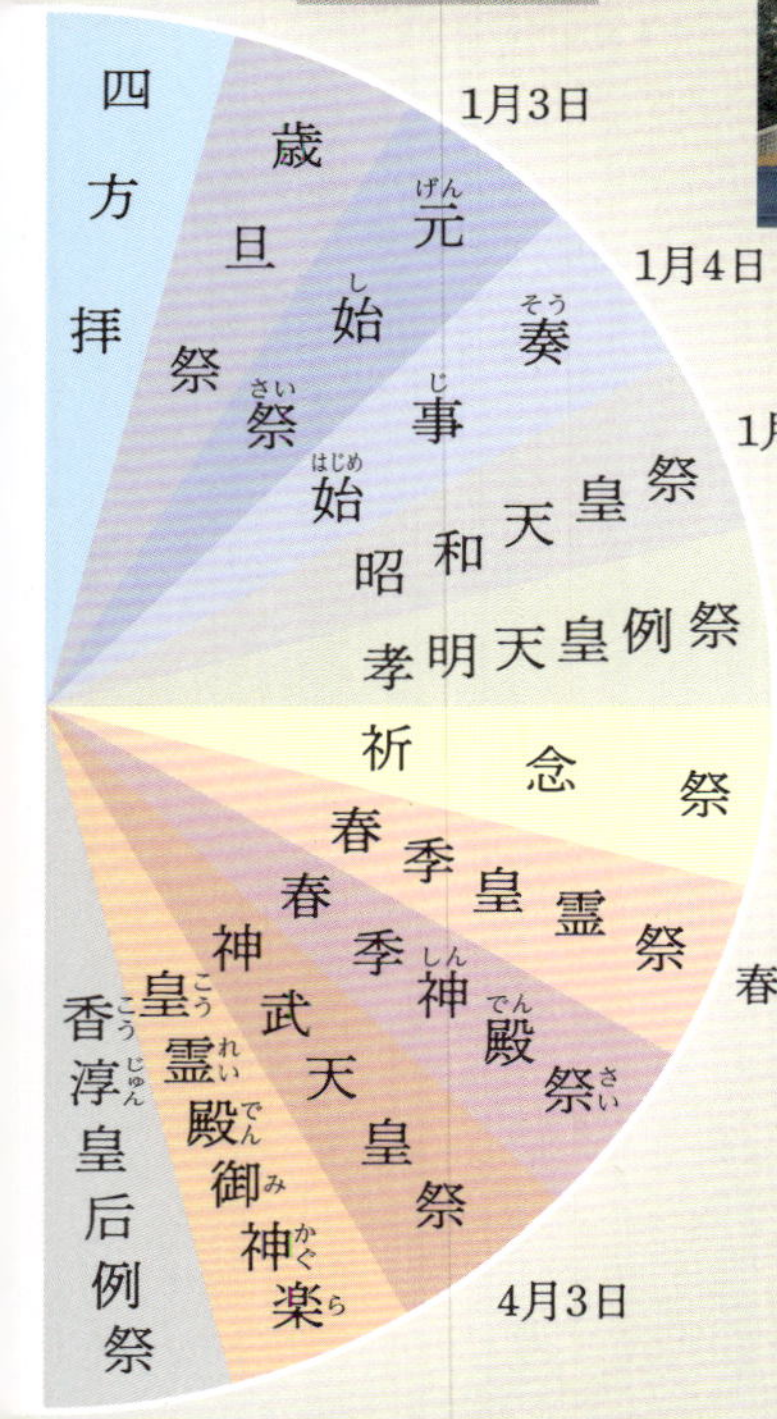

春分の日・秋分の日

春季・秋季皇霊祭《こうれいさい》

皇霊祭とは、歴代の天皇・皇后・皇族を祀る祭祀で、宮中三殿のひとつ、皇霊殿で行われる。かつては歴代天皇の命日ごとに祭儀が行われていたが、あまりに日数が多くなってしまったため、春分の日と秋分の日にまとめてお祀りしている。

春季皇霊祭に臨まれる今上天皇。

（宮内庁提供）

国と国民のため祈りを捧げる

宮中には「祭祀」と「儀礼」がある。祭祀とは、天皇が国と国民の安泰と繁栄を祈り、祖先と神々を祀る祭儀のこと。儀礼は、天皇・皇族の誕生から冠婚葬祭まで、人生の節目に行われる儀式のことを指す。

祭祀は、元旦に神嘉殿《しんかでん》南庭で四方の神々に遥拝《ようはい》する「四方拝《しほうはい》」、年始の祭典である「歳旦祭《さいたんさい》」に始まり、年《ねん》穀豊穣《こくほうじょう》を祈願する2月の「祈年祭《きねんさい》」、10月の「神嘗祭《かんなめさい》」、11月の「新嘗祭《にいなめさい》」という具合に、**ほぼ毎月、宮中祭祀がある。**

こうした祭祀に加え、さ

11月23日 新嘗祭《にいなめさい》

宮中祭祀のなかで最も重要といわれる祭祀。皇居で収穫した新穀を神前に供え、一年の五穀豊穣と国家・国民の幸福を祈る。さらに供え物を神々とともに食す「直会《なおらい》」という儀式がある。

供え物には天皇自ら育てた稲が使われる。（宮内庁提供）

12月23日 天長祭《てんちょうさい》

今上天皇の誕生日をお祝いする祭典。2018年までは12月23日で、2019年5月1日以降は毎年2月23日となる予定。午前中は一般参賀、午後は祭祀が行われる。また、日本国憲法により国民の祝日となる。

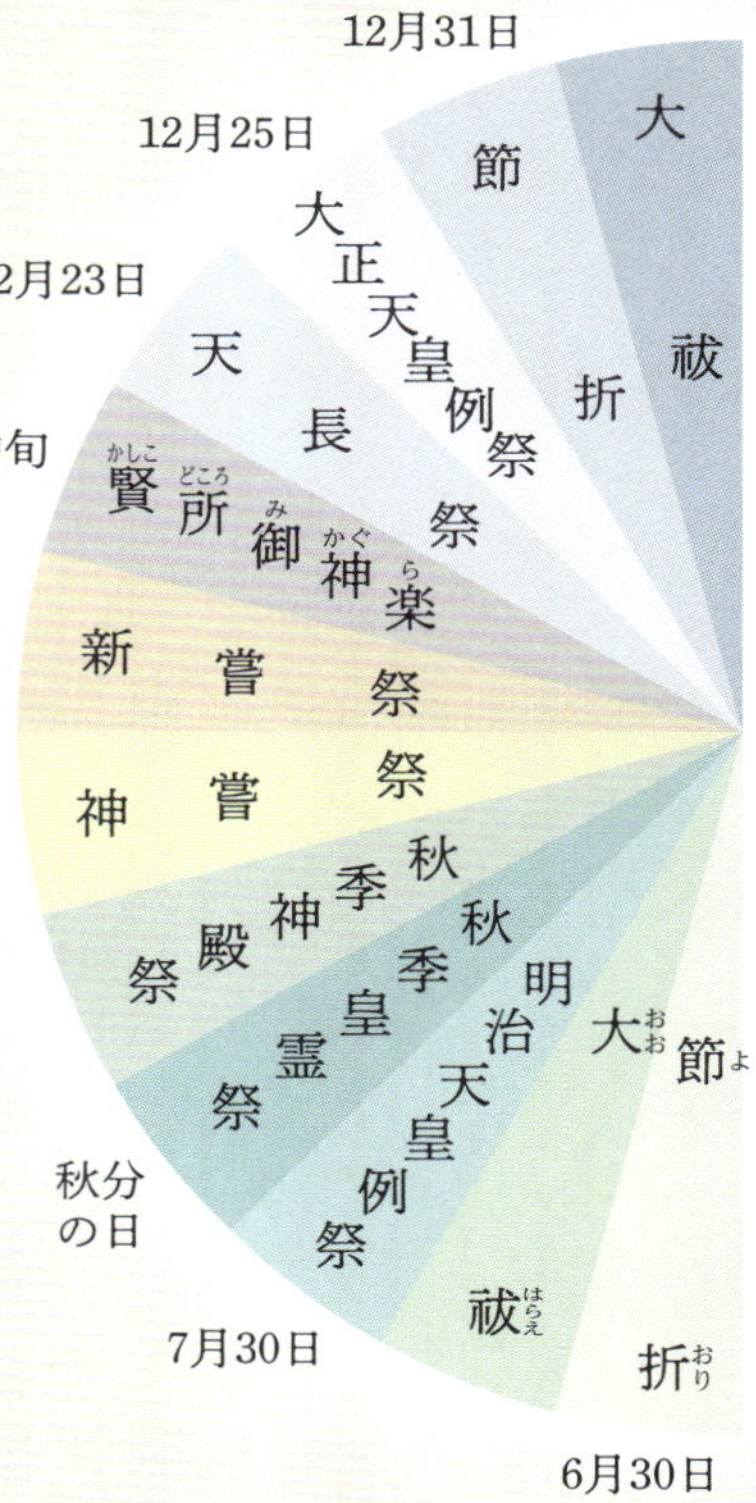

10月17日 神嘗祭《かんなめさい》

宮中三殿の賢所に新穀をお供えし、五穀豊穣を感謝する祭祀。皇室とゆかりある伊勢神宮でも神嘗祭が行われるため、天皇は祭祀に先立ち神嘉殿から伊勢神宮を遙拝《ようはい》（遠くから拝むこと）する。（朝日新聞社提供）

お木曳車《きひきぐるま》に乗せて運ばれる、奉献される新穀。

まざまな**国事行為（日本国憲法で定められている国家に関する規定行為）**もこなさなくてはならない。代表的なものでは内閣総理大臣および最高裁判所長官の任命、国務大臣の任免、国会の招集、衆議院の解散、憲法改正や法律の公布、栄典の授与など。さらに国事行為には含まれないが、**国民行事への臨席や国内巡幸、外国への公式訪問といった公的な仕事もある。**

なお、宮中祭祀は天皇の最も重要な仕事であるにもかかわらず、現在は天皇の私的な行為と見なされている。それは日本国憲法により、政教分離原則が厳しく適用されているからだ。

加冠の儀に臨まれた皇太子殿下。(宮内庁提供)

加冠《かかん》の儀

一般の成人式に当たる。天皇・皇太子・皇太孫（皇太子がいない場合の天皇の孫）は18歳で成年することが定められている。これは、成人前に即位すると摂政を置かなければならないため。

碁盤を飛び降りる悠仁様。
(宮内庁提供)

深曾木《ふかそぎ》の儀

5歳になると、初めて袴を身につける「着袴《ちゃっこ》の儀」に続けて行われる。一般の七五三にあたるといわれ、碁盤の上に立ち、髪の毛の先を切りそろえたあと、碁盤を飛び降りて成長を祝う。

立太子礼《りったいしのれい》

皇太子など皇位継承者がその地位に就いたことを内外に示す儀式。秋篠宮文仁親王は、新天皇の即位後、2020年に立太子礼に相当する「立皇嗣《りっこうし》の礼《れい》」が行われる予定。

1991年2月23日、天皇皇后両陛下の前でお言葉を述べる「立太子宣明の儀」に臨まれる皇太子殿下。(宮内庁提供)

儀礼で彩られる天皇の一生

天皇は成長にあわせてさまざまな儀礼が行われる。皇太子妃がご懐妊されると、懐妊9か月目の戌《いぬ》の日《ひ》、安産を祈願して「**着帯《ちゃくたい》の儀**」が行われる。そして生まれた赤ちゃんは「新宮」と呼ばれ、誕生した当日に天皇から守り刀を頂く「**賜剣《しけん》の儀**」が行われる。

お七夜には「**命名の儀**」があり、親王は仁、内親王には子が付く漢字2文字の名前が付けられる。その後、昔は乳母によって育てられた。現在は誕生時から両親である天皇、皇后自らが育てている。そして生後50日

結婚の儀

天皇・皇太子のお相手は独断で決められず、ふさわしい女性かどうか皇室会議によって決められる。また、現在の皇室典範では、女性皇族の場合は結婚とともに皇室を離れることになっている。

(朝日新聞社提供)

パレードで手を振る皇太子ご夫妻。

ご結婚までの流れ

納采《のうさい》の儀	一般の結納にあたるもので、結婚相手と供物のやりとりをする。
告期《こっき》の儀	結婚相手の家へ、結婚の期日が伝えられる儀式。
贈書《ぞうしょ》の儀	結婚前日に、婚約者同士で和歌を贈り合う、日本の伝統にちなんだ儀式。
結婚《けっこん》の儀	天照大神に結婚の誓いをし、歴代天皇や皇族、神々に結婚を報告する。
朝見《ちょうけん》の儀	結婚を天皇・皇后に報告する儀式。このあとパレードが行われる。
供膳《くぜん》の儀	結婚当日の夜に、ふたりで初めて一緒にお食事をされる儀式。
三箇夜餅《みかよのもち》の儀	結婚した日から3日間、寝室に供えられる三箇夜餅（白餅）を食べる。
宮中饗宴《きゅうちゅうきょうえん》の儀	一般の披露宴にあたり、関係者を招いて祝宴を上げる。

昭和天皇の葬場殿。上の建物は、棺が納められる御須屋。(宮内庁提供)

大喪儀《たいそうぎ》

天皇が崩御されると行われる、一般の葬儀にあたる儀式。すぐに埋葬はされず、殯宮《もがりのみや》に安置され、天皇（新帝）や皇族・親族、各界の代表者らが参列する。その後、陵墓《りょうぼ》(古墳のような墓)に埋葬される。

くらいで宮中三殿にお参りし、120日目くらいになると一般のお食い初めにあたる「**箸初《はしぞ》めの儀**」、そして満18歳になると成人式である「**加冠《かかん》の儀**」を迎える。

そして人生の大きな節目となるのが結婚である。相手が決まると結納にあたる「**納采《のうさい》の儀**」となり、続いて「**告期《こっき》の儀**」が行われ式の日取りが決定。そして皇居で式が営まれる。

天皇が亡くなると、「**大《たい》喪儀《そうぎ》**」が行われる。昭和天皇は土葬、皇后との陵墓は別々だが、今上天皇は葬儀の簡略化をのぞまれており、火葬のうえで小さめの陵墓に皇后と合葬される予定になっている。

現在の皇族一覧

現在の宮家はわずか4家、皇統の断絶も

１９４７年１月16日に制定された『皇室典範《こうしつてんぱん》』により、**皇族とされる範囲は「皇后・太皇太后《たいこうたいごう》・皇太后・親王《しんのう》・親《しん》王妃《のうひ》・内親王《ないしんのう》・王《おう》・王妃《おうひ》及び女王《じょおう》」**と定められた。

皇太后とは天皇の母を指し、太皇太后は先々代の天皇の皇后、もしくは当代の天皇の祖母に用いる。天皇の子である皇子や男系の孫は男子が親王、女子は内親王と呼ばれ、天皇から3世以下の男系男子が王、女子が女王、親王や王の妻が親王妃、王妃となる。**皇族は内廷《ないてい》と宮家《みやけ》に分かれる。**２０１８年12月現在の内廷皇族は皇后陛下と皇太子殿下、皇太子妃殿下、愛子《あいこ》内親王殿下の４人。宮家皇族は秋《あき》篠宮家《しののみや》・常陸宮家《ひたちのみや》・三笠宮《みかさのみや》家・高円宮家《たかまどのみや》の４宮家である。

１９４７年にＧＨＱ（連合国軍総司令部）の方針を受け、**３直宮家の秩父宮《ちちぶのみや》・高松《たかまつの》宮《みや》・三笠宮を除く11宮家51人の皇族が皇籍を離脱。**さらに平成に入り秩父宮家と高松宮家、桂宮家《かつらのみや》が廃絶した。それは**「天皇や皇族は養子を迎えられない」**と定められているからである。

2016年11月に撮影された、天皇陛下と皇室ご一家の記念写真。（宮内庁提供）

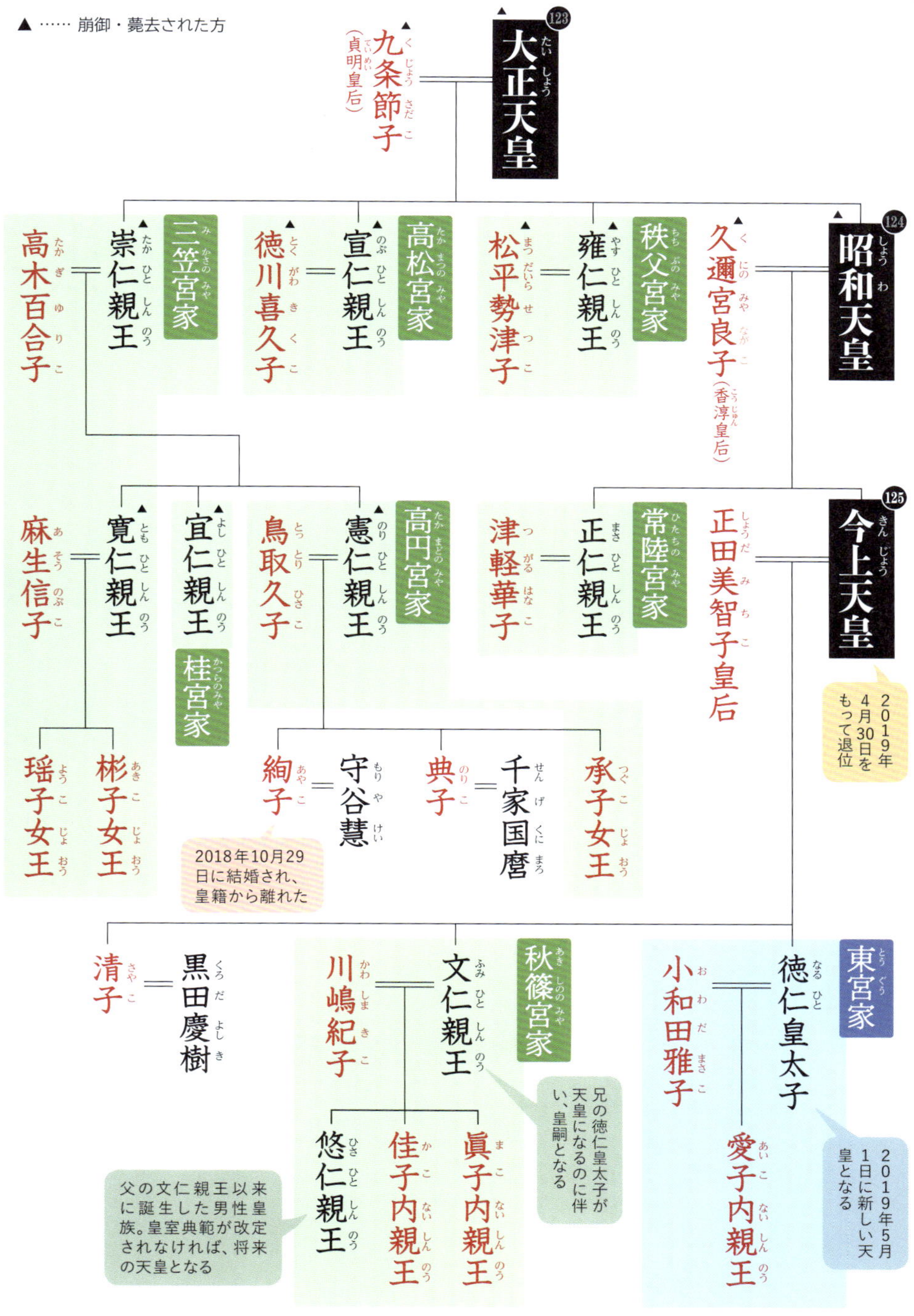

▲……崩御・薨去された方
123 ▲大正天皇《たいしょう》
▲九条節子《くじょうさだこ》(貞明皇后《ていめい》)
124 ▲昭和天皇《しょうわ》
▲久邇宮良子《くにのみやながこ》(香淳皇后《こうじゅん》)
秩父宮家《ちちぶのみや》
▲雍仁親王《やすひとしんのう》
▲松平勢津子《まつだいらせつこ》
高松宮家《たかまつのみや》
▲宣仁親王《のぶひとしんのう》
▲徳川喜久子《とくがわきくこ》
三笠宮家《みかさのみや》
▲崇仁親王《たかひとしんのう》
高木百合子《たかぎゆりこ》
125 今上天皇《きんじょう》
2019年4月30日をもって退位
正田美智子《しょうだみちこ》皇后
常陸宮家《ひたちのみや》
正仁親王《まさひとしんのう》
津軽華子《つがるはなこ》
高円宮家《たかまどのみや》
▲憲仁親王《のりひとしんのう》
鳥取久子《とっとりひさこ》
▲宜仁親王《よしひとしんのう》
桂宮家《かつらのみや》
▲寛仁親王《ともひとしんのう》
麻生信子《あそうのぶこ》
彬子女王《あきこじょおう》
瑶子女王《ようこじょおう》
承子女王《つぐこじょおう》
典子《のりこ》
千家国麿《せんげくにまろ》
絢子《あやこ》
守谷慧《もりやけい》
2018年10月29日に結婚され、皇籍から離れた
東宮家《とうぐう》
徳仁皇太子《なるひと》
小和田雅子《おわだまさこ》
愛子内親王《あいこないしんのう》
2019年5月1日に新しい天皇となる
秋篠宮家《あきしののみや》
文仁親王《ふみひとしんのう》
兄の徳仁皇太子が天皇になるのに伴い、皇嗣となる
川嶋紀子《かわしまきこ》
眞子内親王《まこないしんのう》
佳子内親王《かこないしんのう》
悠仁親王《ひさひとしんのう》
父の文仁親王以来に誕生した男性皇族。皇室典範が改定されなければ、将来の天皇となる
清子《さやこ》
黒田慶樹《くろだよしき》

意外と知らない天皇と皇族の疑問Q&A

Q 皇族に苗字はあるの?

A. 皇族には戸籍も苗字もない!

天皇や皇族の方々には戸籍がない。代わりに皇統譜《こうとうふ》と呼ばれる天皇と皇族ならではの登録書がある。「秋篠宮《あきしののみや》」などは男性皇族が成人や結婚に際して設ける称号であり、苗字とは異なるものだ。ただ現代社会では苗字がないと困ることも多く、便宜的に当主の「宮号」を苗字代わりに使っているだけなのである。

Q 天皇は皇族ではないって本当?

A. 天皇は「皇族」の中に含まれない!

皇族とは天皇の親族を指している。従って天皇本人はこれに含まれない。現行の皇室典範によれば皇后、太皇太后、皇太后、親王、親王妃、内親王、王、王妃および女王が属している。今上天皇が譲位した後、上皇となれば上皇と上皇妃も含まれる。皇族男子には皇位継承の資格が認められている。

Q 天皇も税金を納めている?

A. もちろん納めている!

所得税法と皇室経済法では、内廷費(日常の費用など)と皇族費(品位保持のための費用)を非課税としている。この税法に免除規定がない所得税、住民税、消費税、相続税、自動車税などの税金は、通常通り納税されている。天皇や皇族だからといって、納税がすべて免除されるわけではないのだ。

Q 年賀挨拶などで洋服なのはなぜ?

A. 過密なスケジュールに対応するため!

明治時代、宮中祭祀以外は洋装を用いると決められた。さらに戦後は洋装にしても大礼服は廃止されている。洋風の御所建築で装束姿は似合わないというのが理由のようだ。さらに年始の一般参賀時が洋装なのは、大晦日から元旦にかけてはスケジュールが過密なため、着付けに時間を要する装束や和装では、あまりに負担が大きいという理由もあるようだ。

毎年1月2日に行われる一般参賀にて、国民の前で挨拶をする今生天皇。 (朝日新聞社提供)

Q 皇族は普段どこに住んでいるの？

A. かつて江戸城があった場所に住まわれている！

皇居はもともと徳川将軍家の江戸城であった。1869年に明治天皇が京都御所から移り皇城と呼ばれ、のちに皇居となった。その広大な敷地のなかで、天皇・皇后の住まいは吹上御所《ふきあげごしょ》と呼ばれている。そこには最初、徳川御三家の大名屋敷があり、明暦の大火で全焼したあとは日本庭園が整備されていた。

Q 皇居のどこで儀式を行ってるの？

A. 宮中三殿と呼ばれる神殿がある！

皇居内には宮中三殿と呼ばれる施設がある。それは賢所《かしこどころ》・皇霊殿《こうれいでん》・神殿《しんでん》の３つだ。賢所には三種の神器のうちの八咫《やたの》鏡《かがみ》の形代が置かれていて、皇祖の天照大神が祀られている。皇霊殿には歴代天皇と皇族の霊《れい》、神殿には天神地祇《てんしんちぎ》の神々が祀られている。ここで一年中、天皇による祭祀が行われる。

（朝日新聞社提供）

皇居内にある宮中三殿。中央に賢所、その両隣に皇霊殿、神殿がある。賢所は古来よりあったが、皇霊殿と神殿は明治に加えられた建造物。

Q 女性は天皇になれないの？

A. 現在の規定では女性は天皇になれない！

皇位の継承をはじめ皇室に関する事項を規定した「皇室典範」では、第１条に「皇位は皇統に属する男系の男子が継承する」と明記されている。つまり、天皇になれるのは、父親が皇族の男性のみに限定されているのだ。皇族の数が少なくなるのは明白で、女性天皇や女系天皇（母親のみ皇族の子女）を認めるか、今後の議論が待たれる。

天皇の皇位継承パターン		現在の皇室典範では…	女性天皇を認めたら…	女系天皇を認めたら…
父母の立場	子の性別			
（父）皇族＝男系 （母）皇族か民間	男子	○	○	○
（父）皇族＝男系 （母）皇族か民間	女子	×	○	○
（父）民間 （母）皇族か女系	男子	×	×	○
（父）民間 （母）皇族か女系	女子	×	×	○

Q 天皇はパスポートや免許を持っている？

A. 普通自動車免許は所持している！

国際慣例として、国家元首はパスポートが不要などの外交特権を有している。ということから事実上、国家元首に相当する天皇陛下はパスポートを持っていない。しかし、自動車の運転免許証は所持している。戸籍のない皇族の方の免許証の本籍欄には、単に「日本国」とだけ記載されている。ちなみに今上天皇は次回の更新はせず、返納するとおっしゃっている。

車両の先端には菊紋と交差した国旗を掲げる。一般の利用時はどちらもはずされる。(宮内庁提供)

Q 天皇や皇族専用の列車がある?

A.「お召《め》し列車」と呼ばれる専用車がある!

鉄道に関して天皇、皇后、皇太后が使うために特別に運行される列車を「お召し列車」と呼んでいる。その他の皇族のために運行する列車は「御乗用列車」と呼ぶ。JR東日本にはE655系「なごみ」という、お召し列車に使う特別列車がある。通常6両編成だが、陛下らが乗る特別車両を外し5両編成とすることで、ふだんは一般にも利用されている。

Q 皇族には恋愛の自由がない?

A.完全な自由恋愛はできない!

皇族の男子の婚姻は、皇室会議で了承される必要がある。一方、皇族の女子に関してはその規定はない。しかし皇籍を離れることになるので、それについては皇室会議での議論が行われるため、まったくの自由恋愛というわけではないのだ。皇族の恋愛・結婚に関しては、日本国憲法で規定されている「基本的人権」があてはまらない。

Q 天皇はどんな食事をとっている?

A.栄養バランスのよい洋食と和食!

献立は主厨長《しゅちゅうちょう》と副厨長が2週間分を考えている。朝はトーストやオートミールなどの軽い洋食。昼食と夕食は、和食と洋食がだいたい交互に出されている。皇族の食事は基本的には質素である。しかも食材を余すことなく使い切る。鶏の骨はスープの出汁に使い、野菜の皮や葉も使っている。栄養のバランスを考えているだけでなく、決められた予算内でやりくりをすることも重要視されているのだ。

Q 天皇は世界的に地位が高い?

A.バチカン・英国君主が認める偉大な家系!

天皇家はバチカン(カトリック教徒)が認めた現存する唯一の皇室で、靖国参拝は教皇庁に公認されている。天皇陛下はローマ法皇と並び、世界にふたりしかいない最も地位の高い人物なのだ。英国のエリザベス女王ですら天皇陛下と同席の際には上座を譲り、アメリカ大統領も天皇陛下が訪れればホワイトタイで空港まで出迎える。米大統領がこの歓迎法をとるのは天皇陛下・ローマ法王・英国君主だけだ。

クリントン・アメリカ元大統領と乾杯する天皇陛下。(朝日新聞社提供)

1章

神話～古墳時代の天皇

初期の天皇は神話の世界であり、実在はしない。では、天皇はいつから実在したのだろうか。また、王朝が一度断絶したという説もある。『日本書紀』に記された事績を中心に、天皇のはじまりの真実をひもといてみよう。

年表

神話～古墳時代の天皇一覧

登場する天皇
初代 神武天皇 ← 28代 宣化天皇

▲三輪山

▲神武天皇の東征

0 100 200 300 400 500 600 700

- 神武 初代 ／ 生年：前711年 没年：前585年 ／ 在位年：前660～前585年 P28
- 綏靖 2代 ／ 生年：前632年 没年：前549年 ／ 在位年：前581～前549年 P30
- 安寧 3代 ／ 生年：前577年 没年：前511年 ／ 在位年：前549～前511年 P30
- 懿徳 4代 ／ 生年：前553年 没年：前477年 ／ 在位年：前510～前477年 P30
- 孝昭 5代 ／ 生年：前506年 没年：前393年 ／ 在位年：前475～前393年 P30
- 孝安 6代 ／ 生年：前427年 没年：前291年 ／ 在位年：前392～前291年 P30
- 孝霊 7代 ／ 生年：前342年 没年：前215年 ／ 在位年：前290～前215年 P30
- 孝元 8代 ／ 生年：前273年 没年：前158年 ／ 在位年：前214～前158年 P30
- 開化 9代 ／ 生年：前208年 没年：前98年 ／ 在位年：前158～前98年 P30
- 崇神 10代 ／ 生年：前148年 没年：前30年 ／ 在位年：前97～前30年 P32
- 11代 ／ 生年：前69年 没年：70年 ／ 在位年：前29～70年 P32
- 生年：前13年 没年：130年 ／ 在位年：71～130年 P33
- 生年：84年 没年：190年 ／ 在位年：131～190年 P33
- 生年：？年 没年：200年 ／ 在位年：192～200年 P34

『古事記』『日本書紀』に書かれた初代天皇

ヤマト王権の実質的な創始者とも

▼馬子と馬型埴輪

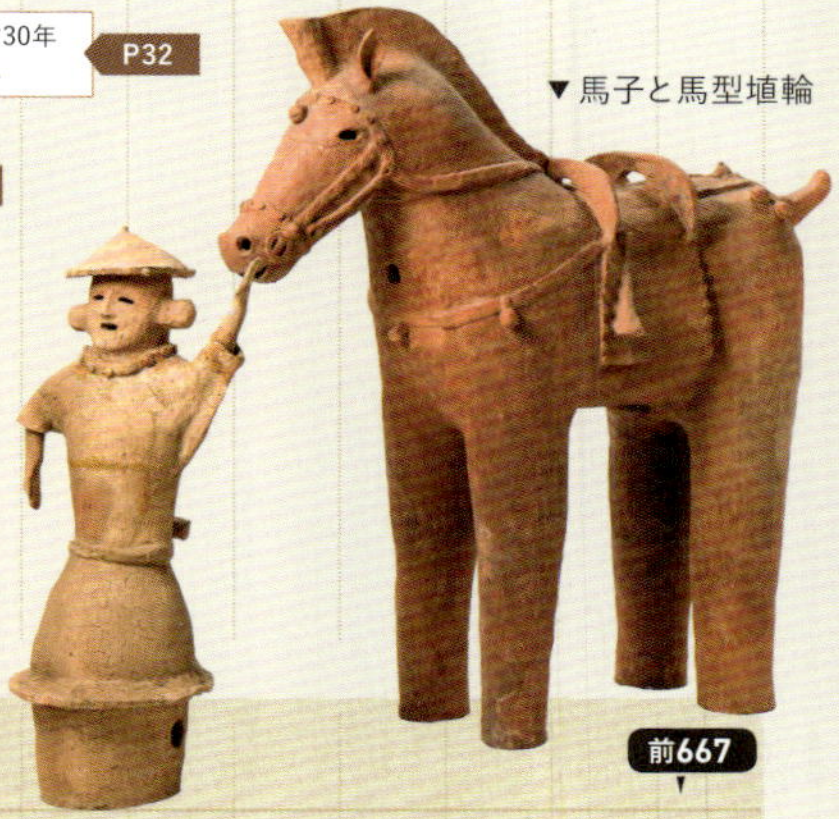

前667 神武天皇の東征開始

▲岩戸山古墳の石人

▲大仙陵古墳（仁徳天皇陵）

▲日本武尊の活躍

550 500 450 400 350 300 250 200 150 100 50 0

■：神話の世界の天皇の即位期間　■：実在していた天皇の即位期間

応神 15代 生年：200年　没年：310年　在位年：270~310年 P34

仁徳 16代 P35 生年：257年　没年：399年　在位年：313~399年

実在が確定している初代天皇

▲稲荷山古墳出土鉄剣（部分）

倭の五王

履中 17代 生年：？年　没年：405年　在位年：400~405年 P40

反正 18代 生年：？年　没年：410年　在位年：406~410年 P40

允恭 19代 生年：？年　没年：453年　在位年：412~453年 P41

安康 20代 生年：401？年　没年：456年　在位年：453~456年 P41

雄略 21代 生年：418年　没年：479年　在位年：456~479年 P42

清寧 22代 生年：444年　没年：484年　在位年：480~484年 P44

顕宗 23代 生年：450年　没年：487年　在位年：485~487年 P44

仁賢 24代 生年：449年　没年：498年　在位年：488~498年 P45

武烈 25代 生年：489年　没年：506年　在位年：498~506年 P45

継体 26代 生年：450年　没年：531年　在位年：507~531年 P46

現代まで繋がる天皇系統の始まり

安閑 27代 生年：466年　没年：535年　在位年：531~535年 P47

宣化 28代 生年：467年　没年：539年　在位年：535~539年 P47

▲継体天皇

垂仁

景行 12代

成務 13代

仲哀 14代

- 527　磐井の乱
- 478　倭国王、宋へ使節を派遣
- 404　倭国、高句麗の攻撃を受け、新羅から撤退
- 391　倭国、百済・新羅を攻撃
- 239　卑弥呼、魏に使いを送る
- 107　倭国王、後漢へ使節を派遣
- 57　倭の奴国王が中国から印綬を授けられる

総論

神話～古墳時代の天皇の歴史と役割

神話～古墳時代の天皇を理解する3ポイント

その1
実在する最初の天皇
史料などから、仁徳天皇が実在する最初の天皇と考えられる。

その2
「倭の五王」は誰か
履中天皇から雄略天皇までが「倭の五王」と比定される。

その3
王朝の断絶
応神天皇の5代孫・継体天皇が即位し、河内王朝は断絶。

神話時代の存在から王朝の統治者へ

初代天皇とされる神武《じんむ》天皇は、『日本書紀《にほんしょき》』に天孫降臨《てんそんこうりん》*ののち東方遠征したと記述されるが、それは神話の物語。10代・崇神《すじん》天皇が実在の可能性のある初の天皇で、ヤマト政権の創始者だったとする説もある。しかし、それを裏付けることはできない。

異説もあるが、**天皇（大王《おおきみ》）として確実に存在したのは、16代・仁徳《にんとく》天皇からだろう。**仁徳は河内《かわち》（大阪府）に王朝を築いたとされており、この地にある日本最大の古墳は、かつて「仁徳天皇陵」と呼ばれた。ただし、築造年代がやや下ることから、現在では「大《だい》仙陵《せんりょう》古墳」と呼ばれる。

この仁徳に続く**17代・履中《りちゅう》天皇から21代・雄略《ゆうりゃく》天皇までの天皇は、中国の正史『宋書《そうじょ》』に記された「倭《わ》の五王《ごおう》」と比定される。**五王最後の人物「武《ぶ》」は、政治抗争を勝ち残った雄略で間違いない。

25代・武烈《ぶれつ》天皇の代で皇統が途絶えそうになるが、15代・応神《おうじん》天皇の子孫とされる**継体《けいたい》天皇が26代天皇に擁立されて皇統を繋いだ。**ここで仁徳以降の王朝は一度断絶したことになるため、実は継体が王朝を簒奪《さんだつ》したのではないかとする説がある。

＊**天孫降臨**…天照大神が葦原の中つ国（日本）を治めるために、孫の瓊々杵尊（ににぎのみこと）を遣わせたこと

ポイント その1

仁徳天皇が確実に実在する最初の天皇

解説 最初の実在する天皇については長らく議論されているが、確定した説はない。崇神天皇や応神天皇を最初とする説もあるが根拠に乏しく、確実なのは仁徳天皇以降だと考えられる。

ポイント その2

仁徳～雄略までが「倭の五王」に比定

～倭の五王～

□

珍《ちん》＝反正《はんぜい》？　讃《さん》＝履中《りちゅう》？

済《せい》＝允恭《いんぎょう》？

武《ぶ》＝雄略《ゆうりゃく》？　興《こう》＝安康《あんこう》？

推定

⑯仁徳《にんとく》

⑲允恭《いんぎょう》　⑱反正《はんぜい》　⑰履中《りちゅう》

㉑雄略《ゆうりゃく》　⑳安康《あんこう》

解説 中国の宋に朝貢した「倭の五王」のうち、讃と珍は兄弟とされるので、仁徳天皇の皇子である履中天皇と反正天皇、同じく兄弟の興と武は、安康天皇と雄略天皇とする説が妥当だ。

ポイント その3

仁徳以降の王朝は一度断絶していた

㉔仁賢《にんけん》

皇女

手白香皇女《たしらかのひめみこ》

㉙欽明《きんめい》

解説 武烈天皇から血縁の遠い継体天皇が皇位を継承したことは、河内王朝の断絶を意味する。継体は正統性を得るため皇后に仁賢天皇の皇女を迎え、子の欽明天皇が即位する。

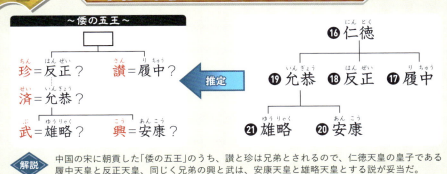

初代

神《じん》武《む》天《てん》皇《のう》

在位年
前660（52歳）〜前585（127歳）

生没年
前711〜前585（享年127歳）

父 彦波瀲武鸕鷀草葺不合尊《ひこなぎさたけうがやふきあえずのみこと》

母 玉依姫《たまよりひめ》

配 媛蹈鞴五十鈴媛命《ひめたたらいすずひめのみこと》

同年代の権力者

五瀬命《いっせのみこと》（兄）

長髄彦《ながすねひこ》（豪族）

大和へ東征した初代天皇

『古事記《こじき》』や『日本書紀《にほんしょき》』によれば、最初の天皇は神武天皇である。神武こと神日本磐余彦天皇《かむやまといわれひこのすめらみこと》は、天照大神《あまてらすおおみかみ》の孫・瓊々杵尊《ににぎのみこと》の曾孫で、彦波瀲武盧鷀草葺不合尊《ひこなぎさたけうがやふきあえずのみこと》の4男であった。生まれながらにして聡明で、15歳の時に皇太子になったとされる。

45歳の時、大和《やまと》を目指し、軍船を率いて日向高千穂《ひむかたかちほ》を発った。吉備《きび》国で兵糧を整えて大和へ進軍しようとしたものの、豪族の長髄彦《ながすねひこ》に阻まれて苦戦。兄・五瀬命《いつせのみこと》が戦死するという不運にみまわれた。

熊野《くまの》へと迂回してからは八咫烏《やたがらす》や霊剣などに導かれて、ついに大和を平定。畝傍山《うねびやま》の南東、**橿原《かしはら》の地に宮殿を建て、紀元前660年1月1日に始馭天下之天皇《はつくにしらすすめらみこと》として即位した**とされる。1月1日を新暦に換算すると2月11日になるところから、この日が建国記念日と定められている。

127歳（『古事記』では137歳）で崩御し、畝傍山の東北の陵に葬ったとされているが、神武の実在性とともに、その真偽を疑う声が圧倒的である。

プロフィール

- **天孫降臨した瓊々杵尊の曾孫で、日向から大和へ東征する。**
- **辛酉の年春1月1日に橿原宮において即位した。**
- **127歳で崩御し、畝傍山の東北の陵に葬られた。**

家系図

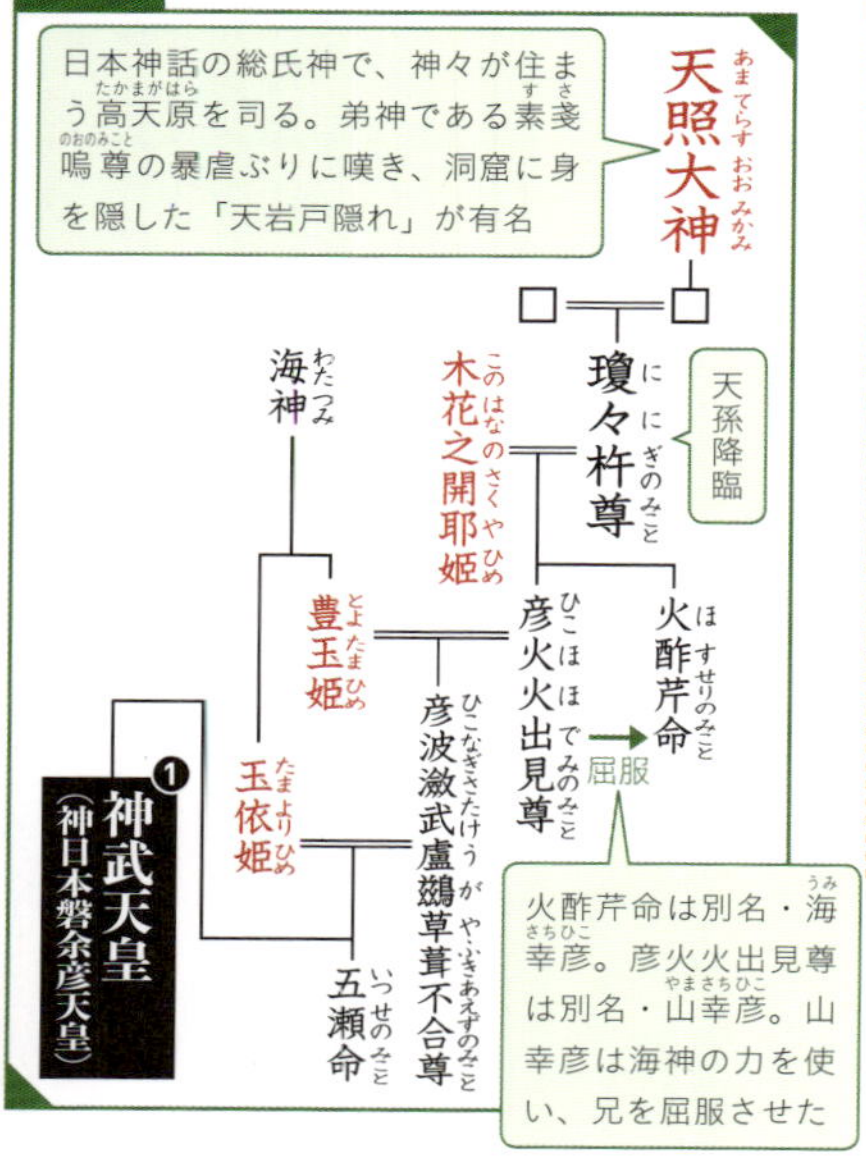

② 白肩津《しらかたのつ》の戦い

一行は豪族に襲われ、五瀬命は重傷を負う。神武天皇が戦っていると弓に黄金のトンビが止まり、その輝きは豪族の目を眩ませた
（都立中央図書館特別文庫室蔵）

④ 橿原《かしはら》で即位

大和平定を成し遂げた神武は白祷原宮（＝橿原宮）で即位した。本図は神武を祀る橿原神宮と背後に立つ畝傍山

① 出発の地・高千穂《たかちほ》

天から瓊々杵尊が降り立った「天孫降臨」の地

③ 熊野《くまの》へ迂回

熊野から大和を目指すことにした一行は天の神が派遣した八咫烏に導かれた

神武天皇の東征ルート

神武天皇は天下を支配するにふさわしい国を求めて、大和の地へと旅だった。途中地方豪族に襲われるなど、苦難の道のりであった。

キーワード　初代天皇が眠る「神武天皇陵《じんむてんのうりょう》」

『日本書紀』では神武天皇は畝傍山の東北の陵に葬られたと記されている。神武天皇陵は東西約130m、南北約114mの壮大な陵墓であるが、実は天皇陵としての体裁を整えはじめたのは1863年のこと。『記紀』の記述に見合う陵墓を探し求めるうちに、水田の中に小さな土饅頭を発見。これを神武天皇陵と見なして、修築を開始したのである。

橿原神宮の隣にたたずむ神武天皇陵は、近世にその場所が決められた。

2~9代

欠史八代《けっしはちだい》

実在が疑われる8人の天皇

神武《じんむ》天皇同様、2代・綏靖《すいぜい》天皇から9代・開化《かいか》天皇までの8代の天皇に関しても、実在が疑問視されており、**「欠史八代」と称する非実在説が主流である。**

その根拠は、『日本書紀《にほんしょき》』『古事記《こじき》』の記述が簡潔で、事跡が明らかになっていないこと、また、それぞれの寿命が不自然なほどに長いことなどである。

いずれの天皇も、奈良県葛城《かつらぎ》市や御所《ごせ》市、明日香《あすか》村などに、陵墓が点在しているが、これらは後世に定められたものであり、信憑性はない。

家系図

◆欠史八代の天皇陵

2代 綏靖天皇《すいぜいてんのう》

生没年 前632～前549（享年84歳）

在位年 前581（52歳）～前549（84歳）

神武天皇の第３子。権力を手中にしようとした腹違いの兄・手《た》研《ぎし》耳命《みみのみこと》を矢で射殺して即位した。

3代 安寧天皇《あんねいてんのう》

生没年 前577～前511（享年67歳）

在位年 前549（28歳）～前511（67歳）

父は綏靖天皇、母は事《こと》代《しろ》主《ぬしの》神《かみ》(大国主の子で、天の神に国を譲ることを承認した)の娘。

4代 懿徳天皇《いとくてんのう》

生没年 前553～前477（享年77歳）

在位年 前510（44歳）～前477（77歳）

即位後、都を軽曲《かるのまがり》峡《おの》宮《みや》(奈良県橿原市)に移した。「軽」の地名は、今も奈良県内に残っている。

5代 孝昭天皇《こうしょうてんのう》

生没年 前506～前393（享年114歳）

在位年 前475（32歳）～前393（114歳）

懿徳天皇の皇子。都を掖《わきの》上《がみ》に移して池《いけの》心《こころの》宮《みや》(奈良県御所市)を建てる。

6代 孝安天皇《こうあんてんのう》

生没年 前427～前291（享年137歳）

在位年 前392（36歳）～前291（137歳）

孝昭天皇の第２子。室《むろの》秋《あき》津《つ》嶋《しまの》宮《みや》を建てたという。「室」の地名は、今も奈良県内に残っている。

7代 孝霊天皇《こうれいてんのう》

生没年 前342～前215（享年128歳）

在位年 前290（53歳）～前215（128歳）

卑《ひ》弥《み》呼《こ》と同一人物との説もある倭《やまと》迹《と》迹《と》日《ひ》百《もも》襲《そ》姫命《ひめのみこと》や、四道将軍のひとり・吉《き》備《び》津《つ》彦命《ひこのみこと》の父。

8代 孝元天皇《こうげんてんのう》

生没年 前273～前158（享年116歳）

在位年 前214（60歳）～前158（116歳）

のちに神功《じんぐう》皇后らに仕え活躍した武内《たけのうちの》宿《すく》禰《ね》の曽祖父であるとされる。

9代 開化天皇《かいかてんのう》

生没年 前208～前98（享年111歳）

在位年 前158（51歳）～前98（111歳）

父・孝元天皇の妃であった伊《い》香《かが》色《しこ》謎命《めのみこと》を皇后にして、崇《す》神《じん》天皇をもうけたとされている。

（画像はすべて早稲田大学図書館蔵）

10代 崇《す》神《じん》天《てん》皇《のう》

在位年	生没年
前97（52歳）～前30（119歳）	前148～前30 享年119歳

父 開化《かいか》天皇
母 伊香色謎命《いかがしこめのみこと》
配 御間城姫《みまきひめ》

ヤマト政権の創始者とも

開化《かいか》天皇が崩御した翌年に即位。その翌々年、都を磯城瑞籬《しきみずがきの》宮《みや》（奈良県桜井《さくらい》市）に移したと『日本書紀《にほんしょき》』に記されている。

紀元前末の人物と見られているが、正確なところは不明。各地に四道将軍《しどうしょうぐん》を派遣し、出雲《いずも》の豪族・振根《ふるね》を征して勢力を広げたほか、灌漑をおこなって農地を整備するなどの善政を行ったという。

これにより天下太平になったことから**崇神天皇を誉め称えて「御肇国天皇《はつくにしらすすめらみこと》」といったとされ、ヤマト政権の実質的な創始者だと推定する説もある。**

崇神天皇肖像
（早稲田大学図書館蔵）

大物主神《おおものぬしのかみ》を祭る三輪山《みわやま》
崇神天皇が大物主神を三輪山に祭ると、国中が平和になったという。（奈良ビジターズビューロー提供）

11代 垂《すい》仁《にん》天《てん》皇《のう》

在位年	生没年
前29（41歳）～70（139歳）	前69～70 享年139歳

父 崇神《すじん》天皇
母 御間城姫《みまきひめ》
配 狭穂姫《さほひめ》
日葉酢媛命《ひばすひめのみこと》

伊勢神宮・埴輪を作った天皇

崇神《すじん》天皇の第3皇子で、父の崩御の翌年に即位。都を纏向珠《まきむくたま》城宮《きのみや》（奈良県桜井《さくらい》市）に遷す、皇女・倭姫命《やまとひめのみこと》に伊勢五十鈴川《いせいすずがわ》のほとりに**天照大神《あまてらすおおみかみ》を祀った祠《ほこら》を建てさせる（伊勢神宮の創始）、埴輪《はにわ》を作って殉死を禁じる**などの業績が伝わっているが、享年139歳であることから伝説上の天皇だとされることもある。

皇后・狭穂《さほ》姫《ひめ》は、兄・狭穂《さほ》彦王《ひこのみこ》の命令で、垂仁天皇を短刀で刺し殺そうとするも失敗。垂仁は狭穂姫を許そうとしたが、狭穂姫は兄とともに死ぬことを決意し、自害した。

自害する狭穂姫
垂仁天皇殺害を図った姫は、皇子を垂仁に渡すと炎の中で自害した。（都立中央図書館特別文庫室蔵）

埴輪
垂仁天皇は殉死を禁じ、代わって陵墓に埴輪を置きめぐらすことにした。
（高槻市教育委員会蔵）

12代

景《けい》行《こう》天《てん》皇《のう》

在位年	生没年
71（84歳）〜130（143歳）	前13〜130（享年143歳）

父 垂仁天皇《すいにん》

母 日葉酢媛命《ひばすひめのみこと》

配 播磨稲日大娘姫《はりまのいなびのおおいらつめ》

八坂入媛命《やさかいりひめのみこと》

英雄・日本武尊の父とされる

垂仁《すいにん》天皇の第3子として生まれ、子に大碓皇子《おおうすのみこ》と小碓尊《おうすのみこと》（のちの日本武尊《やまとたけるのみこと》）の双子がいる。『古事記《こじき》』によると、日本武尊は景行天皇に九州を支配する豪族・熊襲建《くまそたける》の討伐を命じられ、熊襲建を破って都に戻ると、今度は東征を命じられ関東を制圧。**日本武尊の活躍でヤマト政権の支配領域が拡大したことになるが、神話的要素が強く信憑性は低い。**

景行は日本武尊が平定した国々を巡幸したのち、崩御した。

日本武尊と草薙剣

東征の途中、相模の荒ぶる神に火攻めに遭った日本武尊は草薙剣で草を斬り払い、迎え火を起こして難を逃れた。（神宮徴古館蔵）

日本武尊の熊襲征伐

日本武尊は女装して熊襲の宴席に忍び込み、熊襲が酩酊したところを刺し殺した。（都立中央図書館特別文庫室蔵）

13代

成《せい》務《む》天《てん》皇《のう》

在位年	生没年
131（48歳）〜190（107歳）	84〜190（享年107歳）

父 景行天皇《けいこう》

母 八坂入媛命《やさかいりひめのみこと》

配 不明

日本武尊の死去によって即位

日本武尊《やまとたけるのみこと》が息吹山《いぶきやま》の神に祟られて能褒野《のぼの》（三重県）の地で没したため、その異母弟であった稚足彦尊《わかたらしひこのみこと》（成務天皇）が即位した。おおむね1〜2世紀の人物だと考えられているが、**その事績についてあまり語られることがなかったことから、実在を疑われている。**

蘇我《そが》氏の始祖とされる武内宿禰《たけのうちのすくね》とは生まれが同日で、のちに大臣《おおおみ》として重用した。それぞれの国に造長《みやつこおさ》を、県邑《あがたむら》に稲置《いなぎ》を置くなど、地方行政の整備にも力を注いだため、天下太平の世が続いたという。

家系図

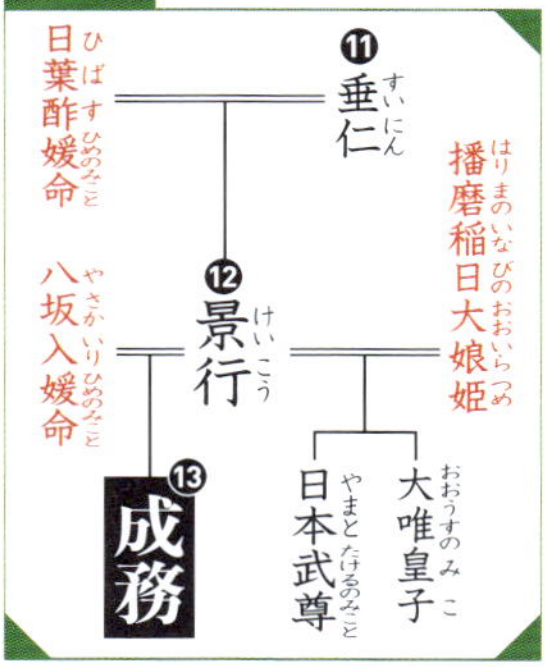

成務天皇肖像（早稲田大学図書館蔵）

14代

仲《ちゅう》哀《あい》天《てん》皇《のう》

在位年	生没年
192（?歳）〜200（?歳）	?〜200（享年?歳）

父 日本武尊《やまとたけるのみこと》
母 両道入姫命《ふたじのいりびめのみこと》
配 気長足姫尊《おきながたらしひめのみこと》（神功《じんぐう》皇后）

神のお告げに逆らい落命

日本武尊《やまとたけるのみこと》の第2子。叔父・成務《せいむ》天皇に男児がいなかったため、皇位についた。行幸《ぎょうこう》中に熊襲《くまそ》が背いたので仲哀天皇は討伐を決意。橿日宮《かしいのみや》（福岡市）へと向かった。この時、住吉三神が仲哀の妃・**神功《じんぐう》皇后に朝鮮半島の新羅《しらぎ》を治めるよう神託を下した**が、仲哀はそれに従わなかったため、神の怒りに触れて命を落とした。『日本書紀《にほんしょき》』によれば、神功皇后は大臣《おおおみ》・武内宿禰《たけのうちのすくね》と図って、仲哀が崩御したことを隠し自ら熊襲を服従させたのち、新羅に向けて出兵したとされる。

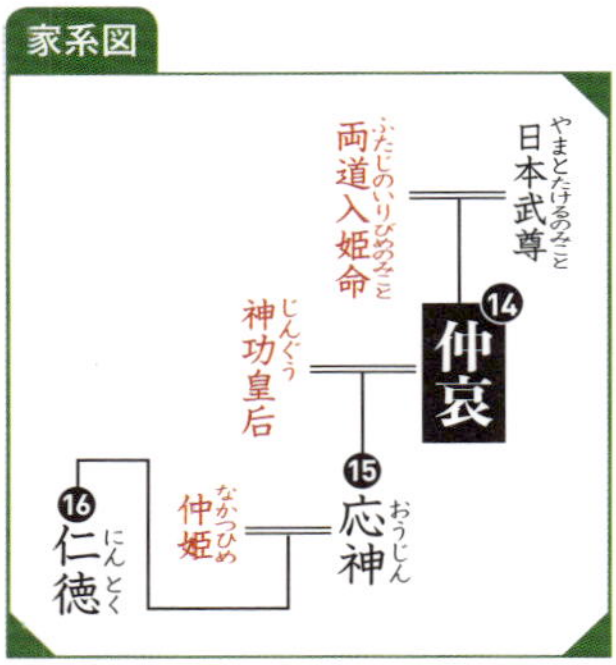

住吉大社
神功皇后に神託を下し、新羅遠征の加護を与えたとされる住吉三神。住吉大社には住吉三神とともに神功皇后が祀られている。

15代

応《おう》神《じん》天《てん》皇《のう》

在位年	生没年
270（71歳）〜310（111歳）	200〜310（享年111歳）

父 仲哀天皇《ちゅうあい》
母 気長足姫尊《おきながたらしひめのみこと》（神功《じんぐう》皇后）
配 仲姫《なかつひめ》

皇后が新羅からの帰路に出産

住吉三神のお告げに従い自ら新羅《しらぎ》へ遠征した仲哀《ちゅうあい》天皇の妃・**神功《じんぐう》皇后が身ごもっていた**とされる。摂政《せっしょう》であった神功皇后が崩御した後、皇位についた。

応神天皇を実在する初代天皇とする説があるが、神功皇后の存在が神話的なことから、否定されることもある。

この応神の御代は、多くの渡来人が来日した時代とされる。百済《くだら》の学者・王仁《わに》が『論《ろん》語《ご》』をもたらしたのをはじめ、酒造や養蚕の技術などもこの頃に伝わった。

王仁
王仁によって伝わった儒教をはじめ、渡来人の知識・技術は倭国の発展につながった。

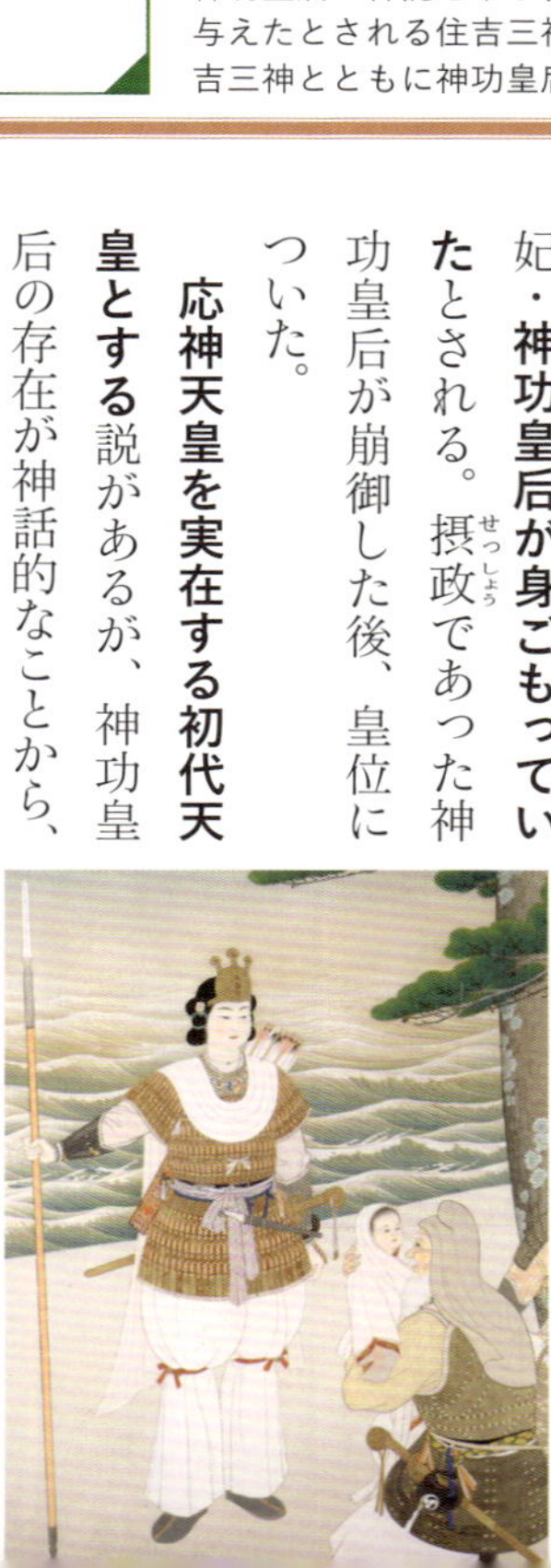

神功皇后と武内宿禰《たけのうちのすくね》と応神天皇
神功皇后は渡海の際、出産を遅らせるために石を当ててお腹を冷やしたという。
（神宮徴古館蔵）

16代

仁《にん》徳《とく》天《てん》皇《のう》

1章 神話～古墳時代

在位年	生没年
313（57歳）～399（143歳）	257～399（享年143歳）

父 応神天皇《おうじん》
母 仲姫《なかつひめ》
配 磐之媛命《いわのひめのみこと》
八田皇女《やたのひめみこ》

同年代の権力者
菟道稚郎子《うじのわきいらつこ》（兄）
磐之媛命《いわのひめのみこと》（皇后）

実在したとされる最初の天皇

応神《おうじん》天皇の第4子。幼児の頃より聡明だったため、皇太子・菟道稚郎子《うじのわきいらつこ》に位を譲られ即位し、都を難波高津宮《なにわたかつのみや》（大阪市）に移したという。**仁徳天皇は実在したと考えられる最初の天皇**で、高句麗《こうくり》王の伝記「好太王碑文《こうたいおうひぶん》」に書かれた倭の朝鮮遠征は年代的に仁徳の事績と考えられる。

仁政をしいたことで知られ、困窮する民を見て3年間課税を免除。その後、水害を防ぐ日本最古の堤防・茨田堤《まんだのつつみ》を築くなど灌漑工事にも力を入れた。

皇后・磐之媛命《いわのひめのみこと》は嫉妬深く、『日本書紀《にほんしょき》』には、磐之媛命が紀伊へ旅に出た隙に、仁徳が異母妹の八田皇女《やたのひめみこ》を宮中に招き入れたことに激怒したというエピソードが記されている。

陵墓は**我が国最大の前方後円墳である大仙陵《だいせんりょう》古墳**（大阪府堺市）に比定するとされるが、これは疑問視されている。

プロフィール

- 実在が確認できる最初の天皇と考えられている。
- 都を大和(奈良県)から河内(大阪府)へ移す。
- 困窮する民を見て3年間免税、水害を防ぐため堤防を築くなど、仁政をしく。

高殿の仁徳天皇

眼下の家から炊事の煙があがっていないことに気づいた仁徳は税を取ることをやめ、自らも節制した。（神宮徴古館蔵）

大仙陵古墳

仁徳天皇陵とされる大仙陵古墳。2018年10月から南側の堀の発掘調査が始まった。

政治

実在が確かな初代天皇は誰なのか

埴輪
堀や古墳の表面など、いたるところに埴輪が置かれていた
堀
大仙陵古墳には三重の堀がめぐらされていた

◆実在する初代天皇は誰か？

代	名前	実在性	実在・非実在の理由（一部）
初代	神武	非実在	事跡に神話的要素が多い 即位年が支配階級の存在を確認できない縄文時代
2〜9代	欠史八代	非実在	歴史書の記述が薄い
10代	崇神	非実在	ヤマト政権の創始者とされる歴史書の記述は神話的要素が強い 実在する証拠が出ていない
11代	垂仁	非実在	崩御年齢が140歳であること
12代	景行	非実在	景行天皇自身の記述は少なく、息子・日本武尊の神話的な事跡が強調されるため
13代	成務	非実在	歴史書の記述が薄い
14代	仲哀	非実在	妻・神功皇后の神話的な事跡が強調されるため
15代	応神	実在？	現代に続く天皇家の祖先ともされる人物 非実在を確実に証明するものはないが架空の天皇であることを示す「神」の字が諡号に入っていることから非実在との説も
16代	仁徳	実在	「高句麗好太王碑文」の倭国の新羅遠征と在位年が一致 『宋書』倭国伝の倭国建国の時代と在位年が一致
17代	履中	実在	『宋書』倭国伝の倭王・讃とされる
18代	反正	実在	『宋書』倭国伝の倭王・珍とされる
19代	允恭	実在	『宋書』倭国伝の倭王・済とされる
20代	安康	実在	『宋書』倭国伝の倭王・興とされる
21代	雄略	実在	『宋書』倭国伝の倭王・武とされる 「獲加多支鹵大王」と銘の入った鉄剣の出土

『古事記』『日本書紀』で見る初代天皇

『古事記《こじき》』『日本書紀《にほんしょき》』に基づき検証すると、初代・神武《じんむ》天皇から9代・開化《かいか》天皇までは実在しないというのが定説化している。10代・崇神《すじん》天皇はヤマト政権の実質的創始者とされるが、神話の要素が強い事跡から、実在しなかったとされる。

12代・景行《けいこう》天皇から14代・仲哀《ちゅうあい》天皇もまた、同じ理由で、実在性は信じられない。15代・応神《おうじん》天皇は、実在した可能性があるが、これを証明する決定的なものはない。

16代・仁徳《にんとく》天皇は「高句麗《こうくり》好太王碑《こうたいおうひ》文《ぶん》」に書かれた倭王と活躍した時期が

竪穴式石室
石棺は後円部に掘られた竪穴に納められた
ギザのピラミッド
世界最大の石造建築であり、底辺の長さは約230m。比較すると、大仙陵古墳の巨大さがよくわかる
陪塚
大型の古墳に付随する小型の古墳。被葬者の家族の埋葬や、副葬品を収めるために築かれた
造出
古墳に付けられた施設。棺を納めた後に儀式を行った場所とされる
大仙陵古墳

歴代天皇陵大きさランキング

1位	大仙陵古墳（仁徳天皇陵）	486m
2位	誉田御廟山古墳（応神天皇陵）	425m
3位	上石津古墳（履中天皇陵）	365m

大仙陵古墳

仁徳天皇の陵墓だと伝わるが、古墳が造られた年代と仁徳の在位年が一致しないため、現在は否定されている。
CG/成瀬京司

重複し、以降の天皇は『宋書《そうじょ》』倭《わ》国伝《こくでん》に活躍が記されていることから、**実在が確かな初代天皇は仁徳だとされる。**

応神以降、巨大な古墳が大和《やまと》ではなく、河内《かわち》に築かれるようになった。海の近くに築くことで、外国使節に天皇家の威光を示すためだとされる。そのため**仁徳から25代・武烈《ぶれつ》天皇までを「河内王朝」と称することもある。**

◆天皇陵の移動

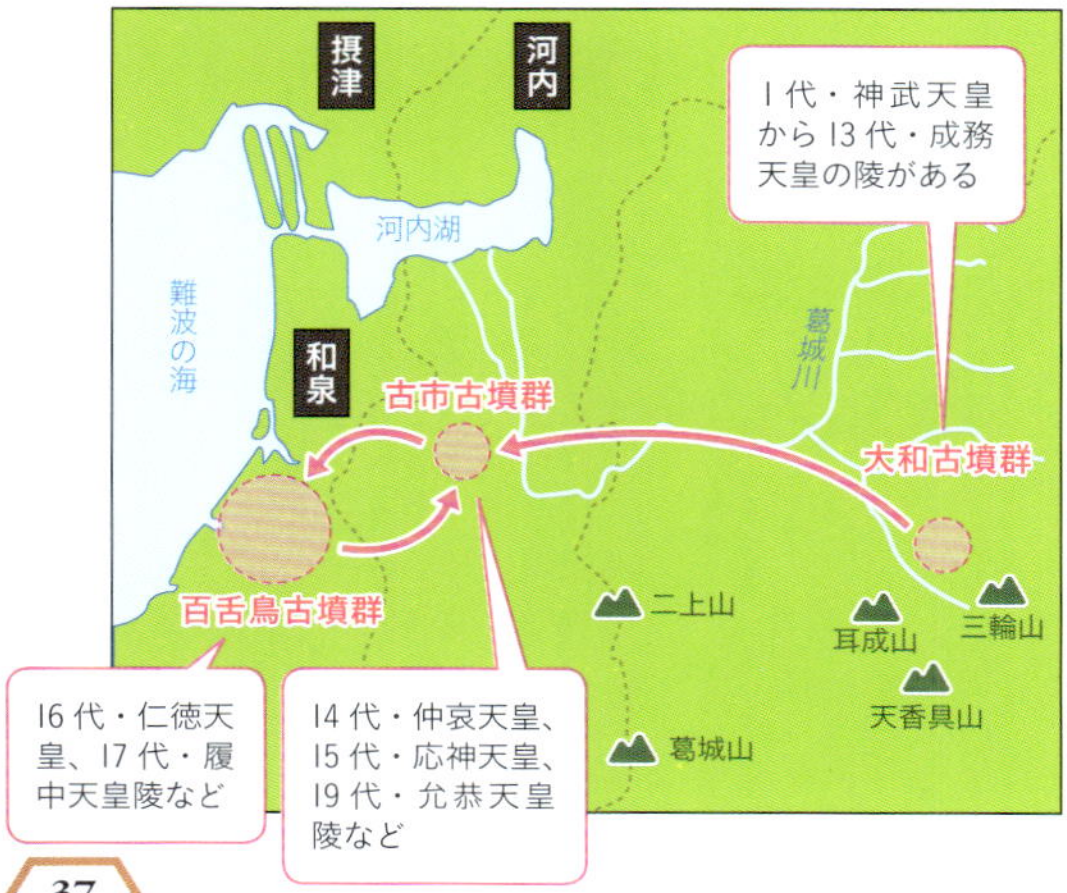
摂津
河内
河内湖
難波の海
和泉
葛城川
1代・神武天皇から13代・成務天皇の陵がある
古市古墳群
大和古墳群
百舌鳥古墳群
二上山
耳成山
三輪山
天香具山
葛城山
16代・仁徳天皇、17代・履中天皇陵など
14代・仲哀天皇、15代・応神天皇、19代・允恭天皇陵など

文化

巨大な古墳に納められたものとは

時代の変遷によって副葬品も変化する

古墳とは、土を盛り上げた墳丘墓のことで、天皇陵や豪族のものを含め、全国に16万基以上あるといわれる。円墳《えんふん》、方墳《ほうふん》、前方後方墳《ぜんぽうこうほうふん》など多くの種類があるが、なかでも**ヤマト政権独自の墳墓形式として注目されるのが前方後円墳《ぜんぽうこうえんふん》**で、5000基前後確認されている。その多くが、古墳時代（3世紀半ば～7世紀末）に造営されたもので、ヤマト政権が権力を確立していくなかで、各地の豪族に許可して広がっていったと見られている。

古墳の副葬品は古墳時代前期（3世紀半ば～4世紀）と後期（4世紀～7世紀）でその性質が変化する。前期は鏡や腕飾りなど祭祀《さいし》の道具が多く納められているが、後期は武器や甲冑《かっちゅう》、馬具が多くなる。これは被葬者が司祭者的な人物から、武人的な人物に移り変わったことを示している。

また、**古墳の副葬品として象徴的なのが埴輪《はにわ》**である。初めは、円柱型の円筒埴輪が主流で、時代が下るにつれ家型や、人や動物などを象った形象埴輪が作られるようになった。

古墳の種類

古墳の形は多種多様で、多くは円墳と方墳である。大規模な古墳はいずれも前方後円墳であることから、前方後円墳が最も重要な形体と考えられる。

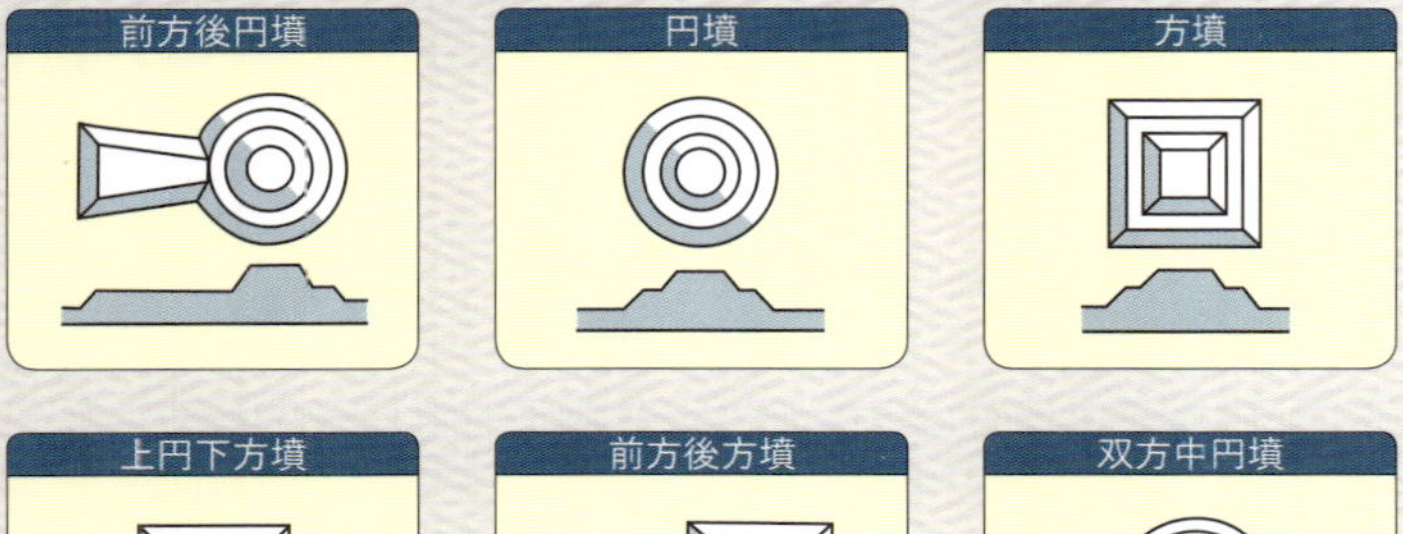

※上は上空から見た図、下は横から見た図である

全国古墳マップ

３世紀頃、古墳時代初期の古墳は近畿地方中心に築かれた。やがてヤマト政権の権威が拡大すると、東北から九州南部まで、広範囲にわたって古墳が築かれるようになった。

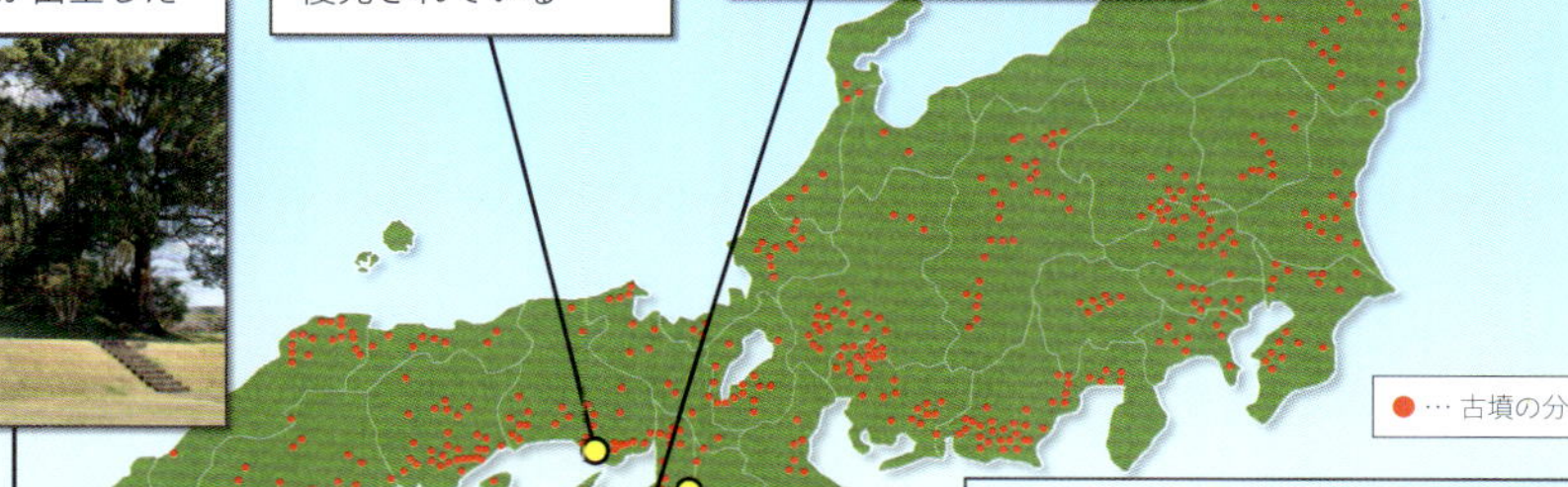

百舌鳥《もず》古墳群

大仙陵古墳をはじめとする古墳群（堺市提供）

五色塚《ごしきづか》古墳

白い葺石や埴輪など、築造当時の姿に復元されている

江田船山《えたふなやま》古墳

「獲加多支鹵《わかたける》大王《おおきみ》」の銘文が入った鉄剣が出土した

箸墓《はしはか》古墳

３世紀頃に作られた巨大な前方後円墳

古墳の副葬品

古墳時代前半は儀式に用いる道具、後半は戦で使う道具が納められ、被葬者が司祭者から武人へと移ったことがわかる。

鏡（奈良県立橿原考古学研究所蔵）

甲冑・武具（みはら歴史博物館蔵／堺市博物館提供）

埴輪

（芝山はにわ博物館蔵）

17代
履《り》中《ちゅう》天《てん》皇《のう》

在位年 400（?歳）〜405（?歳）
生没年 ?〜405（享年?歳）
父 仁徳《にんとく》天皇
母 磐之媛命《いわのひめのみこと》
配 黒媛《くろひめ》
草香幡梭皇女《くさかのはたびのひめみこ》

姫をめぐって実弟と対立

仁徳《にんとく》天皇の第1皇子が履中天皇である。仁徳の崩御後、武内《たけのうちの》宿禰《すくね》の孫・黒媛《くろひめ》を妃にしようと、弟・住吉仲皇子《すみのえのなかつみこ》を黒媛の元へ使わす。その時、住吉仲皇子は自らが次の天皇であると偽り黒媛を犯した。これを履中に知られることを恐れた**住吉仲皇子は反乱を起こしたが、履中の命で殺された。**

その後、磐余稚桜宮《いわれのわかざくらのみや》（奈良県桜井《さくらい》市）で即位。都と地方の間で文書のやりとりを行う国司を設置した。『宋書《そうじょ》』倭国伝《わこくでん》の倭国王・讃《さん》と見なされている。

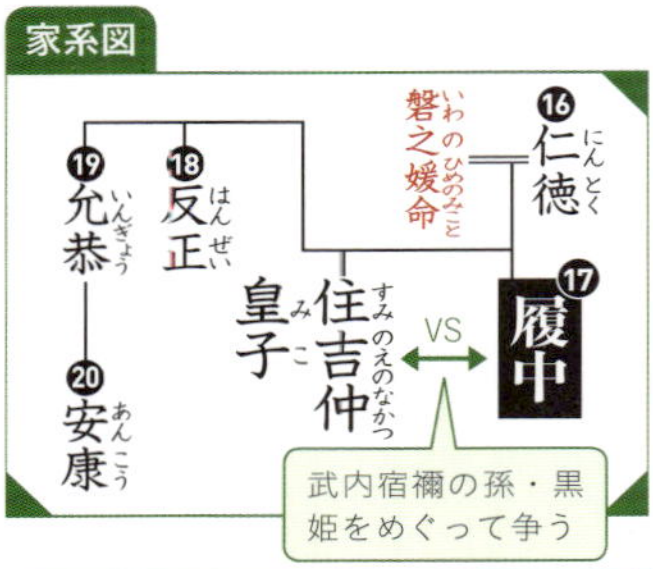

履中天皇陵 日本で3番目に大きい前方後円墳。

18代
反《はん》正《ぜい》天《てん》皇《のう》

在位年 406（?歳）〜410（?歳）
生没年 ?〜410（享年?歳）
父 仁徳《にんとく》天皇
母 磐之媛命《いわのひめのみこと》
配 津野媛《つのひめ》

反乱を起こした兄を征圧

履中《りちゅう》天皇が崩御した後、そのふたつ下の弟・反正天皇が即位した。歯が健康であったことから即位前の名前は瑞歯別皇子《みずはわけのみこ》であった。即位前、反正は履中に背反したひとつ上の兄・住吉仲皇子《すみのえのなかつみこ》を殺した。

丹比柴籬宮《たじひしばがきのみや》（大阪府松原《まつばら》市）を築いたものの、**わずか5年で崩御した。**ただし、その間は五穀豊穣で、天下太平であったという。『宋書《そうじょ》』倭国伝《わこくでん》に登場する**倭国王・珍《ちん》**と見なされ、それが事実とすれば、**反正は宋から「安《あん》東将軍《とうしょうぐん》」の称号を与えられていたことになる。**

反正天皇肖像
（早稲田大学図書館蔵）

丹比柴籬宮跡（柴籬神社《しばがきじんじゃ》）
丹比柴籬宮跡には反正天皇を祀った神社がある。反正は、歯が健康だったと伝わり、柴籬神社の神徳にも歯の健康祈願がある。（松原市市民生活部観光課提供）

19代 允恭天皇《いんぎょうてんのう》

在位年	生没年
412（?歳）〜453（?歳）	?〜453（享年?歳）

父 仁徳天皇《にんとくてんのう》
母 磐之媛命《いわのひめのみこと》
配 忍坂大中姫命《おしさかのおおなかつひめのみこと》

妃に促されてようやく即位

反正天皇《はんぜいてんのう》の弟で、兄の崩御後、群卿たちが印璽《いんじ》を奉って即位を促したとされる。しかし病身の上、天皇の器にもあらずとして辞退。**妃・忍坂大中姫命《おしさかのおおなかつひめのみこと》が厳しい寒さのなかで、懇願し続けたことで、ようやく願いを聞き入れた。**

『日本書紀《にほんしょき》』には、允恭天皇の目立った事績が見当たらず、妃の妹・弟姫《おとひめ》に惹かれた話や、兄の木梨軽皇子《きなしかるのみこ》と軽大娘皇女《かるのおおいらつめのひめみこ》の実兄妹の相姦などが詳しく記されている。

なお、『宋書《そうじょ》』倭国伝《わこくでん》に記された倭国王・済《せい》は、允恭のことだとされる。

乱れば乱れ
さ寝しさ寝てば
出典：『古事記』

訳 人心が離れることも厭わない。あなたとともに寝ることさえできれば

▶木梨軽皇子が実妹・軽大娘皇女に送った歌。実兄妹間の恋愛は当時からタブーで、木梨軽皇子は皇太子ながら配流された。

日本最古の温泉地として名高い道後温泉は木梨軽皇子兄妹が配流された地で、ふたりはこの地で心中したとされる。

20代 安康天皇《あんこうてんのう》

在位年	生没年
453（53歳?）〜456（56歳?）	401?〜456（享年56歳?）

父 允恭天皇《いんぎょうてんのう》
母 忍坂大中姫命《おしさかのおおなかつひめのみこと》
配 中蒂姫命《なかしひめのみこと》

父の仇として眉輪王に殺される

允恭《いんぎょう》天皇の第1子・木梨軽皇子《きなしかるのみこ》が実妹・軽大娘皇女《かるのおおいらつめのひめみこ》と密通していたことが世に知れると、群臣たちは次期天皇に木梨軽皇子の弟・穴穂皇子《あなほのみこ》を推し始めた。皇位に執着する木梨軽皇子は兵を集めて謀反。しかし、穴穂皇子に反撃された。こうして**穴穂皇子が即位して安康天皇となり、都を大和石上《やまといそのかみ》（奈良県天理市《てんりし》）に移した。**

安康は臣下に騙《だま》され、祖父・仁徳《にんとく》天皇の皇子である大《おお》草香皇子《くさかのみこ》を殺してしまい、安康が父の仇だということを知った**大草香皇子の子・眉輪王《まよわのおう》に殺害された。**

家系図

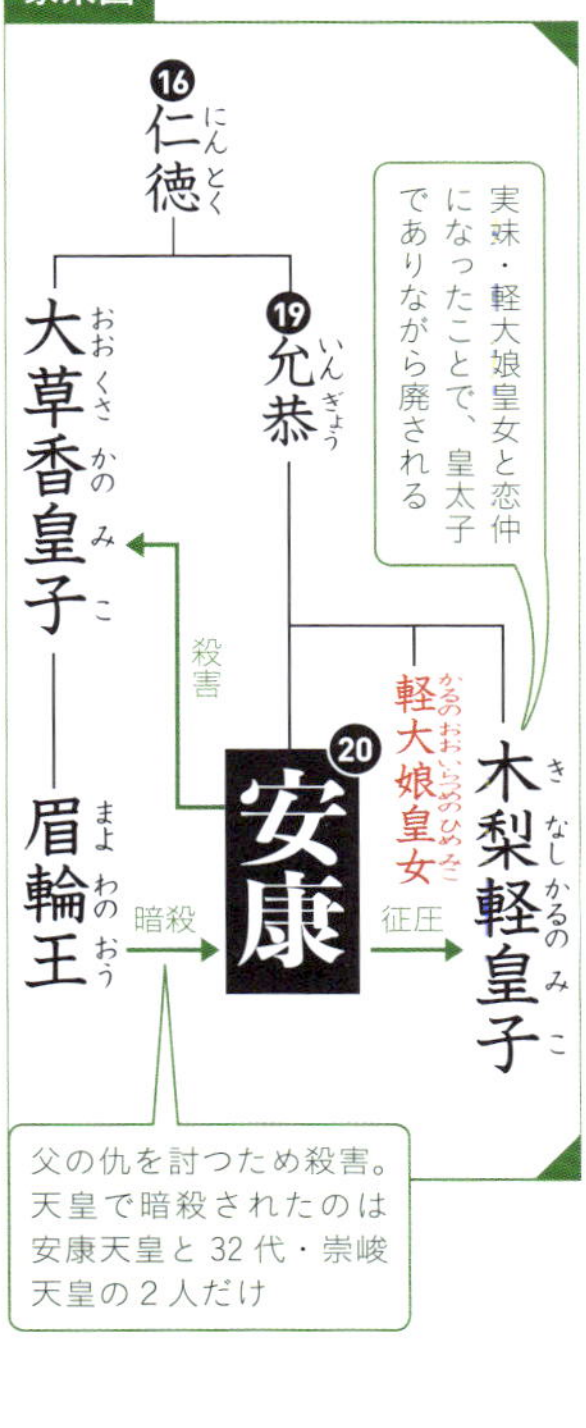

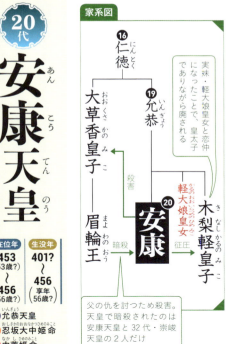

21代

雄《ゆう》略《りゃく》天《てん》皇《のう》

在位年	生没年
456（39歳）〜479（62歳）	418〜479（享年62歳）

父 允恭天皇《いんぎょうてんのう》
母 忍坂大中姫命《おしさかのおおなかつひめのみこと》
配 草香幡梭姫皇女《くさかのはたびのひめみこ》

同年代の権力者
平群真鳥臣《へぐりのまとりのおみ》（豪族）
大伴連室屋《おおとものむらじのむろや》（豪族）

国力充実に努めた暴君

先代・安康《あんこう》天皇が眉輪王《まよわのおう》に暗殺された時、真っ先に動いたのが弟の大泊瀬幼武尊《おおはつせわかたけるのみこと》（雄略天皇）であった。眉輪王はもとより、兄の坂合黒彦皇子《さかあいのくろひこのみこ》・八釣白彦皇子《やつりのしろひこのみこ》までも暗殺の黒幕と見なして、次々と殺害。さらに従兄弟の市辺押磐皇子《いちのへのおしわのみこ》ら**ライバルを排除して皇位を奪い取った**。

即位後も、宮中に招き入れようとしていた百済《くだら》の王族の娘・池津媛《いけつひめ》が臣下と通じたことに怒って、ふたりを木に張り付けて焼殺、**意にそぐわぬ臣下は容赦なく放逐・斬殺するという暴君ぶり**であった。

一方で、雄略は卓越した手腕を発揮し、養蚕を奨励して経済発展を促すなど、**国力の充実に努めた**。また、外交面においても積極的で、鉄資源を求めて朝鮮半島へ遠征軍を送った。中国の**『宋書《そうじょ》』倭国伝《わこくでん》にある「安東《あんとう》大将軍《だいしょうぐん》　倭王《わおう》・武《ぶ》」は雄略ではないかとされている**。

また、埼玉県の稲荷山《いなりやま》古墳から出土した鉄剣に記された「**獲加多支鹵大王《わかたけるおおきみ》」は雄略のこと**だと見られており、5世紀後半に活躍したと推測されている。

家系図

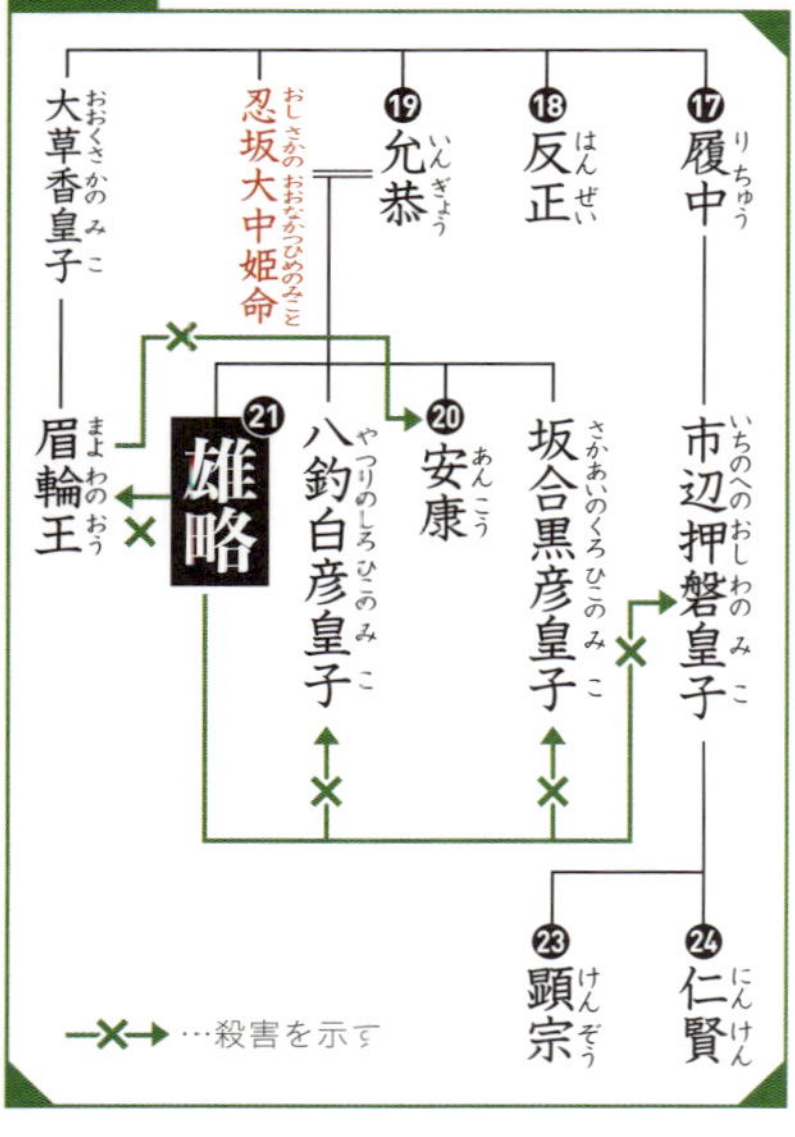

プロフィール

- ライバルの皇子たちを次々と殺害して即位した。
- 意にそぐわぬ臣下を斬り殺すなど暴君ぶりを発揮した。
- 養蚕を奨励するなど国力の充実にも積極的であった。

訳
ワカタケル大王の朝廷がシキの宮にあるとき、私は大王が国を治めるのを補佐した

猪を倒す雄略天皇

葛城山で狩りをしていると、雄略は猪に遭遇。舎人に射殺すよう命じたが、舎人は怯えて逃げてしまう。そこで雄略自ら猪を踏み殺した。（都立中央図書館特別文庫室蔵）

稲荷山古墳出土鉄剣

両面合わせて115文字の銘が入った鉄剣。「辛亥年」＝471年、「獲加多支鹵大王」＝雄略天皇を指す。（埼玉県立さきたま史跡の博物館蔵）

雄略天皇と大和の地

奈良県には雄略の伝説が多く残る。また、古代史の中心となる豪族が台頭したのもこの時だ。

眉輪王が頼った大豪族・葛城氏

眉輪王をかくまったのは大豪族・葛城氏。雄略は軍勢を連れ葛城氏を破り、眉輪王を討った

一事主神との遭遇

雄略が葛城山で狩りをしていると一事主神が現れる。雄略が武器を献上すると、神は喜んだという

ゆかりの人物 一事主神《ひとことぬしのかみ》

『日本書紀《にほんしょき》』では、葛城山の現人神《あらひとがみ》として一事主神（一言主之神）が登場。顔や姿が雄略天皇とよく似ていたところから雄略が不思議に思って声をかけ、その後ともに狩りをして遊んだとしている。一方、『古事記《こじき》』では、天皇が一事主神の下位に置かれたような記述もあった。これが何を意味するのかさまざまな憶測が為されているが、一事主神を祀っていた葛城氏と天皇家との関連性を指摘する説もある。

葛城山に建つ「一言さん」こと一言主神社

22代

清寧天皇《せいねいてんのう》

在位年 480（37歳）～484（41歳）
生没年 444～484（享年41歳）
父 雄略天皇《ゆうりゃく》
母 葛城韓媛《かつらぎのからひめ》
配 なし

豪族・大伴氏の協力で無事即位

雄略天皇《ゆうりゃく》が崩御した後、皇太子・**白髪武広国推稚日本根子尊《しらかのたけひろくにおしわかやまとねこのみこと》（清寧天皇）**を差し置いて、異母兄の星川皇子《ほしかわのみこ》が皇位を簒奪しようとした。星川皇子は大蔵（倉庫）を管理する役所を襲ったが、大連《おおむらじ》・大伴室屋《おおとものむろや》が兵を出動させて大蔵を包囲し、火をつけて星川皇子を焼殺。**清寧は無事に即位**することができた。

清寧は、民を慈しんで善政を敷いたとされるが、目立った事績は記されていない。

子どもがないまま崩御したため**允恭《いんぎょう》天皇系統は途絶え、皇位は履中《りちゅう》天皇系統の皇子へ移った。**

清寧天皇肖像
（早稲田大学図書館蔵）

清寧天皇御陵（白髪山古墳）

清寧は幼少から白髪だったため、白髪武広国推稚日本根子尊の別称を持ち、遺跡名も白髪山古墳である。（羽曳野市教育委員会提供）

23代

顕宗天皇《けんぞうてんのう》

在位年 485（36歳）～487（38歳）
生没年 450～487（享年38歳）
父 市辺押磐皇子《いちのへのおしわのみこ》
母 荑媛《はえひめ》
配 難波小野王《なにわのおののみこ》

難を逃れた履中天皇の孫

市辺押磐皇子《いちのへのおしはのみこ》が雄略《ゆうりゃく》天皇に殺されると、遺児の**億計《おけ》・弘計《をけ》兄弟は、難を逃れるため播磨国《はりま》（兵庫県）に潜んだ。**

その後、雄略が崩御して清寧《せいねい》天皇に即位すると、ふたりはようやく身分を明かすことに。清寧に子がないまま崩御すると、臣下の山部連小楯《やまべのむらじのおだて》はふたりを宮中に迎え入れ、**兄・億計を皇太子に、弟・弘計を皇子にした。**

しかし、億計は、弟こそ皇位に就くべきだと、皇位に就こうとしなかった。ふたりはしばらく皇位を譲り合うも、**ついには弟が折れて即位、顕宗天皇となった。**

家系図

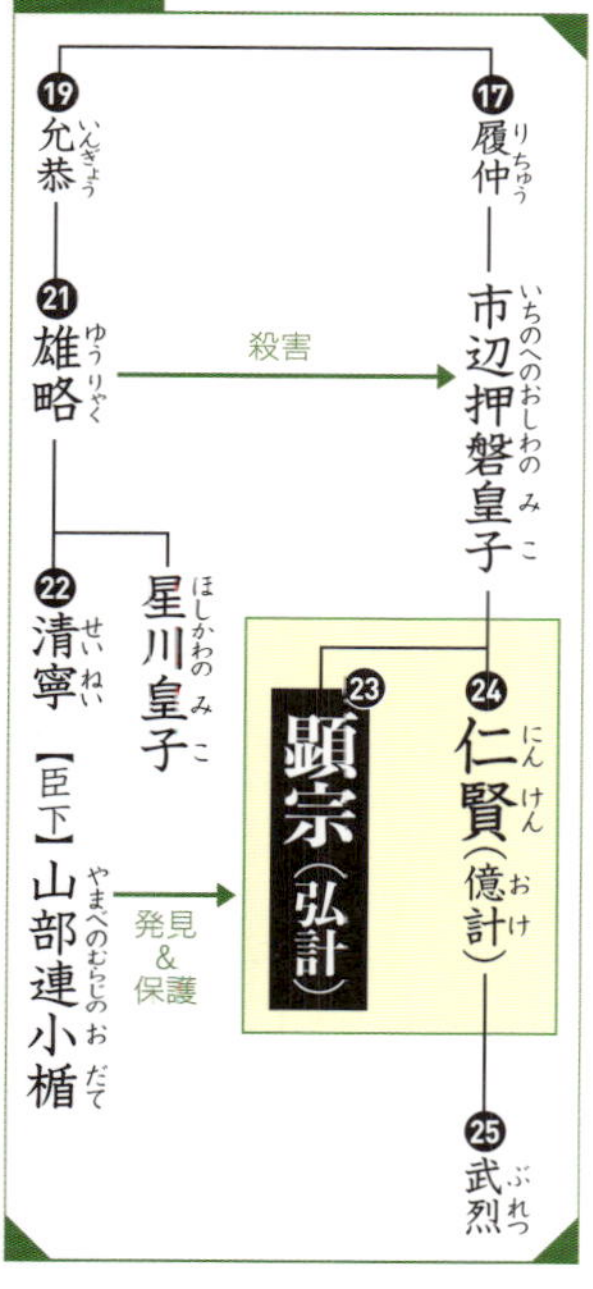

24代

仁賢天皇《にんけんてんのう》

在位年	生没年
488（40歳）〜498（50歳）	449〜498（享年50歳）

父 市辺押磐皇子《いちのへのおしわのみこ》
母 荑媛《はえひめ》
配 春日大娘皇女《かすがのおおいらつめのひめみこ》

弟に皇位を譲った謙虚な人柄

顕宗《けんぞう》天皇は、わずか在位3年で崩御。38歳の若さであった。**弟・顕宗に皇位を譲った兄・億計《おけ》（仁賢天皇）が皇位に就いた。**

聡明で謙虚な人柄であったとされる。11年間の治世における具体的な事績は語られていないが、五穀豊穣、人口も増えて大いに繁栄したことが『日本書記《にほんしょき》』に記されている。

子の小泊瀬稚鷦鷯尊《おはつせのわかさざきのみこと》（武烈《ぶれつ》天皇）を皇太子にして崩御。埴生坂本陵《はにゅうのさかもとのみささぎ》（大阪府藤井寺《ふじいでら》市）に葬られた。

角刺神社《つのさしじんじゃ》
億計・弘計が皇位を譲り合っていた時、ふたりの叔母・飯豊王が政務を司った。角刺神社は飯豊王を祭神としている。（葛城市提供）

志染《しじみ》の石室
億計・弘計兄弟が、難を逃れるために潜んでいたとされる洞穴。

25代

武烈天皇《ぶれつてんのう》

在位年	生没年
498（10歳）〜506（18歳）	489〜506（享年18歳）

父 仁賢天皇《にんけん》
母 春日大娘皇女《かすがのおおいらつめのひめみこ》
配 春日娘子《かすがのいらつこ》

暴虐の限りを尽くした暴君

仁賢《にんけん》天皇が崩御し、皇太子・小泊瀬稚鷦鷯尊《おはつせのわかさざきのみこと》（武烈天皇）が即位する前に、大臣の平群真鳥《へぐりのまとり》が国政をほしいままにし、自ら王になることを欲した。**大伴金村《おおとものかなむら》は兵を率いてこれを討伐。小泊瀬稚鷦鷯尊は無事に即位することができた。**

しかし、**武烈は即位すると暴君と化し、政局の混迷を招いた。**武烈は妊婦の腹を割いて胎児を見たり、人の爪をはいで山芋を掘らせたりと、残虐な行為を繰り返した。

平群真鳥臣を討つ大伴金村
雄略天皇から仁賢天皇までの４代の間、大臣を務めた平群真鳥は、仁賢の崩御後、皇位を簒奪しようとしたため、大伴金村に討伐された。大伴金村は武烈天皇の崩御後、継体天皇を都に迎え入れるなど、さまざまな功績が伝わっている。（都立中央図書館特別文庫室蔵）

26代

継《けい》体《たい》天《てん》皇《のう》

在位年 507（58歳）〜531（82歳）

生没年 450〜531（享年82歳）

父 彦主人王《ひこうしおう》

母 振媛《ふりひめ》

配 手白香皇女《たしらかのひめみこ》

同年代の権力者

大伴金村《おおとものかなむら》（大連）

物部麁鹿火《もののべのあらかひ》（大連）

現代まで繋がる継体系統の始祖

25代・武烈《ぶれつ》天皇が18歳の若さで、皇子も皇女ももうけないまま崩御したため、後継者選びに苦慮することになった。

候補にあがったのが、近江《おうみ》あるいは越前《えちぜん》の豪族で、**15代・応《おう》神《じん》天皇の5世の孫・男大迹王《おおとのおう》（継体天皇）であった。**大伴金村《おおとものかなむら》に促されてようやくその申し入れを受け入れた男大迹王は、樟葉宮《くすはのみや》（大阪府枚方市）で即位した。

それに伴い、**仁賢《にんけん》天皇の皇女・手白香皇女《たしらかのひめみこ》を妃に迎え入れた。**これまでの天皇と違う系統の継体に、天皇位を継ぐものとして正統性を与えるためであった。

養蚕や農業の振興に尽力したほか、筑紫《つくし》の国で反乱を起こした豪族・磐井《いわい》を物部麁鹿火《もののべのあらかひ》に命じて鎮圧させる（➡P48）などの業績が残っている。

プロフィール

- もとは近江・越前の豪族だったが、武烈天皇に代わって即位。
- 河内国樟葉宮で即位し、仁賢天皇の皇女を妃に迎え入れる。
- 筑紫の豪族・磐井の反乱を鎮圧。

継体天皇銅像

家系図

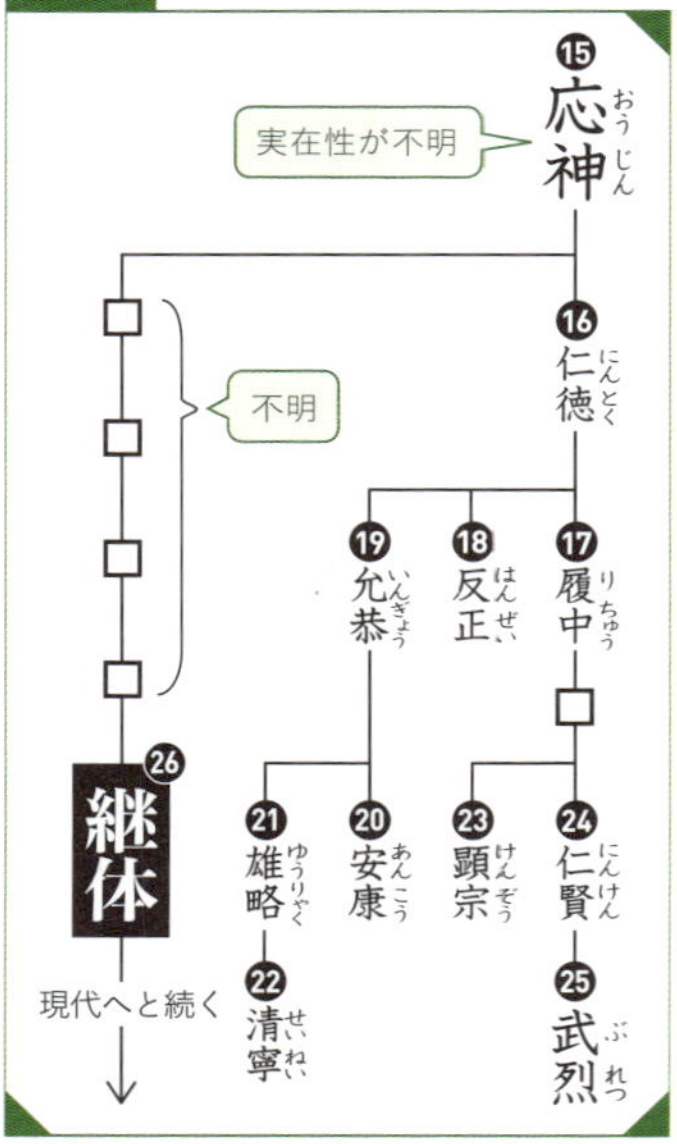

27代

安《あん》閑《かん》天《てん》皇《のう》

在位年	生没年
531（65歳）〜535（70歳）	466〜535（享年70歳）

父 継体天皇《けいたい》
母 目子媛《めのこひめ》
配 春日山田皇女《かすがのやまだのひめみこ》

金橋神社

安閑が即位・崩御した勾金橋宮跡は金橋神社となっている。御祭神もまた安閑である。（橿原市観光協会提供）

誉める声が満ちたという名君

継体《けいたい》天皇の第1皇子で、『日本書紀《にほんしょき》』では息をひきとる直前に譲位されたとある。幼少の頃から器量・武威にもすぐれ、人君として相応しい人柄であったという。この時すでに60歳を優に過ぎていたこともあって、在位期間はわずかであった。しかし、各地に屯倉《みやけ》を設置するなどの実績を残している。五穀豊穣で民が飢えることもなくなり、**天子を誉める声が天地に充満したともいわれる。**

勾金橋宮《まがりのかなはしのみや》（奈良県橿原市《かしはら》）で崩御。古市高屋丘陵《ふるちのたかやのおかのみささぎ》（大阪府羽曳野市《はびきの》）に葬られた。

皇后 春日山田皇女

安閑天皇は皇后のために伊甚屯倉（千葉県夷隅郡市）を築いた。また28代・宣化天皇が崩御すると、29代・欽明天皇は春日山田皇女の即位を勧めた。皇后は辞退したが、即位したら日本初の女帝となっていた。

28代

宣《せん》化《か》天《てん》皇《のう》

在位年	生没年
535（69歳）〜539（73歳）	467〜539（享年73歳）

父 継体天皇《けいたい》
母 目子姫《めのこひめ》
配 橘仲皇女《たちばなのなかつひめみこ》

苦境の任那に援軍を派遣

檜隈高田皇子《ひのくまのたかたのみこ》（宣化天皇）は継《けい》体《たい》天皇の第2子で、安閑《あんかん》天皇の実の弟である。安閑に後継者がいなかったため、檜隈高田皇子が即位した。

『日本書紀《にほんしょき》』には、清らかで、奢り高ぶることのない君子らしい人物であったと記されている。**大伴《おおともの》金村《かなむら》や物部麁鹿火《もののべのあらかひ》に加え、蘇我稲《そがのいな》目宿禰《めすくね》を大臣《おおおみ》とした。**

那津官家《なのつのみやけ》（福岡県）に各地の屯倉《みやけ》から籾《もみ》を運ばせて、非常時に備えた。また、新羅《しらぎ》に攻め込まれた任那《みまな》からの救援要請に応じて救援の兵を派遣するなど、外交面においても積極策を推し進めた。

6世紀の朝鮮半島

当時の朝鮮半島は3つの国が分立、さらに小国連合の任那があった。倭国は朝鮮半島の資源を求め、たびたび侵攻した。

家系図

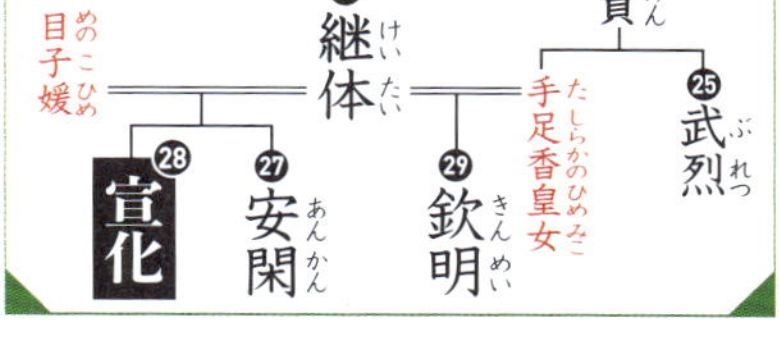

政治

波乱の生涯を送った継体天皇とは

継体天皇の即位への道のり
男大迹王は、現在の福井県周辺を支配していたが、大伴金村に見出され、継体天皇として即位した。
① 三国（坂井市）
男大迹王が当初支配していた領域。琵琶湖から流れる河川のおかげで都への水運が可能だった
② 樟葉宮（枚方市）
507年、継体天皇は大和へ入らず、樟葉宮で即位する
③ 筒城宮（京田辺市）
511年、１度目の遷都を行い南下する
④ 弟国宮（長岡京市）
518年、２度目の遷都でさらに大和を離れる
⑤ 磐余玉穂宮（桜井市）
526年、継体はやっと大和入りを果たす
越
若狭湾
若狭
琵琶湖
摂津
難波の海
大和
伊勢湾
…継体のルート
…男大迹王の支配領域

各地の豪族からの批判に悩まされる

25代・武烈《ぶれつ》天皇が嗣子《しし》なく崩御すると大連《おおむらじ》・大伴金村《おおとものかなむら》らは越《えち》前《ぜん》にいた**応神《おうじん》天皇の5世の孫・男大迹王《おおとのおう》（のちの継体《けいたい》天皇）を見つけ出し、皇統を継ぐよう要請**。これに応じた男大迹王は、河内《かわち》国樟葉宮《くすはのみや》で即位し、筒城《つつきの》宮《みや》、弟国宮《おとくにのみや》を経て大和《やまと》の磐余《いわれ》玉《たま》穂宮《ほのみや》に都を遷したとされている。

河内での即位から大和入りするまで20年もの歳月を費やしていることから、皇室内部あるいは周辺豪族との間で皇位をめぐる混乱があったのではないかと

朝鮮半島と磐井の反乱

古墳時代の事件で最も有名といえる磐井の乱は、ただの内乱ではなく、朝鮮半島情勢が深く関わっている。

→…朝鮮三国・磐井の進軍ルート
→…物部麁鹿火の進軍ルート
高句麗
進軍
百済
新羅
任那
支援
倭国
三井郡
①
新羅の侵攻を受けた百済は任那へ侵攻。これに対し継体天皇と大伴金村は百済との友好を優先し、任那の一部を百済に割譲した
②
継体は半島の足がかりである任那を救うべく、朝鮮半島に派兵。しかし、その道中九州南部で磐井の反乱に遭う。討伐を命じられた物部麁鹿火は筑紫へ向かった
③
『日本書紀』によると、磐井は新羅と結びつき反乱を起こしたという

（岩戸山歴史文化交流館蔵）

岩戸山古墳《いわとやま》

磐井の墓であるとされる古墳。陵内からは石人・石馬が出土した

物部麁鹿火

豪族・磐井の反乱を鎮圧したことで名をあげ、継体・安閑・宣化３天皇に臣従する。宣化天皇元年に亡くなる。

さまざまな憶測がある。

そのひとつが、史学者・水野《みずの》祐《ゆう》氏が提唱した「三王朝交替説」である。10代・崇神《すじん》天皇からはじまる三輪《みわ》王朝に次いで16代・仁徳《にんとく》天皇から河内王朝が始まり、これを**男大迹王が簒奪して継体王朝を築き上げた**というのである（ただしこの説には否定的な意見も多い）。

6世紀初め、朝鮮半島の新羅《しらぎ》は倭国の直轄地である任那《みまな》へ侵攻を始めた。継体はこれを奪還しようとしたところ、筑紫《つくし》の豪族・磐井《いわい》が新羅と結びつき、反乱を起こした。物部麁鹿火《もののべのあらかひ》によって鎮圧されたが、この反乱もまた**継体即位への反発から始まった、地方政治への影響力の低下が原因**だと考えられる。

COLUMN 1

日本古代史の手がかり『古事記』『日本書紀』とは

日本最古の歴史書の成立過程

『古事記《こじき》』『日本書紀《にほんしょき》』は古代史を知る上で貴重な基本資料だ。

日本最古の歴史書として知られる『古事記』は、その序文によれば、天武《てんむ》天皇の命によって稗田阿礼《ひえだのあれ》が誦習《しょうしゅう》していた『帝紀《ていき》』(天皇名や陵墓、治世のできごとなどを記したもの)や『旧辞《きゅうじ》』(朝廷の伝承や説話、物語などの記録をまとめたもの)を太安万侶《おおのやすまろ》が撰録《せんろく》したものである。天地《てんち》開闢《かいびゃく》から33代・推古《すいこ》天皇までを記し、712年に完成した。

一方、『日本書紀』には成立の経緯は記されていないが、天武が編纂《へんさん》を命じ、舎人親王《とねりしんのう》らによって720年に完成したものと見られている。41代・持統《じとう》天皇までを全30巻に分けて記しているところが『古事記』との大きな違いである。

❖『古事記』『日本書紀』のちがい

『古事記』		『日本書紀』
712年	成立	720年
全３巻	構成	全30巻＋系図１巻
稗田阿礼・太安万侶	編者	舎人親王ら
天地開闢～推古天皇	範囲	神代～持統天皇
変体漢文(日本語を漢字で著したもの)・紀伝体	体裁	漢文・編年体
天皇と神々の血縁を強調。国内での天皇の権威づけを図る	目的	日本という国の正当性を国外に向けて 主張。ヤマト政権の支配体制を揺るぎないものとする
敗者や悲劇の人物も登場し、反国家的な物語も多く掲載	特徴	正当な歴史を本文とし、異説を複数掲載。反国家的な物語は極力排除

2章

飛鳥・奈良時代の天皇

「日本」や「天皇」といった言葉が誕生するなど、天皇を中心とした中央集権国家が築かれた時代である。家臣である蘇我氏の専横や古代最大の内乱といった苦難を乗り越えて、長い歴史のなかでも、天皇が最も権勢を誇った足跡をたどってみよう。

年表

飛鳥・奈良時代の天皇一覧

登場する天皇
29代 欽明天皇 ← 49代 光仁天皇

▲乙巳の変

▲仏教公伝

代	天皇	生年	没年	在位年	参照
29代	欽明	509年	571年	539〜571年	P56
30代	敏達	538年	585年	572〜585年	P56
31代	用明	540年	587年	585〜587年	P57
32代	崇峻	？	592年	587〜592年	P57
33代	推古	554年	628年	592〜628年	P58
34代	舒明	593年	641年	629〜641年	P62

史上初の女性天皇

▲薬師寺

▼推古天皇

552 仏教公伝（538年説あり）
587 蘇我氏、物部氏を滅ぼす
593 厩戸王、摂政となる
607 小野妹子を隋に派遣

▲宇佐八幡宮神託事件

▲東大寺

▲壬申の乱の舞台・瀬田の唐橋

790 770 750 730 710 690 670 650

■：即位していた期間　■：退位から没年までの期間

称徳・孝謙 46·48代
生年：718年　没年：770年
在位年：749～758年、764～770年
P78

史上唯一の女性皇太子が誕生

淳仁 47代
生年：733年　没年：765年
在位年：758～764年
P79

光仁 49代
生年：709年　没年：781年
在位年：770～781年
P79

歴代で最も高齢で天皇に

初めて重祚した天皇

▲東大寺の大仏

◀聖武天皇

斉明・皇極 35·37代
P63
生年：594年　没年：661年
在位年：642～645年、655～661年

孝徳 36代
P62
生年：596年　没年：654年
在位年：645～654年

天智 38代
P64
生年：626年　没年：671年
在位年：668～671年

弘文 39代
P65
生年：648年　没年：672年
在位年：671～672年

天武 40代
P68
生年：631?年　没年：686年
在位年：673～686年

持統 41代
P72
生年：645年　没年：702年
在位年：690～697年

文武 42代
P72
生年：683年　没年：707年
在位年：697～707年

元明 43代
P73
生年：661年　没年：721年
在位年：707～715年

母から娘へ皇位が引き継がれる

元正 44代
P73
生年：680年　没年：748年
在位年：715～724年

聖武 45代
生年：701年　没年：756年
在位年：724～749年
P74

▶天皇号が書かれた木簡

769 宇佐八幡宮神託事件
752 大仏建立
729 長屋王の変
710 平城京遷都
701 大宝律令制定
672 壬申の乱
663 白村江の戦い
645 乙巳の変

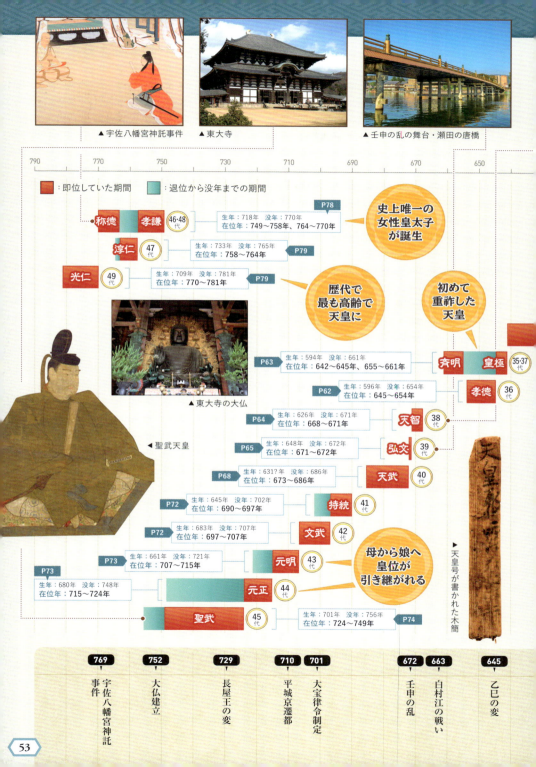

総論

飛鳥・奈良時代の天皇の歴史と役割

飛鳥・奈良時代の天皇を理解する3ポイント

その1

蘇我氏の専横

飛鳥時代、崇仏派の蘇我氏が確固たる地位を築きあげた。

その2

中央集権の確立へ

大化の改新と天武天皇の親政によって支配体制の強化を図る。

その3

揺らぐ皇統

皇位継承者の不足や道鏡の皇位簒奪事件などが相次ぐ。

蘇我氏の専横を打破し中央集権体制を強める

飛鳥《あすか》に都が置かれたのは592年のことで、これ以降を飛鳥時代と呼ぶ。**仏教受容を巡って対立した物部《もののべ》氏を滅亡に追いやった蘇我《そが》氏が全盛期を迎えた**のもこの時代で、娘を欽明《きんめい》天皇に嫁がせた蘇我稲目《いなめ》は外戚として確固たる地位を築きあげ、**蘇我馬子《うまこ》の代には推古《すいこ》天皇、厩戸王《うまやどのおう》（聖徳太子《しょうとくたいし》）との三頭政治**の中で権勢をふるった。

しかし、中大兄皇子《なかのおおえのおうじ》（38代・天《てん》智《じ》天皇）が乙巳《いっし》の変《へん》で蘇我入鹿《いるか》を葬ったことで、蘇我氏本宗家は滅亡。その後、壬申《じんしん》の乱《らん》で自ら皇位を勝ち取った天武《てんむ》天皇が専制君主として君臨した。**「天皇」号が成立したのもこの頃で、長い天皇家の歴史のなかでも、最も高い権威と権勢を誇った時代**である。

文武《もんむ》天皇の代になると、藤原不比等《ふじわらのふひと》が娘・宮子《みやこ》を入内《じゅだい》させたことをきっかけに、**藤原氏が台頭**する。宮子が生んだ首皇子《おびとのおうじ》が45代・聖《しょう》武《む》天皇となり、**政治不安が続いたことから、国家鎮護のため東大寺《とうだいじ》の大仏を建立**。しかしその後、皇位を継ぐ男子が生まれず、女性天皇として孝謙《こうけん》天皇（重祚《ちょうそ》後は称徳《しょうとく》天皇）が即位するも、寵愛された道鏡《どうきょう》が皇位を奪う動きをみせるなど、皇統に不安定な事態が続いた。

ポイント その1

蘇我氏が3代にわたり専横をふるう

蘇我入鹿

乙巳の変で暗殺され
蘇我宗家滅亡

物部氏

仏教受容をめぐって
対立

蘇我馬子

勝利後、
専横体制の確立

㉙欽明

娘を嫁がせる

蘇我稲目

外戚となり
政治の中心へ

解説　外戚となった蘇我稲目は物部氏とともに政局運営を任され、その物部氏を蘇我馬子が滅ぼして政治の中心を担う。しかし皇族や氏族の反感も強く、乙巳の変で入鹿は殺される。

ポイント その2

天智天皇、次いで天武天皇が中央集権を強化

㊳天智

「大化の改新」
↓
政治改革、支配体制の強化

白村江の戦いで敗北

壬申の乱（皇位継承戦争）

㊵天武

「皇親政治」
↓
天皇と皇族の親政を確立

解説　蘇我宗家を滅亡させた中大兄皇子（天智天皇）は「大化の改新」により改革を行うも、白村江の戦いで敗北。その後、壬申の乱に勝利した天武天皇は専制により天皇の権威を高めた。

ポイント その3

大仏建立と皇統をめぐる争い

長屋王の変

藤原四兄弟の病没

藤原広嗣の乱

㊺聖武 が**大仏建立**

男子が生まれず皇統が不安定に

宇佐八幡宮神託事件
皇統の危機！

解説　謀反の罪を着せられた長屋王の変や朝廷に対する藤原広嗣の乱などの異変が続き、聖武天皇は大仏造営に着手。しかし皇統は安定せず、道鏡による皇位簒奪事件などが勃発。

29代

欽《きん》明《めい》天《てん》皇《のう》

在位年 539（31歳）〜571（63歳）
生没年 509〜571（享年63歳）

父 継体天皇《けいたい》
母 手白香皇女《たしらかのひめみこ》
配 石姫《いしひめ》

蘇我氏と物部氏の対立に悩まされる

26代・継体《けいたい》天皇の第3皇子だが、**仁賢《にんけん》天皇の娘・手白《たしら》香皇女《かのひめみこ》の血を引く**ことから皇位を継いだ。豪族の大伴金村《おおとものかなむら》と物部尾輿《もののべのおこし》を大連《おおむらじ》（軍事と裁判を担当）に、蘇我稲目《そがのいなめ》を大臣《おおおみ》（経済と外交を担当）として政務を任せたが、金村が**任那《みまな》を百済《くだら》に割譲**した失政を問われたことをきっかけとして大伴氏が失脚。以降、物部氏と蘇我氏の2大氏族が中心となって政局を運営していった。しかし、**仏教**が伝来すると、これを擁護しようとする蘇我氏と、排斥しようとする物部氏が対立する事態を招いた。

欽明天皇肖像
（早稲田大学図書館蔵）

小金銅仏《しょうこんどうぶつ》
『日本書紀』によると、仏教とともに小金銅仏が一緒に伝来したという。
（メトロポリタン美術館蔵）

30代

敏《び》達《だつ》天《てん》皇《のう》

在位年 572（35歳）〜585（48歳）
生没年 538〜585（享年48歳）

父 欽明天皇《きんめい》
母 石姫《いしひめ》
配 豊御食炊屋姫尊《とよみけかしきやひめのみこと》（推古天皇《すいこ》）

仏教を巡る家臣の対立が激化

父・欽明《きんめい》天皇は崩御する直前に、敏達天皇を病床に呼んで後事を託したとされる。そのさい、「**新羅《しらぎ》を討って任那《みまな》を封じ建てろ（再興させよ）**」との遺言を残したという。物部守屋《もののべのもりや》を大連《おおむらじ》とし、蘇我馬子《そがのうまこ》を大臣《おおおみ》として政局にあたらせたが、両氏は**仏教の崇拝・排斥**をめぐって対立が加速した。疫病が流行ったのを仏教を擁護したせいだと見なした物部守屋らが、**敏達の許可を得て仏像を難波《なにわ》の堀江に破棄**。するとその祟りか、今度は疱《ほう》瘡《そう》（天然痘）で死ぬ者が国に満ちた。ついには敏達自身が疱瘡にかかって崩御してしまった。

敏達天皇陵
大阪府南河内郡太子町にある前方後円墳。
（太子町教育委員会提供）

敏達天皇肖像
（早稲田大学図書館蔵）

31代

用《よう》明《めい》天《てん》皇《のう》

在位年 585（46歳）〜587（48歳）
生没年 540〜587（享年48歳）

父 欽明《きんめい》天皇
母 堅塩媛《きたしひめ》
配 穴穂部間人皇女《あなほべのはしひとのひめみこ》

用明天皇肖像
（早稲田大学図書館蔵）

607年、厩戸王の発願で建てられた法隆寺。もとは用明天皇を供養するため造営された。

仏法への帰依を願った天皇

父は欽明《きんめい》天皇、母は蘇我稲目《そがのいなめ》の娘・堅塩媛《きたしひめ》で、堅塩媛の妹・小姉君《おあねのきみ》の娘・穴穂部間人皇女《あなほべのはしひとのひめみこ》を皇后に迎えるなど、**蘇我氏との血の繋がりが強い**天皇であった。即位して2年で病に伏すようになったため、**仏教への帰依**を願うようになったという。

病がさらに重くなると、仏師の**鞍作多須奈**《くらつくりのたすな》が奏上して、丈六《じょうろく》＊の仏像と寺をつくることを願い出て許されている。のちの推古《すいこ》天皇時代に完成する法隆寺《ほうりゅうじ》の薬《やく》師如来像《しにょらいぞう》は、亡き用明天皇のため、**息子の厩戸王**《うまやどおう》**（聖徳太子**《しょうとくたいし》**）**が発願としたといわれている。

32代

崇《す》峻《しゅん》天《てん》皇《のう》

在位年 587（?歳）〜592（?歳）
生没年 ?〜592（享年?歳）

父 欽明《きんめい》天皇
母 小姉君《おあねのきみ》
配 小手子《おてこ》

蘇我馬子に暗殺される

用明《ようめい》天皇が崩御すると、物部守屋《もののべのもりや》が欽明《きんめい》天皇の子・穴穂部皇子《あなほべのみこ》を天皇にするため、軍を動かそうとした。

この動きを察知した蘇我《そがの》馬子《うまこ》は、まず穴穂部皇子を殺害。用明の弟・泊瀬部皇《はつせべのみ》子《こ》や厩戸王《うまやどおう》（聖徳太子《しょうとくたいし》）らとともに**守屋が築いた稲城**《いなぎ》**に攻め込んだ。**

当初は守屋の必死の守りに苦戦を強いられたものの、ついには**蘇我氏側が勝利**し、泊瀬部皇子が崇峻天皇として皇位に就いた。実権は馬子が握っており、その後、崇峻と馬子の間に軋轢《あつれき》が生じると、**崇峻は馬子によって暗殺された。**

崇峻天皇の暗殺

「聖徳太子絵伝」より。崇峻は献上された猪を見て「(馬子の)首も猪のように落としたい」と語り、それを知った馬子に暗殺されたという。（談山神社蔵）

＊丈六 … 仏像の背丈の基準で、1丈6尺（約4.85m）の仏像のこと

33代

推《すい》古《こ》天《てん》皇《のう》

在位年	生没年
592（39歳）〜628（75歳）	554〜628（享年75歳）

父 欽明天皇《きんめいてんのう》

母 堅塩媛《きたしひめ》

配 敏達天皇《びだつてんのう》

同年代の権力者

蘇我馬子《そがのうまこ》（大臣、叔父）

厩戸王《うまやどおう》（甥）

三頭体制を敷いた初の女帝

崇峻《すしゅん》天皇が蘇我馬子《そがのうまこ》によって暗殺されると、次の天皇の候補として急遽その名が浮かび上がってきたのが、推古天皇であった。用明《ようめい》天皇の同母妹、崇峻の異母姉で、敏達《びだつ》天皇の皇后という立場であったため、次期天皇ともくされた**厩戸王《うまやどおう》（聖徳太子《しょうとくたいし》）が擁立されるまでの橋渡し役**であったともいえる。

日本初の女帝で容姿端麗、頭脳も明晰だったとされるが、国政は摂政《せっしょう》となった甥の厩戸王にすべて任されたと『日本書紀《にほんしょき》』には記されている。さらに馬子

聖徳太子絵伝《しょうとくたいしえでん》

聖徳太子の生涯に起きた出来事を描いたもの。上部の宮殿内に座っている女性が推古天皇、その向かって右隣に控えるのが聖徳太子。（斑鳩寺蔵）

四天王寺

蘇我氏と物部氏との戦いに勝利したあかつきに建てられた。

が推古の叔父であったため、政治の実態は、**廐戸王と馬子が協力**しあって推しすすめたと見なすのが一般的だ（⬇P60）。

なお、蘇我氏の全盛期ではあったが、馬子が天皇家の直轄領の支配権を願い出たさい、その要求をきっぱりと断っており、決して蘇我氏の言いなりにはならなかったようだ。

同時代の事績として有名なのは、**「冠位十二階《かんいじゅうにかい》」**や**「十七条憲法《じゅうななじょうけんぽう》」の制定**であるが、これは廐戸王が中心となって取りまとめたとされる。また、**遣隋使《けんずいし》の派遣**や、『天皇記《てんのうき》』・『国記《こっき》』といった国史の編纂《へんさん》、四天王寺《してんのうじ》や法隆寺《ほうりゅうじ》などの建立も知られる。

プロフィール

- **初めて女性天皇となり、叔父・蘇我馬子と甥・廐戸王との三頭体制をしいた。**
- **「冠位十二階」「十七条憲法」を制定して国家としての威儀を正した。**
- **遣隋使を派遣して、対等な外交を要請した。**

ゆかりの人物 **廐戸王《うまやどおう》（聖徳太子《しょうとくたいし》）**

『日本書紀』では「廐戸豊聡耳皇子《うまやどのとよとみみのみこ》」の名で登場する。父は用明天皇で母は穴穂部間人皇女《あなほべはしひとのひめみこ》。その母はともに蘇我氏の娘であり、蘇我氏と強い血縁関係で結ばれている。聖徳太子の名は後世に送られた尊号。脚色がおびただしいため、非実在説が唱えられることもある。当時、生前に退位する習慣がなかったため、推古天皇より先に亡くなった廐戸王が天皇になることはなかった。

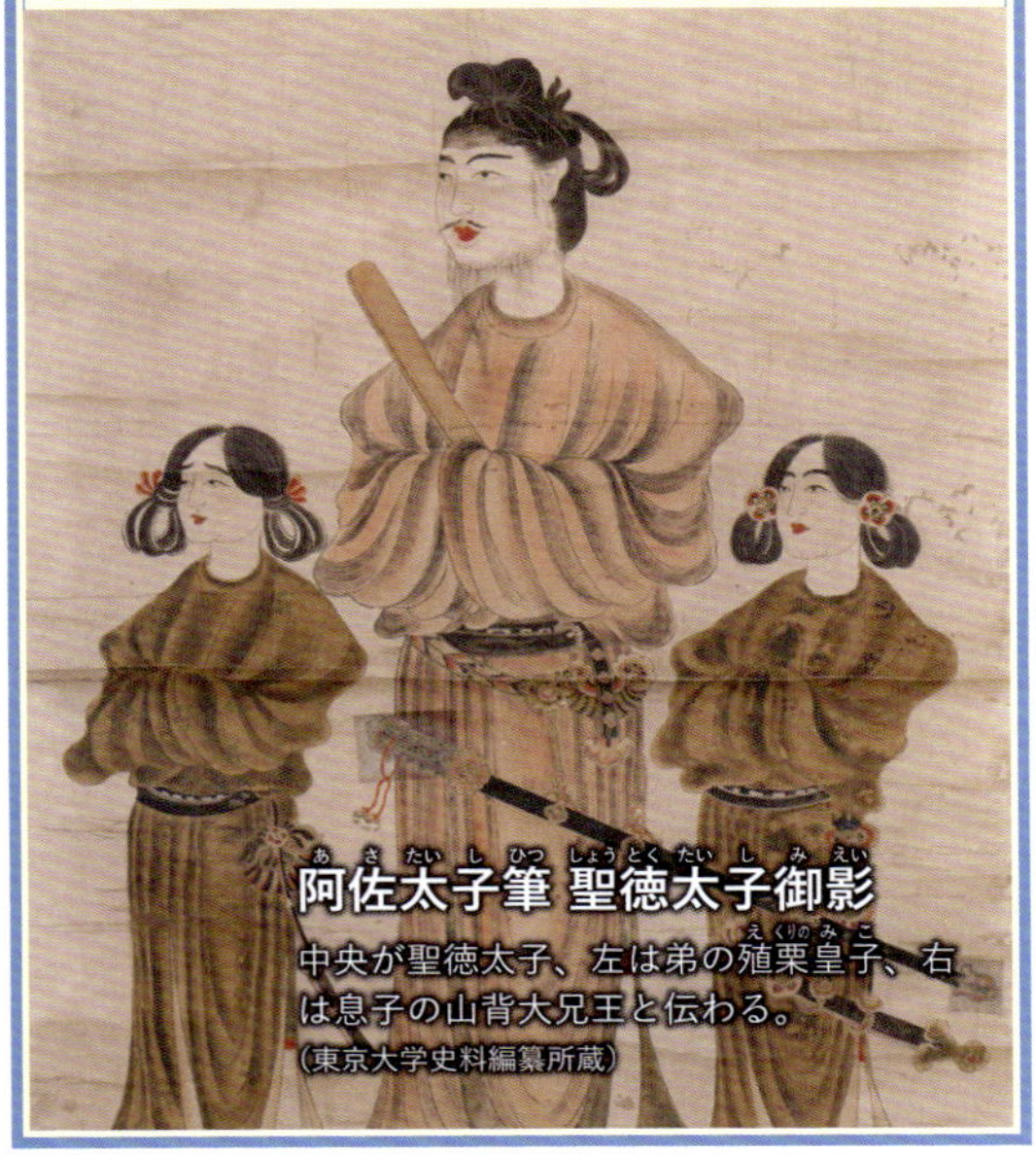

阿佐太子筆《あさたいしひつ》 聖徳太子御影《しょうとくたいしみえい》

中央が聖徳太子、左は弟の殖栗皇子《えくりのみこ》、右は息子の山背大兄王と伝わる。

（東京大学史料編纂所蔵）

家系図

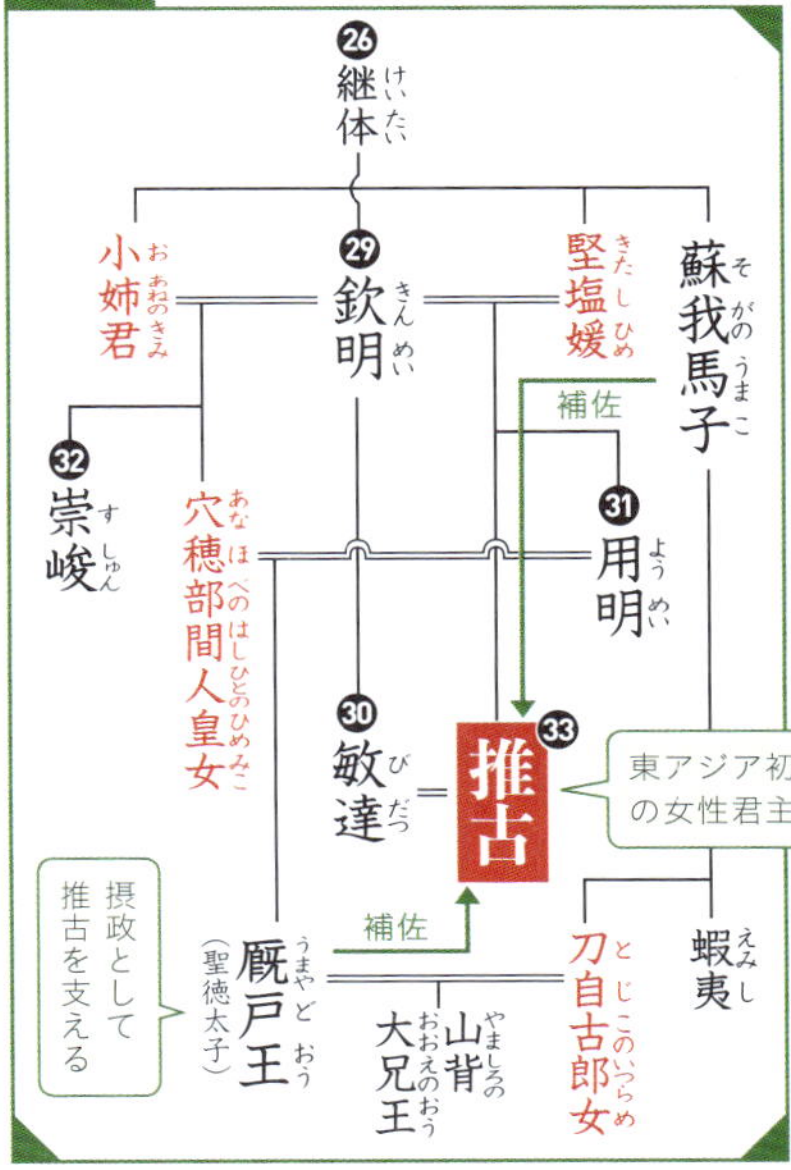

2章 飛鳥・奈良時代

政治

蘇我氏はなぜ天皇家に次ぐ力を誇ったのか

仏教容認が蘇我氏の繁栄をもたらす

日本に仏教が公に伝えられたのは、6世紀半ばの欽明《きんめい》天皇期のこと。百済《くだら》の聖明王《せいめいおう》が、日本に仏像や経典をもたらしたとされる。『日本書紀《にほんしょき》』では552年のこととされているが、『上《じょう》宮聖徳法王帝説《ぐうしょうとくほうおうていせつ》』などに記された538年という説もある。

大陸からやってきた**新しい宗教の受け入れに積極的だった蘇《そ》我《が》氏**に対して、物部《もののべ》氏・中臣《なかとみ》氏が真っ向から反発。崇仏、廃仏をめぐるだけでなく、政治の主導権も絡んだ対立に発展した。

軍事衝突により物部氏を滅ぼした蘇我氏は、**朝廷を担う最大勢力として台頭**。推古《すいこ》天皇、厩《うまや》戸王《どおう》（聖徳太子《しょうとくたいし》）とともに仏教的道徳観に基づいた**三頭政治を行った**。

しかし、蘇我馬子《うまこ》の子・蝦夷《えみし》による古人大兄皇子《ふるひとのおおえのみこ》（天智《てんじ》天皇の兄）擁立の画策や、孫の入鹿《いるか》による山背大兄王《やましろのおおえのおう》（厩戸王の子）一族を滅ぼすなど、**権力を振りかざし横暴な態度をとるようになる**。結果、中大兄皇子《なかのおおえのおうじ》（天智天皇）と中臣鎌足《なかとみのかまたり》によって入鹿が殺害され、蝦夷は自害、蘇我氏本宗家は滅亡した（⬇P66）。

仏教をめぐる対立

崇仏派と廃仏派の争いは、やがて豪族間の権力争いへと発展した。

仏教の受け入れは各豪族に委ねる

仏法を重んじたが病弱だった用明天皇にかわって主導権を握り、各地に堂塔を建立。法会も催した

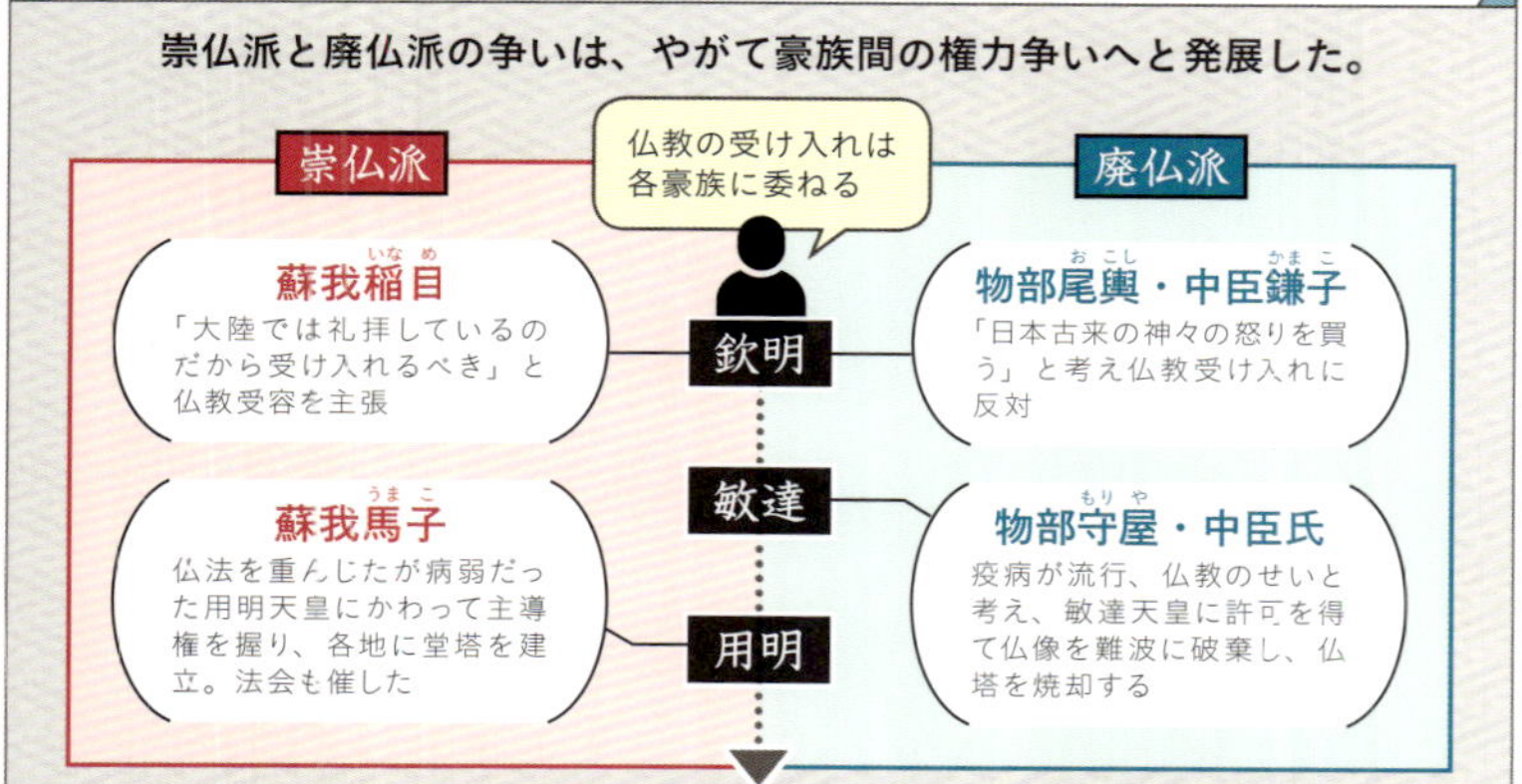
「日本古来の神々の怒りを買う」と考え仏教受け入れに反対
疫病が流行、仏教のせいと考え、敏達天皇に許可を得て仏像を難波に破棄し、仏塔を焼却する
蘇我馬子 VS 物部守屋
用明天皇の死後、誰を次の天皇にするかで馬子と守屋の対立が本格化。
王家を巻きこんだ権力争いに発展し、武力衝突の末、物部氏が滅んだ。

「大陸では礼拝しているのだから受け入れるべき」と仏教受容を主張

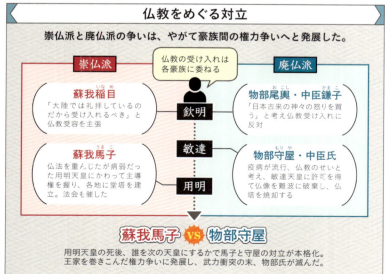

◆三頭政治における３者の関係

飛鳥大仏《あすかだいぶつ》

馬子によって建立された飛鳥寺にある飛鳥大仏は、日本最古の金銅仏といわれる。
(飛鳥寺蔵)

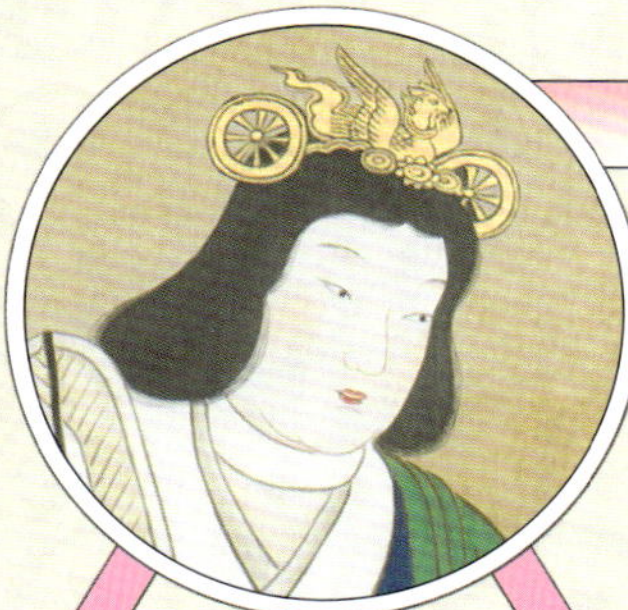

推古天皇

33代天皇。女性として初めて天皇となり、厩戸王(聖徳太子)、蘇我馬子に政治の補佐を受けた。
(叡福寺蔵／大阪市立美術館提供)

馬子が権力を握るも行き過ぎた態度は推古がたしなめた

厩戸王は推古の摂政として政治を主導した

厩戸王(聖徳太子)

推古天皇の甥。遣隋使の派遣、冠位十二階や十七条の憲法などの政策を行った。
(東京大学史料編纂所蔵)

協力して政治を取り仕切る。馬子の娘を厩戸王に嫁がせ縁戚関係を結ぶ

蘇我馬子

推古天皇の叔父にあたり、仏教の受容を推し進めた。物部氏を倒し、朝廷で大きな権力を握った。(斑鳩寺蔵)

法隆寺《ほうりゅうじ》の夢殿《ゆめどの》

もともとは厩戸王(聖徳太子)の住まいがあった場所で、厩戸王を供養するために建てられた。

入鹿《いるか》の首塚と甘樫丘《あまかしのおか》

中大兄皇子が刎ねた入鹿の首が飛んできたという、飛鳥寺にある入鹿の首塚。後ろの甘樫丘には、蘇我氏の屋敷があったとされる。

34代

舒《じょ》明《めい》天《てん》皇《のう》

在位年 629（37歳）〜641（49歳）

生没年 593〜641（享年49歳）

父 押坂彦人大兄皇子《おしさかのひこひとのおおえのみこ》

母 糠手姫皇女《ぬかでひめのひめみこ》

配 宝皇女《たからのひめみこ》（皇極《こうぎょく》・斉明《さいめい》天皇）

蘇我蝦夷に推されて即位

622年に皇太子であった厩《うま》戸《や》王《どおう》（聖徳太子《しょうとくたいし》）が薨去《こうきょ》したにもかかわらず、推古《すいこ》天皇は新たな皇太子を立てなかった。そのため、628年に推古が崩御すると、**皇位継承をめぐって群臣の間で紛議が起きた。**厩戸王の子・山背大兄王《やましろのおおえのおう》と敏達《びだつ》天皇の孫・田村皇子《たむらのみこ》（舒明天皇）のいずれを擁立するか、群臣の間で意見が分かれたからである。

ここで大臣の**蘇我蝦夷《そがのえみし》が田村皇子擁立に動いた**ことで、舒明が即位。皇后との間に中大兄皇子《なかのおおえのおうじ》（天智《てんじ》天皇）や大海人皇子《おおあまのおうじ》（天武《てんむ》天皇）らをもうけた。

小山田古墳《おやまだこふん》
舒明天皇の墓とされる。
（奈良県立橿原考古学研究所提供）

舒明天皇肖像
（早稲田大学図書館蔵）

36代

孝《こう》徳《とく》天《てん》皇《のう》

在位年 645（50歳）〜654（59歳）

生没年 596〜654（享年59歳）

父 茅渟王《ちぬのおおきみ》

母 吉備姫王《きびひめのおおきみ》

配 間人皇女《はしひとのひめみこ》

ひとり難波に残されたまま崩御

皇極《こうぎょく》天皇の跡を継いだ同母弟の孝徳天皇は、中大兄皇子《なかのおおえのおうじ》を皇太子とし、阿倍内麻呂《あべのうちまろ》を左大臣、蘇我倉山田石川麻呂《そがのくらやまだのいしかわまろ》を右大臣、中臣鎌足《なかとみのかまたり》を内臣に任命して新政権をスタートさせたが、**政治の実権は中大兄皇子が握っていた。**

難波《なにわ》に都を遷したものの、のちに中大兄皇子が大和《やまと》への移転を奏上。聞き入れなかった**孝徳をひとり難波に残して**、皇極、間人皇女《はしひとのひめみこ》、大海人皇子《おおあまのみこ》（天武《てんむ》天皇）に加え、公卿《くぎょう》、百官ともども飛鳥河辺行宮《あすかかわべのかりみや》へと移ってしまった。

翌年、孝徳は失意のまま崩御した。

「冠位十九階《かんいじゅうきゅうかい》」の冠

孝徳天皇時代に制定された「冠位十九階」で、身分ごとの冠。花があしらわれていたようだ。

35・37代

皇《こう》極《ぎょく》天《てん》皇《のう》／斉《さい》明《めい》天《てん》皇《のう》

2章 飛鳥・奈良時代

生没年	594～661（享年68歳）
在位年	642～645（49歳）（52歳）
	655～661（62歳）（68歳）

父 茅《ち》渟《ぬの》王《おおきみ》
母 吉《き》備《び》姫《ひめの》王《おおきみ》
配 舒明《じょめい》天皇

同年代の権力者
蘇我入鹿《そがのいるか》（大臣）
中大兄皇子《なかのおおえのおうじ》（息子）

皇極天皇が重祚し斉明天皇に

舒明《じょめい》天皇崩御のあと、即位したのは舒明の皇后・宝皇女《たからのひめみこ》（皇極天皇）であった。治世は4年間と短いが、その間、**蘇我蝦夷《そがのえみし》の子・入鹿《いるか》が実権を握り**、専横の限りを尽くした。危惧を抱いた**子の中大兄皇子《なかのおおえのおうじ》は、中臣鎌足《なかとみのかまたり》と謀って、皇極の前で入鹿を殺害。蘇我氏本宗家を滅亡に追い込んだ**（➡P66）。

政変後、皇極は皇位を中大兄皇子に譲ろうとしたものの、中大兄皇子はまだ時期尚早として跡を継がなかった。即位したのは皇極の弟・軽皇子《かるのみこ》（孝徳《こうとく》天皇）であったが、在位9年にして崩御。**皇極が重祚《ちょうそ》*して斉明天皇となった。**なお、皇極は父、祖父が天皇でないため、舒明崩御後は天皇空位の時代が続いたという説もある。

プロフィール

- **蝦夷が子・入鹿を勝手に大臣にするなど、蘇我氏の専横を許した。**
- **太極殿の御座の前で、中大兄皇子が入鹿を殺害した（乙巳の変）。**
- **孝徳天皇崩御の後、重祚して斉明天皇となった。**

皇極・斉明天皇肖像
（早稲田大学図書館蔵）

牽牛子塚古墳《けんごしづか》

2010年、天皇陵の墳形とされる八角形と判明したことから、斉明天皇と娘の間人皇女の合葬墓と特定された。内部はひとつの巨岩をくり抜いて墓室が造営されている。
（明日香村教育委員会提供）

*重祚…天皇の位から一度降りた人物が、再び天皇になること

38代

天《てん》智《じ》天《てん》皇《のう》

在位年
668（43歳）～671（46歳）

生没年
626～671（享年46歳）

父 舒明《じょめい》天皇

母 皇極《こうぎょく》天皇（斉明《さいめい》天皇）

配 倭姫王《やまとひめのおおきみ》

同年代の権力者

中臣鎌足《なかとみのかまたり》（内臣）

阿倍比羅夫《あべのひらふ》（大錦上）

白村江の戦いに敗れ国防強化

母・斉明《さいめい》天皇が崩御したあとも、中大兄皇子《なかのおおえのおうじ》（天智天皇）は**即位の儀を行うことなく政務に就いた**（**称制《しょうせい》**）。

皇極《こうぎょく》天皇の御代《みよ》に起きた「**乙《いっ》巳《し》の変《へん》**」で、**蘇我《そが》氏排除に動いた中大兄皇子にとって、望めばいつでも即位できる立場にあった**ため、反感を買わないよう配慮したからと見られている。中大兄皇子が妹の間人皇女《はしひとのひめみこ》と不倫関係にあったため、なかなか即位できなかったとの説もある。

新政権に課せられた最大の課題は、新羅《しらぎ》に滅ぼされた**百済《くだら》の復興事業**であった。しかし**白村《はくすき》江《のえ》の戦いに敗れた**（⬇P66）ため、国防の強化に迫られた。中大兄皇子は統一国家をつくるためついに即位。飛鳥《あすか》より内陸の**近江《おうみ》に都を遷し**、各地に山城を築いて侵攻に備えたのである。

プロフィール

- **大化の改新後、即位の儀を行わずに政務をおしすすめた。**
- **朝鮮半島の白村江に兵をすすめるも大敗。都を近江に遷す。**
- **筑紫に防人を置くとともに、各地に山城を築いた。**

近江神宮《おうみじんぐう》の漏刻《ろうこく》

天智天皇は大津の都に漏刻（水時計）をつくり時間を知らせたという記述が『日本書紀』にある。天智を祀る近江神宮には、漏刻が再現されている。

天智天皇肖像

39代

弘《こう》文《ぶん》天《てん》皇《のう》

2章 飛鳥・奈良時代

在位年	生没年
671（24歳）〜672（25歳）	648〜672（享年25歳）

父 天智天皇《てんじ》
母 伊賀宅子娘《いがのやかこのいらつめ》
配 十市皇女《とおちのひめみこ》

同年代の権力者
大海人皇子《おおあまのおうじ》（叔父）
蘇我赤兄《そがのあかえ》（左大臣）

『日本書紀』から記録を抹消？

天智《てんじ》天皇の在位中の皇太子は、同母弟・大海人皇子《おおあまのみこ》（天武《てんむ》天皇）であったが、天智は晩年、子の大友皇子《おおとものみこ》（弘文天皇）に跡を継がせたいと考える。天智の意向を察した大海人皇子が吉野《よしの》へ隠棲したため、天智の崩御2日後に大友皇子が即位したとされる。

容貌が立派で文武の才に恵まれていたというが、**壬申《じんしん》の乱《らん》で叔父の大海人皇子に敗れ若くして自害した**（➡P70）。『日本書《にほんしょ》紀《き》』には即位の記載がないため、明治時代になってから「弘文天皇」という諡号《しごう》が贈られた。

弘文天皇肖像（法傳寺蔵／大津市歴史博物館提供）

プロフィール

- 母の身分が低かったが、父・天智天皇の指名で後継者となる。
- 壬申の乱で『日本書紀』の編纂を命じた大海人皇子との戦いに敗れたため、即位の記録が残っていない。
- 明治になってから諡号が贈られ、歴代天皇に加えられた。

長等山前陵《ながらやまさきりょう》

明治時代に「弘文天皇」と追称されたのち定められた陵墓。

政治

中大兄皇子が起こした革命 大化の改新とは

禍転《わざわい》じて支配体制を強化

６４５年、飛鳥板蓋宮《あすかいたぶきのみや》において、**蘇我入鹿《そがのいるか》が中大兄皇子《なかのおおえのおうじ》や中《なか》臣鎌足《とみのかまたり》らによって暗殺されると**いう事件が起きた（乙巳《いっし》の変《へん》）。天皇家をも圧倒する豪族・蘇我氏本宗家を滅ぼして、天皇を中心とする政治体制を築く皮切りとなった事件であった。翌年には改新《かいしん》の詔《みことのり》を発して、公地公《こうちこう》民制《みんせい》や班田収授法《はんでんしゅうじゅのほう》、租《そ》・庸《よう》・調《ちょう》の税制の統一などを実施して、**大化《たいか》の改新《かいしん》と呼ばれる中央集権的な支配体制**をおしすすめた。

その改革の中心人物となった中大兄皇子は、友好国であった百済《くだら》滅亡後、遺臣の要請を受けて百済再興をめざして朝鮮半島に遠征軍を送り込んだものの、**白村江《はくすきのえ》において唐《とう》・新羅《しらぎ》連合軍に大敗**。唐の脅威にさらされ、各地に山城を築くなど、国土防衛に奔走させられてしまった。

しかし、幸いにも大陸からの侵攻はなかった。結果として、戦いに駆り出し、山城の建設などで大きな負担を強いて豪族たちの力を削ぐことに成功。**国家体制の一元化**を図って、さらに支配体制を固めることができたのである。

大化の改新前と後の仕組みの変化

それまでは豪族・皇族が私有地・私有民を持っていたが、大化の改新後は国に返され、国の土地（公地）と人民（公民）となった。

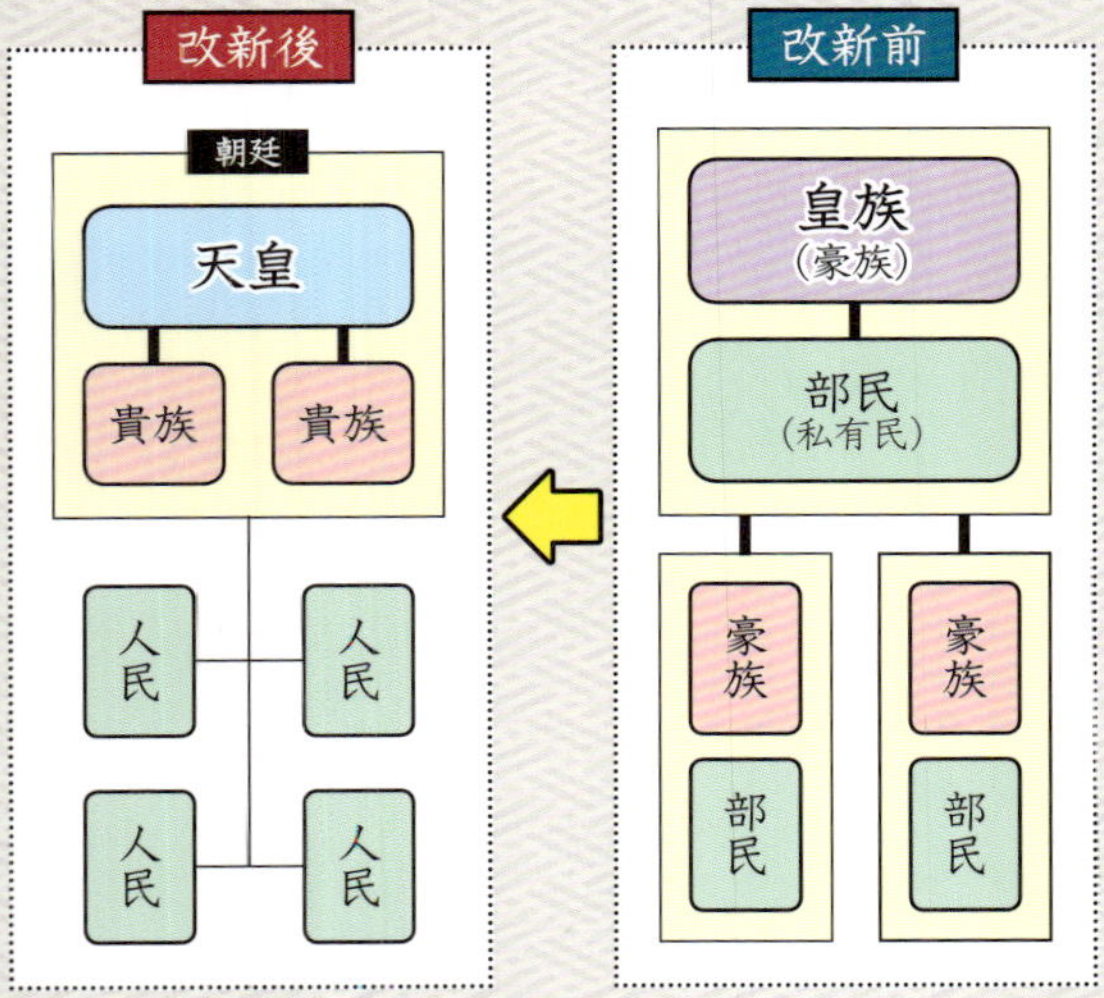

4 上奏文読み上げを合図に、入鹿の首をはねる中大兄皇子。この事件を知った入鹿の父・蝦夷は自宅に火を放ち、蘇我本宗家は滅亡した。(すべて談山神社蔵)

美術 多武峯《とうのみね》縁起《えんぎ》絵巻《えまき》に描かれた乙巳の変

1 蹴鞠を利用して中大兄皇子に近付く中臣鎌足。

2 山中で、儀式の席で蘇我氏を倒すための計画を練る。

3 儀式当日、蘇我倉山田石川麻呂が上奏文を読み上げる。

建物 古代山城

中大兄皇子が唐の侵攻に備えて築かせた古代山城のひとつ、鬼ノ城(岡山県)。城門や城壁が復元されている。

(総社市教育委員会提供)

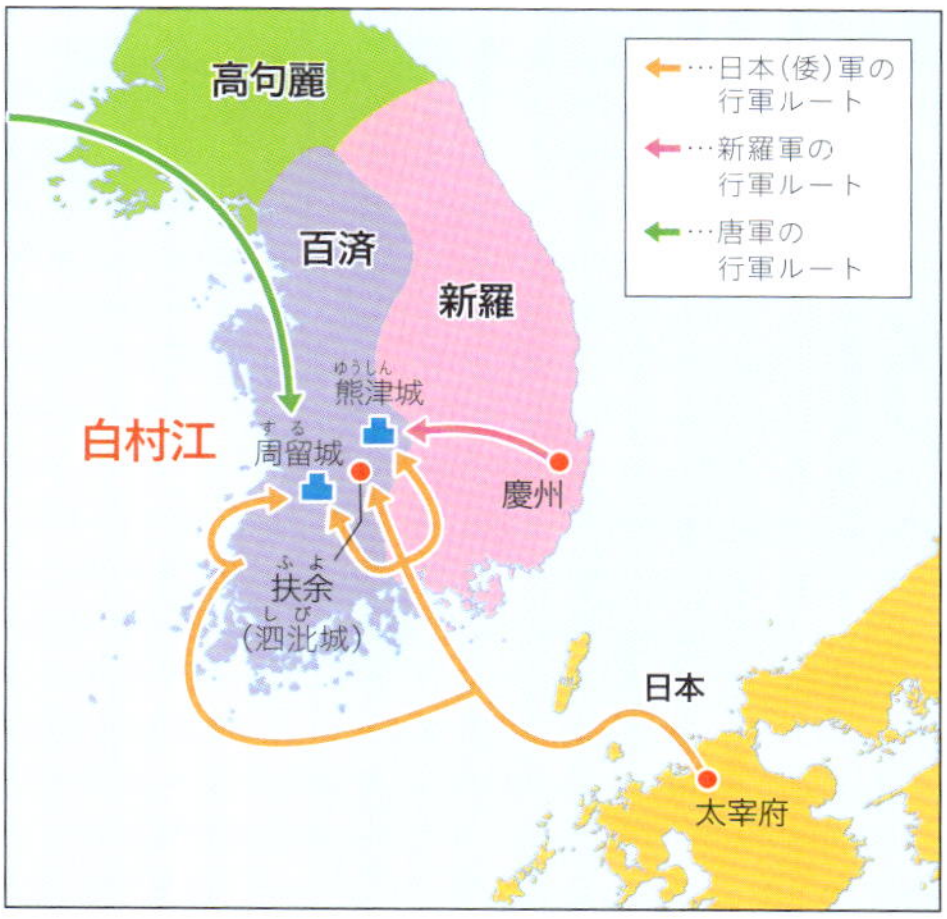

白村江の戦い 日本軍は陸路と海路に分かれ、百済に進行する新羅、唐軍を迎え撃ったが、圧倒的な戦力の前に大敗した。

40代

天武天皇《てんむてんのう》

在位年
673
(43歳?)
〜
686
(56歳?)

生没年
631?
〜
686
(享年56歳?)

父 舒明天皇《じょめいてんのう》

母 皇極天皇《こうぎょくてんのう》
(斉明天皇《さいめいてんのう》)

配 鸕野讃良皇女《うののさららのひめみこ》
(持統天皇《じとうてんのう》)

同年代の権力者

鸕野讃良皇女《うののさららのひめみこ》
(妻)

高市皇子《たけちのみこ》
(息子)

壬申の乱を制して飛鳥で即位

『日本書紀《にほんしょき》』の天武天皇紀は、他の天皇紀とは比較にならないほどのボリュームで、上下2巻を用いて記されている。天武の発意によって**『日本書紀』の編纂が開始**され、その子の舎人親王《とねりしんのう》が任にあたっていたとすれば、当然かもしれない。

天智《てんじ》天皇の同母弟（異説あり）にあたり、正妃には天智の娘・鸕野讃良皇女《うののさららのひめみこ》（持統《じとう》天皇）を迎え入れて、草壁皇子《くさかべのみこ》をもうけている。**壬申の乱《じんしんのらん》**（⬇P70）において弘文《こうぶん》天皇を死に追いやった翌673年、**飛鳥浄御原宮《あすかきよみはらのみや》を造**

天武天皇肖像

プロフィール

- **壬申の乱で弘文天皇を倒し、即位した。**
- **はじめて「天皇」の称号や「日本」の国号を使用した。**
- **天皇や皇族が政治を執る「皇親政治」を行い、天皇を中心とする律令国家の完成をめざした。**

家系図

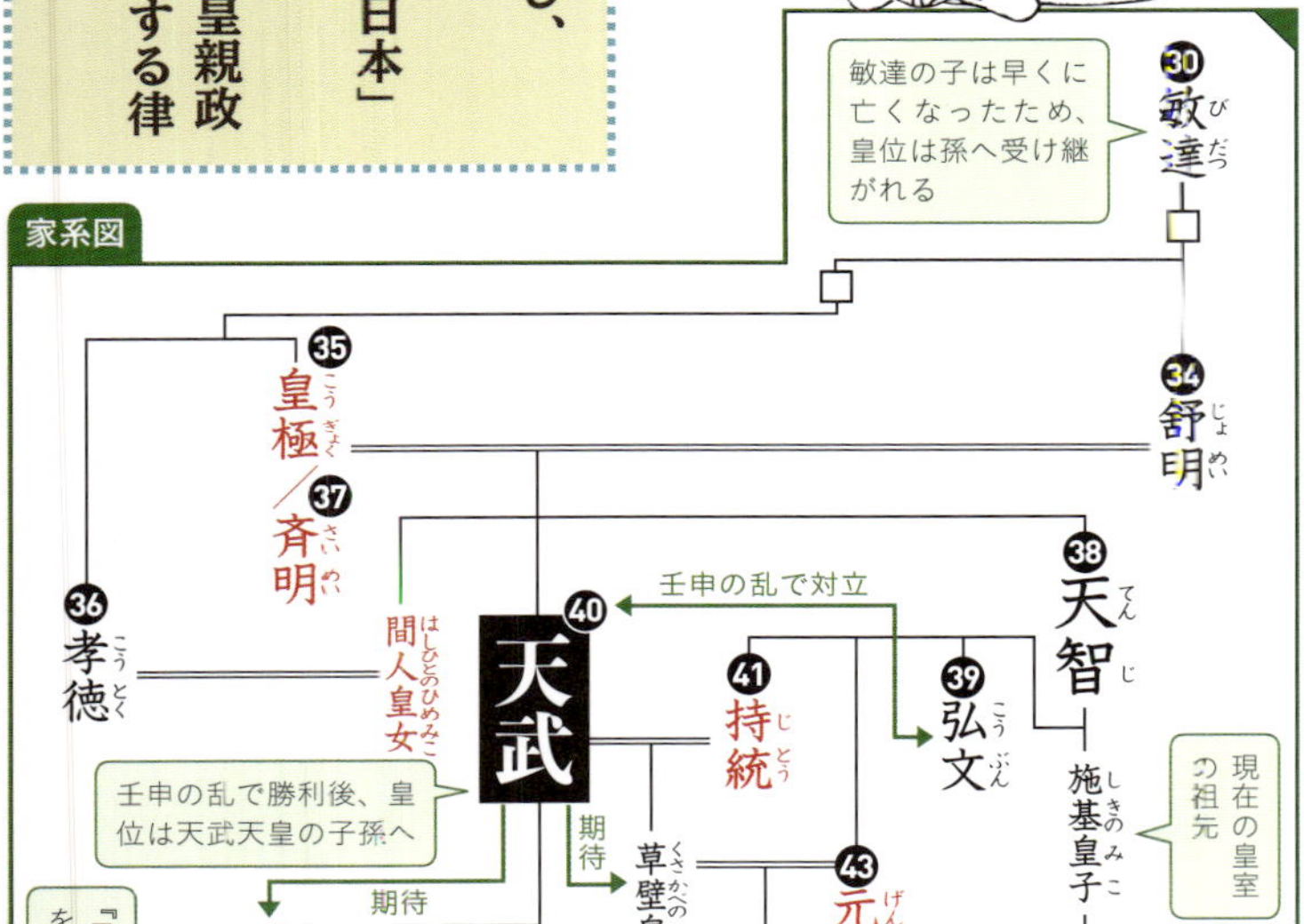

営して即位した。

兄の天智がとりかかった、天皇を中心とする律令《りつりょう》国家を完成させるべく邁進し続けた。「八《や》色《くさ》の姓《かばね》」を定めて身分秩序を確立させ、**天皇と皇族を主体とする皇親《こうしん》政治**を行ったのも天武の功績であった。また、**「日本」「天皇」の号を初めて使用した**とされる。

晩年、草壁皇子を皇太子として認めるも、その後、息子の大《おお》津皇子《つのみこ》も政治に参画させ期待をかけたため、後継者争いの火種になってしまったとされる。

天皇と書かれた木簡

「丁丑年十二月（677年、天武6年）」の記述があり、「天皇」の文字が確認できる最古の資料。（奈良文化財研究所蔵）

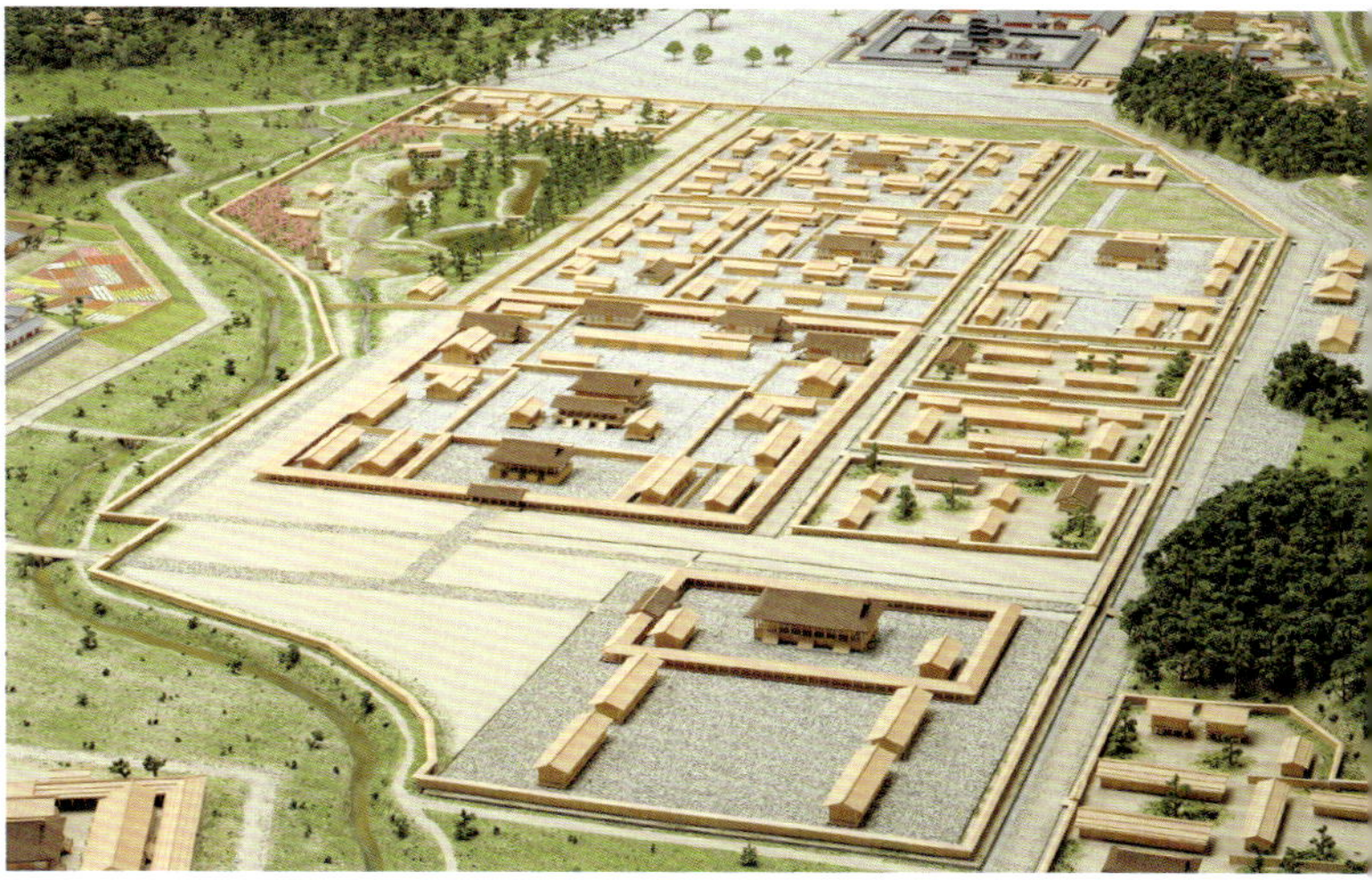

飛鳥浄御原宮の復元模型

天武天皇と持統天皇の2代が営んだ宮で、奈良県明日香村岡にあった。同地は政治の中心地であり、6代にわたり宮殿が建てられた。（奈良文化財研究所提供）

ゆかりの人物

額田王《ぬかたのおおきみ》

「あかねさす　紫野《むらさきの》行き　標野《しめの》行き　野守《のもり》は見ずや　君が袖振る」とは、『万葉集《まんようしゅう》』に納められた額田王の歌である。野守（番人）の目を盗んで袖を振る（求愛の仕草）情熱的な歌だが、相手は夫の天智天皇ではなく、元夫の天武天皇だという。座興として詠ったまでとの説もあるが、この句をめぐって、額田王をはさんで天智と天武が三角関係にあったとの説がある。

額田王像
（滋賀県蒲生郡・妹背の里提供）

古代最大の内乱は、現在の奈良県、滋賀県、大阪府にまたがる大規模な戦いだった。イラストは北側の琵琶湖から南方面を望んだもの。
イラスト／黒澤達矢

政治

古代最大の内乱
壬申の乱の勝敗の決め手

近江朝への不満が大友軍の敗因

もともと天智《てんじ》天皇は、同母弟の大《おお》海人皇子《あまのみこ》（天武《てんむ》天皇）を皇太子に立てていた。しかし、病に伏すと、**自身の子・大友皇子《おおとものみこ》（弘文《こうぶん》天皇）を後継者にしたい**と思うようになった。その意を悟った大海人皇子は、難を避けるため、**吉野《よしの》へと隠棲**して事の成り行きを見守っていた。

大友側が徴兵の準備にとりかかっているとの情報を掴むや、大海人皇子はすぐさま吉野を脱出。東国の兵を集めながら、美濃《みの》国（岐阜県南部）不破関《ふわのせき》へとたどり着いて本陣を構えたのである。ここから、軍を大和《やまと》と

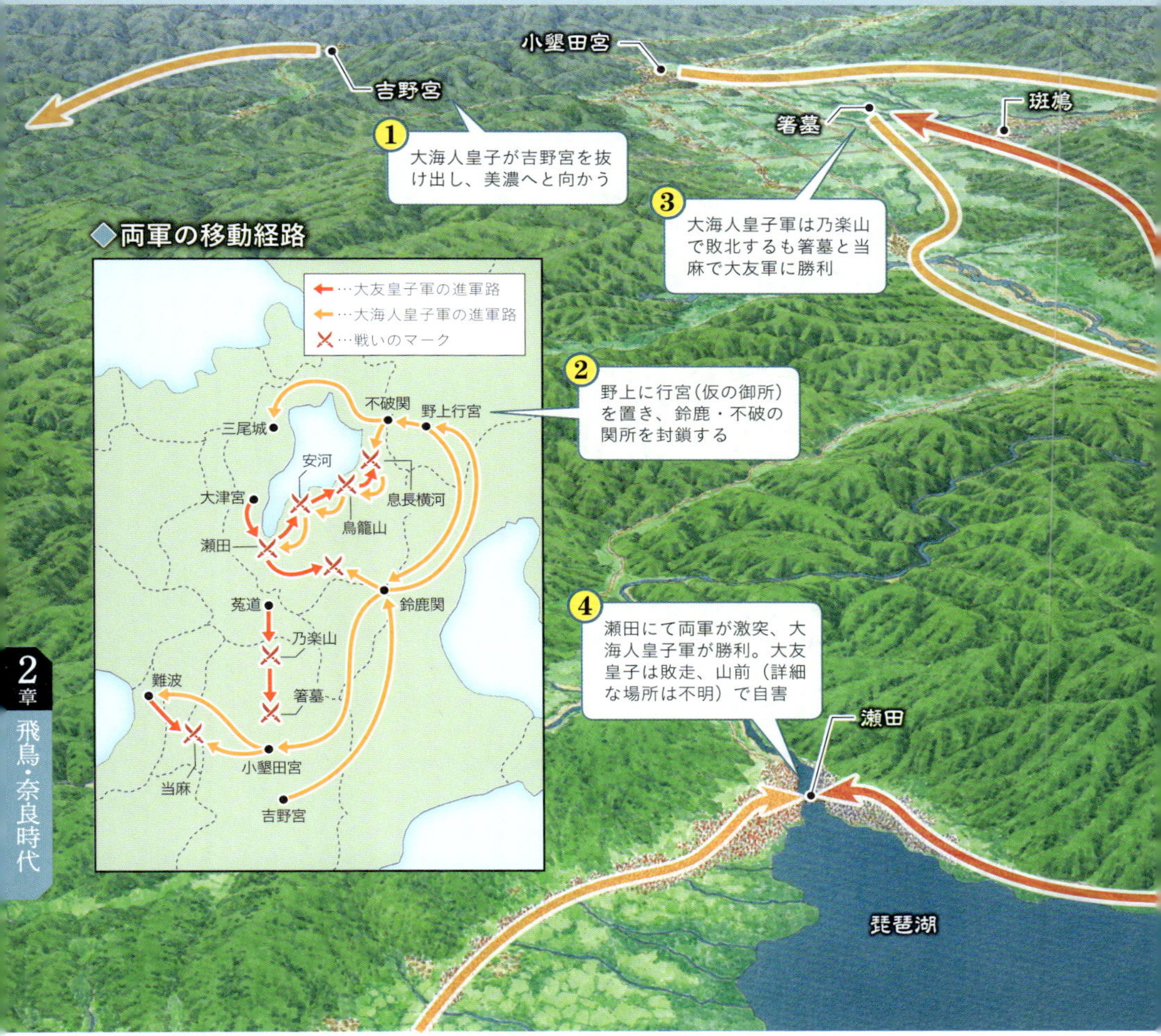

吉野宮
小墾田宮
斑鳩
箸墓
1 大海人皇子が吉野宮を抜け出し、美濃へと向かう
3 大海人皇子軍は乃楽山で敗北するも箸墓と当麻で大友軍に勝利
2 野上に行宮（仮の御所）を置き、鈴鹿・不破の関所を封鎖する
4 瀬田にて両軍が激突、大海人皇子軍が勝利。大友皇子は敗走、山前（詳細な場所は不明）で自害
瀬田
琵琶湖
◆両軍の移動経路
…大友皇子軍の進軍路
…大海人皇子軍の進軍路
…戦いのマーク
不破関
野上行宮
三尾城
安河
息長横河
大津宮
鳥籠山
瀬田
菟道
鈴鹿関
乃楽山
箸墓
難波
当麻
小墾田宮
吉野宮

建物 瀬田の大橋

ここにかかっていた唐橋を挟んで決戦が繰り広げられた。

近江《おうみ》の二手に分けて進軍し、主力部隊が瀬田《せた》川付近で近江朝廷軍（大友軍）と交戦して撃破。敗走する大友皇子が、山前《やまさき》の地において自害して乱は終結したのである。

　大友皇子は思うように兵を集められなかったといわれるが、その理由のひとつに、皇統の正統性があった。つまり、多くの豪族は**天智の跡継ぎを大友皇子ではなく、大海人皇子と考えていた**のである。これが敗因のひとつと見られている。

41代

持《じ》統《とう》天《てん》皇《のう》

在位年	生没年
690（46歳）～697（52歳）	645～702（享年58歳）

父 天智《てんじ》天皇

母 蘇我遠智 娘《そがのおちのいらつめ》

配 天武《てんむ》天皇

夫・天武天皇の意志を継ぐ

父は天智《てんじ》天皇で、13歳の時に大海人皇子《おおあまのみこ》（天武《てんむ》天皇）の妃となった。吉野《よしの》へと隠棲したはずの大海人皇子が、壬申《じんしん》の乱《らん》（⬇P70）を決起したさい、大海人皇子と行動をともにしている。

天武崩御後、大津皇子《おおつのみこ》を謀叛の罪で死へ追いやるも、跡継ぎの草壁皇子《くさかべのみこ》が早逝。のちの三種の神器となる**剣と鏡をたてまつって即位**して持統天皇となった。天武の事績を継いで**飛鳥浄御原令《あすかきよみはられい》**を施行したほか、**藤原京《ふじわらきょう》への遷都**も行つた。また、皇太子（文武《もんむ》天皇）に位を譲り**初の上皇となった。**

薬師寺《やくしじ》 天武天皇が持統天皇の病気平癒のため建立を発願した寺。世界遺産にも登録されている。

42代

文《もん》武《む》天《てん》皇《のう》

在位年	生没年
697（15歳）～707（25歳）	683～707（享年25歳）

父 草壁皇子《くさかべのみこ》

母 阿閇皇女《あへのひめみこ》（元明《げんめい》天皇）

配 藤原宮子《ふじわらのみやこ》

持統天皇から譲位されて即位

天武《てんむ》天皇と持統《じとう》天皇の間に生まれた草壁皇子《くさかべのみこ》は、病を得て皇太子のまま早逝したが、その子として生まれたのが、軽《かるの》（珂瑠）皇子《みこ》（文武天皇）である。

持統の寵愛を受けて皇太子となり、15歳を迎えるとともに、**持統から譲位**されて文武天皇となった。退位して太上天皇となった持統は、文武の後見として政務を補佐し、**「大宝律令《たいほうりつりょう》」の制定**などが行われた。

文武の夫人に、実力者・**藤原《ふじわらの》不比等《ふひと》の娘・宮子《みやこ》**を迎え入れたことが、藤原氏躍進のはじまりとも見られている。

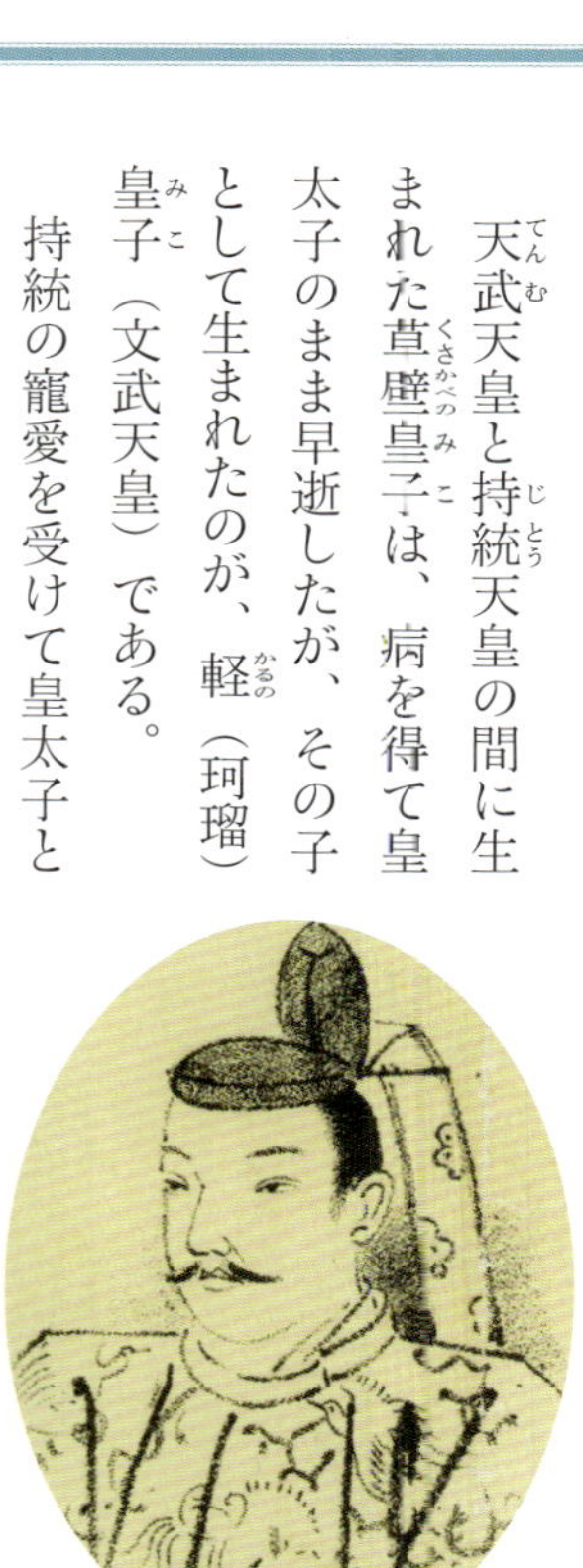

文武天皇肖像（早稲田大学図書館蔵）

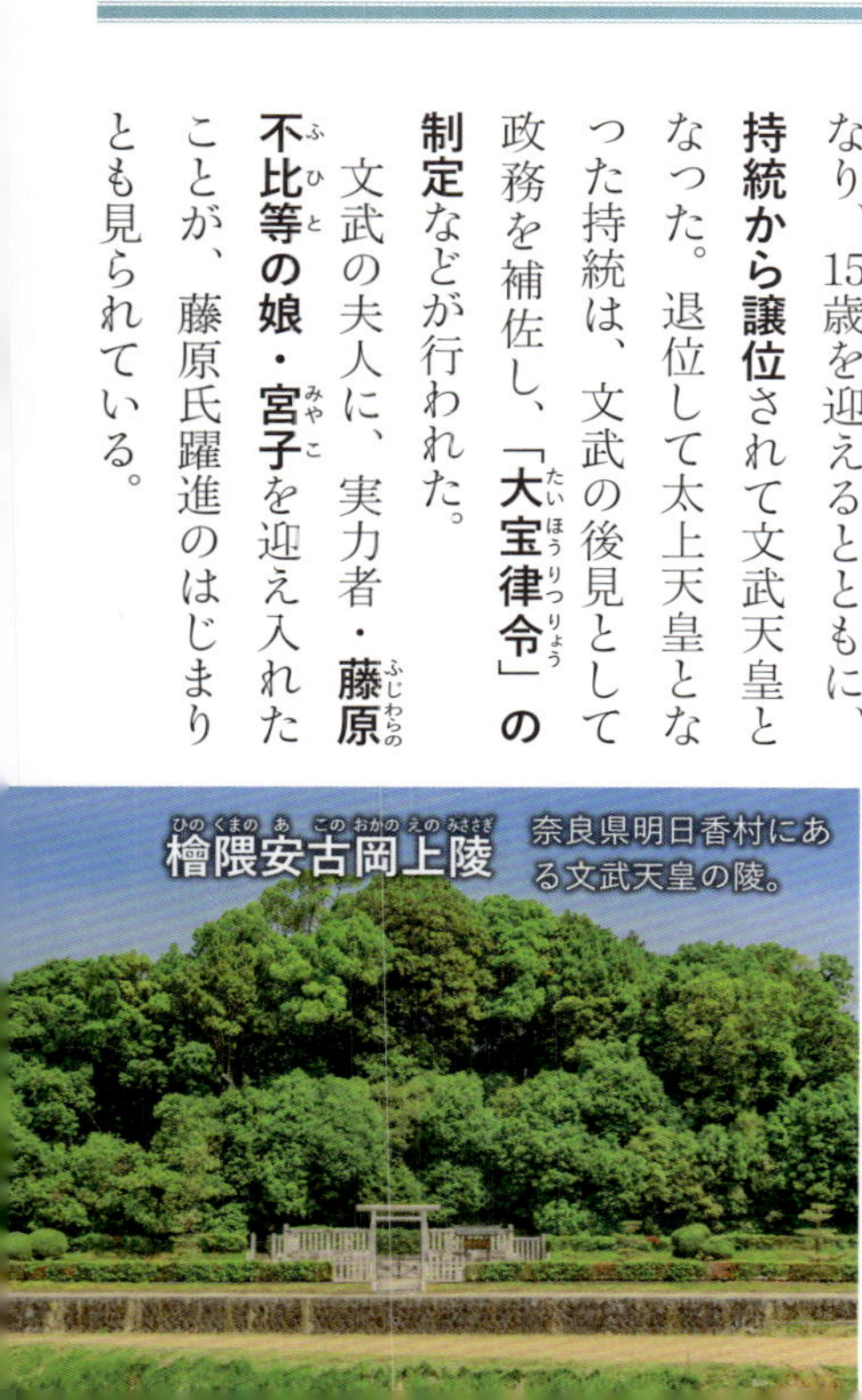

檜隈安古岡上陵《ひのくまのあこのおかのえのみささぎ》 奈良県明日香村にある文武天皇の陵。

43代

元《げん》明《めい》天《てん》皇《のう》

在位年 707（47歳）～715（55歳）
生没年 661～721（享年61歳）

父 天智《てんじ》天皇
母 蘇我姪娘《そがのめいのいらつめ》
配 草壁皇子《くさかべのみこ》

桑実寺縁起《くわのみでらえんぎ》 阿閇皇女（元明天皇）が病にかかったさい、琵琶湖から薬師如来が現れ病気が治ったという逸話が残る。（桑実寺蔵／京都国立博物館提供）

平城京への遷都を行う

文武《もんむ》天皇が崩御したのはわずか25歳の時であった。文武には第1皇子として首皇子《おびとのおうじ》（聖武《しょうむ》天皇）が生まれていたが、わずか7歳と幼少であったため皇位を継承することができず、文武の母である阿閇皇女《あへのひめみこ》が、皇后の経験なく**中継ぎとして即位**、元明天皇となった。

翌年、武蔵《むさし》国秩父《ちちぶ》郡から和銅《わどう》が献上されたことを瑞祥と見なし、年号を和銅《わどう》に改め、**和銅開珎《かいちん》を鋳造した**とされる。また、710年に都を**藤原京《ふじわらきょう》から平城京《へいじょうきょう》に遷し**、712年には『**古事記《こじき》**』**が編纂《へんさん》**されて献上された。

44代

元《げん》正《しょう》天《てん》皇《のう》

在位年 715（36歳）～724（45歳）
生没年 680～748（享年69歳）

父 草壁皇子《くさかべのみこ》
母 元明《げんめい》天皇
配 なし

元正天皇肖像
（早稲田大学図書館蔵）

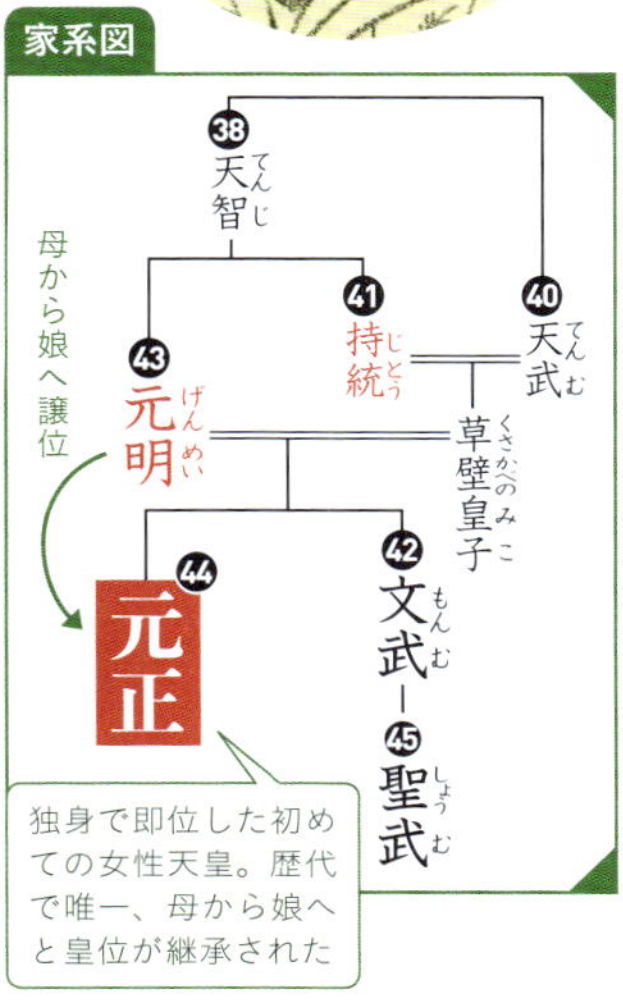

墾田私有を認めて開墾を奨励

本来なら元明《げんめい》天皇の跡を継ぐのは、文武《もんむ》天皇の子・首皇子《おびとのおうじ》（聖武《しょうむ》天皇）のはずであった。しかし、元明が老いを理由として譲位の意向を示したときも、首皇子はまだ若年であったため、文武の姉・氷高皇女《ひだかのひめみこ》が元正天皇として位を継ぐことになった。未婚の皇女が即位したのは初めてのことである。701年に制定された「**大宝律令《たいほうりつりょう》**」**を改訂して**「**養老律令《ようろうりつりょう》**」**を撰定**。720年には『**日本書紀《にほんしょき》**』**を完成**させた。さらに3代までの墾田《こんでん》の私有を認めた「**三世一身法《さんぜいっしんのほう》**」**を発布し、開墾を奨めた。**

45代 聖武天皇《しょうむてんのう》

在位年 724（24歳）〜749（49歳）
生没年 701〜756（享年56歳）

父 文武天皇《もんむ》
母 藤原宮子《ふじわらのみやこ》
配 安宿媛《あすかべひめ》（光明皇后《こうみょう》）

同年代の権力者
長屋王《ながやおう》（左大臣）
藤原四兄弟《ふじわらよんきょうだい》（内臣）

大仏を造営して加護にすがる

父の文武《もんむ》天皇が若くして亡くなったため、祖母の元明《げんめい》天皇、伯母の元正《げんしょう》天皇が中継ぎ役を果たした末、24歳になってようやく、元正から譲位されて即位することができた。

即位にあたって**母・宮子《みやこ》**（**藤《ふじ》原不比等《わらのふひと》の娘**）に「**大夫人《だいぶにん》**」の**称号**を与えることにした。これを左大臣《さだいじん》・長屋王《ながやおう》が『公式令《くしきりょう》』の規定に違反するとして問題視。藤原氏にとっては、実に目障りな存在であり、長屋王排除を目論んだ**藤原四兄弟は、長屋王に謀反の罪を着せて自害に追い込**

プロフィール
- **祖母・元明天皇、伯母・元正天皇の橋渡しによって天皇となる。**
- **政変による不安から、遷都を何度もくり返した。**
- **全国に国分寺を建立し、奈良の大仏を造営する。**

聖武天皇肖像（宮内庁蔵）

聖武天皇が建立した東大寺

大仏（盧舎那仏）がある東大寺は、全国に置かれた国分寺を総括する総国分寺とされた。

んだ（**長屋王の変**）。その四兄弟も、737年に蔓延した天然痘《てんねんとう》にかかって揃って死去。長屋王の祟りとも噂された。

人民の多くが天然痘により死去したことに心を痛めた聖武天皇は、信仰していた仏教に救いを求めるため、**諸国に国分寺《こくぶんじ》を建立。東大寺《とうだいじ》の盧遮那仏《るしゃなぶつ》の造営**にも力を注いだ（⬇P76）。在位26年で娘の阿倍内親王《あべないしんのう》（孝謙《こうけん》・称徳《しょうとく》天皇）に譲位。上皇となったあとも、引き続き政務にあたっていたといわれている。

衲御礼履《のうのごらいり》　大仏開眼会で聖武天皇が履いていたとされる儀式用の靴。赤く染めた牛革製で、つま先が反り上がっているのが特徴。（正倉院正倉蔵）

鳥毛立女屏風《とりげりつじょのびょうぶ》

正倉院に残されている屏風。現在はほとんど剥落しているが、名前の通り、絵にヤマドリの羽毛が貼ってあった。（正倉院正倉蔵）

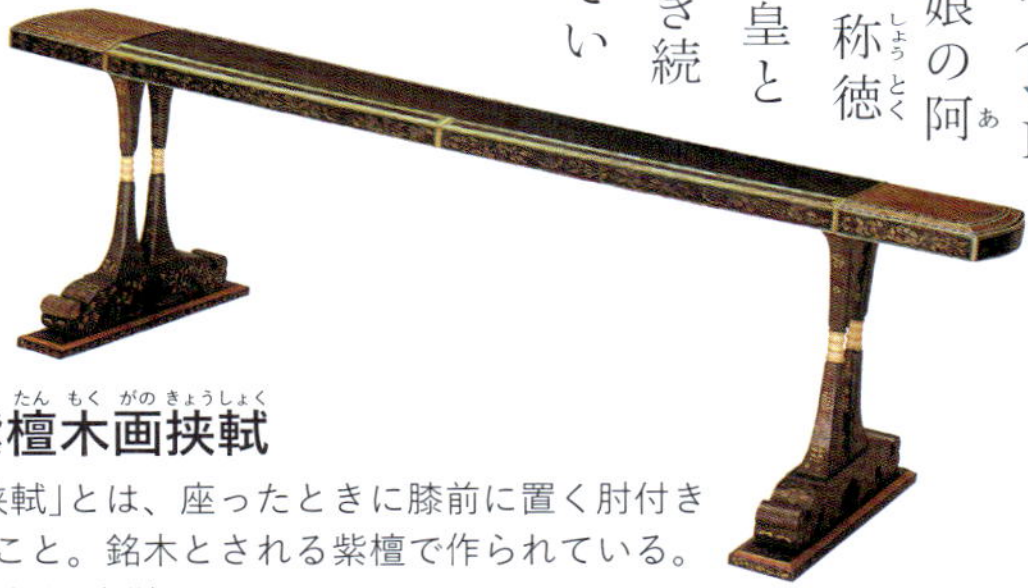

紫檀木画挾軾《したんもくがのきょうしょく》

「挾軾」とは、座ったときに膝前に置く肘付きのこと。銘木とされる紫檀で作られている。（正倉院正倉蔵）

キーワード　ゆかりの品が残された「正倉院《しょうそういん》」

東大寺の正倉として建てられた校倉造《あぜくらづく》りの高床式倉庫。北倉、中倉、南倉に分かれるが、その北倉に納められた収蔵品の多くが、聖武天皇の七七忌に際して、光明《こうみょう》皇后（当時は皇太后）が盧遮那仏に奉献した聖武と光明皇后ゆかりの品々であった。唐風の女性が描かれた「鳥毛立女屏風《とりげりつじょのびょうぶ》」や、聖武愛用の寝具「御床《ごしょう》」、現存する唯一最古の五絃琵琶「螺鈿紫檀五絃琵琶《らでんしたんのごげんびわ》」など、6百数十点にものぼる奈良時代を代表する宝物が保管されている。

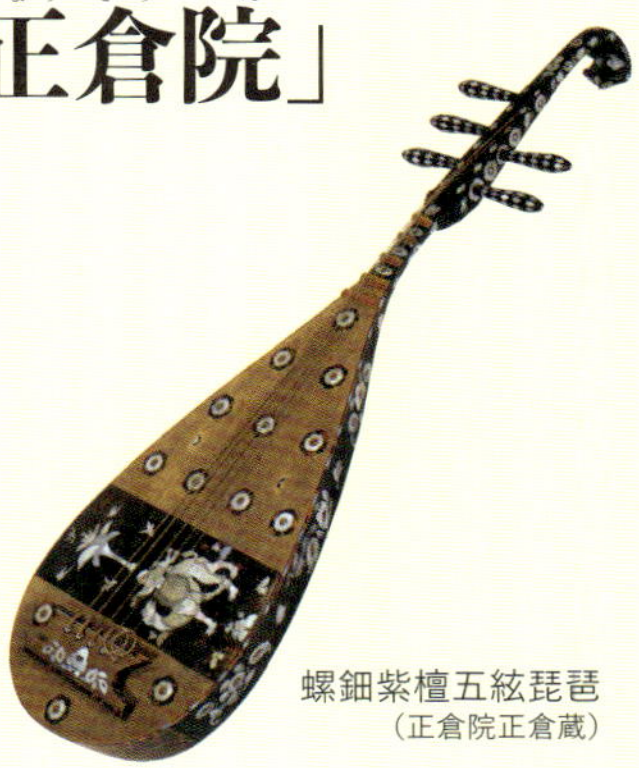

螺鈿紫檀五絃琵琶
（正倉院正倉蔵）

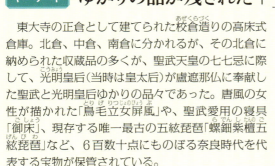

文化

国家プロジェクトとなった大仏造立とは

聖武天皇の祈願虚しく造立は過酷であった

大仏ができるまで

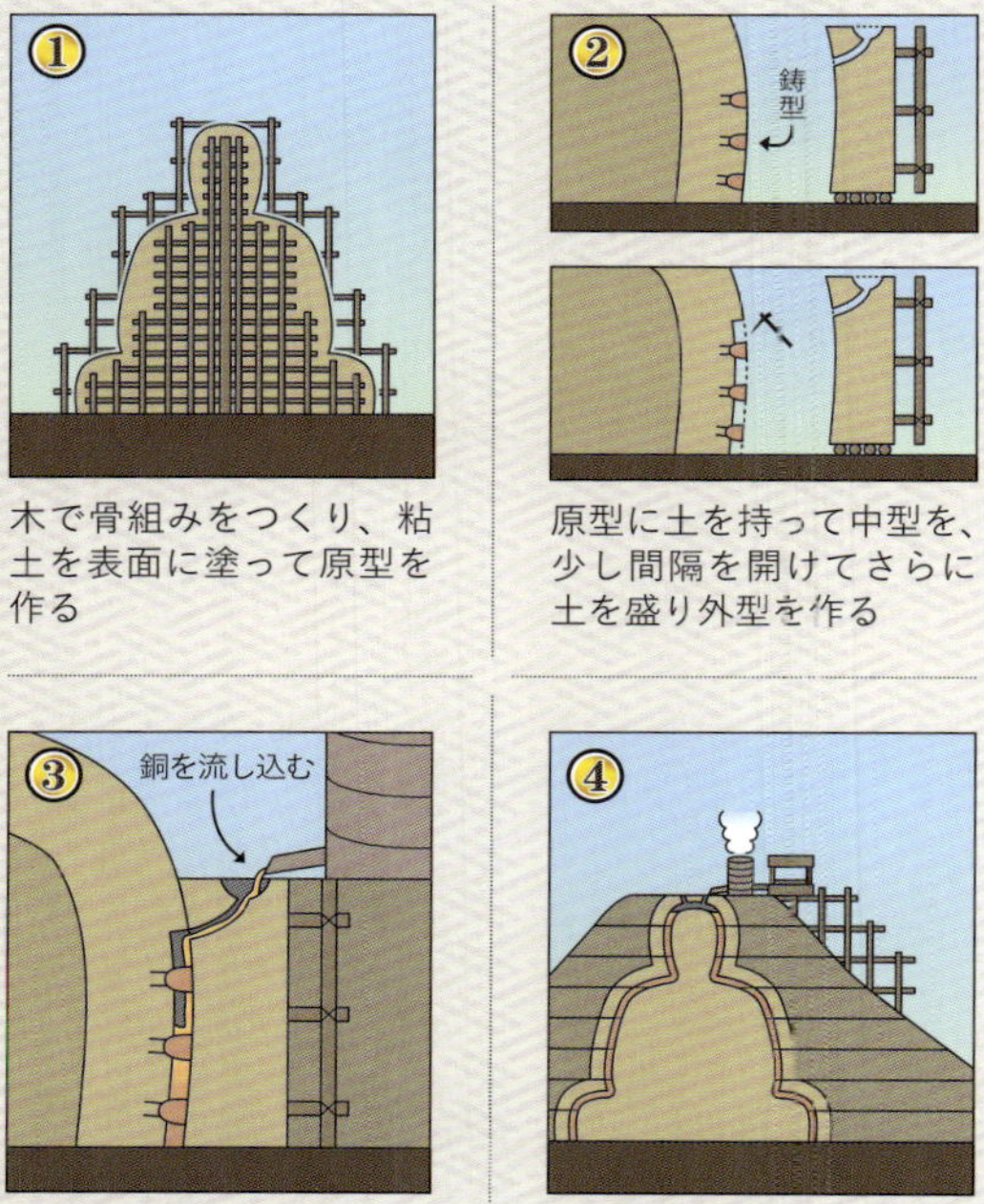

① 木で骨組みをつくり、粘土を表面に塗って原型を作る

② 原型に土を持って中型を、少し間隔を開けてさらに土を盛り外型を作る

③ 中型と外型の間に銅を流し込む

④ この作業を８回に分けて行い、最後に外型を外せば完成

イラスト／ウエイド

聖武《しょうむ》天皇の発願《ほつがん》によって建立された東大寺《とうだいじ》（奈良市）は、南都六宗《なんとろくしゅう》（平城京《へいじょうきょう》で栄えた華厳宗《けごんしゅう》・法相宗《ほっそうしゅう》・律宗《りっしゅう》・三論宗《さんろんしゅう》・成実宗《じょうじつしゅう》・倶舎宗《くしゃしゅう》の６宗派）すべてを代表する大本山であった。

本尊の大仏（盧遮那仏《るしゃなぶつ》）は、７４３年に聖武の詔《みことのり》によって造立が始まり、**７５２年にインド僧の菩提僊那《ぼだいせんな》を招いて開眼供養会《かいげんくようえ》が催された。**ところが、仏教による鎮護国家を願った聖武の夢も虚しく、実際には、大規模な建設工事によって財政事情を悪化させたばかりか、農民層に負担が重くのしかかったことで、餓死者が後を絶たず、**社会情勢を悪化させている。**

なお、大仏は２度焼失しており、現存する大仏殿は、江戸時代に再建されたものである。

美術 東大寺大仏

像高約15mで世界最大の銅製仏像。上半身は焼き討ちや災害で失われ、後世に補われたものだが、下半身は奈良時代当初の姿を残す。

人物 行基《ぎょうき》

当時僧侶の活動は寺院内に限られていたが、土木事業を行いながら民衆へ布教を行い、弾圧を受けた僧侶。のちに行基は民衆からの多くの支持を得て、大仏造営にも協力した。

建物 国分寺《こくぶんじ》と国分尼寺《こくぶんにじ》

鎮護国家を願う聖武天皇の詔によって全国に国分寺と国分尼寺が建立された。国分尼寺は女性の僧侶のための国分寺である。

46・48代

孝《こう》謙《けん》天《てん》皇《のう》／称《しょう》徳《とく》天《てん》皇《のう》

生没年	718 ～ 770（享年53歳）
在位年	749 ～ 758（32歳）（41歳）
	764 ～ 770（47歳）（53歳）

父 聖武《しょうむ》天皇

母 藤原安宿媛《ふじわらのあすかべひめ》（光明《こうみょう》皇后）

配 なし

同年代の権力者

藤原仲麻呂《ふじわらのなかまろ》（大師）

道鏡《どうきょう》（法王）

プロフィール

- 藤原氏の後押しを受け、史上初の、女性として皇太子となった。
- 光明皇太后とその甥の藤原仲麻呂の２人に政局を主導される。
- 称徳天皇として重祚後は、僧・道鏡を寵愛して法王にし、政局を混乱させた。

道鏡を寵愛して政局が混迷

聖武《しょうむ》天皇には皇子がいたが早逝。そのため、**史上唯一の女性皇太子**に擁立されたのが、聖武の娘・阿倍内親王《あべないしんのう》（孝謙・称徳天皇）であった。父同様、仏教への信仰心が篤く、東大寺盧遮那仏《とうだいじるしゃなぶつ》の開眼供養《かいげんくよう》も行った。ただし政治の実権は、**母の光明皇太后《こうみょうこうたいごう》とその甥・藤原仲麻呂《ふじわらのなかまろ》（恵美押勝《えみのおしかつ》）が主導**。仲麻呂の台頭に危惧を抱いた左大臣・橘諸兄《たちばなのもろえ》の子・奈良麻呂《ならまろ》が反乱を企てたこともあったが、未遂に終わる。

その後、淳仁《じゅんにん》天皇に譲位するも在位６年にして不和となったため、淳仁を廃し、**重祚《ちょうそ》して称徳天皇となった**。この間、祈祷で称徳の病を癒したという**僧・道鏡《どうきょう》との艶聞が噂される。法王となった道鏡が政治に口を挟み政局が混迷した**という（⬇P80）。

孝謙天皇肖像（早稲田大学図書館蔵）

百万塔陀羅尼《ひゃくまんとうだらに》

称徳天皇が発願したもので、百万基の小塔に経典を入れたもの。制作年代が明確な世界最古の印刷物。

家系図

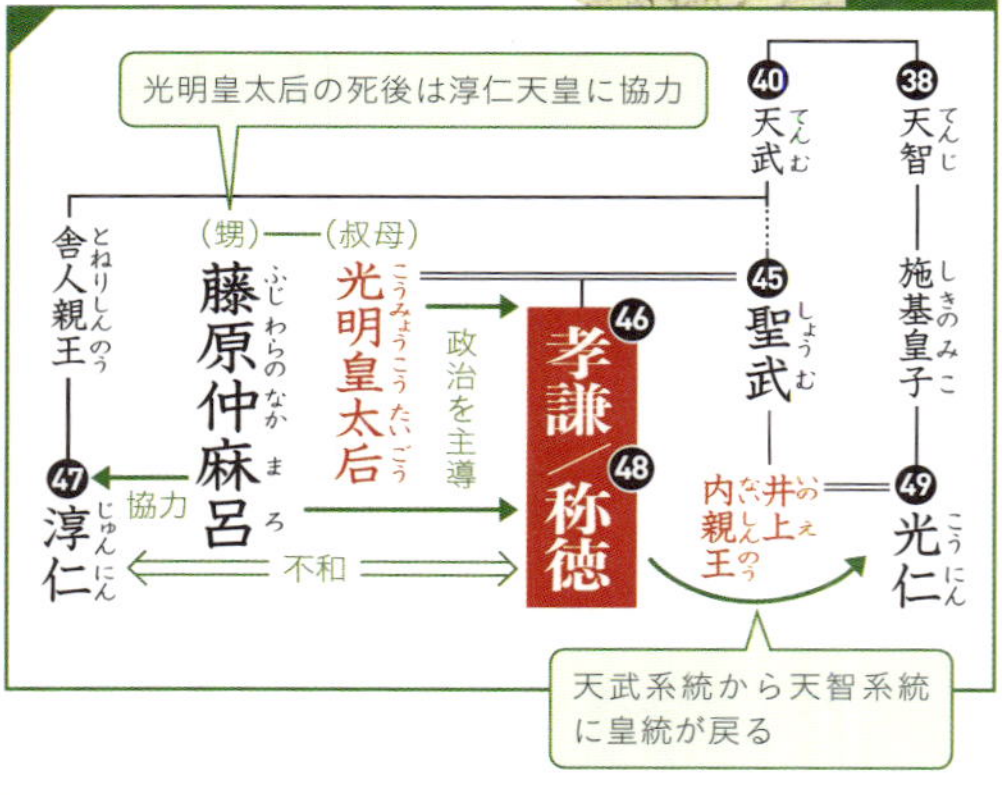

47代

淳仁天皇《じゅんにんてんのう》

在位年 758（26歳）〜764（32歳）
生没年 733〜765（享年33歳）

父 舎人親王《とねりしんのう》
母 当麻真人山背《たいまのまひとのやましろ》
配 粟田諸姉《あわたのもろね》

仲麻呂に連座して配流

もともと孝謙《こうけん》天皇の跡は、別の人物が継ぐ予定だったが、舎人親王《とねりしんのう》（天武《てんむ》天皇の皇子）の子・大炊王《おおいおう》（淳仁天皇）が立太子。これは**藤原仲麻呂《ふじわらのなかまろ》の推挙**によって実現したとされる。しかし、孝謙の寵愛が道鏡《どうきょう》に移ると、**後ろ盾を失った仲麻呂が反乱。**仲麻呂と親しかった淳仁も捕らえられて**淡路《あわじ》へと流された。**

翌年、配所から逃亡を図るも捕らえられ、翌日に病死したが、実際には殺害されたと推測される。明治まで諡号《しごう》が送られず、「**淡路《あわじ》廃帝《はいたい》**」と呼ばれた。

淳仁天皇肖像（早稲田大学図書館蔵）

淳仁天皇陵 淳仁天皇が流された兵庫県淡路島にある。

49代

光仁天皇《こうにんてんのう》

在位年 770（62歳）〜781（73歳）
生没年 709〜781（享年73歳）

父 施基親王《しきしんのう》
母 橡媛《とちひめ》
配 井上内親王《いのえないしんのう》

藤原氏に担がれた白壁王が即位

称徳《しょうとく》天皇が独身で後継者がなかったため、次期天皇の候補にあがったのが、**天智《てんじ》天皇の孫・白壁王《しらかべおう》（光仁天皇）である。**聖《しょう》武《む》天皇の皇女・井上内親王《いのえないしんのう》を妻にしており、ふたりの間に生まれた**他戸親王《おさべしんのう》が天武《てんむ》天皇の血を引いていた**ことが好材料に。藤原氏が白壁王を担ぎ上げて政治の実権を握ろうとしたふしもある。

62歳の高齢で即位したが、70歳を過ぎても精力的に政治に参加した。皇后となった井上内親王は、のちに**光仁を呪詛したとの陰謀**にまきこまれて幽閉・殺害されている。

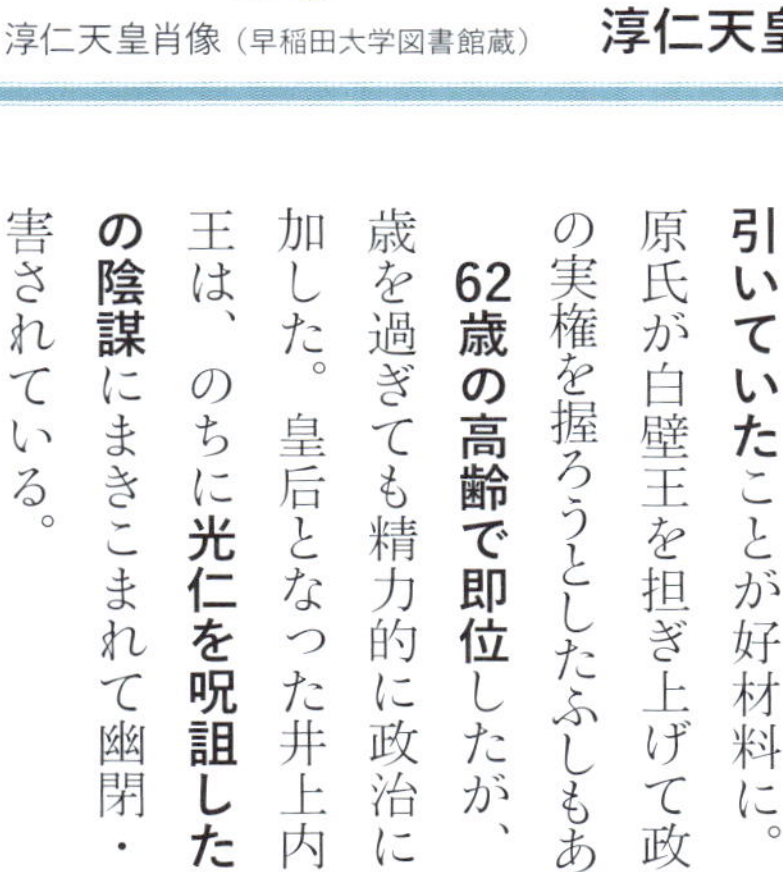

秋篠寺《あきしのでら》 光仁天皇が発願したと伝わる。

光仁天皇肖像（早稲田大学図書館蔵）

政治

あわや皇位簒奪!?

宇佐八幡宮神託事件

偽の神託を奏上させて皇位を狙う

孝謙《こうけん》上皇の病を癒したことをきっかけとして、**孝謙の寵愛を受け続けたのが、弓削《ゆげ》氏出自の僧・道鏡《どうきょう》**であった。太政大臣禅《だじょうだいじんぜん》師《し》を経て、765年には法王の座にまで登り詰め、政治にも大きく関与するようになった。

769年には、道鏡の弟で太宰《だざいの》帥《そち》であった弓削浄人《きよひと》が、「道鏡を皇位に就かすべし」との宇佐《うさ》八幡宮《はちまんぐう》（大分県）の神託があったと奏上する。

重祚《ちょうそ》した称徳《しょうとく》天皇はこれに喜び、道鏡を新たな天皇にしようとあらためて派遣した**勅使《ちょくし》・和《わ》気清麻呂《けのきよまろ》**が神託を受けに行くと、「臣をもて君とする、いまだこれあらず（臣下が天皇になったことは今までにないことだ）」として、**道鏡が皇位に就くことを非難**。道鏡を皇位に就けたいと願っていた称徳は、神託をそのまま伝えた和気清麻呂に怒り、**その名を「別部穢麻呂《わけべのきたなまろ》」に改名させた上、大隅《おおすみ》国（鹿児島県東部）に左遷**したのである。

称徳が崩御すると、道鏡は下《しも》野《つけ》国（栃木県）の薬師寺《やくしじ》に左遷され、その2年後に死去したという。

人物 **和気清麻呂**

和気清麻呂(右)が称徳天皇と道鏡(左)に神託を告げているシーン。(神宮徴古館蔵)

孝謙・称徳天皇の生涯と道鏡との関係

孝謙は後見だった藤原仲麻呂と権力争いで仲違いし、親密になった道鏡が皇位に就こうとした。

1

大炊王（淳仁） ← 亡き息子の妻を嫁がせる ― 仲麻呂 ― 政治を主導 → 孝謙

仲麻呂は孝謙天皇の政治を主導する一方、大炊王に自分の息子の妻を嫁がせて関係を築く。

2

仲麻呂 ― 政治を主導 → 淳仁 ← 譲位 ― 孝謙 ← 病気を治す ― 道鏡

孝謙が淳仁天皇に譲位すると、仲麻呂は後見として権力を拡大。一方、孝謙は道鏡と親密に。

3

孝謙・道鏡 VS 淳仁・仲麻呂

孝謙・道鏡と淳仁・仲麻呂が対立、仲麻呂の乱が起こる。孝謙側が勝利する。

4

称徳・道鏡 ― 勅使として派遣 → 和気清麻呂

和気清麻呂 ― 称徳の意とは異なる神託を持ち帰る → 称徳

重祚した称徳は道鏡を天皇にしようと画策するも、神託は絶対のため覆すことはできず道鏡は天皇になれなかった。

皇居そばにある和気清麻呂像

建物 宇佐神宮

全国の八幡社の総本社で、宇佐八幡宮とも呼称される。祭神の八幡様とは応神天皇のことで、古来より皇族から崇拝を受けてきた。

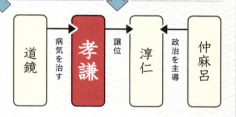

COLUMN 2

皇統を繋ぐ重要な役割をもった 女性天皇

平和的な皇位継承を望んだ女帝たち

歴代天皇125代のなかで、女性天皇は８人（10代）存在する。なかでも飛鳥～奈良時代には、推古《すいこ》・皇極《こうぎょく》（斉明《さいめい》）・持統《じとう》・元明《げんめい》・元正《げんしょう》・孝謙《こうけん》（称徳《しょうとく》）の６人（８代）が即位しており、女性天皇はそれほど珍しいことではなかった。

女性天皇は、後継者候補の対立を避けるために一時的に擁立されたり、皇太子が成人するまでの間に即位するなど、中継ぎとしての役割を担ったケースがほとんどであった。そのため、女性天皇が即位後に嫡子を生んでしまうと、その子が後継者となってしまい、中継ぎとしての役割を果たせなくなることを避けるため、女性天皇たちは践祚《せんそ》した後に配偶者を迎えなかった。

歴代女性天皇と課せられた役割

代	名前	在位期間	役割
33	推古	592～628	皇太子・厩戸王（当時18歳）の中継ぎとして即位。当時は生前退位の慣習がなく、厩戸王は推古より先に薨御した
35	皇極	642～645	山背大兄王（厩戸王の子）・古人大兄王（舒明の子）・中大兄皇子（舒明・皇極の子）の３人の後継者候補の対立を避けるために擁立される
37	斉明（重祚）	655～661	山背大兄王・古人大兄王が殺害され、皇太子となった中大兄皇子（当時29歳、のちの天智）の中継ぎとして即位
41	持統	690～697	珂瑠皇子（天武・持統の孫で当時７歳、のちの文武）の中継ぎとして即位
43	元明	707～715	首皇子（文武の子で当時６歳、のちの聖武）の中継ぎとして即位
44	元正	715～724	首皇子（当時13歳）の中継ぎとして即位
46	孝謙	749～758	初の女性皇太子。聖武天皇の譲位によって即位
48	称徳（重祚）	764～770	他戸皇子（孝謙即位後生まれた聖武の孫、当時３歳）の中継ぎとして即位
109	明正	1629～1643	後水尾天皇の突然の践祚によって即位
117	後桜町	1762～1770	英仁親王（桃園天皇の子で当時５歳。のちの後桃園）の中継ぎとして即位

3章

平安時代の天皇

雅やかな王朝文化が花開いた平安時代。その裏では、勢力を誇った藤原氏による摂関政治、上皇による権力の掌握、武家の登場など、天皇を取り巻く環境は大きく変化した。目まぐるしい権勢の移り変わりのなか、天皇はどう行動したのだろうか。

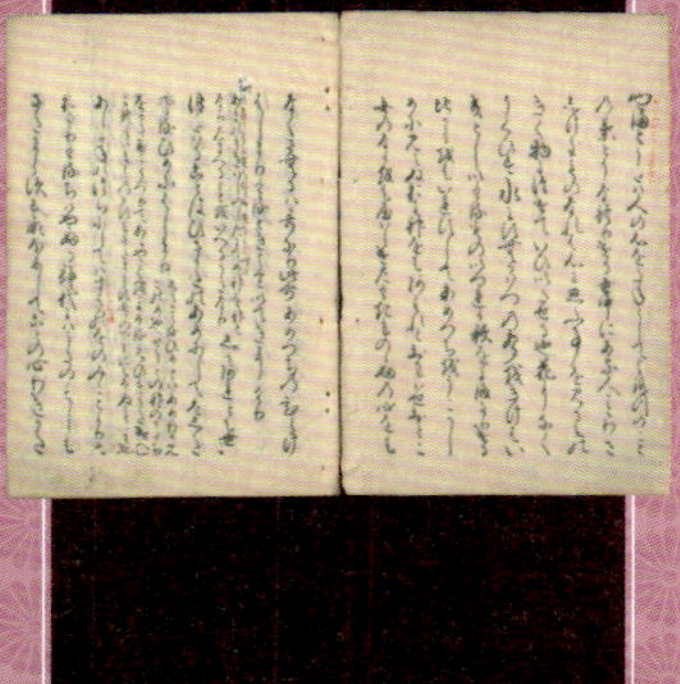

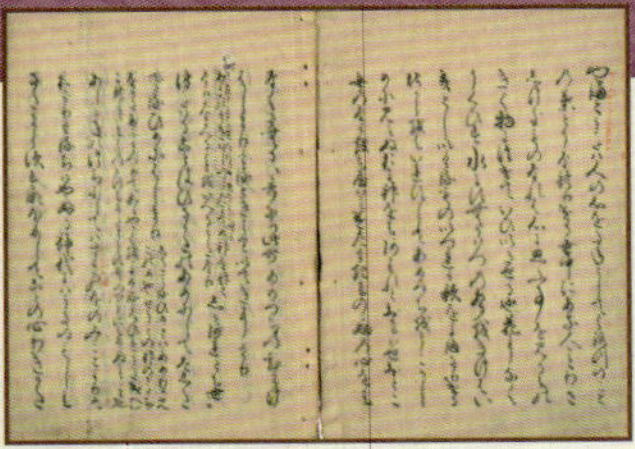

▲古今和歌集

▲応天門

平安時代の天皇一覧

登場する天皇
50代 桓武天皇 → 81代 安徳天皇

代	天皇	生年	没年	在位年	頁
50代	桓武	737年	806年	781~806年	P88
51代	平城	774年	824年	806~809年	P92
52代	嵯峨	786年	842年	809~823年	P93
53代	淳和	786年	840年	823~833年	P94
54代	仁明	810年	850年	833~850年	P94
55代	文徳	827年	858年	850~858年	P95
56代	清和	850年	880年	858~876年	P95
57代	陽成	868年	949年	876~884年	P98
58代	光孝	830年	887年	884~887年	P98
59代	宇多	867年	931年	887~897年	P99
60代	醍醐	885年	930年	897~930年	P100
61代	朱雀	923年	952年	930~946年	P102
62代	村上	926年	967年	946~967年	P103

初の幼少天皇（56代 清和）

藤原氏の摂関政治

780 / 810 / 840 / 870 / 900 / 930 / 960

794 平安京に遷都

935 平将門の乱

▼醍醐寺の五重塔

桓武天皇▶

▲平治物語絵巻

▲春日権現験記絵

▲駒競行幸絵詞

1200　1170　1140　1110　1080　1050　1020　990　960

■：即位していた期間　■：退位から没年までの期間

代	天皇	生年	没年	在位年	参照
63代	冷泉	950年	1011年	967~969年	P104
64代	円融	959年	991年	969~984年	P105
65代	花山	968年	1008年	984~986年	P105
66代	一条	980年	1011年	986~1011年	P106
67代	三条	976年	1017年	1011~1016年	P106
68代	後一条	1008年	1036年	1016~1036年	P107
69代	後朱雀	1009年	1045年	1036~1045年	P112
70代	後冷泉	1025年	1068年	1045~1068年	P112
71代	後三条	1034年	1073年	1068~1072年	P113
72代	白河	1053年	1129年	1072~1086年	P114
73代	堀河	1079年	1107年	1086~1107年	P118
74代	鳥羽	1103年	1156年	1107~1123年	P118
75代	崇徳	1119年	1164年	1123~1141年	P119
76代	近衛	1139年	1155年	1141~1155年	P119
77代	後白河	1127年	1192年	1155~1158年	P122
78代	二条	1143年	1165年	1158~1165年	P126
79代	六条	1164年	1176年	1165~1168年	P126
80代	高倉	1161年	1181年	1168~1180年	P127
81代	安徳	1178年	1185年	1180~1185年	P127

藤原氏の摂関政治

院政を開始

平氏政権

▲平等院鳳凰堂

▼後白河天皇

- 1086　白河上皇が院政を始める
- 1156　保元の乱
- 1159　平治の乱
- 1185　平氏が滅亡

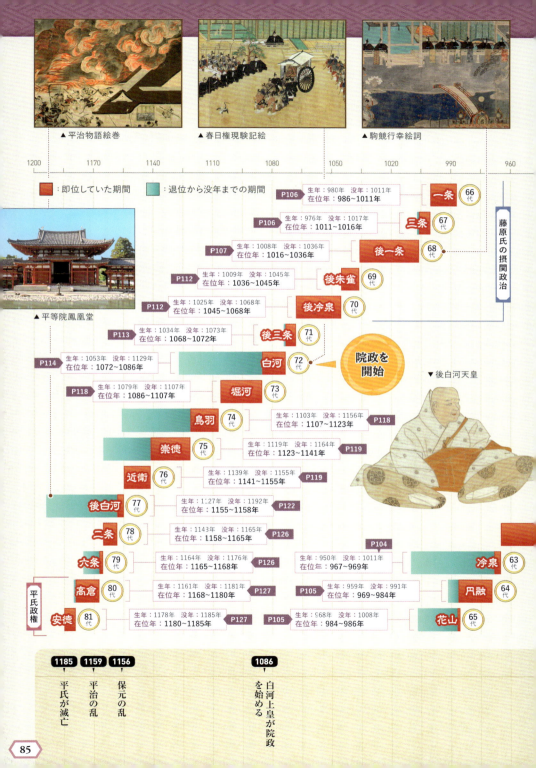

総論

平安時代の天皇の歴史と役割

平安時代の天皇を理解する3ポイント

その1

遷都と皇位継承争い

桓武天皇の平安京遷都後、皇位をめぐる抗争が続く。

その2

藤原氏の摂関政治

平安中期、藤原北家が躍進し道長の代に全盛期を迎える。

その3

院政と平氏の台頭

白河上皇が院政を開始。平安末期には平氏政権が誕生。

400年の中で変わりゆく権力構造

桓武《かんむ》天皇の平安京《へいあんきょう》遷都後、32代・約400年にわたって続いた平安時代。その初期は、皇位継承問題にまみれた。**51代・平城《へいぜい》天皇は義母の薬子《くすこ》を寵愛した末、跡を継いだ嵯峨《さが》天皇と対立して挙兵。**坂上田村麻呂《さかのうえのたむらまろ》に遮られて剃髪するという不祥事が勃発（薬子の変）。さらに、**嵯峨の子・仁明《にんみょう》天皇は先代の淳和《じゅんな》天皇と皇位継承をめぐって争い**、藤原氏の支援を受けた仁明が皇統を勝ち取ることとなる（承和《じょうわ》の変《へん》）。

こうしたごたごたを尻目に、権力強化を図ったのが藤原氏である。**台頭した藤原北家は娘を入内させ、外戚の立場から政権を牛耳る「摂《せっ》関《かん》政治」を展開。**一条《いちじょう》・三条《さんじょう》・後《ご》一条《いちじょう》・後朱雀《ごすざく》の4代にわたり娘を嫁がせた藤原道長《ふじわらのみちなが》の権勢は比類ないものだった。しかし、藤原氏を外戚にもたない71代・後三条《ごさんじょう》天皇が即位したことで専横は終焉する。

続く**白河《しらかわ》天皇は上皇となったのちも実権を握り、それが「院政」のはじまり**となる。平安末期になると武家の存在感が増大。77代・後白河《ごしらかわ》天皇は朝廷内の対立に平氏と源氏を巻き込んだことから平《たいらの》清盛《きよもり》の権勢が強まり、武家政権成立の道筋をつくってしまう。

ポイント その1

平安京遷都と皇位継承をめぐる争い

相次ぐ皇位継承争い

薬子の変：㊶嵯峨 対立 ㊵平城

承和の変：㊹仁明 対立 ㊸淳和

〈㊿桓武〉が長岡京、次いで**平安京へ遷都**

奈良の仏教勢力を排除

弟・早良親王の祟りを回避

解説　桓武天皇は既存の仏教勢力の排除などを目的として、長岡京、次いで794年に平安京に遷都。平安前期は「薬子の変」や「承和の変」など、皇位継承をめぐる争いが相次いだ。

ポイント その2

藤原摂関家と藤原道長の「我が世の春」

66一条 ＝ 彰子（長女）

67三条 ＝ 妍子（次女）

68後一条 ＝ 威子（三女）

69後朱雀 ＝ 嬉子（六女）

70後冷泉

〈藤原道長〉

解説　藤原氏は天皇に娘を入内させ、外戚になるという方法で朝廷権力を掌握。平安中期、藤原道長の娘が4代にわたり天皇に嫁いだことで、藤原氏は絶頂期を迎えた。

ポイント その3

上皇が専制を行った「院政」

後鳥羽院政期　後白河院政期　鳥羽院政期　白河院政期

72白河 ― 73堀河 ― 74鳥羽 ― 75崇徳、76近衛、77後白河

77後白河 ― 78二条 ― 79六条

77後白河 ― 80高倉 ― 81安徳、82後鳥羽

82後鳥羽 ― 83土御門、84順徳

解説　白河上皇を嚆矢とする院政は、天皇が自分の嫡子に皇統を継承することを目的とした。院直属の機関である「院庁」に権限が集中し、摂関家（藤原氏）の権力は急速に衰退した。

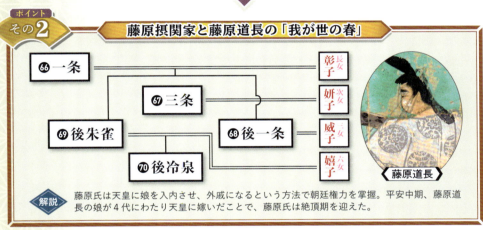

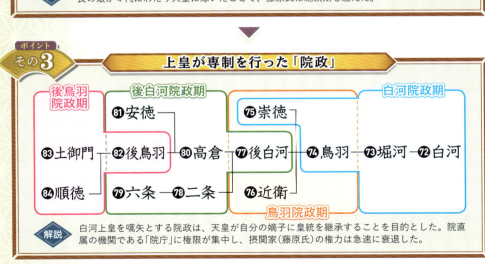

50代

桓《かん》武《む》天《てん》皇《のう》

在位年	生没年
781（45歳）〜806（70歳）	737〜806（享年70歳）

父 光仁天皇《こうにんてんのう》

母 高野新笠《たかのにいがさ》

百済の武寧王の子孫で、渡来人氏族の生まれ

配 藤原乙牟漏《ふじわらのおとむろ》

皇太子に擁立されるも、のちに桓武の陰謀で配流。その後、怨霊となったとされる

桓武の息子が3代続けて天皇に

同年代の権力者

藤原百川《ふじわらのももかわ》（従二位）

藤原良継《ふじわらのよしつぐ》（内大臣）

崇りを恐れ平安京に遷都

49代・光仁天皇《こうにんてんのう》は即位後、皇子・他《おさ》戸《べ》親王《しんのう》を皇太子にした。しかし、その母・井上内親王《いのえないしんのう》が光仁を呪詛したとして、親子ともども廃された。

代わって皇太子となったのが、光仁の第1皇子・山部親王《やまべのしんのう》であった。母は百済《くだら》の武寧王《ぶねいおう》の子孫と称する渡来系氏族・和氏《やまとうじ》出身の高野新笠《たかのにいがさ》である。

781年、光仁から譲位され桓武天皇として即位した。

桓武は**長岡京《ながおかきょう》遷都や東北の蝦夷《えみし》討伐など、積極的に政治を行う。**また皇后・藤原乙牟漏《ふじわらのおとむろ》の他に26人の妻を娶り、皇子だくさんであった。

桓武は最初、弟・早良親王《さわらしんのう》を皇太子

プロフィール

- **他戸親王が廃嫡され、その代わりとして皇太子となった。**
- **同母弟の早良親王に因縁をつけて廃太子にした。**
- **早良親王の崇りを恐れて、平安京に遷都した。**

桓武天皇肖像（延暦寺蔵）

家系図

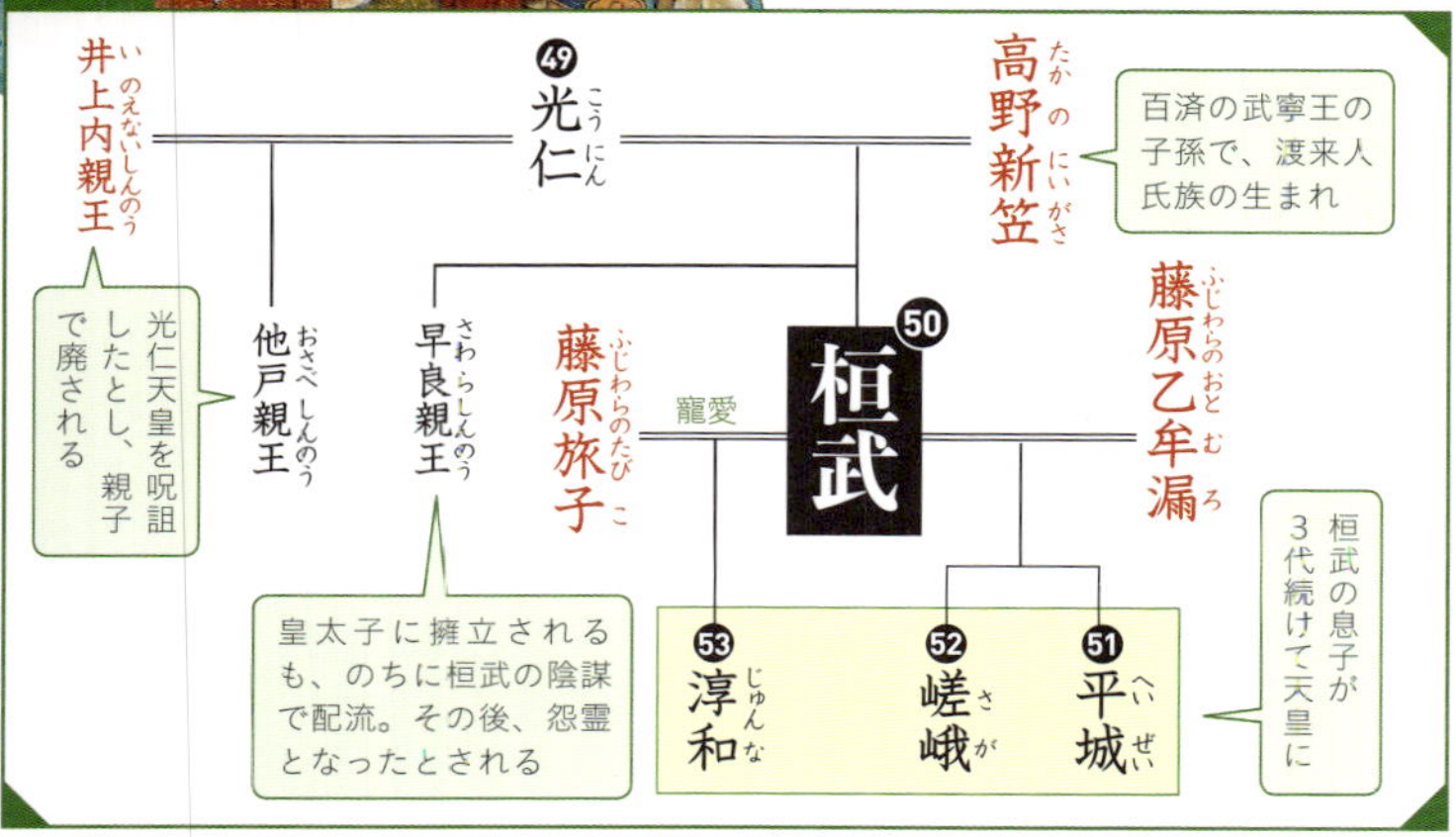

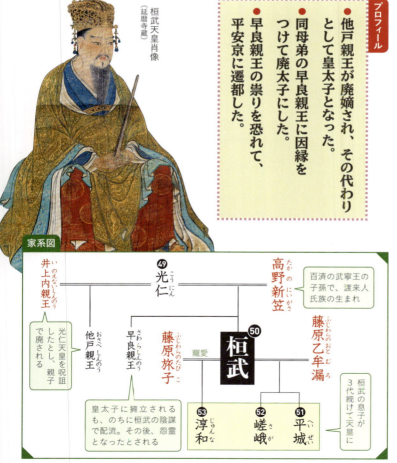

桓武天皇の遷都

794年、桓武天皇は長岡京から平安京へ遷都。以後1000年以上もの間、天皇が住み、日本の中心地となった。

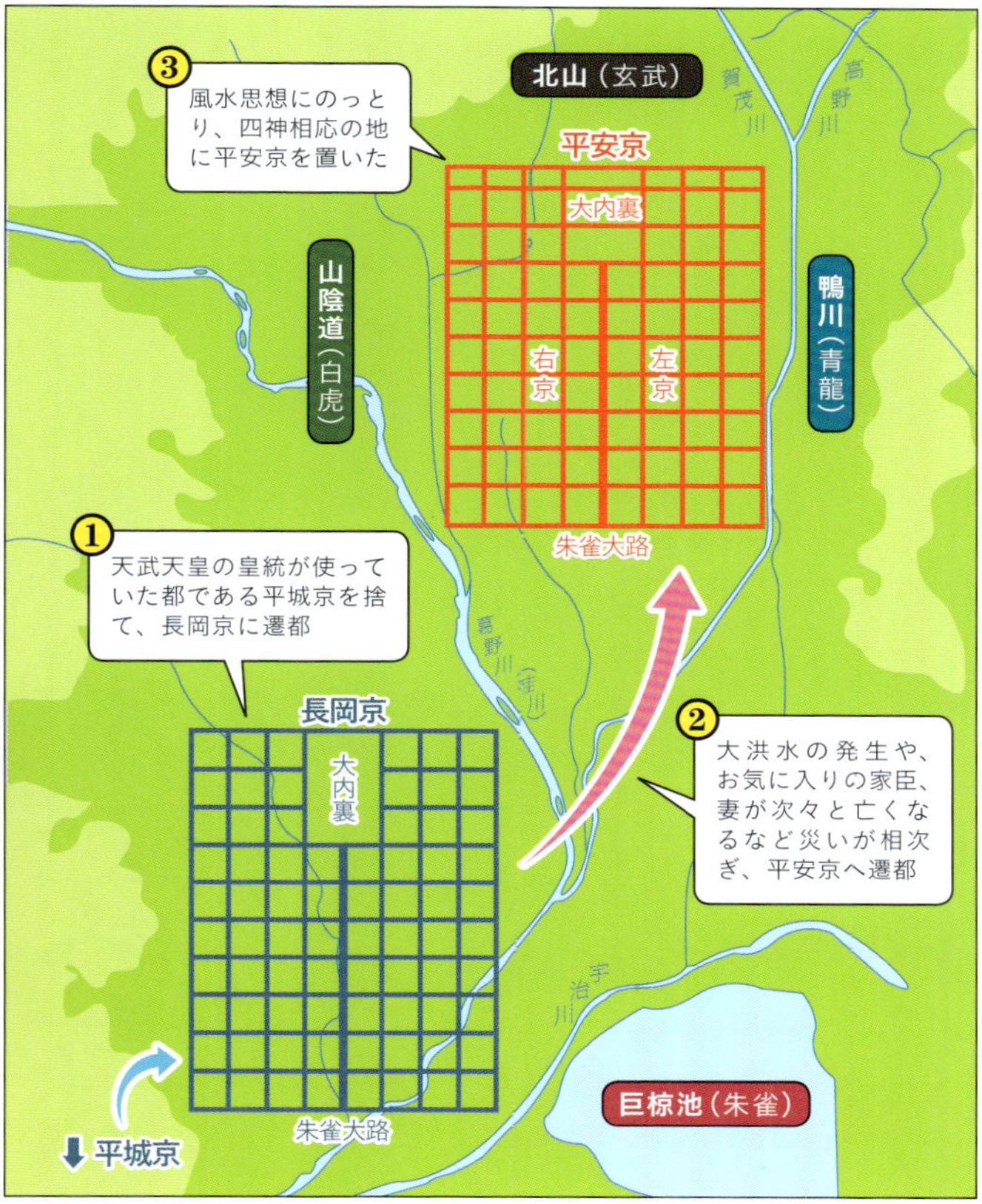

に立てたが、息子の安殿皇子《あてのみこ》が生まれると、我が子に譲位したくなる。そこで桓武は早良親王を長岡京造営使《ぞうえいし》*・藤原種継《ふじわらのたねつぐ》の暗殺事件の首謀者として淡路《あわじ》へ配流。早良親王は異議を唱えたが、護送される途中に息絶えた。

すると高野新笠や藤原乙牟漏らが病を得てこの世を去るなど、忌まわしい事件が次々と起こったため、早良親王の祟りではないかと恐れた。桓武は人心を一新するため、**怨霊がはびこる長岡京を捨て、平安京《へいあんきょう》へと遷った**のである。

坂上田村麻呂

ゆかりの人物

坂上田村麻呂《さかのうえのたむらまろ》

坂上田村麻呂は桓武天皇から征夷大将軍《せいいたいしょうぐん》に任じられ、蝦夷征伐《えみしせいばつ》に向かったことで有名だ。801年に出陣して成果を収め、802年、804年にも出陣したが、軍事費が民の重荷になっているとして遠征は中止された。意外なのはその後の動向で、清水寺《きよみずでら》や富士山《ふじさん》本宮浅間大社《ほんぐうせんげんたいしゃ》の創建に関わったり、平城天皇による平城京遷都の造宮使に任じられるなど、官吏としても活躍していた。

*造営使 … 宮都建設の中心人物

政治

現在の京都の町のルーツ 平安京が造られた理由

平和への祈りを込め風水にもとづき遷都

７９４年、現在の京都市に新たな都が誕生した。**桓武天皇《かんむ》**（⬇P88）**が築いた「平安京《へいあんきょう》」**は、永遠に続く平和への祈りを込め、四神相応《しじんそうおう》にもとづいて建てられた都とされる。四神相応とは、東西南北の神に守られた土地のことで、中国の風水思想では最高の場所だとされている。平安京は唐の長《ちょう》安《あん》をモデルに造られた碁盤の目状の町割りが特徴的で、**現在まで続く京都の町の基礎となった。**

遷都を考案したのは、それまでの土地で不幸が相次いだため。奈良時代の平城京《へいじょうきょう》では貴族間の勢力争いが絶えず、次に遷都した長岡京《ながおかきょう》では疫病や洪水が相次ぐ。これを自分に恨みをもつ早良親王《さわらしんのう》の祟りだと考えた桓武は、これを断とうとわずか10年で長岡京を捨て、平安京へと遷った。

碁盤の目状に造られた平安京

三方を山に囲まれた天然の要害でありながら、東西に流れる河川は流通の動脈を果たした。広さは東西約4.5km、南北約5.2mに及ぶ。

イラスト／黒澤達矢
監修／山田邦和（同志社女子大学教授）

◆古代の都の変遷

かつては天皇が変わる度に遷都が行われていたが、藤原京以降は長期的に使用されるようになった。

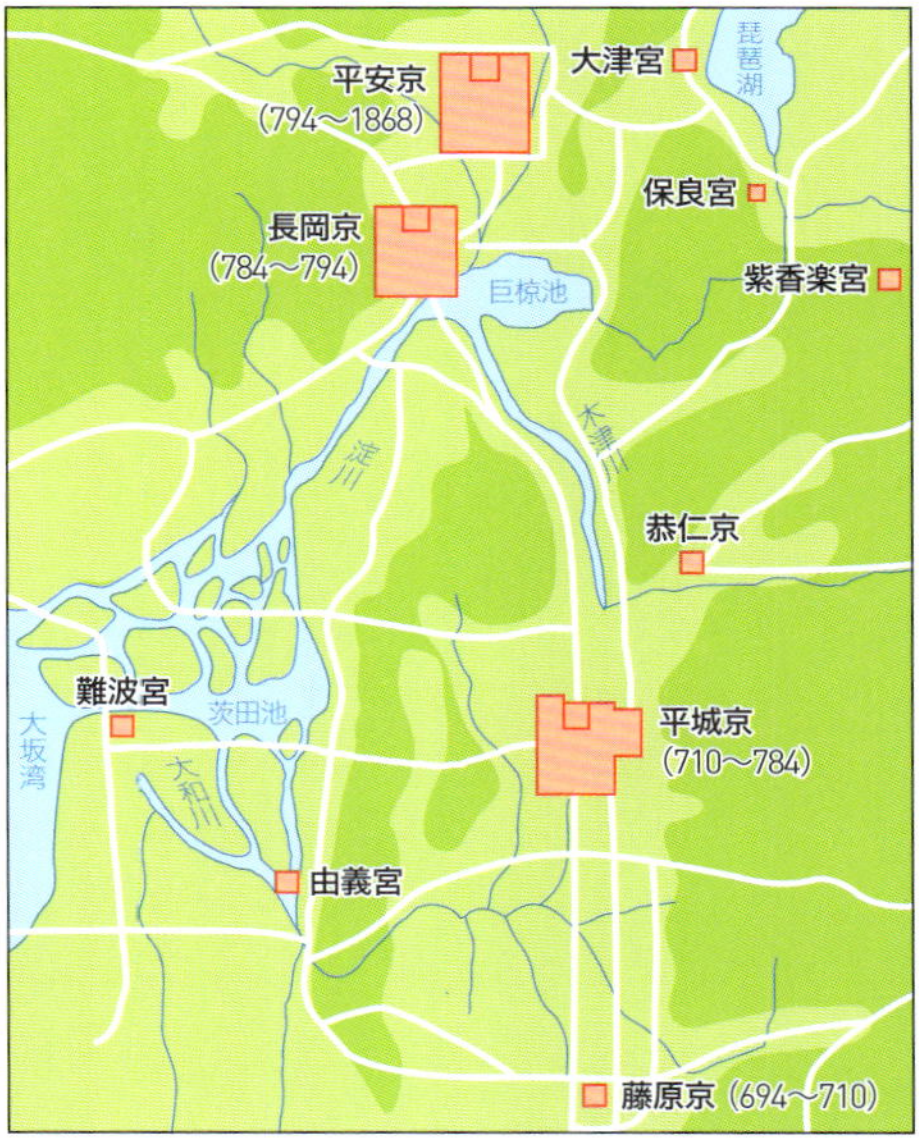

建物 東寺《とうじ》

平安京遷都の2年後、桓武天皇の発願により建立。高さ55mの五重塔は木造建造物では日本一の高さ。

51代

平《へい》城《ぜい》天《てん》皇《のう》

寵愛した義母が政治に介入

桓武《かんむ》天皇の第1皇子・安殿皇《あてのみ》子《こ》（のちの平城天皇）は、早良《さわら》親王《しんのう》が廃されたのち、12歳で皇太子となった。即位後は、桓武が蝦夷《えみし》征伐や都の造営などで逼迫した財政を立て直し、**官僚組織の改革に手を付けた**ことが評価されている。

藤原縄主《ふじわらのただぬし》と藤原種継《ふじわらのたねつぐ》の娘・薬《くす》子《こ》との間に生まれた娘を妃として迎え入れたが、あろうことか**平城は妃よりもその母・薬子に惹かれ、寵愛した**。これに怒った桓武は薬子を後宮から追放したが、桓武が崩御すると再び宮中に呼び戻す。以降、薬子は**兄・仲成《なかなり》とともに傍若無人《ぼうじゃくぶじん》な振る舞い**を続けた。

病弱であったため、在位3年で同母弟の神野親王《じんのしんのう》（のちの嵯《さ》峨《が》天皇）に皇位を譲り、太上天皇となって隠棲した。

プロフィール

- **桓武天皇が招いた財政難の立て直しに尽力した。**
- **義母の藤原薬子を寵愛して政治介入を招いた。**
- **在位３年で、弟・嵯峨天皇に皇位を譲って隠棲した。**

在位年	生没年
806（33歳）～809（36歳）	774～824（享年51歳）

父 桓武《かんむ》天皇

母 藤原乙牟漏《ふじわらのおとむろ》

配 藤原帯子《ふじわらのたらしこ》

同年代の権力者

桓武《かんむ》天皇（父）

藤原仲成《ふじわらのなかなり》（叔父）

市庭《いちにわ》古墳

平城宮のすぐ北に隣接する古墳。楊梅陵《やまもものみささぎ》として平城天皇の陵に指定されている。

平城天皇肖像（早稲田大学図書館蔵）

52代

嵯《さ》峨《が》天《てん》皇《のう》

3章 平安時代

在位年	生没年
809（24歳）〜823（38歳）	786〜842（享年57歳）

父 桓武天皇《かんむ》
母 藤原乙牟漏《ふじわらのおとむろ》
配 橘 嘉智子《たちばなのかちこ》

同年代の権力者
平城上皇《へいぜい》（兄）
藤原仲成《ふじわらのなかなり》（公卿）

プロフィール

- **薬子にそそのかされた平城上皇と対立する。**
- **坂上田村麻呂を派遣して平城陣営を制圧する。**
- **政局を安定させて、華やかな弘仁文化を花開かせた。**

薬子の変を征し安定へ

平城《へいぜい》天皇は809年に上皇となり嵯峨天皇に譲位したが、**藤《ふじ》原薬子《わらのくすこ》やその兄・仲成《なかなり》に煽られ、復位を画策**するようになった。平城が作り上げた官僚制度を嵯峨が中止に追い込もうとしたことも、平城にとっては気に食わなかった。平城は平城京《へいじょうきょう》遷都令を出すが嵯峨は拒否。すると、**怒った平城が挙兵**する（**薬子の変**）。しかし坂上田村麻呂《さかのうえのたむらまろ》が出兵してこれを制圧。**平城は出家、仲成は射殺、薬子は毒を仰いで自害**した。

以降、嵯峨の御代の政局は安定。皇室の儀礼や律令の補足・修正が行われた。また、**華やかな弘仁《こうにん》文化**が花開き、漢詩文や中国の歴史を学ぶ学問、書道が発展。嵯峨自身も弘法大師《こうぼうだいし》・空《くう》海《かい》や橘逸勢《たちばなのはやなり》とともに三筆《さんぴつ》と呼ばれる書の名手となった。

嵯峨天皇肖像（高野山霊宝館蔵）

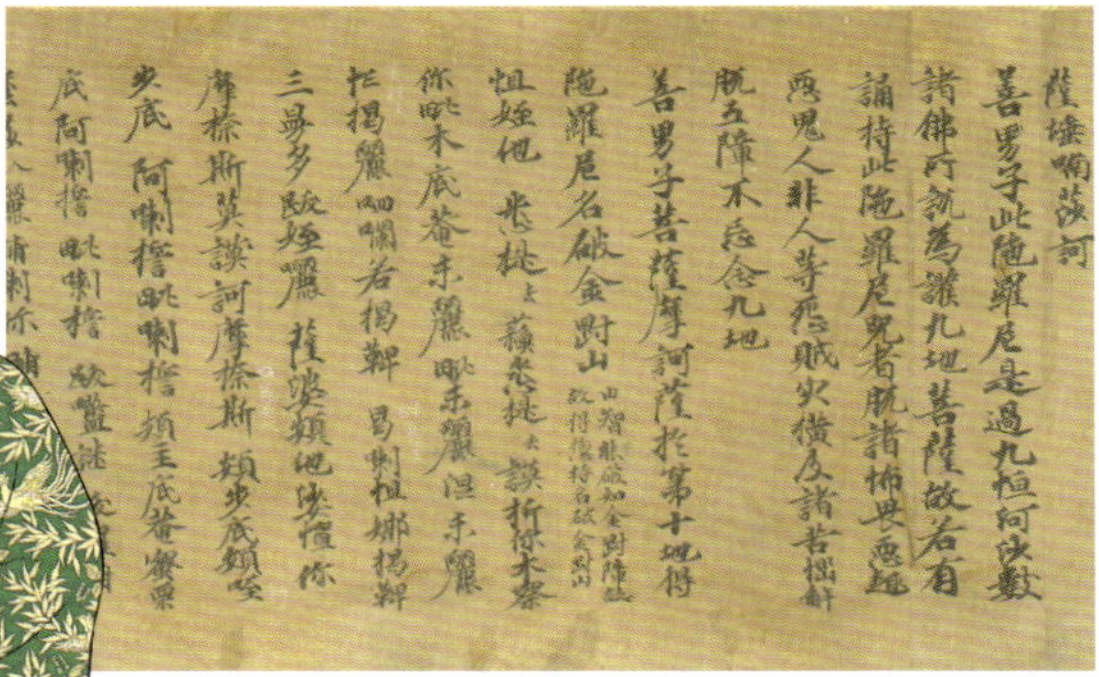

金光明最勝王経注釈断簡《こんこうみょうさいしょうおうきょうちゅうしゃくだんかん》（飯室切本《いいむろぎりぼん》）

嵯峨天皇は唐文化に傾倒し、詩作などの文芸に興じた。書においては「三筆」と呼ばれるほどの腕前であった。

（Image：TNM Image Archives）

53代

淳《じゅん》和《な》天《てん》皇《のう》

在位年	生没年
823(38歳)～833(48歳)	786～840(享年55歳)

父 桓武《かんむ》天皇
母 藤原旅子《ふじわらのたびこ》
配 正子内親王《しょうしないしんのう》

財政再建で安定政治を実現

淳和天皇も桓武《かんむ》天皇の皇子である。薬子《くすこ》の変《へん》で廃太子となった平城《へいぜい》天皇の皇子・高丘親王《たかおかしんのう》に代わって立太子され、嵯峨《さが》天皇から譲位されて即位。

良吏《りょうり》を登用し、勅使田《ちょくしでん》を設置して皇室の財源を強化した他、**『日本後紀《にほんこうき》』『経国集《けいこくしゅう》』『令義解《りょうのぎげ》』の編纂《へんさん》**にも意を注いでいる。治世10年で、嵯峨の皇子・正良親王《まさらしんのう》（仁明天皇《にんみょう》）に皇位を譲った。

歴代天皇で唯一散骨した天皇である。天皇の葬儀には莫大な費用がかかり、それによって民が困窮するのをおそれたからと伝わっている。

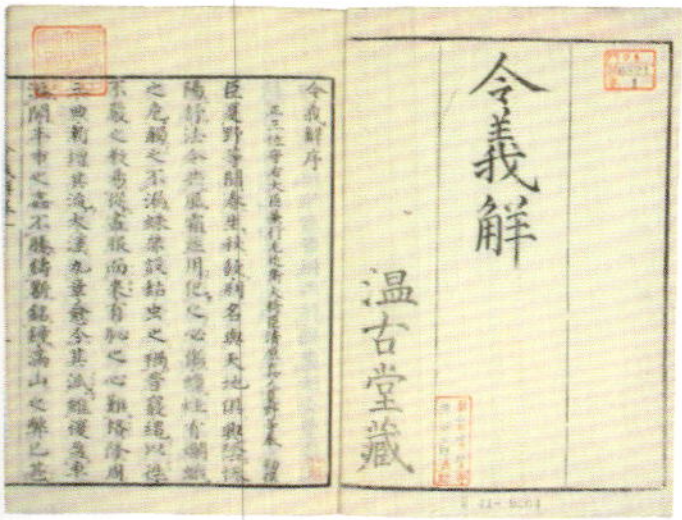

『令義解』

淳和天皇の命により編纂された律令の解説書。全10巻にわたる。

（早稲田大学図書館蔵）

淳和天皇肖像
（早稲田大学図書館蔵）

54代

仁《にん》明《みょう》天《てん》皇《のう》

在位年	生没年
833(24歳)～850(41歳)	810～850(享年41歳)

父 嵯峨《さが》天皇
母 橘《たちばなの》嘉智子《かちこ》
配 藤原順子《ふじわらののぶこ》

陰謀で皇太子を廃す

淳和《じゅんな》天皇は嵯峨《さが》天皇の皇子の正良親王《まさらしんのう》（仁明天皇）を立太子した。仁明即位後、次の皇太子は、淳和の皇子・恒貞親王《つねさだしんのう》だったが、仁明は自らの子・道康親王《みちやすしんのう》を立太子したいと思っていた。

嵯峨、淳和が崩御すると、**橘逸勢《たちばなのはやなり》が恒貞親王を奉じて謀反を企てたとの上奏があった。**恒貞親王は廃され、道康親王が皇太子になった（承和《じょうわ》の変《へん》）。この事件は仁明の画策ともされるが、仁明の義兄・藤原良房《ふじわらのよしふさ》が仁明の意向を汲んで起こしたともされる。事実、良房はこの事件後、権勢を強大化していった。

家系図

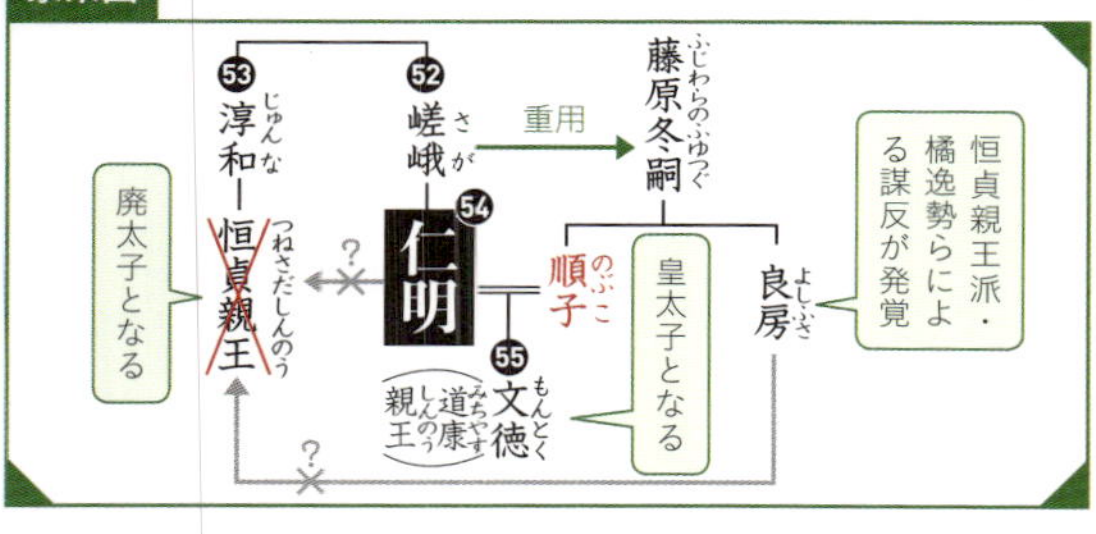

仁明天皇肖像
（早稲田大学図書館蔵）

55代

文《もん》徳《とく》天《てん》皇《のう》

在位年	生没年
850（24歳）〜858（32歳）	827〜858（享年32歳）

父 仁明天皇《にんみょう》
母 藤原順子《ふじわらののぶこ》
配 藤原明子《ふじわらのあきこ》（染殿后《そめどののきさき》）

天皇より藤原氏の権勢が強大に

父・仁明《にんみょう》天皇か、義兄・藤原《ふじわらの》良房《よしふさ》が仕組んだともされる**承和《じょうわ》の変《へん》によって立太子**された文徳天皇は、仁明の崩御にともなって即位した。良房は承和の変以降、太政大臣《だじょうだいじん》*にも上り詰め、天皇以上の発言力を持っていた。そのため次の立太子も、**良房の意向が優先された。**

文徳は第1皇子の惟喬親王《これたかしんのう》の立太子を望んでいたが、文徳と良房の娘・明子《あきこ》との間に惟仁親《これひとしん》王《のう》が生まれると、文徳は**実力者・良房に遠慮して、生後8か月の惟仁親王を皇太子**とした（のちの清和《せいわ》天皇）。

文徳天皇肖像（法金剛院蔵）

藤原良房

陰謀により登りつめた藤原良房。857年には太政大臣に任じられている。

***太政大臣** … 官吏の最高位

56代

清《せい》和《わ》天《てん》皇《のう》

在位年	生没年
858（9歳）〜876（27歳）	850〜880（享年31歳）

父 文徳天皇《もんとく》
母 藤原明子《ふじわらのあきこ》
配 藤原高子《ふじわらのたかこ》

史上初の幼少天皇が誕生

858年、文徳《もんとく》天皇が突然病で崩御。**惟仁親王《これひとしんのう》（清和天皇）がわずか9歳で即位することになり、外祖父の藤原良房《ふじわらのよしふさ》が政治の実権**を握った。良房は、応天《おうてん》門《もん》の放火事件を発端とする疑獄事件「応天門の変」を利用して対抗勢力を排斥。最後は摂政《せっしょう》に任命され、藤原氏（藤原北家）の摂関《せっかん》政治が幕を開けた。

清和は学問を好み、『貞観格式《じょうがんきゃくしき》』など法制度の整備を行った。

また、清和には多くの皇子がおり、その中には清和源氏《せいわげんじ》（⬇P127）のはじまりである源経基《みなもとのつねもと》の父もいる。

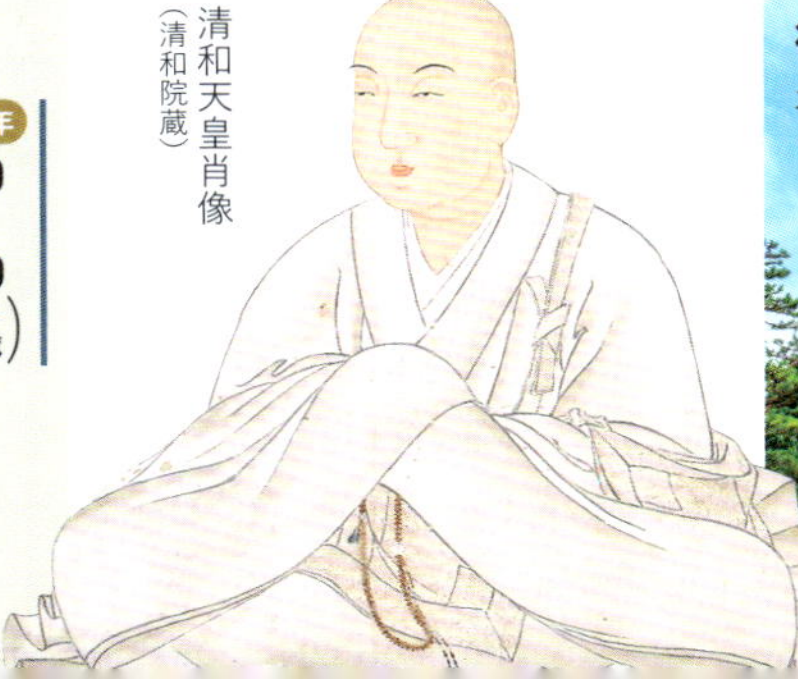

清和天皇肖像（清和院蔵）

復元された応天門

平安神宮には5/8スケールで応天門が復元されている。

文化

空海・最澄が起こした仏教改革

経典研究から現世利益を求める仏教へ

真言宗と天台宗

	真言宗	天台宗

開祖	空海	最澄
総本山	高野山金剛峯寺《こうやさんこんごうぶじ》	比叡山延暦寺《ひえいざんえんりゃくじ》
教義	密教（口伝の秘密の教え）を基盤に、加持祈祷による現世利益を得ることを目指す	仏の前に人は皆平等であると説き、さまざまな修行方法を実践することを良しとする
後世への影響	現世で利益を得られる点が公家・貴族に受け入れられ、篤い信仰を得る	浄土教・鎌倉新仏教など学識のない庶民でも実践できる修行法が編み出される

（画像はすべて東京大学史料編纂所蔵）

奈良時代の仏教は南都六宗《なんとろくしゅう》と呼ばれる6宗派が主流で、いずれも僧侶による経典研究が活動の中心であった。称徳《しょうとく》天皇の信頼を得た僧侶・道鏡《どうきょう》が皇位簒奪事件を起こす（⬇P80）と、天皇家は南都六宗の政治介入を嫌い、桓武《かんむ》天皇は平安京《へいあんきょう》内に南都六宗の寺院を築くことを禁じた。

南都六宗に代わって隆盛したのが空海《くうかい》の真言宗《しんごんしゅう》と最澄《さいちょう》の天台宗《てんだいしゅう》である。ふたりは遣唐使とともに大陸へ渡り、最先端の仏教を学んだ。

天台宗を開いた**最澄は、天台教学《てんだいきょうがく》と呼ばれる南都六宗とは異なる宗教を信仰していたため、桓武に保護された。**天台宗

美術 **曼荼羅《まんだら》**

真言宗の基盤となる密教の世界観を表した絵。密教は大日如来を中心に、宇宙の真理を説き、呪文〔真言〕を唱えることで悟りを目指した。（奈良国立博物館蔵）

美術 **不動明王像《ふどうみょうおうぞう》**

大日如来の化身で、怒りをもって人々を救うとされる。空海による密教伝来を機に日本でも広く信仰されるようになった。（メトロポリタン美術館蔵）

美術 **矢田地蔵縁起《やたじぞうえんぎ》**

現在の極楽・地獄のイメージは、浄土教とともに成立した。この絵巻は地蔵菩薩《じぞうぼさつ》が地獄に落ちた者を救うシーンを描いている。（奈良国立博物館蔵）

は、仏の前では皆平等という法華一乗《ほっけいちじょう》を前提とし、さまざまな修行方法で悟りを目指す宗派である。鎌倉時代には天台宗の僧侶によって念仏《ねんぶつ》や座禅《ざぜん》など、庶民でも実践できる修行法が編み出された。

空海は、経典の研究から悟りを目指す顕教《けんきょう》に対し、口伝される秘密の呪法を習得することで悟りを目指す密教《みっきょう》を日本へもたらした。密教をベースに開かれた真言宗は、加持祈祷《かじきとう》（密教の儀式）によって**現世利益《げんせりやく》を求めたため、嵯峨《さが》天皇を始め皇族・貴族から篤く信仰された。**

また、平安中期には天台宗の源信《げんしん》が『往生要集《おうじょうようしゅう》』を発表。**死後、極楽に行くためには念仏を唱えて阿弥陀仏《あみだぶつ》を信仰せよと説いた（浄土教《じょうどきょう》）。**浄土教は末法思想《まっぽうしそう》*と相まって広まり、藤原頼通《ふじわらのよりみち》の平等院鳳凰堂《びょうどういんほうおうどう》（⬇P109）など、各地に阿弥陀堂が築かれた。このように**利益や極楽往生を求める現在の仏教の礎は、天皇や権力者に受容され平安時代に広まった。**

＊末法思想《まっぽうしそう》…日本では1052年に仏教世界が滅ぶという思想

陽成天皇の歌碑

陽成天皇には歌の才能があったそうで、「つくばねの峰よりおつるみなの川 恋ぞつもりて淵となりぬる」という和歌が百人一首に残る。

陽成天皇肖像（早稲田大学図書館蔵）

57代 陽《よう》成《ぜい》天《てん》皇《のう》

在位年 876（9歳）〜884（17歳）

生没年 868〜949（享年82歳）

父 清和《せいわ》天皇
母 藤原高子《ふじわらのたかこ》
配 綏子内親王《すいしないしんのう》

奇行が絶えず皇位を廃される

陽成天皇はわずか9歳で即位したため、実力者・**藤原良房《ふじわらのよしふさ》の養子となった基経《もとつね》が摂政《せっしょう》となり**政務を執り行った。

陽成は性格が荒々しく、犬と猿を戦わせたり、カエルを集めて蛇に呑ませたりするなどの奇行が絶えなかったうえ、陽成の乳母の子・源益《みなもとのまさる》の殴殺事件（相撲をとった後、殴り殺したという）に関わっていたとされる。そのため、**帝王の器に相応しくないとして、16歳で皇位を廃された。**その後は65年間も上皇の座を保つほど長命であった。

58代 光《こう》孝《こう》天《てん》皇《のう》

在位年 884（55歳）〜887（58歳）

生没年 830〜887（享年58歳）

父 仁明《にんみょう》天皇
母 藤原沢子《ふじわらのさわこ》
配 班子女王《はんしじょおう》

泰然とした態度が好まれ即位

仁明《にんみょう》天皇の第3皇子。陽成《ようぜい》天皇の廃位後、時の実力者・**藤原基経《ふじわらのもとつね》に推されて光孝天皇**となった。他の親王らが基経の歓心をかうよう媚びる者が多かったのに対して、ひとり光孝だけが泰然自若としていたため、基経の好印象を得たからといわれた。それでも、**即位後は政治のすべてを基経に任せている。**

８８７年、病が重くなったため、**臣籍に下っていた皇子の源定省《みなもとのさだみ》（宇多天皇《うだ》）を親王に復して皇太子とした。**即位後3年余りで崩御。小松山陵《こまつやまりょう》に埋葬された。

光孝天皇肖像（早稲田大学図書館蔵）

家系図

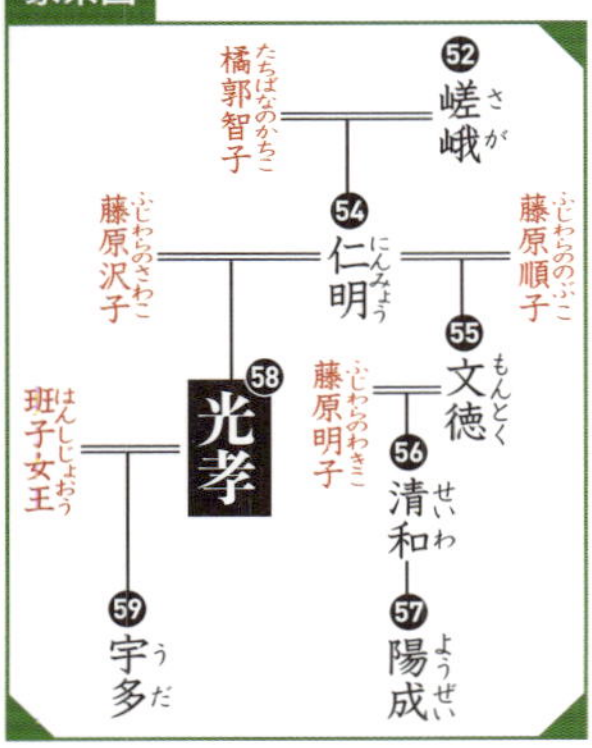

59代

宇《う》多《だ》天《てん》皇《のう》

3章 平安時代

在位年	生没年
887（21歳）〜897（31歳）	867〜931（享年65歳）

父 光孝天皇《こうこう》
母 班子女王《はんしじょおう》
配 藤原温子《ふじわらのおんし》

同年代の権力者
藤原基経《ふじわらのもとつね》（関白）
菅原道真《すがわらのみちざね》（貴族）

親政を開始して道真を抜擢

光孝《こうこう》天皇の第7皇子で、桓武《かんむ》天皇の孫娘・班子《はんし》を母として867年に生まれた。光孝には多くの子女がいたが、みな臣籍に下されていた。源定省《みなもとのさだみ》もその一人だったが、**次の天皇が確定しないまま光孝が病に倒れたため**、急遽親王に復されて皇太子に立てられた。**光孝の崩御にともなって、宇多天皇として即位した。**

宇多は、一時臣籍降下《しんせきこうか》しており権威に欠けること、またしっかりとした考えをもっていたことから、実力者・藤原基経《ふじわらのもとつね》は宇多を嫌い、勅使《ちょくし》の「阿衡《あこう》*（関白《かんぱく》）に任ず」という一文にケチをつけて、**宇多側の勢力を陥れようとした（阿衡事件）**。

基経の死後、宇多は親政を開始。**菅原道真《すがわらのみちざね》を抜擢**して、遣唐使の廃止や私営田の抑制、地方へ監察官を派遣など、積極的な改革を推進した。

宇多は醍醐《だいご》天皇に譲位すると仁和《にんな》寺《じ》で出家し、初の法皇（出家した上皇）となった。

仁和寺

888年に宇多天皇が創建。宇多はこの寺を気に入り、897年に上皇となると出家して日本初の「法皇」になった。

宇多天皇肖像（仁和寺蔵）

プロフィール

- **臣籍降下から即位した唯一の天皇。**
- **菅原道真を登用して積極的な改革をおしすすめた。**
- **歴代で初めて退位後に出家し「法皇」となった天皇。**

*阿衡…中国の故事では「地位は高いが仕事がない職」とされる

60代

醍醐天皇《だいごてんのう》

在位年 897（13歳）～930（46歳）

生没年 885～930（享年46歳）

父 宇多天皇《うだ》

母 藤原胤子《ふじわらのいんし》
為子内親王《ためこないしんのう》

配 藤原穏子《ふじわらのおんし》

同年代の権力者

藤原時平《ふじわらのときひら》（太政大臣）

菅原道真《すがわらのみちざね》（右大臣）

親政に精を尽くした天皇

８９７年、宇多天皇《うだ》は、皇太子・敦仁親王《あつひとしんのう》を元服させて譲位。即位した醍醐天皇《だいご》に、宇多の妹・為子内親王《ためこないしんのう》を正妃に迎えさせて、藤原氏が外戚となることを防いだ。

醍醐は宇多に引き続き、寵臣・菅原道真《すがわらのみちざね》を重用。**摂政《せっしょう》・関白《かんぱく》を置かず自ら積極的な親政を行い、文化面でも『日本三大実録《にほんさんだいじつろく》』や『古《こ》今和歌集《きんわかしゅう》』の編纂**などに意を注いだ（延喜《えんぎ》の親政）。

宇多は出家して法皇となっていたが、政治的影響力を持ち続けた。そのため、当初は宇多の意向に従って政治が行われていた。し

プロフィール

- **先代からの寵臣・菅原道真を引き続き重く用いた。**
- **『日本三大実録』『古今和歌集』の編纂にも意を注いだ。**
- **道真を太宰府に左遷し、藤原時平が権力をふるうことを許した。**

醍醐天皇肖像（醍醐寺蔵）

家系図

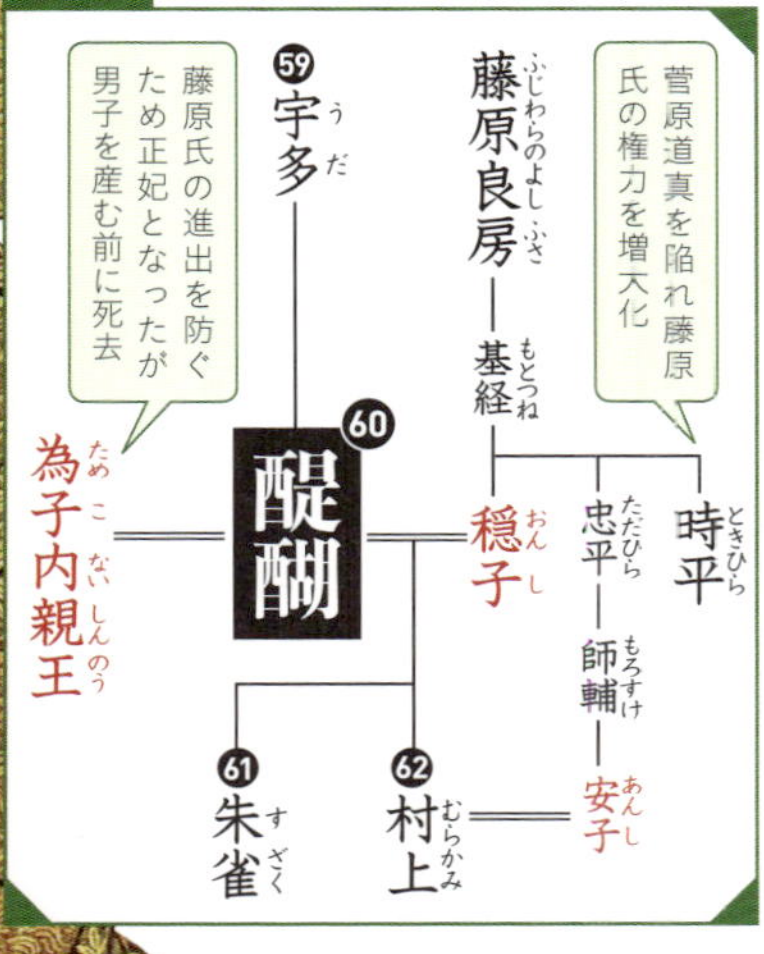

かし、**左大臣の藤原時平《ふじわらのときひら》の中傷により道真が陥れられて左遷させられた（昌泰《しょうたい》の変《へん》）**ことを契機に、醍醐は宇多から離れて、自らの意を貫くようになった。

ただし、宇多を排除したことで藤原氏の抑止力が消え、時平はさらなる権勢を誇った。また、為子内親王が男児を生まずに死去。時平の妹・穏子《おんし》が中宮となり、再び藤原氏が権力を掌握し始めた。

930年、病を得たため、皇太子・寛明親王《ゆたあきらしんのう》に譲位。崩御後は後《のちの》山科陵《やましなのみささぎ》に葬られた。

ゆかりの人物　菅原道真《すがわらのみちざね》

菅原道真は貴族で文人でもあった菅原是善《これよし》の子で、私塾・菅家廊下を主宰する文章博士《もんじょうはかせ》であった。本来なら家格に応じた官職にしか就けないはずだが、宇多天皇の信任を得て、醍醐天皇の頃には右大臣にまで昇進した。

しかし、左大臣・藤原時平を始め、破格の昇進を妬む廷臣も多かった。ついには時平の中傷がもとで太宰府に左遷。失意のまま薨去した。

死後、藤原氏内で早世する人が続出し、雷などの異常気象が頻発。道真の祟りと恐れられ、天神として祀られた。現在は学問の神様としても知られる。

菅原道真

醍醐寺の五重塔
醍醐天皇の冥福を祈り、朱雀《すざく》天皇が起工、村上天皇の代に完成した。国宝に指定されている。

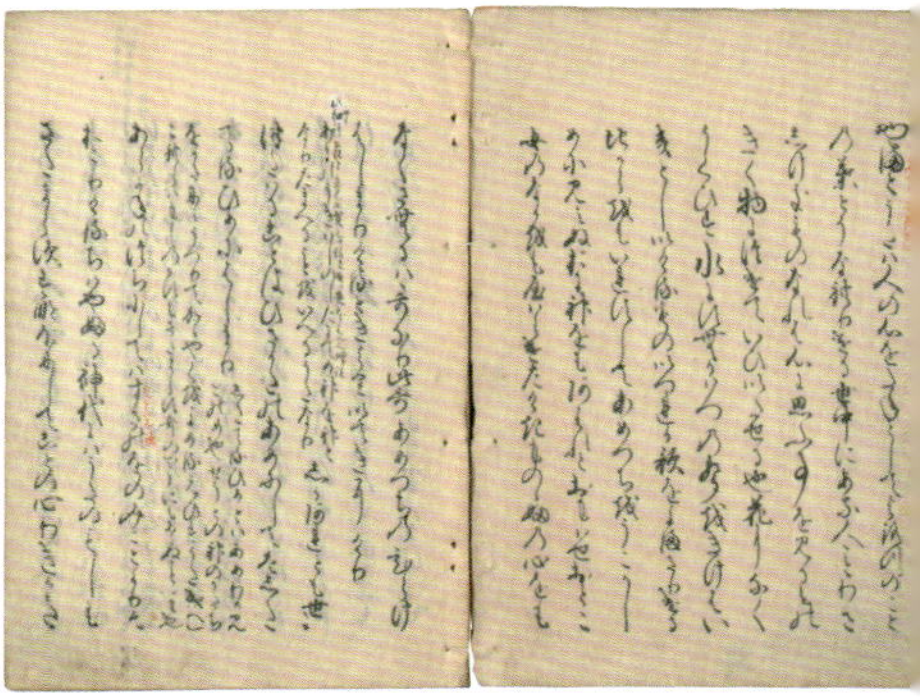
『古今和歌集』
全20巻に及ぶ史上初の勅撰和歌集。他にも『日本三大実録』など、醍醐天皇は文化事業にも力を注いだ。

61代

朱雀天皇《すざくてんのう》

在位年
930（8歳）〜946（24歳）

生没年
923〜952（享年30歳）

父 醍醐《だいご》天皇
母 藤原穏子《ふじわらのおんし》
配 熙子女王《きしじょおう》
藤原慶子《ふじわらのけいし》

同年代の権力者
藤原忠平《ふじわらのただひら》（摂政・関白）
平将門《たいらのまさかど》（豪族）

菅原道真の祟りに翻弄された

醍醐《だいご》天皇の跡は、本来なら第2皇子・保明親王《やすあきらしんのう》が継ぐはずであったが保明親王は薨御《こうぎょ》。さらにその子・慶頼王《よしよりおう》もわずか5歳で薨御したため、第11皇子の寛明親王《ゆたあきらしんのう》（朱雀天皇）が皇太子に選ばれた。**相次ぐ不運を菅原道真《すがわらのみちざね》の祟りのせいと恐れた母・穏子《おんし》は、寛明親王が3歳になるまで、几帳《きちょう》（目隠し）のなかで育てた**といわれている。

朱雀の**摂政《せっしょう》・関白《かんぱく》として政治を主導したのは藤原忠平《ふじわらのただひら》**である。在位中は、富士山の噴火や地震などの天変地異に加え、地方では**平将門《たいらのまさかど》の乱《らん》や藤原純友《ふじわらのすみとも》の乱《らん》が起きるなどの騒動が頻発。**いずれも道真の祟りと噂された。

朱雀には藤原時平《ふじわらのときひら》の孫・熙子《きし》と、忠平の孫・慶子《けいし》とふたりの女御《にょうご》（皇后候補）がいたが、子が生まれず、15年間皇太子不在という異常事態が発生した。

成田祇園祭
平将門の乱平定を祈願して朱雀天皇の勅命で建立された、成田山新勝寺のお祭り。祭りには朱雀が乗った山車が登場する。

プロフィール

- **菅原道真の祟りを恐れて、几帳のなかで育てられた。**
- **藤原忠平が摂政、関白として政治を主導。**
- **平将門の乱や藤原純友の乱などの騒動を招いた。**

藤原忠平
醍醐天皇の代に政治に関わると、寛大な性格と働きぶりで人望を集め、藤原氏の貴族政治の礎を築く。朱雀天皇の即位とともに摂政を務めた。

62代

村《むら》上《かみ》天《てん》皇《のう》

3章 平安時代

在位年	生没年
946（21歳）〜967（42歳）	926〜967（享年42歳）

父 醍醐《だいご》天皇
母 藤原穏子《ふじわらのおんし》
配 藤原安子《ふじわらのあんし》

同年代の権力者
藤原実頼《ふじわらのさねより》（左大臣）
藤原師輔《ふじわらのもろすけ》（右大臣）

天皇自ら財政再建に尽力

朱雀《すざく》天皇の譲位によって跡を継いだのが、醍醐《だいご》天皇の第14皇子の成明親王《なりあきらしんのう》で、朱雀の弟である。朱雀の治世からの**関白《かんぱく》・藤原忠平《ふじわらのただひら》が没して以降は関白を置かず、自ら政治を主導するよう努めた。**徴税を徹底し、贅沢を禁じて倹約令を出すなど、**財政の健全化をめざしたことなどが高く評価され、「天《てん》暦《りゃく》の治《ち》」**と称えられた。

また、村上天皇は父・醍醐同様、多くの皇妃、女御《にょうご》、更衣《こうい》がおり、19人もの子女をもうけている。この頃は藤原氏の兄弟同士で権力争いが起こり、こぞって自分の娘を天皇に嫁がせたからだ。皇后・安子《あんし》は、女御のなかでも特に村上から寵愛を受けた藤原芳子《ふじわらのほうし》に嫉妬し、陶器を投げつけたという。

プロフィール

- **藤原忠平亡き後、関白を置かず親政した。**
- **徴税を徹底し、奢侈を禁じて財政再建に努めた。**
- **多くの子女をもうけ、村上源氏の祖となった。**

家系図

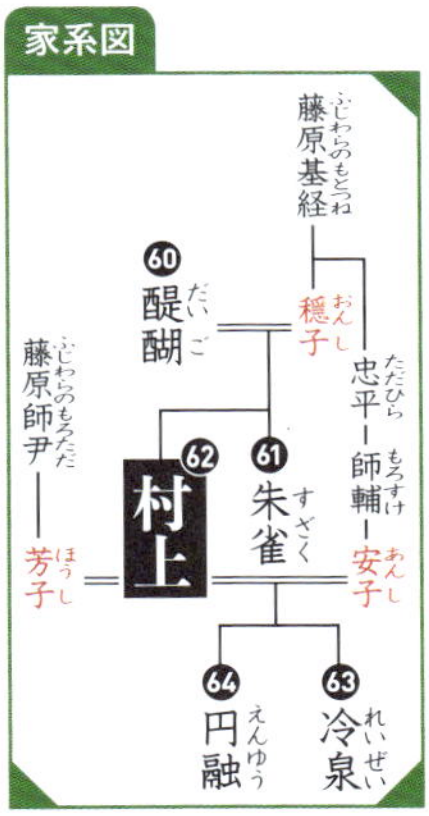

村上天皇肖像
（永平寺蔵）

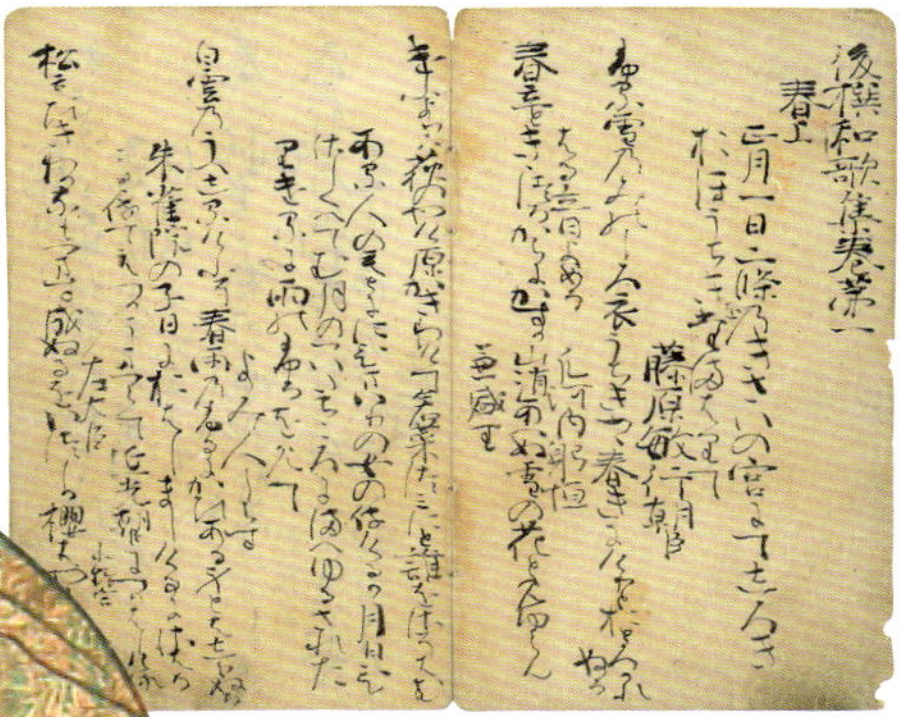

『後撰和歌集《ごせんわかしゅう》』

村上天皇の下命により編纂された勅撰和歌集。村上は『清涼記』の執筆や、琴、琵琶の演奏に秀でるなど、政治だけでなく文化にも秀でていた。

（冷泉家時雨亭文庫蔵）

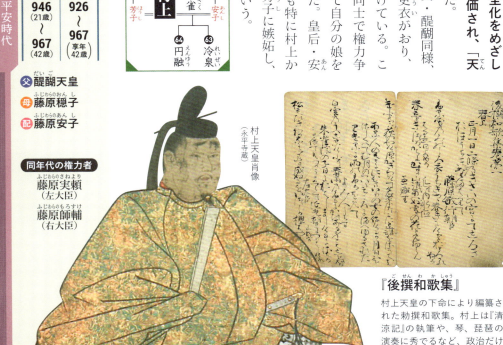

63代

冷泉天皇《れいぜいてんのう》

在位年 967（18歳）〜969（20歳）

生没年 950〜1011（享年62歳）

父 村上天皇《むらかみ》

母 藤原安子《ふじわらのあんし》

配 昌子内親王《しょうしないしんのう》

同年代の権力者

藤原実頼《ふじわらのさねより》（太政大臣）

源 高明《みなもとのたかあきら》（左大臣）

蹴鞠《けまり》に没頭した奇行の天皇

村上《むらかみ》天皇には第1皇子の広平親王《ひろひらしんのう》（母は藤原元方《ふじわらのもとかた》の娘・祐姫《すけひめ》）がいたが、それを押しのけて皇太子となったのが、第2皇子の憲平親王《のりひらしんのう》（冷泉天皇、母は藤原師輔《ふじわらのもろすけ》の娘・安子《あんし》）であった。**権力者である藤原実頼《ふじわらのさねより》・師輔兄弟の力が働いていた**ことはいうまでもない。

ところが、皇太子になったものの、宮中で1日中鞠《まり》を天井にまで蹴り上げることに夢中になるなど、**奇行が目立つ人物**であったため、皇位を村上の第4皇子の為平親王《ためひらしんのう》に移そうとする動きもあった。

しかし、為平親王が左大臣の源高明《みなもとのたかあきら》の娘を妃に迎えたことから、源氏が外戚として権勢をふるうことを恐れた藤原氏が反発。**藤原氏が陰謀を企て、高明を謀反の罪に陥れて排斥することに成功した**（**安和《あんな》の変《へん》**）。為平親王の弟・守平親王《もりひらしんのう》（円融《えんゆう》天皇）が皇太子に立てられた。

プロフィール

- **祖父・藤原師輔に推され第1皇子を押しのけて立太子。**
- **1日中、蹴鞠に明け暮れるなどの奇行が目立った。**
- **安和の変による藤原摂関家の地位向上を許した。**

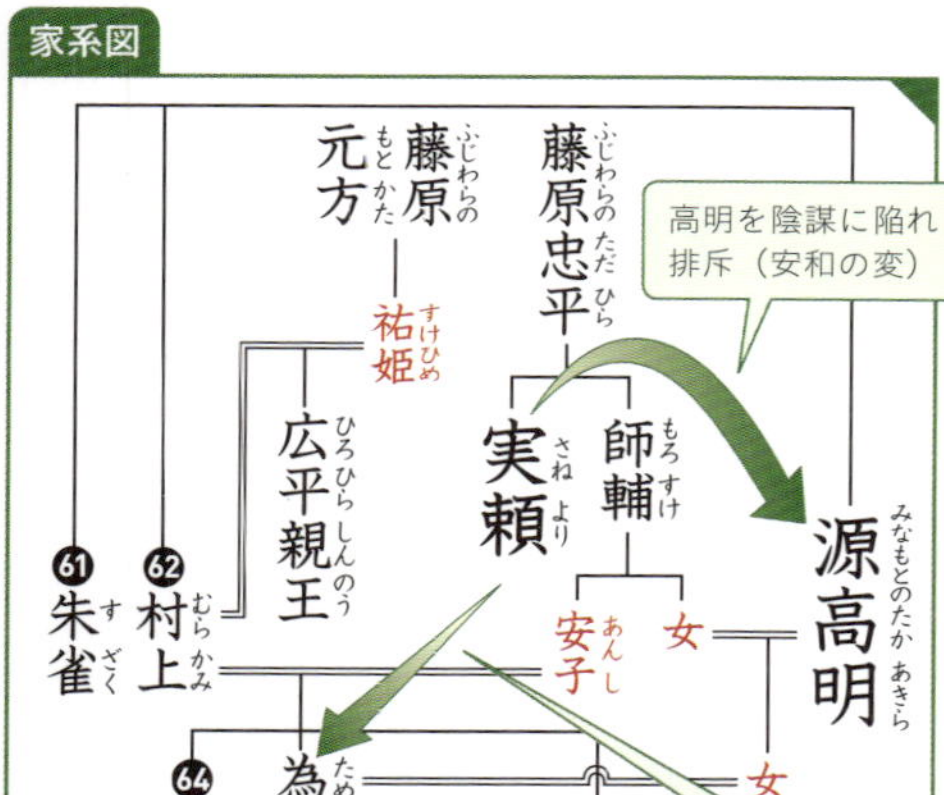
64 円融
為平親王
63 冷泉
65 花山
66 一条
源高明が外戚となるのを防ぐため為平親王の立太子に反発

冷泉天皇肖像（早稲田大学図書館蔵）

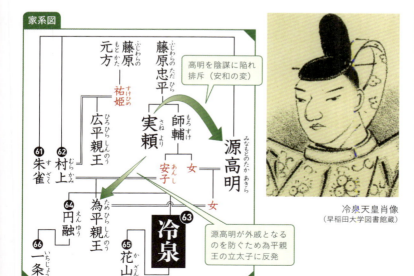

64代

円《えん》融《ゆう》天《てん》皇《のう》

在位年	生没年
969（11歳）〜984（26歳）	959〜991（享年33歳）

父 村上《むらかみ》天皇
母 藤原安子《ふじわらのあんし》
配 藤原媓子《ふじわらのきし》

円融院天皇子日御遊之図
幕末の画家・冷泉為恭が散策を楽しむ円融天皇の姿を描いたもの。重要文化財に指定されている。（大樹寺蔵／岡崎市美術博物館提供）

兼家・兼通の権力争いに翻弄

源高明《みなもとのたかあきら》を排除しようとする**藤原氏によって担ぎ上げられたのが、村上《むらかみ》天皇の第5皇子で、冷泉《れいぜい》天皇の弟にあたる守平親王《もりひらしんのう》（円融天皇）**であった。11歳で即位し、摂政《せっしょう》には、藤原実頼《ふじわらのさねより》、伊尹《これただ》、兼通《かねみち》が続いてあたった。

兄・兼通と弟・兼家《かねいえ》の兄弟間の権力争いが絶えず、円融自身も振り回された。兼通と兼家はともに娘を入内させ、跡継ぎを皇位に就かせようとした。結果、兼家の娘・詮子《せんし》が生んだ懐仁親王《やすひとしんのう》がのちに一条《いちじょう》天皇となる。

円融は疲弊し、花山《かざん》天皇に譲位した。

65代

花《か》山《ざん》天《てん》皇《のう》

在位年	生没年
984（17歳）〜986（19歳）	968〜1008（享年41歳）

父 冷泉《れいぜい》天皇
母 藤原懐子《ふじわらのかいし》
配 藤原忯子《ふじわらのしし》

元慶寺
藤原忯子の死を悲しむ花山天皇が出家した元慶寺。別名を花山寺という。

花山天皇肖像（元慶寺蔵）

藤原氏の陰謀にはまり2年で退位

実力者・**藤原兼家《ふじわらのかねいえ》との関係が悪化した円融《えんゆう》天皇**は、17歳の皇太子・師貞親王《もろさだしんのう》（花山天皇）に位を譲った。しかし、2年後には、早くも退位。女御《にょうご》の藤原忯子《ふじわらのしし》が身ごもったまま亡くなり、出家を望むようになったからだ。花山が出家すれば、孫・懐仁親王《やすひとしんのう》の即位を早めることができると考えた兼家の次男・道兼《みちかね》は、**自分も後を追うと花山に出家を勧めた。しかし道兼は出家せず、花山は藤原父子の陰謀にはめられた。**

また、奇行が目立ったため退位したとする説もある。

66代

一条《いちじょう》天皇《てんのう》

在位年 986（7歳）〜1011（32歳）

生没年 980〜1011（享年32歳）

父 円融《えんゆう》天皇

母 藤原詮子《ふじわらのせんし》

配 藤原定子《ふじわらのていし》

藤原彰子《ふじわらのしょうし》

藤原道長の画策で皇后がふたりに

懐仁親王《やすひとしんのう》（一条天皇）は、円融《えんゆう》天皇と藤原兼家《ふじわらのかねいえ》の娘・詮子《せんし》の第1皇子である。兼家は、**孫が即位したことで摂政《せっしょう》となって権力を掌握**した。

兼家が没すると、継承争いが勃発。一条には既に皇后・定子《ていし》がいたが、叔父の道長《みちなが》は娘・彰子《しょうし》を一条の中宮とした（一帝二妃）。さらに定子の兄・伊周《これちか》らは花山《かざん》法皇射殺未遂を起こし失脚、定子も出家を迫られた。こうして**道長が権勢を誇る**ようになった。

それでも一条は定子を愛し、出家後も宮中に呼び戻した。

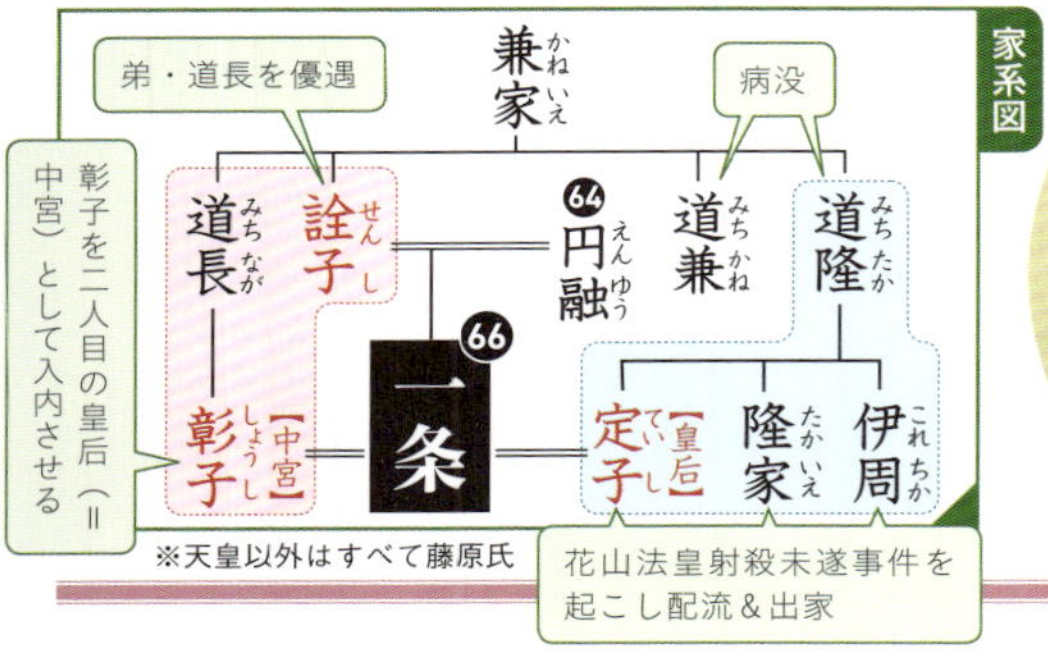

一条天皇肖像（早稲田大学図書館蔵）

67代

三《さん》条《じょう》天皇《てんのう》

在位年 1011（36歳）〜1016（41歳）

生没年 976〜1017（享年42歳）

父 冷泉《れいぜい》天皇

母 藤原超子《ふじわらのちょうし》

配 藤原娍子《ふじわらのせいし》

藤原妍子《ふじわらのけんし》

死後まで道長との確執に苦悩

一条《いちじょう》天皇に譲位されて冷泉《れいぜい》天皇の第2皇子・居貞親王《おきさだしんのう》が即位（三条天皇）した時は、**藤原道長《ふじわらのみちなが》全盛の時代**であった。**道長は、自身の孫・敦成親王《あつひらしんのう》の擁立を望んでいた**ため、三条はその中継ぎでしかなかったのだ。

そのため皇子・敦明親王《あつあきらしんのう》を即位させたかった三条と道長はたびたび対立した。結局、三条は眼病の悪化と、道長の嫌がらせにより5年で譲位、出家した。

三条譲位と引き換えに、敦明親王の立太子を道長に約束させたが、三条の死後、後ろ盾がいなくなった敦明親王は皇太子を辞退した。

三条天皇肖像（早稲田大学図書館蔵）

心にも　あらでうき世に
ながらへば　恋しかるべき
夜半の月かな

出典：『後拾遺和歌集』雑1

訳 心ならずも、この浮き世で生きながらえるのであれば、今夜の月のことはきっと恋しく思い出すだろう。

68代

後《ご》一《いち》条《じょう》天《てん》皇《のう》

3章 平安時代

在位年 1016（9歳）～1036（29歳）

生没年 1008～1036（享年29歳）

父 一条天皇《いちじょう》

母 藤原彰子《ふじわらのしょうし》

配 藤原威子《ふじわらのいし》

同年代の権力者

藤原道長《ふじわらのみちなが》（太政大臣）

藤原頼通《ふじわらのよりみち》（関白）

道長に従った従順な天皇

藤原道長《ふじわらのみちなが》が三条《さんじょう》天皇に譲位を迫って実現したのが、道長の孫・敦成親王《あつひらしんのう》（後一条天皇）の即位であった。**外戚となった道長は、摂政《せっしょう》となり政治を主導。**

9歳で即位した翌々年には、道長の娘で、後一条にとって叔母の威子《いし》を中宮に迎え入れ、太皇太后（彰子《しょうし》）、皇太后（妍子《けんし》）、皇后（威子）という**道長の娘3人が同時に三后《さんこう》に就く「一家立《いっかりつ》三后」**を実現させている。

道長が摂政を辞し太政大臣《だじょうだいじん》になると、子の頼通《よりみち》が関白になり、一族で要職を独占した。道長は「この世をば我世とぞ思う」と歌ったように、**我が世の春を謳歌した**のである。

後一条はひたすら道長に対して従順に従うばかりで、世継ぎにも恵まれぬまま、29歳の若さで崩御した。

プロフィール

- **祖父・藤原道長に擁立され、わずか9歳で即位。**
- **道長の娘で叔母にあたる威子を中宮に迎え、先先代の皇后・先代の皇后・皇后が全て道長の娘になる。**
- **道長が権力を誇り、それに従順に従った。**

藤原頼通の邸宅を訪れた後一条天皇

「駒競行幸絵詞」より駒競の行幸に藤原頼通の邸宅である高陽院を訪れた後一条。寝殿内の中央に、座った膝がわずかに見えている。（和泉市久保惣記念美術館蔵）

道長が極めた藤原氏の栄華

天皇に譲位を迫るほどの強引さ

美術 藤原道長と彰子

「紫式部日記絵巻」には娘・彰子が産んだ皇子を見る藤原道長の姿が描かれている。（Image：TNM Image Archives）

大化《たいか》の改新《かいしん》の功績によって藤原《ふじわら》姓を与えられた中臣鎌足《なかとみのかまたり》の子孫・藤原一族は、藤原四家に分かれたあと、皇室との姻戚関係を密に結んだ北家が権力の頂点へと登っていった。左大臣《さだいじん》・藤原冬継《ふゆつぐ》の子・良房《よしふさ》が、866年に人臣初の摂政《せっしょう》となって以来（⬇P95）、代々**藤原氏が摂政・関白《かんぱく》の座を独占して、政治の実権を握り続けた**（摂関政治）。

良房から数えて6代目の子孫・**道長《みちなが》の代で、藤原氏は全盛期を迎えた。**長女・彰子《しょうし》を一条《いちじょう》天皇に、次女・妍子《けんし》を三《さん》条《じょう》天皇に、三女・威子《いし》を後一《ごいち》条《じょう》天皇に嫁がせたことで、**道長は3人の天皇の摂政となり、「一家立三后《いっかりつさんこう》、未曾有《みぞう》なり」とまで称えられた。**天皇の意志を差し置いて、自らが望む敦成親王《あつひらしんのう》（一条の三男）の立太子をごり押ししたほか、気に食わない三条に譲位を迫るほどの強引さであった。

摂政の位を譲られた嫡男・頼通《よりみち》も、その後50年にもわたって、関白として権勢を誇り続けている。

建物 **平等院鳳凰堂**

藤原頼道が宇治の別荘を寺に改めたもの。堂内に阿弥陀如来像が鎮座する豪奢な寺で、藤原氏の繁栄を象徴する建物である。

摂関政治の仕組み

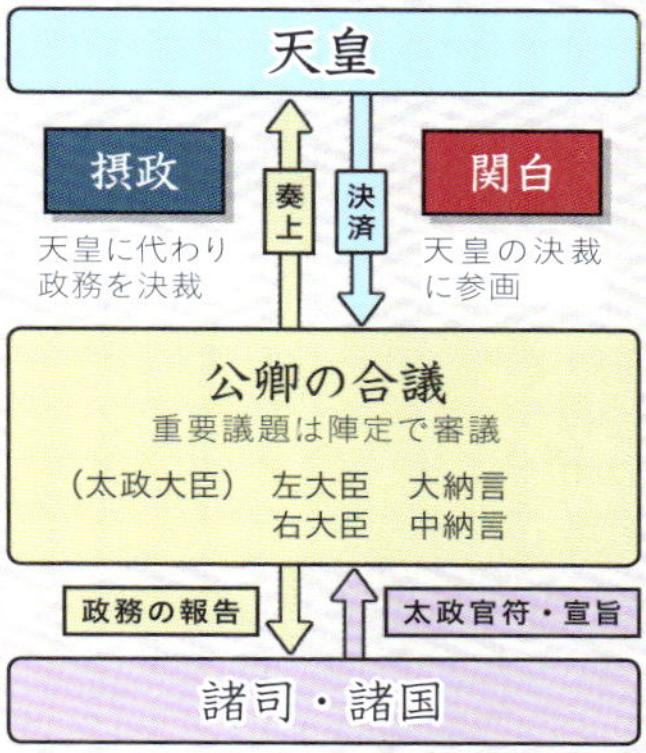

基本的には公卿の合議によって決定され、重要な議題は陣定によって審議された。

◆天皇と藤原氏の家系図

皇后の地位を娘に独占させ、藤原氏の全盛期を誇った道長。その後、頼道、教通も摂政や関白に就任したが男子に恵まれず、摂関政治は終わりを迎える。

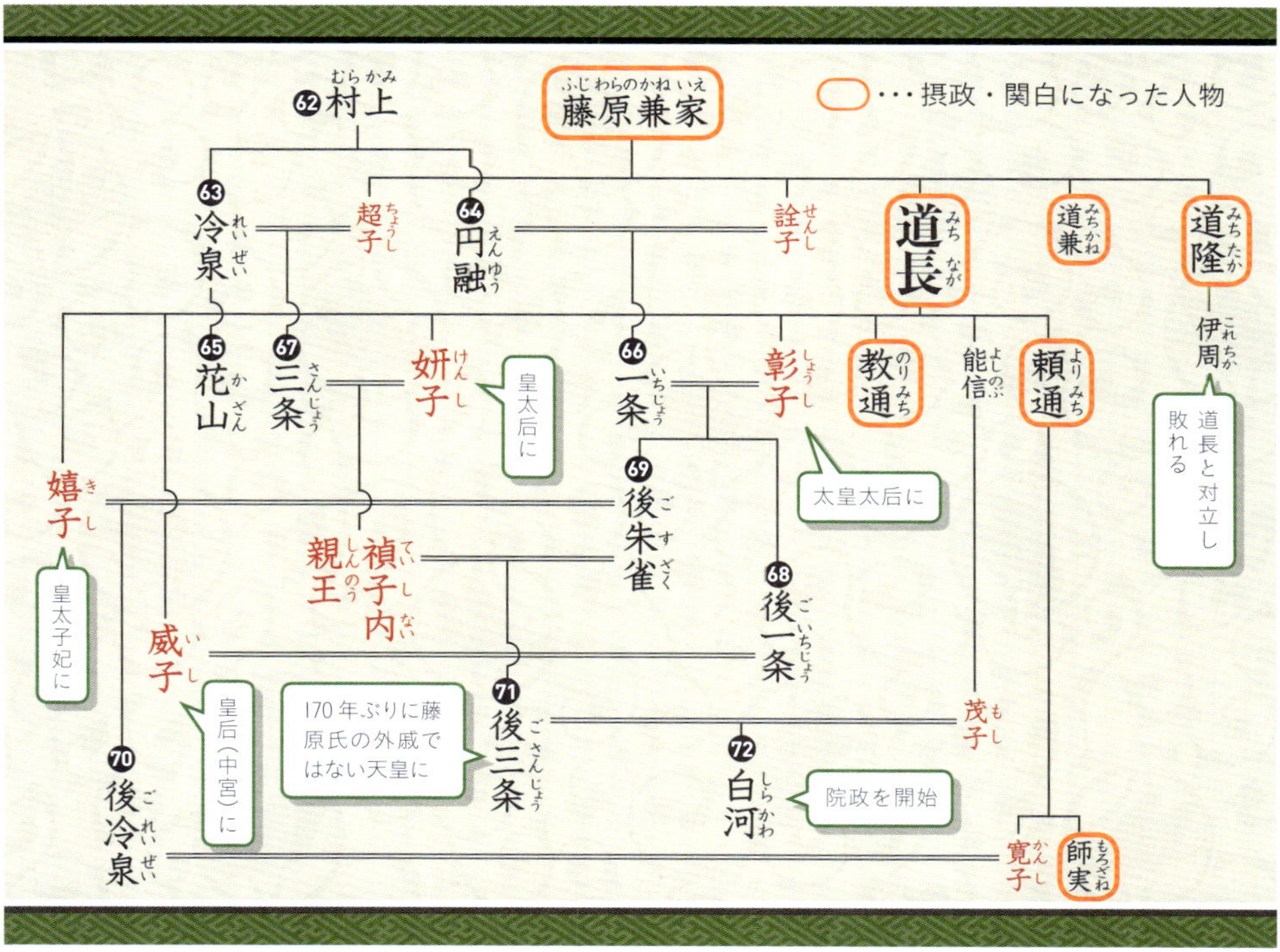

文化

王朝文化

女性たちの感性が花開いた

『源氏物語』『枕草紙』などが誕生

摂関《せっかん》政治の最盛期であった10~11世紀、道長《みちなが》は彰子《しょうし》、妍子《けんし》、威子《いし》を、その兄・道隆《みちたか》は定子《ていし》を一条《いちじょう》天皇に嫁がせたことで、外戚としてますます幅を利かせていった。その橋渡し役となった娘たちにとって大事なことのひとつが天皇の歓心を得るための教養で、家庭教師役を務めたのが、**女房《にょうぼう》と呼ばれる中級貴族出身の女官**であった。

道長の娘・彰子に仕えたのが紫式部《むらさきしきぶ》で、道隆の娘・定子に仕えたのが清少納言《せいしょうなごん》である。ふたりは各皇妃に仕えながら、華やかな宮廷内を舞台とした『源氏《げんじ》物語《ものがたり》』や『枕草子《まくらのそうし》』を書き上げたのである。これまでの唐風文化と平安時代に発達したかな文字、女性たちの感性が融合し、きらびやかな王朝文化が生み出されていった。

服装

男性の衣裳

「束帯《そくたい》」と呼ばれる正装で、冠を被り、笏を持つ。この格好で朝廷の儀式などに参加した。（メトロポリタン美術館蔵）

服装

女性の衣裳

複数枚の着物を重ね着した「十《じゅう》二《に》単《ひとえ》」が一般的な正装で、天皇の前に出るときは必ず着用した。

（メトロポリタン美術館蔵）

美術 **源氏物語絵巻** 主人公・光源氏の女性遍歴を通して貴族社会を描いた。（徳川美術館蔵）

◆天皇を囲む文学者たち

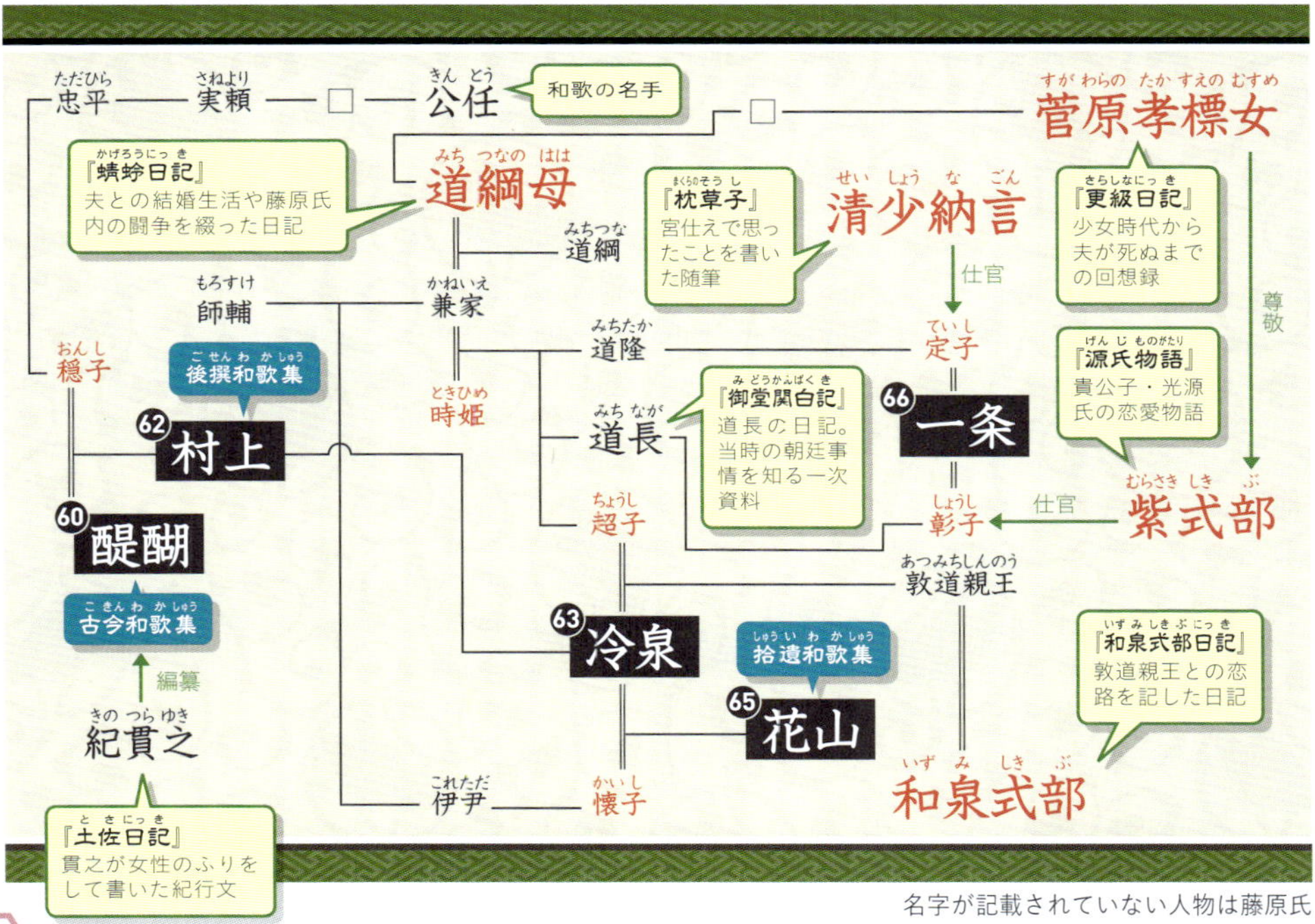

名字が記載されていない人物は藤原氏

69代 後《ご》朱《す》雀《ざく》天《てん》皇《のう》

在位年 1036（28歳）〜1045（37歳）
生没年 1009〜1045（享年37歳）

父 一条《いちじょう》天皇
母 藤原彰子《ふじわらのしょうし》
配 禎子内親王《ていしないしんのう》（陽明門院《ようめいもんいん》）

外祖父・道長の支援を得て即位

兄・後一条《ごいちじょう》天皇の譲位で即位。もともと後一条の東宮（皇太子の住む場所、転じて皇太子のこと）は三条《さんじょう》天皇の皇子・敦明親王《あつあきらしんのう》だった。しかし、**敦明親王は藤原道長《ふじわらのみちなが》の圧力を受けて東宮を辞退し、代わって後朱雀天皇が後継者になった。**気骨のある性格で物事に厳格な態度をとったが、**政治の実権は関白・藤原頼通《ふじわらのよりみち》らに握られていた。**当時、比叡山《ひえいざん》では最澄《さいちょう》（⬇P96）の弟子・円仁《えんにん》と円珍《えんちん》が激しく争っていた。やがて争いは京へも飛び火し、これを後朱雀は自分のせいだと嘆いたという。治世末期に大流行した疱瘡にかかり、出家後間もなく崩御した。

後朱雀天皇肖像（早稲田大学図書館蔵）

ほのかにも
知らせてしがな 春霞
かすみのうちに おもふ心を
出典:『後拾遺和歌集』巻11

訳 ほんの少しでもよいので知らせたい、春霞が立ちこめるなか、あなたを思う心を。

70代 後《ご》冷《れい》泉《ぜい》天《てん》皇《のう》

在位年 1045（21歳）〜1068（44歳）
生没年 1025〜1068（享年44歳）

父 後朱雀《ごすざく》天皇
母 藤原嬉子《ふじわらのきし》
配 章子内親王《しょうしないしんのう》（二条院《にじょういん》）

治世中に前九年合戦が勃発

後冷泉天皇の治世は摂関《せっかん》政治の全盛期で、**政治のことはすべて関白・藤原頼通《ふじわらのよりみち》の言いなり**であったという。蹴鞠《けまり》や和歌の会、管弦など風雅な遊びを好み、**朝政には関心を示さなかった。**藤原氏から頼通や教通《のりみち》の娘が后として入内したが皇子は生まれず、1067年、頼通の別荘である宇治《うじ》の平等院《びょうどういん》へ行幸した後に発病し、翌年崩御した。**治世中最大の事件は1051年に始まる「前九年合戦《ぜんくねんかっせん》」**である。源頼義《みなもとのよりよし》が奥州《おうしゅう》の豪族安倍《あべ》氏を追討した戦いで、源氏の勢力が関東におよぶ契機となった。

前九年・後三年合戦

陸奥で勢力を伸ばしていた安倍頼時が反乱を起こし、出羽の豪族・清原氏の協力を得て安倍氏を滅ぼした（前九年合戦）。その後奥州は清原氏が支配したが、内輪もめが勃発。頼義の息子・義家は藤原（清原）清衡を助けて平定した（後三年合戦）。

後冷泉天皇肖像（早稲田大学図書館蔵）

71代

後《ご》三《さん》条《じょう》天《てん》皇《のう》

3章 平安時代

在位年 1068（35歳）〜1072（39歳）

生没年 1034〜1073（享年40歳）

父 後朱雀《ごすざく》天皇

母 禎子内親王《ていしないしんのう》（陽明門院《ようめいもんいん》）

配 馨子内親王《けいしないしんのう》、藤原茂子《ふじわらのもし》

同年代の権力者

藤原頼通《ふじわらのよりみち》（太政大臣）

藤原教通《ふじわらののりみち》（太政大臣）

摂関家の独裁に終止符

時の権力者・藤原頼通《ふじわらのよりみち》と姻戚関係をもたなかったため冷遇され20年以上も東宮にとどめられた。異母兄・後冷泉《ごれいぜい》天皇が崩御し、35歳でようやく皇位についた。**藤原氏を外戚としない170年ぶりの天皇である。**そのため後三条天皇は**摂関《せっかん》家に気がねなく大胆な改革を進めた。**

延久《えんきゅう》の荘園整理令《しょうえんせいりれい》では、直属の審査機関である記録荘園券契《きろくしょうえんけんけい》所《じょ》を設置。摂関家領を含む多くの荘園が公領となる。**後三条が採用した宣旨枡《せんじます》は長らく標準の公定枡《こうています》となった。**また、**家格にとらわれず有能な中下級貴族を登用した。**

後三条には藤原北家閑院流《かんいんりゅう》*出身の藤原茂子《ふじわらのもし》と、源基子《みなもとのきし》との間に皇子がいたが、少しでも藤原氏から遠い源基子との子を立太子させた。

プロフィール

- **170年ぶりに生まれた藤原氏を外戚としない天皇。**
- **摂関家に気がねなく大胆な荘園整理令を断行。**
- **家格にとらわれない人事で院政への道を開いた。**

家系図

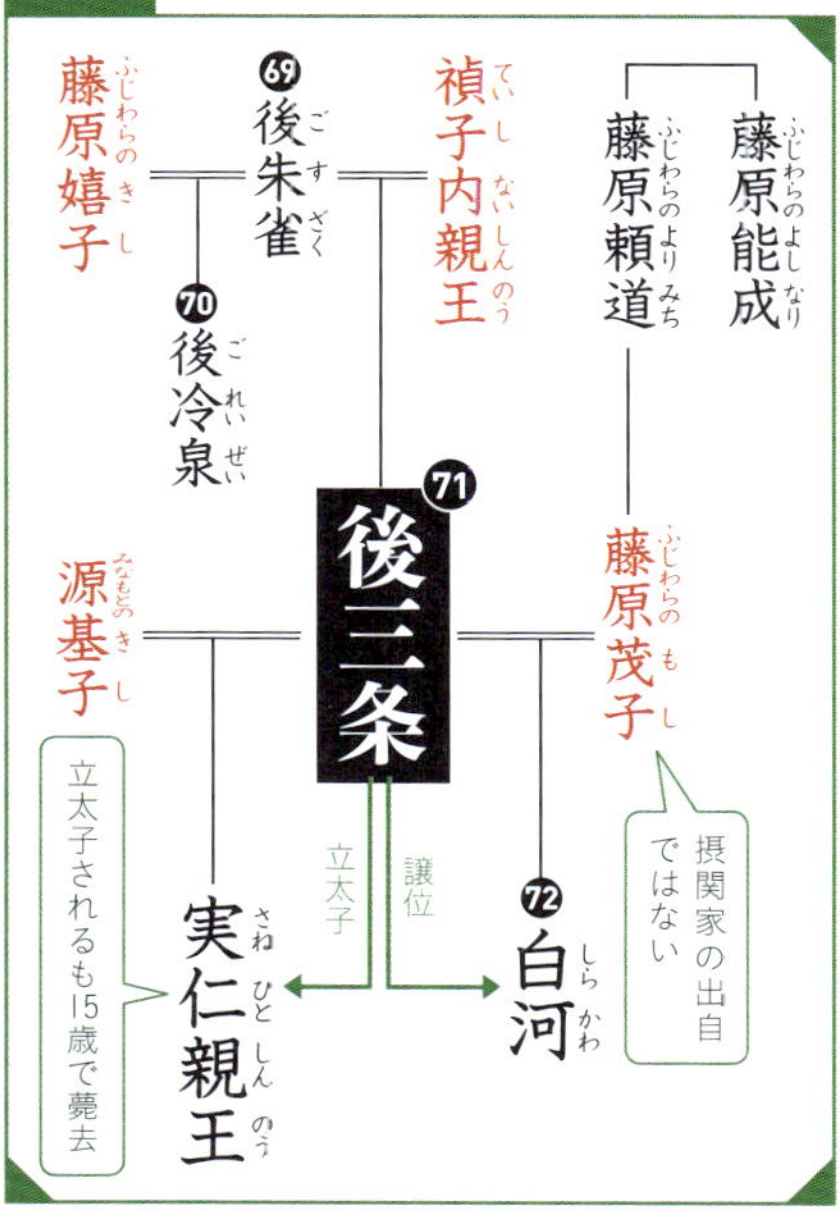

平安京から出土した宣旨枡

後三条天皇は自ら砂や米を量り、枡の大きさの統一に尽力。この枡はその後鎌倉時代まで全国的に共通の単位として広く用いられた。

（京都市埋蔵文化財研究所蔵）

*藤原北家閑院流 … 藤原氏の支流の一門。娘を入内させるも男児に恵まれなかったため、摂関家にはなれなかった

72代

白《しら》河《かわ》天《てん》皇《のう》

在位年
1072（20歳）～1086（34歳）

生没年
1053～1129（享年77歳）

父 後三条天皇《ごさんじょう》
母 藤原茂子《ふじわらのもし》
配 藤原賢子《ふじわらのけんし》

同年代の権力者
後三条天皇《ごさんじょう》（父）
藤原師通《ふじわらのもろみち》（関白）

院政を開始した天皇

15年におよぶ親政*を行い、退位後も上皇として40年以上にわたって実権を握った。**幕末まで続く「院政（⬇P116）」を確立し、歴史に名を遺したのが白河天皇**である。

寺の大祭が雨で何度も延期された時は、怒って雨水を獄舎に閉じ込めたり、寵愛した中宮・賢子《けんし》が亡くなった時は、遺骸を抱いて離そうとしなかったなど、強烈な個性を示す逸話にはこと欠かない。

34歳で譲位したのも院政自体がねらいではなく、愛する賢子の産んだ堀河《ほりかわ》天皇に皇位を伝えることが目的だった。以後、**堀河・鳥羽《とば》天皇・崇徳《すとく》天皇の3代にわたって院政を行い、専制君主として君臨**する。

白河は貴族の序列を無視して、乳母の一族や裕福な受領《ずりょう》（国守《こくしゅ》）を近臣として重用し、有力寺社の強訴《ごうそ》（武装した僧侶の示威行動）に対抗するため直属軍として北面の武士を設置した。また、仏事に熱心で八角九重塔をもつ**法勝寺《ほっしょうじ》をはじめ多くの寺社を建立**した。

その一方、**女性関係は奔放**で、鳥羽の中宮・待賢門院璋子《たいけんもんいんしょうし》と密通し崇徳をもうけたといわれ、**保元《ほうげん》の乱《らん》の遠因を作った。**

家系図

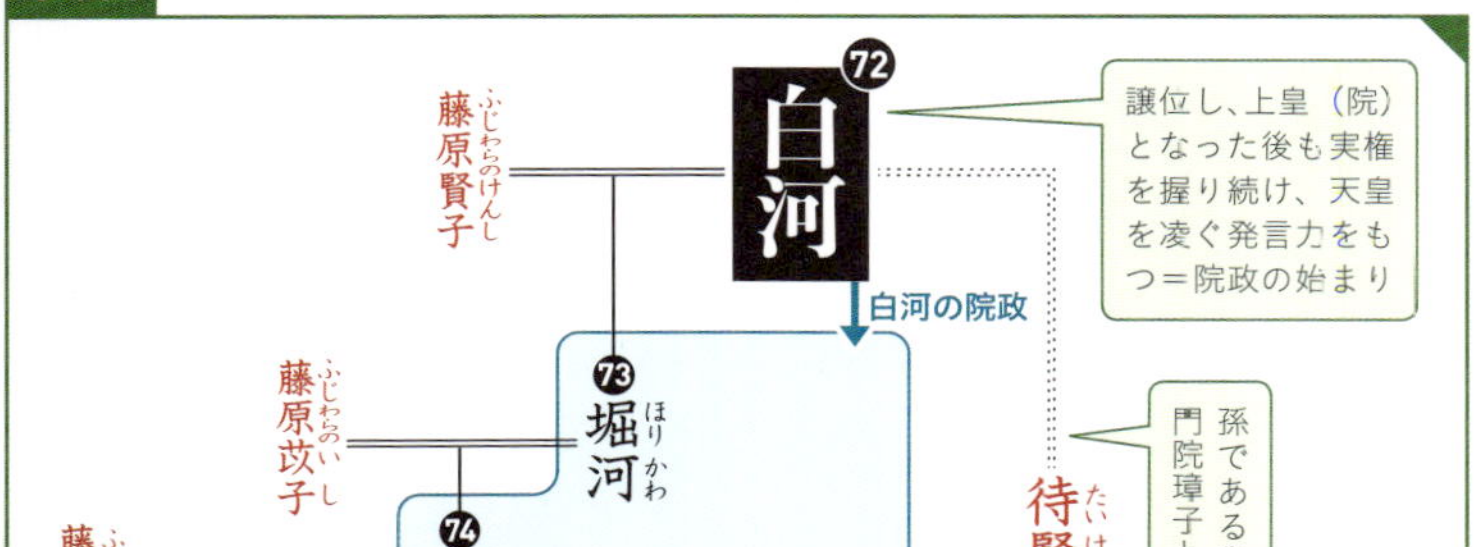

白河天皇肖像
（早稲田大学図書館蔵）

＊親政…天皇が摂政・関白や管理を頼らず自ら政治を主導すること

春日《かすが》権《ごん》現《げん》験《げん》記《き》絵《え》 白河上皇が春日大社に行幸した時の様子を描いた「春日権現験記絵」。牛車のなかに白河が乗っている。(宮内庁三の丸尚蔵館蔵)

待賢門院璋子

平安王朝随一の美女と謳われた璋子。鳥羽天皇の皇后となってからも、白河法皇との関係は続いた。
(法金剛院蔵)

プロフィール

- 3代の天皇にわたり上皇として実権を握り院政を確立。
- 朝廷の序列を無視して近臣を登用、直轄軍の北面の武士を置く。
- 仏教を熱心に信仰する一方、女性関係には奔放だった。

キーワード 白河上皇も悩まされた「山法師《やまほうし》」

白河上皇は思い通りにならないものとして「賀茂川の水、双六《すごろく》の賽《さい》、山法師」を挙げた。賀茂《かも》川《がわ》の氾濫、サイコロの目、延暦寺《えんりゃくじ》の僧侶の強訴以外はすべて意のままであり、白河の権力の大きさを示す逸話とされる。なかでも悩まされたのが強訴《ごうそ》だ。悪僧たちは神輿《みこし》を振り立てて京に乱入し、寺領問題や人事などの不満を訴えた。さしもの白河も神威には逆らいがたく、要求をのまされることも少なくなかった。

「山法師強訴図屏風」より延暦寺の山法師による強訴の様子。
(滋賀県立琵琶湖文化館蔵)

政治

院政の本当のねらいとは何か？

建物　**白川殿と六勝寺**　白河・鳥羽の院政期、その代の天皇・女院が発願した寺にはすべて「勝」の字が冠されており、「六勝寺」と総称される。
（平安京創生館蔵／京都市歴史資料館提供）

真の価値は望み通りの譲位

退位した天皇を上皇（出家後は法皇）または院と呼ぶ。**院政とは上皇・法皇が行う政治のことで白河《しらかわ》上皇から後《ご》鳥《と》羽《ば》上皇までが最盛期とされる。**白河が堀河《ほりかわ》天皇に譲位したのが始まりだが、最初から院政が目的だったわけではない。

もともと白河の後継者は源《みなもとの》基《き》子《し》が産んだ弟の実仁親王《さねひとしんのう》だった。しかし、実仁が早世すると、白河は実仁の同母弟・輔仁親王《すけひとしんのう》を差し置いて8歳の堀河を即位させ自ら政治を後見した。息子に皇位を継がせることがそもそものねらいだったのだ。

院政の特徴は「治天《ちてん》の君《きみ》」と呼ばれる天皇家の家長が、天皇の父・祖父の立場で政治を主導した点にある。治天の君は富裕な受領《ずりょう》（地方の徴税請負人）や乳母の一族、学者や実務官僚を近臣として登用し、思いのままに政治を行った。ここに**中下級貴族や武士が政治に参画する道が開かれ**、やがて院近臣として力を蓄えた平家が初の武家政権を樹立（➡P127）するのである。

院政の構造

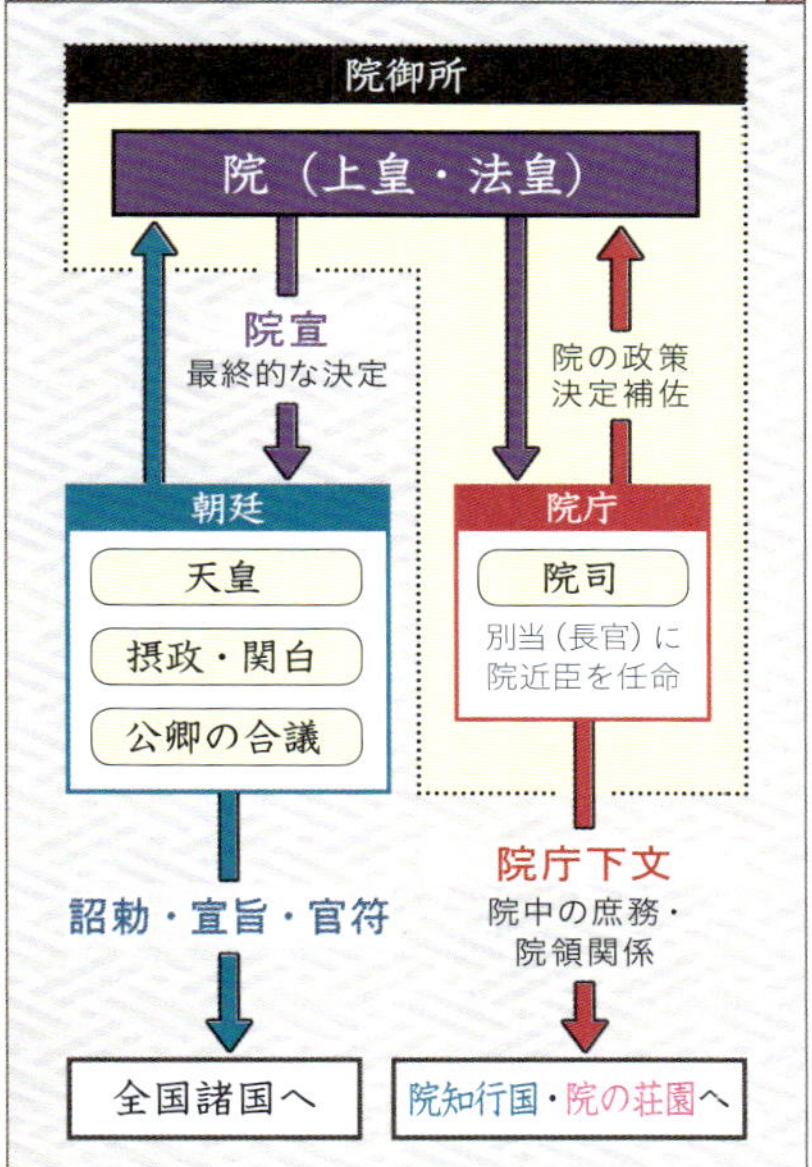

院政では上皇に最終的な決定権があり、院近臣と呼ばれる上皇の一族や側近らが権威を持った。

院の経済基盤

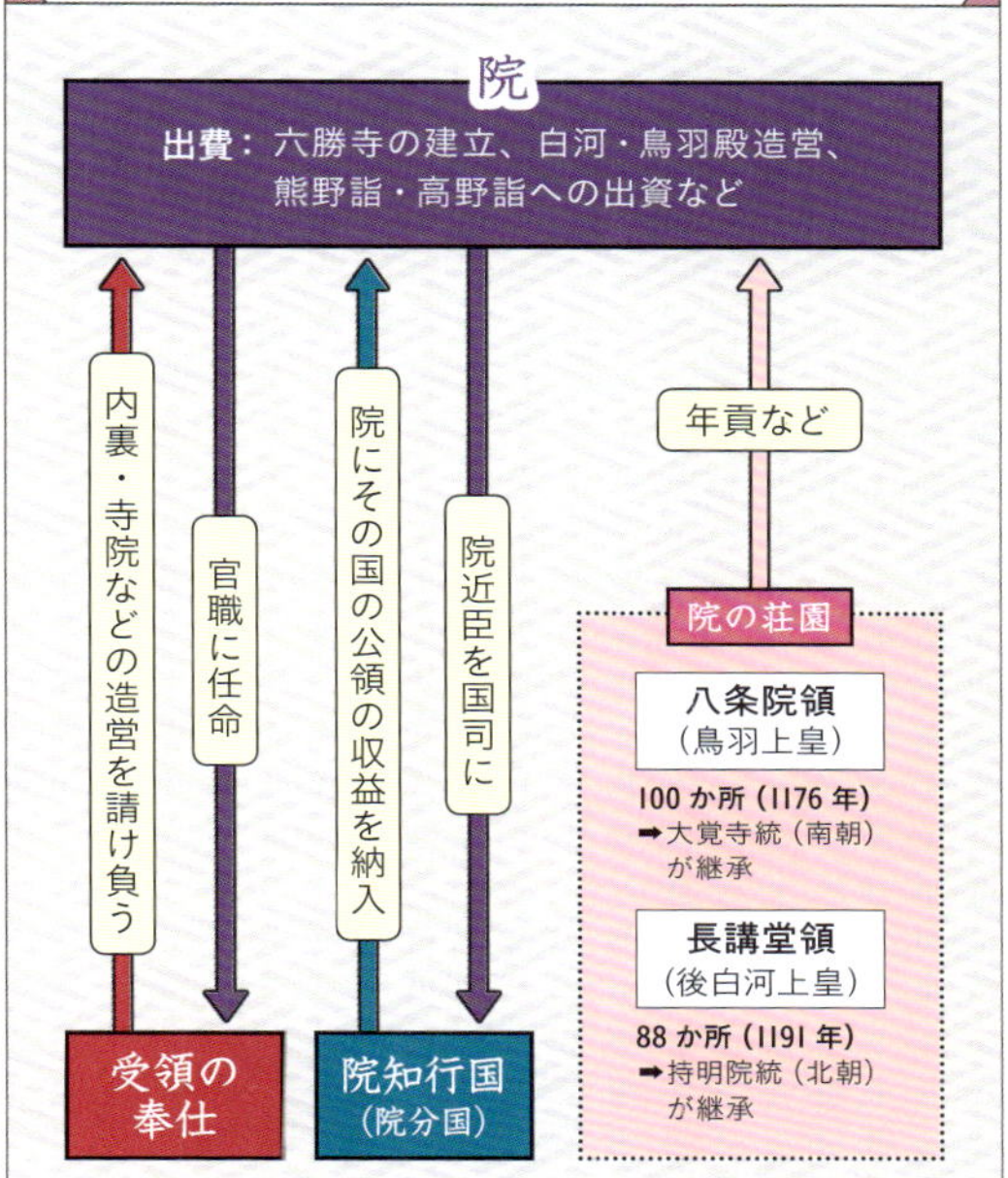

院政は知行国制度と、大規模な荘園を経済基盤として成り立っていた。

◆院政を行った上皇とその時期

時代	代	天皇	院政を行った上皇	おもな同時代の権力者
平安時代	72	白河		
	73	堀河	白河	
	74	鳥羽		
	75	崇徳	白河／鳥羽	
	76	近衛	鳥羽	
	77	後白河		
	78	二条		
	79	六条	後白河	平清盛
	80	高倉		
	81	安徳	高倉／後白河	平宗盛
鎌倉時代	82	後鳥羽	後白河	源頼朝
	83	土御門	後鳥羽	北条時政
	84	順徳		北条義時
	85	仲恭		
	86	後堀河	後高倉院	北条泰時
	87	四条	後堀河	
	88	後嵯峨		北条経時
	89	後深草	後嵯峨	北条時頼
	90	亀山		北条時宗
	91	後宇多	亀山	
	92	伏見	後深草	北条貞時
	93	後伏見	伏見	
	94	後二条	後宇多	北条師時
	95	花園	伏見／後伏見	北条高時
南北朝時代	96	後醍醐		足利尊氏
	97	後村上		
	98	長慶		足利義詮
	99	後亀山		足利義満
	100	後小松	後円融	

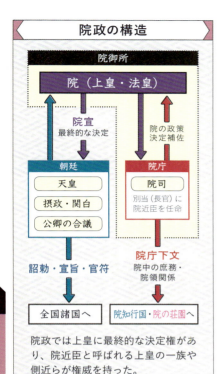

73代

堀《ほり》河《かわ》天《てん》皇《のう》

在位年 1086（8歳）～1107（29歳）

生没年 1079～1107（享年29歳）

父 白河《しらかわ》天皇

母 藤原賢子《ふじわらのけんし》

配 篤子内親王《とくしないしんのう》

藤原苡子《ふじわらのいし》

白河院政に翻弄された生涯

父・白河《しらかわ》天皇の譲位を受けて8歳で即位した。成長してからは剛直で人望のある関白・藤原《ふじわらの》師通《もろみち》のサポートを得て、一時期は白河を退けて朝政を主導したこともあったが、多くの期間は白河による院政のための傀儡《かいらい》だった。

一方、**性格は寛容**で、身分にかかわらず恩愛を受けない者はなかったという。音楽を愛好し笛の名手でもあった。

1099年、師通が急死すると堀河天皇の親政への期待が高まるが、8年後に亡くなり、**白河の院政が本格化**していく。

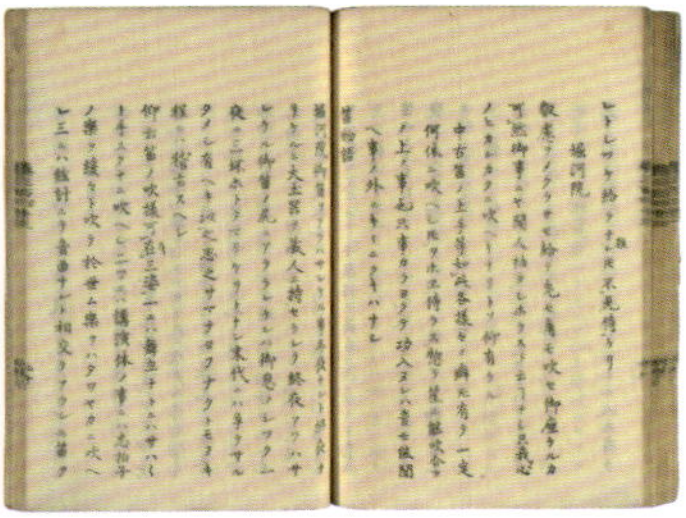

『懐竹抄』

笛や琵琶などに関する楽書。堀河天皇は夜通し笛を吹くこともあったと記されている。

堀河天皇肖像（早稲田大学図書館蔵）

74代

鳥《と》羽《ば》天《てん》皇《のう》

在位年 1107（5歳）～1123（21歳）

生没年 1103～1156（享年54歳）

父 堀河《ほりかわ》天皇

母 藤原苡子《ふじわらのいし》

配 藤原璋子《ふじわらのしょうし》（待賢門院《たいけんもんいん》）

藤原得子《ふじわらのなりこ》

中世の荘園公領制が確立

急逝した堀河《ほりかわ》天皇に代わって即位した。治世中は**白河《しらかわ》上皇に実権を握られ**、崇徳《すとく》天皇への譲位も白河の命によるものだった。

白河が崩御すると、鳥羽天皇が治天の君となり、**以後28年にわたって院政を主導**。前政権への反発から白河に罷免された前関白《かんぱく》・藤原忠実《ふじわらのただざね》を政界に復帰させ、近臣の娘・美福門院得子《びふくもんいんなりこ》を寵愛し、白河の愛人・待賢門院《たいけんもんいん》璋子《しょうし》が生んだ崇徳を冷遇した。

政策面では、従来の荘園整理の方針を転換して多くの新立荘園を認め、**中世的な荘園公領制《しょうえんこうりょうせい》**＊**が確立**された。

鳥羽天皇安楽寿院陵

鳥羽が鳥羽殿に建立した御堂を起源とする安楽寿院。境内には近衛天皇陵もある。

鳥羽天皇肖像（宮内庁三の丸尚蔵館蔵）

＊**荘園公領制** … 公領・荘園を基盤とする土地制度

75代

崇《す》徳《とく》天《てん》皇《のう》

在位年	生没年
1123 (5歳) ～ 1141 (23歳)	1119 ～ 1164 (享年46歳)

父 鳥羽《とば》天皇
母 藤原璋子《ふじわらのしょうし》(待賢門院《たいけんもんいん》)
配 藤原聖子《ふじわらのきよこ》(皇嘉門院《こうかもんいん》)

父に疎まれ保元の乱を起こす

実父は白河《しらかわ》上皇であったとされ、**鳥羽《とば》天皇から「叔父子《おじこ》」と呼ばれ疎まれた**という。鳥羽の意向により、23歳で異母弟の近衛《このえ》天皇に譲位、上皇となった。しかし近衛は17歳で崩御。崇徳は皇子・重仁親王《しげひとしんのう》の即位に期待したが、美福門院《びふくもんいん》らの策謀で弟の後白河《ごしらかわ》天皇が即位した。

院政への道を絶たれた崇徳は、関白《かんぱく》・藤原忠通《ふじわらのただみち》と対立して失脚した藤原頼長《ふじわらのよりなが》と結んで**後白河に敵対し保元《ほうげん》の乱《らん》が勃発**する。

敗れた崇徳は讃岐《さぬき》(香川県)に流され、帰京を夢見ながら8年後に配所で亡くなった。

崇徳天皇肖像
(宮内庁三の丸尚蔵館)

保元の乱の対立

	皇室	藤原氏	平氏	源氏
天皇方(勝)	後白河(弟)	忠通(兄) ➡氏長者に復帰	清盛(甥) ➡播磨守に	義朝(子、兄) ➡昇殿を許可
上皇方(負)	崇徳(兄) ➡讃岐へ配流	頼長(弟) ➡傷死	忠正(叔父) ➡斬首	為義(父) ➡斬首 為朝(弟) ➡伊豆大島へ配流

76代

近《この》衛《え》天《てん》皇《のう》

在位年	生没年
1141 (3歳) ～ 1155 (17歳)	1139 ～ 1155 (享年17歳)

父 鳥羽《とば》天皇
母 藤原得子《ふじわらのとくこ》
配 藤原多子《ふじわらのまさるこ》
藤原呈子《ふじわらのしめこ》

天皇家・藤原氏と親族同士の争いの渦中に

崇徳《すとく》天皇の譲位を受けて即位した。崇徳は近衛天皇の義理の父として院政を行えると考えたが、父・鳥羽《とば》上皇が下した譲位の宣命には「皇太弟《こうたいてい》(近衛は崇徳の異母弟)」と書かれていた。こうして、近衛の治世も引き続き鳥羽が院政を行い、崇徳は自身を欺いた鳥羽を恨んだという。

近衛の治世中、関白・**藤原忠通《ふじわらのただみち》と頼長《よりなが》の兄弟が摂関《せっかん》の地位をめぐって対立**。兄弟はそれぞれの養女を近衛の後宮に入内させ近衛はふたりの妻を持った。しかし、**近衛は病のため17歳で早世**。鳥羽は次期天皇に崇徳の弟・雅仁親王《まさひとしんのう》(後白河《ごしらかわ》天皇)を擁立した。

近衛天皇肖像
(早稲田大学図書館蔵)

安楽寿院南陵の多宝塔

近衛天皇陵となっている多宝塔。多宝塔の形式は数ある天皇陵の中でも唯一である。

文化

平安京の民が恐れた怨霊の脅威

天変地異・疫病を引き起こした怨霊

古代の日本人は、**災害や飢饉、疫病などの原因を、恨みを抱いて死んだ者の念（怨《おん》霊《りょう》）によるもの**と考えた。怨霊の早い例は奈良時代に九州で反乱を起こした藤原広嗣《ふじわらのひろつぐ》で、政敵の僧・玄昉《げんぼう》を呪い殺したと『続日本紀《しょくにほんぎ》』に記されている。その後、早良親王《さわらしんのう》や橘《たちばなの》逸勢《はやなり》などの怨霊が現れた。

特に恐れられたのが政争に敗れて大宰府《だざいふ》に左遷された**菅《すが》原道真《わらのみちざね》**と、保元《ほうげん》の乱《らん》で敗れた**崇《す》徳《とく》天皇**、新皇を名乗り反乱を起こすも失敗した**平将門《たいらのまさかど》**の3人である。

道真の怨霊は内裏に雷を落とすなど猛威を振るい、恐れた人々は北野天満宮《きたのてんまんぐう》を創建して霊を慰めた。崇徳は「日本国の大魔縁《だいまえん》」になることを誓い、生きながら天狗《てんぐ》の姿になったという。将門は斬首された後も首だけで動き回り、天変地異を起こしたと伝わる。

やがて、**怨霊を手厚く祀ることで災厄から逃れようとする御霊信仰《ごりょうしんこう》が起こり**、人々は怨霊を御霊神とし、御霊会《ごりょうえ》の儀式を催した。

◆おもな怨霊化したとされる人物

人物名	死去	原因	祟り
長屋王（諸説あり）	729年	藤原四兄弟によって自殺に追い込まれる（長屋王の変）	藤原四兄弟が天然痘で死去
藤原広嗣	740年	反乱を起こすも失敗	反乱を鎮圧した玄昉は死去。疫病の蔓延
井上内親王	775年	光仁天皇の皇后。呪詛を行なったと疑われ幽閉。そのまま暗殺される	都に天変地異が起こる。内親王は龍に変化したとの説も
早良親王	785年	長岡京造営使・藤原種継暗殺事件の首謀者と疑われ、実兄・桓武天皇に廃される	桓武天皇の母や皇后が死去。長岡京遷都は中止に
橘逸勢	842年	謀反の疑いで配流される	特になし。しかし井上内親王らとともに怨霊として御霊神社（京都市）に祀られている
菅原道真	903年	藤原時平の謀略により、大宰府へ左遷され、死去	藤原時平死去。内裏に雷が落ち、1人死亡、1人重症
平将門	940年	新皇を称し反乱を起こすも失敗	天変地異が起こる。首塚を壊そうとした者が不審死
崇徳天皇	1164年	父・鳥羽天皇から不当な扱いを受け続け、皇位も剥奪される。これを恨んだ崇徳は保元の乱を起こすも鎮圧。天皇でありながら流刑に	動乱の世が始まり、以降幕末まで武士の世になる
後鳥羽天皇	1239年	鎌倉幕府倒幕を目指し、承久の乱を起こすも失敗	乱を鎮圧した北条時房が死去
後醍醐天皇	1339年	足利尊氏の反乱に遭い吉野へ逃亡。都に帰れることなく死去	祟りを起こす前に尊氏は後醍醐天皇を弔う

日本三大怨霊

崇徳天皇・菅原道真・平将門の３人は日本三大怨霊とされ、それぞれ金刀比羅宮・北野天満宮・神田明神を始め、各地の神社に神様として祀られている。

(左)天狗となった崇徳天皇　(上)崇徳天皇御廟

崇徳天皇

保元の乱の後、崇徳は讃岐へ配流。崇徳は3年かけて経をしたため、せめて経だけでも都に置いてほしいと送るが、後白河天皇はこれを許さず破って返送。怒った崇徳はそのまま自決し、天狗となる。以降幕末まで武家政権が続いたのは崇徳の祟りだとされ、明治天皇は即位後すぐに崇徳を丁重に祀った。

菅原道真

醍醐天皇の右腕として出世を重ねるも、藤原時平の謀略により大宰府に左遷。道真の死後、藤原時平一族の不審死や清涼殿での落雷、飢饉、疫病と災難が相次ぐ。人々はこれを道真の祟りと考え、以降道真を天神様としてお祀りした。

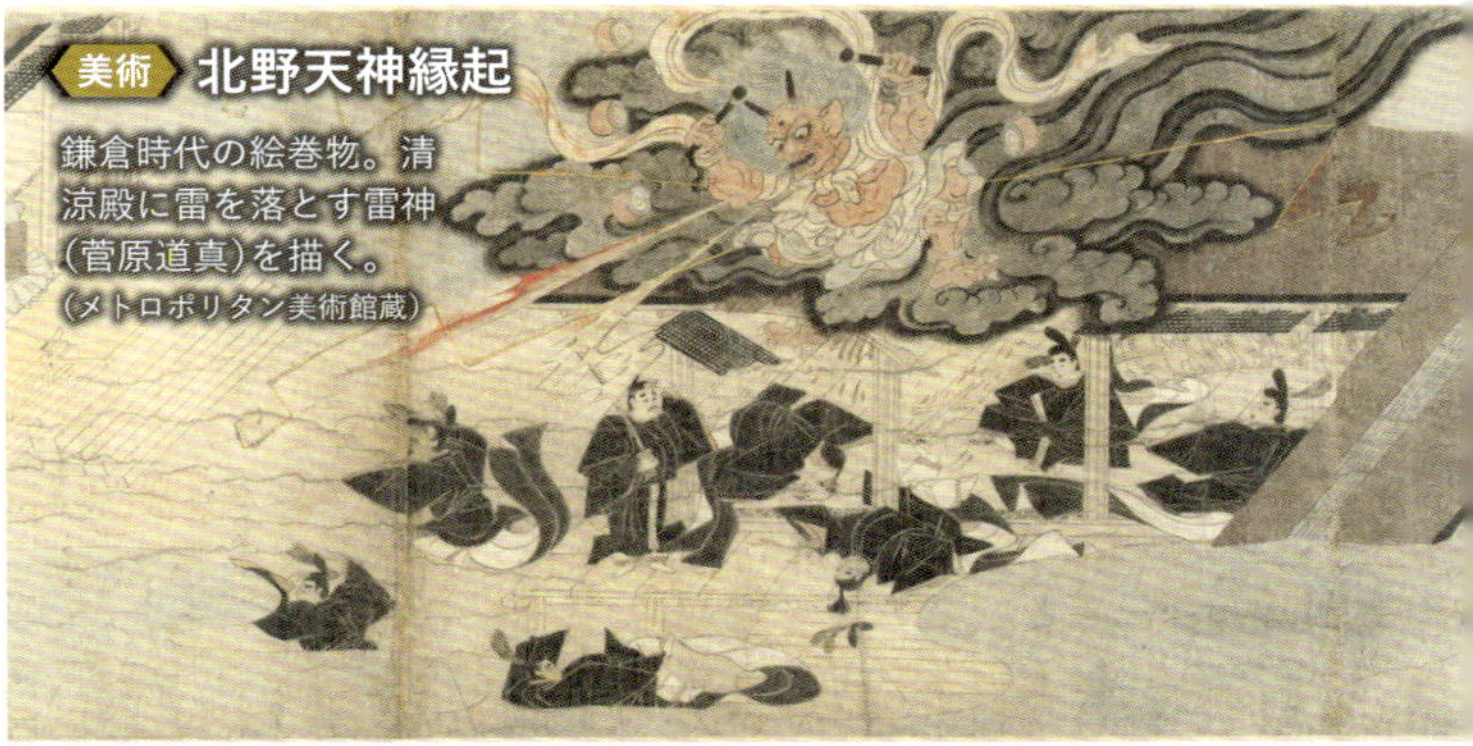

美術　北野天神縁起

鎌倉時代の絵巻物。清涼殿に雷を落とす雷神(菅原道真)を描く。
(メトロポリタン美術館蔵)

(左)晒し首にされた将門(国立公文書館蔵)
(上)千代田区の平将門の首塚

平将門

反乱を起こした将門は晒し首にされるが、3日目の夜、首は体を求めて関東まで飛んだという。300年後、関東で疫病が流行すると将門の祟りと考えられた。また、千代田区にある将門の首塚は、壊すと祟りが起こるとされ、今も信じられている。

77代

後《ご》白《しら》河《かわ》天《てん》皇《のう》

在位年	生没年
1155（29歳）〜1158（32歳）	1127〜1192（享年66歳）

父 鳥羽《とば》天皇
母 藤原璋子《ふじわらのしょうし》（待賢門院《たいけんもんいん》）
配 藤原忻子《ふじわらのきし》
平 滋子《たいらのしげこ》（建春門院《けんしゅんもんいん》）

同年代の権力者
平 清盛《たいらのきよもり》（太政大臣）
源 頼朝《みなもとのよりとも》（権大納言）

プロフィール

- 二条から後鳥羽まで5代30余年にわたって院政を主導。
- 第1皇子・守仁の即位を前提に中継ぎの天皇として擁立される。
- 平清盛、源頼朝ら武家と協調・対立を繰り返し公家の衰退を招く。

平清盛との協調と対立

二条《にじょう》天皇から後鳥羽《ごとば》天皇まで**5代、30年以上にわたり「治天《ちてん》の君《きみ》」として院政を行った**。若い頃から今様《いまよう》（平安末期の流行歌）に明け暮れ、鳥羽《とば》上皇からは「即位の器量にあらず」と言われた。近衛《このえ》天皇の没後、皇子・守仁《もりひと》（二条）が後継候補に浮上。しかし、「父を差しおいて皇子が即位した例はない」として、後白河天皇が中継ぎの天皇として即位した。

保元《ほうげん》の乱《らん》後、即位3年で二条に譲位。平治《へいじ》の乱《らん》後は二条に政治の主導権を握られる。

二条が亡くなると、六条《ろくじょう》天皇が即位。さらに六条が亡くなると、後白河は平家の血を引く高倉《たかくら》天皇を即位させ、**平清盛《たいらのきよもり》と結んで実権を握る。**しかし、平家の権勢が高まるにつれ対立が深まり**清盛のクーデターで幽閉**された。

平氏の都落ち後、後鳥羽を擁立して政権の安定化を図るも、源《みなもとの》義仲《よしなか》と対立しふたたび幽閉。源頼《より》朝《とも》と結んで義仲や平氏を滅ぼす一方、源義経《よしつね》の要求で頼朝追討の院《いん》宣《ぜん》*を出すなど**政策は場当たり的**で、最後は頼朝に政局の主導権を握られ、**武家政権の樹立と公家の衰退**を招いた。

後白河天皇肖像（宮内庁三の丸尚蔵館蔵）

*院宣…上皇の命令書

平治物語絵巻

藤原信頼、源義朝の軍が後白河上皇のいる三条殿を急襲した場面が描かれている。

平治の乱

源氏と平氏、および後白河上皇の近臣である藤原氏の対立により起きた政変。平氏側が勝利し、平清盛の地位が高まった。

キーワード 後白河上皇が重要視した「東大寺再建《とうだいじさいけん》」

平清盛の死後、実権を取り戻した後白河上皇の最重要施策は、平氏に焼き討ちされた東大寺の復興であった。再建責任者である僧・重源《ちょうげん》の指導のもと、1181年から用材調達や大仏の再興が急ピッチで進められ、1185年、後白河の臨幸のもとで開眼供養が行われた。この時、後白河は自ら高い足場によじ登り、天平の改元で使用された筆を使って大仏の目に墨を入れるパフォーマンスを演じ、観衆を熱狂させたという。

東大寺南大門。重源の復興事業の際に復元され、現在もその姿を残している。

政治

一大勢力を築いた 平氏の栄枯盛衰

一大勢力を築いた平氏の栄枯盛衰

平氏は平正盛《たいらのまさもり》の時代に院近臣《いんのきんしん》となり、諸国の受領《ずりょう》を歴任して勢力を伸ばした。その子・忠盛《ただもり》は瀬戸内の海賊討伐により西国武士を組織し一大勢力を築く。

忠盛の子の清盛《きよもり》は、保元《ほうげん》の乱《らん》で後白河《ごしらかわ》天皇を勝利に導き、3年後の平治《へいじ》の乱《らん》で源《みなもとの》義朝《よしとも》を倒して、武家の第一人者の地位を確立。**朝廷最高位の太政大臣《だじょうだいじん》となり、平氏一門も高位高官を占めた。**しかし、次第に後白河との対立が深まり、1179年に後白河を幽閉して独裁政権を築く。

その直後、**平氏への反発から諸国の源氏が蜂起して内乱が勃発する。**敗れた平氏はまだ幼い安徳《あんとく》天皇らとともに京を逃れ、西国で再起を図るが、一《いち》の谷《たに》・屋島《やしま》の戦いで連敗し、1185年、**壇《だん》ノ浦《うら》の戦いで源義経《よしつね》に敗れ滅亡した。**

安徳も、平氏の敗北とともに祖母の時子《ときこ》に抱かれて入水する。権力に翻弄され、8歳で生涯を終えた。

◆天皇家と平氏の関係

←✕→…保元の乱で争った者同士

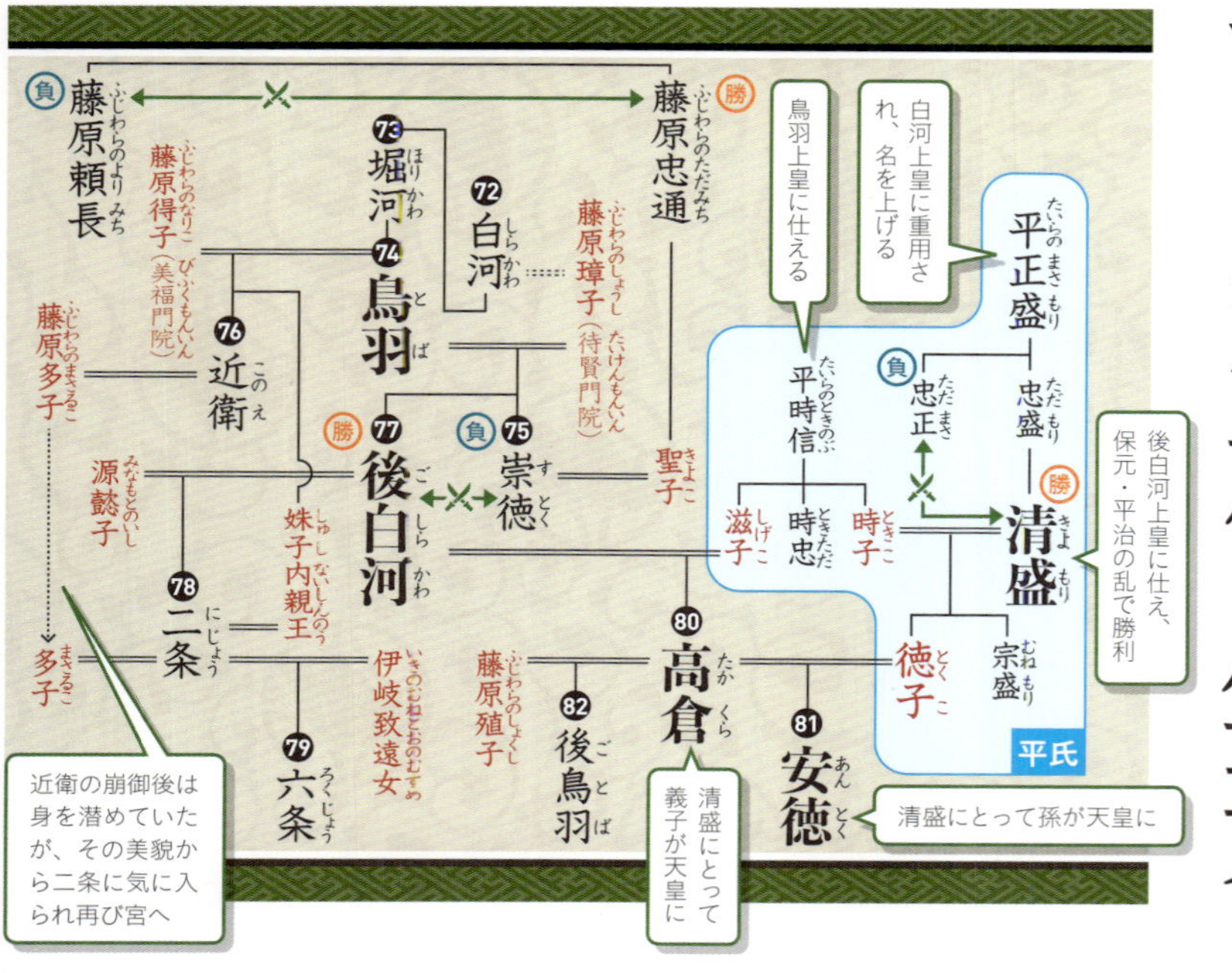

壇ノ浦の戦い
源平の争乱最後の戦い。安徳天皇は入水し、平氏はこの戦いで滅亡した。
CG／成瀬京司

源平の戦乱

5年にわたる全国規模の内乱だった。平氏を滅ぼした源頼朝が実権を握り、鎌倉幕府を開く。

人物 時子と安徳天皇

山口県のみもすそ川公園に立つ銅像。時子は幼い安徳天皇を抱き入水した。

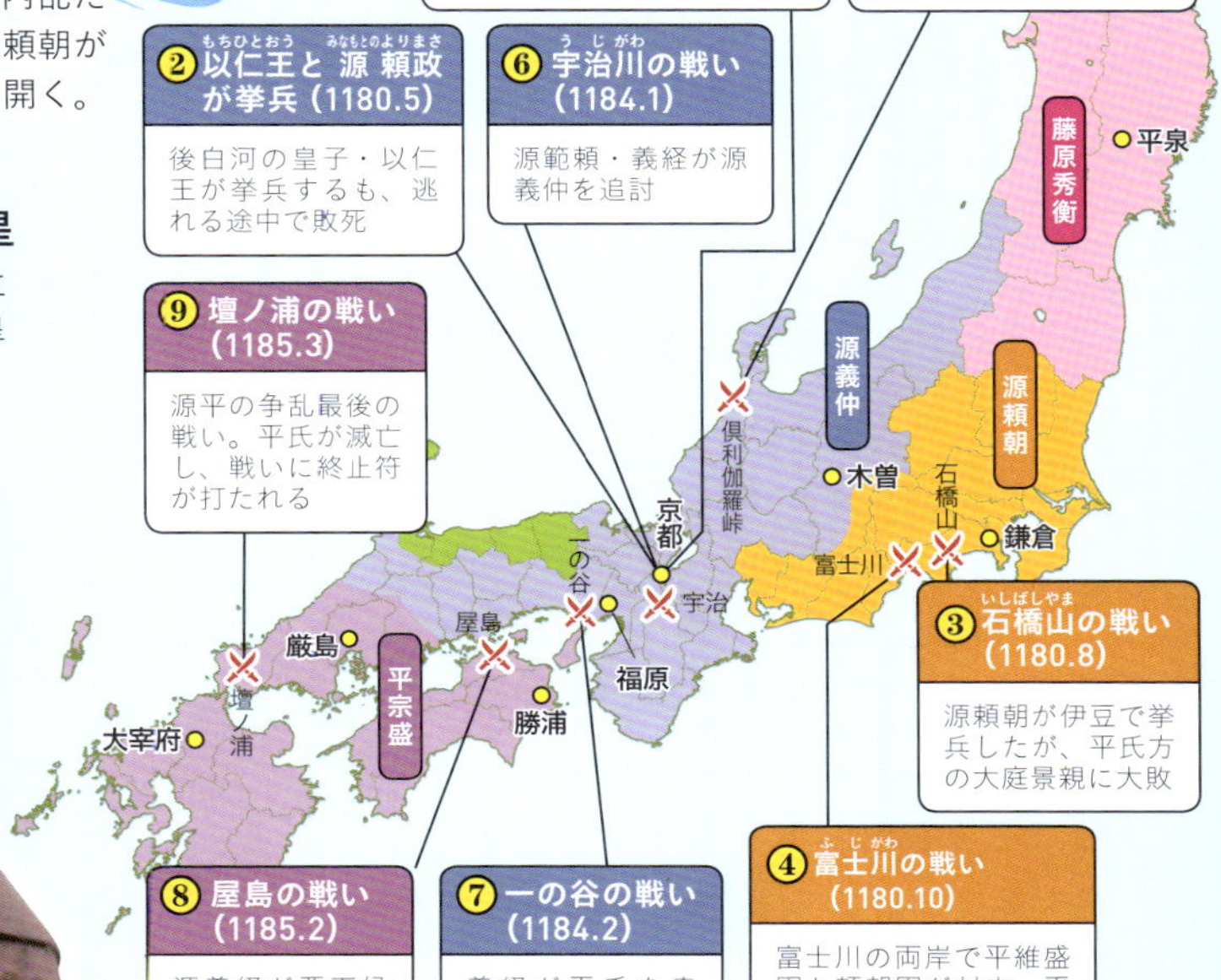

① 鹿ヶ谷《ししがたに》の陰謀（1177.6）
後白河法皇の近臣の藤原成親、僧の俊寛らが平氏打倒を目論んだが失敗する

② 以仁王《もちひとおう》と源 頼政《みなもとのよりまさ》が挙兵（1180.5）
後白河の皇子・以仁王が挙兵するも、逃れる途中で敗死

③ 石橋山《いしばしやま》の戦い（1180.8）
源頼朝が伊豆で挙兵したが、平氏方の大庭景親に大敗

④ 富士川《ふじがわ》の戦い（1180.10）
富士川の両岸で平維盛軍と頼朝軍が対立。平氏軍が水鳥の飛び立つ音を敵襲と間違え敗走

⑤ 倶利伽羅峠《くりからとうげ》の戦い（1183.5）
源義仲軍と平維盛軍が戦い平氏が大敗

⑥ 宇治川《うじがわ》の戦い（1184.1）
源範頼・義経が源義仲を追討

⑦ 一の谷の戦い（1184.2）
義経が平氏を奇襲。平宗盛ら、四国に敗走

⑧ 屋島の戦い（1185.2）
源義経が悪天候の中、屋島にいる平氏を奇襲

⑨ 壇ノ浦の戦い（1185.3）
源平の争乱最後の戦い。平氏が滅亡し、戦いに終止符が打たれる

平治物語絵巻

幽閉されていた二条天皇が清盛らにより救出され、六波羅邸に招き入れられる図。

78代

二《に》条《じょう》天《てん》皇《のう》

在位年 1158(16歳)~1165(23歳)

生没年 1143~1165(享年23歳)

父 後白河《ごしらかわ》天皇

母 源《みなもとの》懿子《いし》

配 姝子内親王《しゅしないしんのう》(高松院《たかまついん》)

後白河と対立し親政を推進

幼くして母を失い義祖母・美《び》福門院《ふくもんいん》に養育された。後白河《ごしらかわ》天皇の譲位で即位。平治《へいじ》の乱《らん》では源　義朝《みなもとのよしとも》らに幽閉されたが、平《たいらの》清盛《きよもり》らの計略で救出され、**清盛に義朝追討の宣旨《せんじ》を与えた。**

父・**後白河の院政に批判的**で、関白《かんぱく》・藤原基実《ふじわらのもとざね》や側近の藤原経《ふじわらのつね》宗《むね》を相談役として親政を進める。

しかし重病に陥り、死の直前に2歳の六条《ろくじょう》天皇に譲位する。後白河の院政を阻止するための最後の抵抗であった。

76代・近衛《このえ》天皇の皇后・藤原《ふじわらの》多《まさる》子《こ》を后に迎え入れ『平家物《へいけもの》語《がたり》』に「二代の妃」と特筆された。

79代

六《ろく》条《じょう》天《てん》皇《のう》

在位年 1165(2歳)~1168(5歳)

生没年 1164~1176(享年13歳)

父 二条《にじょう》天皇

母 伊岐致遠女《いきのむねとおのむすめ》(諸説あり)

配 なし

歴代最年少の満7か月で即位

母の出自が低かったことから、二条《にじょう》天皇の中宮・藤原《ふじわらの》育子《いくし》に育てられた。**数え年2歳(満7か月)での即位は歴代最年少**である。治世の当初は摂政《せっしょう》・藤原基実《ふじわらのもとざね》が、義父・平清盛《たいらのきよもり》の支援のもと政治を主導した。しかし、その基実も翌1166年に急死し、祖父・**後白河《ごしらかわ》上皇による院政が本格的にスタートする。**

有力な後見者のない六条天皇の治世は長くは続かず、後白河の意向により在位3年で叔父の高倉《たかくら》天皇に譲位。**5歳で上皇**となり、元服《げんぷく》を迎えることなく、8年後に13歳の生涯を閉じた。

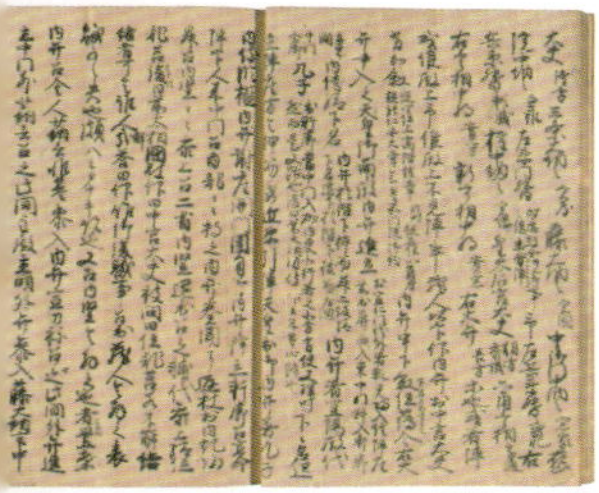

『山槐記《さんかいき》』

平安末期の公卿である中山忠親の日記。「2歳の帝は今度が初めてである」と、六条天皇の即位を記している。

清閑寺

六条天皇の陵墓がある京都の寺。

80代

高《たか》倉《くら》天《てん》皇《のう》

在位年	生没年
1168（8歳）〜1180（20歳）	1161〜1181（享年21歳）

父 後白河《ごしらかわ》天皇
母 平滋子《たいらのしげこ》（建春門院《けんしゅんもんいん》）
配 平徳子《たいらのとくこ》（建礼門院《けんれいもんいん》）

清盛の傀儡として院政を行う

母は平清盛《たいらのきよもり》の妻・時子《ときこ》の異父妹・滋子《しげこ》。清盛が重病を患い出家したのを機に後白河《ごしらかわ》上皇の意向で即位した。**自身の院政を確立したい後白河と、平氏系の天皇を望む清盛の利害が一致**した結果である。3年後には清盛の娘・徳子《とくこ》が入内し連携は一層深められた。

清盛が後白河を幽閉し、徳子の産んだ安徳《あんとく》天皇が即位すると、高倉は上皇として院政を担ったが**清盛の傀儡《かいらい》**に過ぎなかった。その後は平氏による福原《ふくはら》への遷都や東大《とうだい》寺《じ》焼き討ち、源氏の挙兵などに心を痛め、譲位から約1年後、21歳で崩御した。

高倉天皇の悲恋

渡月橋そばの「琴きき橋」。京都一の美女で琴の名手・小督と高倉の悲恋伝説が残る。

高倉天皇肖像（宮内庁三の丸尚蔵館蔵）

81代

安《あん》徳《とく》天《てん》皇《のう》

在位年	生没年
1180（3歳）〜1185（8歳）	1178〜1185（享年8歳）

父 高倉《たかくら》天皇
母 平徳子《たいらのとくこ》（建礼門院《けんれいもんいん》）
配 なし

壇ノ浦に沈んだ薄幸の幼帝

母・徳子《とくこ》は平清盛《たいらのきよもり》の娘である。入内から数年経っても皇子を授からず、ようやく言仁親王《ときひとしんのう》（のちの安徳天皇）が生まれた時、清盛は声をあげて泣いて喜んだという。

3歳で即位したが翌年、父・高倉《たかくら》上皇と清盛が相次いで亡くなる。1183年、源義仲《みなもとのよしなか》が京に迫ると、平氏一門に連れられ西国へ。屋島《やしま》に内裏《だいり》を構えたが源義経《よしつね》に敗れ、**壇《だん》ノ浦《うら》で祖母・時子《ときこ》に抱かれて入水**した。

安徳を祭神とする下関《しものせき》の赤間《あかま》神宮《じんぐう》では、毎年命日に安徳を偲ぶ祭が行われている。

先帝祭（下関・赤間神宮）

先帝＝安徳天皇の霊を慰めるため、毎年5月2日から4日に行われる祭り。

安徳天皇肖像（泉涌寺蔵）

COLUMN 3

武家政権樹立の立役者
平氏と源氏のルーツ

臣籍降下で誕生した桓武平氏と清和源氏

天皇が皇族に姓を与えて臣下にすることを臣籍降下《しんせきこうか》という。武門の双璧である桓武平氏《かんむへいし》と清和源氏《せいわげんじ》も、元は皇族であった。桓武平氏は桓武天皇の子・葛原親王《かつはらしんのう》の皇子に平姓が与えられたのに始まる。そのうち、武家平氏の祖となったのが、上総介《かずさのすけ》となり関東に土着した高望王《たかもちおう》で、その孫・平貞盛《たいらのさだもり》は平将門《たいらのまさかど》の乱《らん》を鎮圧し、従五位上《じゅごいのじょう》の軍事貴族となって発展の礎を築いた。

清和源氏の祖は清和天皇の孫・経基王《つねもとおう》である。武蔵介《むさしのすけ》として任地に下り、平将門の謀反を朝廷に告げて従五位下《げ》に叙され、続く藤原純友《ふじわらのすみとも》の乱《らん》鎮圧でも功をあげた。両氏とも地方の反乱鎮圧を機に武家の地位を確立したのである。

平氏・源氏の進出

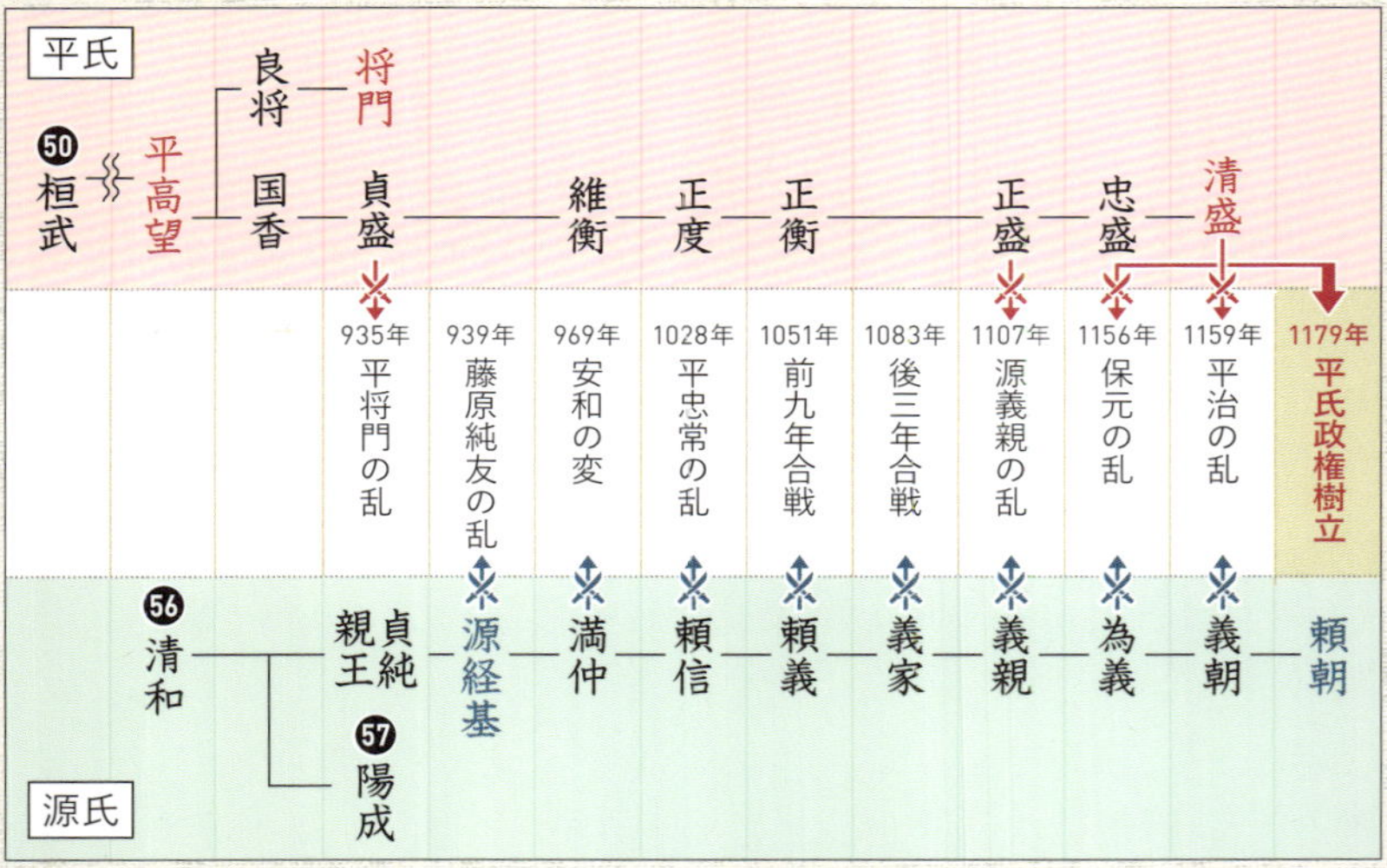

4章

鎌倉・室町時代の天皇

源頼朝や足利尊氏ら武士による幕府の樹立、さらに皇位をめぐる対立から、天皇の系統がふたつに分かれたことで、天皇家の権力は急速に衰えた。争いがくり返されるなか、天皇はどのように時代を乗り越えていったのだろうか。

年表

鎌倉・室町時代の天皇一覧

▲蒙古襲来

▲承久の乱

1300　1280　1260　1240　1220　1200　1180

代	天皇	生年	没年	在位年	参照
82代	後鳥羽	1180年	1239年	1183~1198年	P134
83代	土御門	1195年	1231年	1198~1210年	P140
84代	順徳	1197年	1242年	1210~1221年	P141
85代	仲恭	1218年	1234年	1221~1221年	P142
86代	後堀河	1212年	1234年	1221~1232年	P142
87代	四条	1231年	1242年	1232~1242年	P143
88代	後嵯峨	1220年	1272年	1242~1246年	P144
89代	後深草	1243年	1304年	1246~1259年	P145
90代	亀山	1249年	1305年	1259~1274年	P150
91代	後宇多	1267年	1324年	1274~1287年	P151
92代	伏見	1265年	1317年	1287~1298年	P151
93代	後伏見	1288年	1336年	1298~1301年	P152
94代	後二条	1285年	1308年	1301~1308年	P152
95代		1297年	1348年	1308~1318年	P153

史上最短在位の天皇

大覚寺統・持明院統の皇位争い始まる

▲泉涌寺

1281 弘安の役

1274 文永の役

1221 承久の乱

1192 源頼朝、征夷大将軍となる

1185 源頼朝、全国に守護・地頭を配置

登場する天皇

82代 後鳥羽天皇 ← 102代 後花園天皇

▲足利義満の花の御所

▲南北朝の戦い

▲後醍醐天皇の即位

1480　1460　1440　1420　1400　1380　1360　1340　1320

■：即位していた期間　■：退位から没年までの期間

南北朝に分裂

北朝

- 北1 **光厳**　P165　生年：1313年　没年：1364年　在位年：1331~1333年
- 北2 **光明**　P165　生年：1321年　没年：1380年　在位年：1336~1348年
- 北3 **崇光**　P166　生年：1334年　没年：1398年　在位年：1348~1351年
- 北4 **後光厳**　P166　生年：1338年　没年：1374年　在位年：1352~1371年
- 北5 **後円融**　P167　生年：1358年　没年：1393年　在位年：1371~1382年

南朝

- 96代 **後醍醐**　P154　生年：1288年　没年：1339年　在位年：1318~1339年
- 97代 **後村上**　P158　生年：1328年　没年：1368年　在位年：1339~1368年
- 98代 **長慶**　P160　生年：1343年　没年：1394年　在位年：1368~1383年
- 99代 **後亀山**　P161　生年：？年　没年：1424年　在位年：1383~1392年

- 100代 **後小松**　P168　生年：1377年　没年：1433年　在位年：1382~1412年
- 101代 **称光**　P169　生年：1401年　没年：1428年　在位年：1412~1428年
- 102代 **後花園**　P169　生年：1419年　没年：1470年　在位年：1428~1464年

花園

▼楠木正成

- 1467　応仁の乱
- 1392　南北朝合一
- 1378　足利義満、室町に幕府を移す
- 1338　足利尊氏、征夷大将軍となる
- 1333　鎌倉幕府滅亡

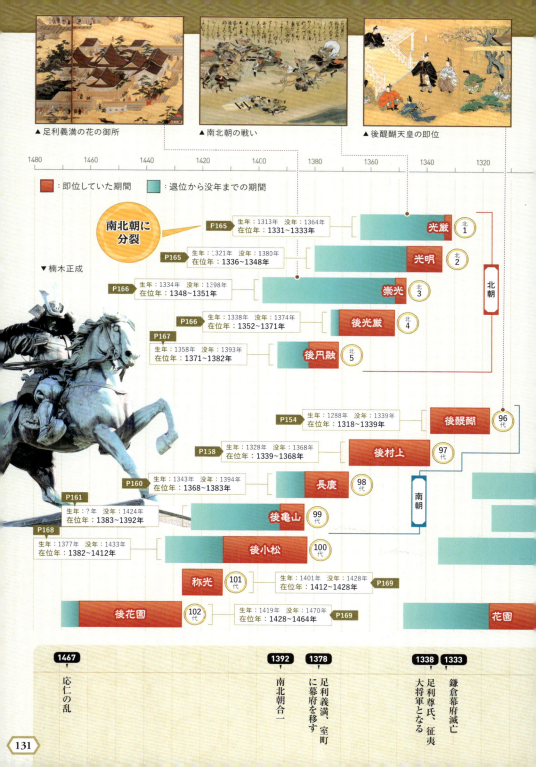

総論

鎌倉・室町時代の天皇の歴史と役割

鎌倉・室町時代の天皇を理解する3ポイント

その1

武士の時代の到来

鎌倉幕府成立と承久の乱により天皇の政治権力は低下。

その2

皇統分裂と南北朝

大覚寺統と持明院統の皇統分裂が南北朝時代を招く。

その3

権力のさらなる低下

室町幕府が京都に置かれ、朝廷の権力は一層低下。

幕府成立で政治権力が天皇・朝廷から武家へ

12世紀末、**源頼朝《みなもとのよりとも》によって鎌倉幕府が樹立され、天皇・上皇の権力は急速に弱体化**。承久《じょうきゅう》の乱《らん》で後《ご》鳥羽《とば》上皇が幕府に敗れると3人の上皇が配流となり、以後、皇位継承にも幕府の影響力が及んだ。13世紀半ば、**後深草《ごふかくさ》上皇の持明院統《じみょういんとう》と亀山《かめやま》上皇の大覚寺統《だいかくじとう》**が対立すると、幕府は両統が交互に即位する「両統迭立《りょうとうてつりつ》」を提案し融和を図ったが、皇位争いは激化した。

皇位をめぐる暗闘が続くなか、**大覚寺統の後醍醐《ごだいご》天皇が足利尊氏《あしかがたかうじ》らの協力で幕府を滅ぼし、天皇親政を復活させる**。しかし、公家中心の政治は武士の反発を招き、反旗を翻した足利尊氏が室町幕府を樹立。後醍醐は吉野《よしの》へ逃れ、**皇統は京都の北朝と吉野の南朝に分裂した**。しかし、軍事的に劣勢な南朝は急速に衰退し、足利義満《よしみつ》によって皇統は統一される。

室町時代は幕府が京都に置かれたため、朝廷は直接武家の干渉を受けるようになり、課税権や警察権など朝廷の権限も次々と幕府に奪われ、天皇の権力はさらに衰退した。15世紀末には応仁《おうにん》の乱《らん》が起こり京都は荒廃したが、天皇・上皇は自らの無力を嘆くだけで戦乱を収める力はなかった。

ポイント その1

幕府成立と承久の乱で段階的に権力低下

鎌倉幕府成立

鎌倉幕府を樹立した 源 頼朝

幕府の権限は軍事や徴税に留まり、朝廷権力を否定したわけではない。朝廷と幕府の二元政治という見方も。

承久の乱で朝廷軍敗北

承久の乱に敗れ配流となった ㉜ 後鳥羽

幕府は京都に六波羅探題を設置し、朝廷の監視を強化。皇位継承にも幕府の影響が及ぶ。

解説 鎌倉幕府の成立により朝廷の権力・役割がすべて幕府に移行したわけではなく、朝廷の権限は保持された。しかし承久の乱で朝廷が敗れたことで、幕府優位は決定的となる。

ポイント その2

皇統分裂から南北朝時代へ

89 後深草

持明院統

対立

90 亀山

大覚寺統

96 後醍醐

後醍醐天皇による倒幕しかし天皇親政は失敗

室町幕府が擁立

北朝

南朝

足利義満により南北朝合一

解説 鎌倉時代半ば、皇統は持明院統と大覚寺統に分裂。大覚寺統の後醍醐天皇は鎌倉幕府倒幕を果たすも、建武の新政に失敗。室町幕府は持明院統から天皇を立て、南北朝の対立が続いた。

ポイント その3

室町幕府成立で朝廷権威は失墜

足利義満

- 上皇・天皇の諸権限を接収
- 朝廷の人事権を掌握
- 天皇の祭祀権を指揮

武家による朝廷支配の強化 天皇の権威の形骸化

応仁の乱で
京都が灰燼に
帰しても朝廷は

102 後花園

解説 室町幕府が京都に開かれたことで、朝廷は幕府の監視下に置かれる。南北朝を統一した足利義満は後円融上皇の崩御後、その権限を接収。人事権・祭祀権も掌握し朝廷を形骸化させた。

82代

後《ご》鳥《と》羽《ば》天《てん》皇《のう》

在位年 1183（4歳）〜1198（19歳）

生没年 1180〜1239（享年60歳）

父 高倉天皇《たかくら》

母 坊門殖子《ぼうもんしょくし》（七条院《しちじょういん》）

配 九条任子《くじょうにんし》（宜秋門院《ぎしゅうもんいん》）

同年代の権力者

後白河法皇《ごしらかわ》（祖父）

北条義時《ほうじょうよしとき》（鎌倉幕府2代執権）

プロフィール

- 土御門・順徳・仲恭天皇の3代23年にわたって院政をしく。
- 和歌や琵琶など芸能に堪能で『新古今和歌集』の編纂を主導。
- 承久の乱で討幕をめざし敗北隠岐に配流され同地で崩御する。

承久の乱で隠岐に配流

平氏が安徳《あんとく》天皇と皇位の象徴である三種の神器とともに都落ちしたため、後鳥羽天皇は**三種の神器のないまま異例の即位**をした。譲位したのち、土御門《つちみかど》・順徳《じゅんとく》・仲恭《ちゅうきょう》天皇の3代23年にわたって院政をしいた。

和歌や琵琶、蹴鞠《けまり》のみならず、相撲や水泳など文武に優れた才能を発揮した。**和歌の振興**にも情熱を注ぎ、藤原定家《ふじわらのていか》らを選者に任命して『**新古今和歌集**《しんこきんわかしゅう》』の編纂《へんさん》を主導（➡P138）。政務にも意欲的で、上皇中心の評《ひょう》定会議《じょうかいぎ》の強化、訴訟制度の改革、北面に加えて西面の武士*を設け軍事力の増強などを図った。

鎌倉幕府**3代将軍・源実朝**《みなもとのさねとも》**と**は**和歌を通じて交流**し、良い関係を築いたが、実朝が暗殺されると幕府との関係は急速に冷え込む。地頭《じとう》の更迭《こうてつ》命令を拒否するなど、幕府が意にそわないことに不満を抱いた後鳥羽は、全国の武士に**執権《しっけん》・北条義時《ほうじょうよしとき》の追討を命令し承久《じょうきゅう》の乱《らん》を起こす**。

しかし、北条政子《まさこ》の呼びかけで団結した幕府軍は1か月で京を制圧。後鳥羽は隠岐《おき》に流され、18年後、同地で亡くなった。

後鳥羽天皇肖像（宮内庁三の丸尚蔵館蔵）

*北面の武士、西面の武士
…上皇の身辺を警護した、上皇直属の武士

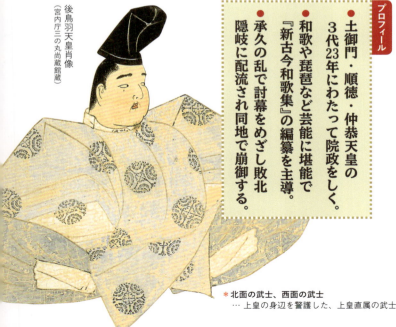

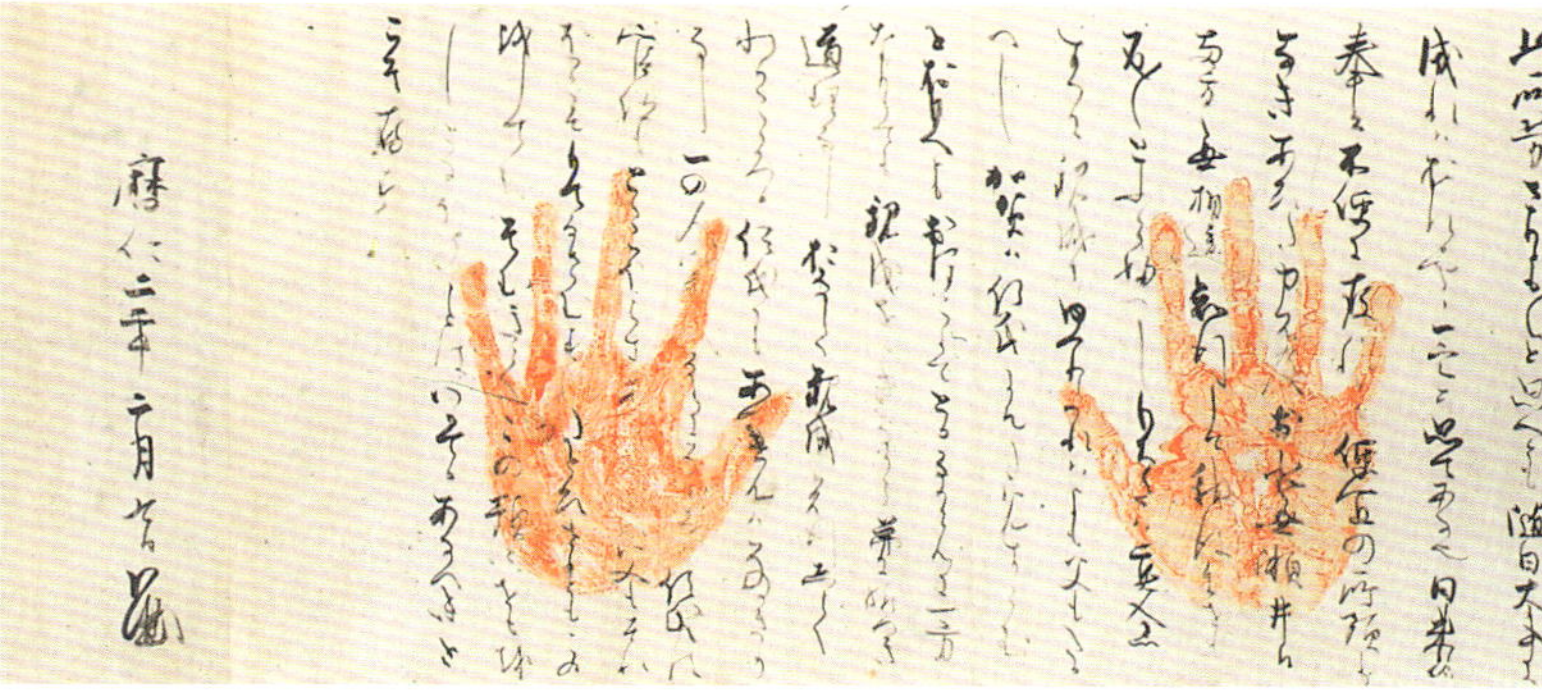

後鳥羽天皇《ごとばてんのう》宸翰《しんかん》御手印置《おていんおき》

後鳥羽が亡くなる直前に、近臣の水無瀬信成《みなせのぶしげ》に向けて書いた遺言書。自らの手形が押されている。「宸翰」とは天皇直筆という意味。（水無瀬神宮蔵）

菊御作《きくごさく》

後鳥羽上皇が自ら打ったという刀。茎《なかご》部分にうっすらと菊の銘が残っている。
（京都国立博物館蔵）

＝

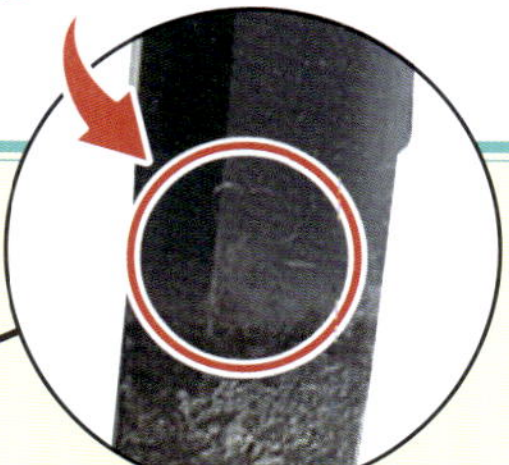

大原陵《おおはらのみささぎ》

配流先で亡くなった後鳥羽天皇と順徳天皇の遺骨の一部が納められている。

キーワード

皇室の象徴「菊花紋《きっかもん》」の誕生

後鳥羽天皇は武芸にも情熱を傾けた。後鳥羽の周辺では公卿《くぎょう》や殿上人《てんじょうびと》も弓や刀の稽古に明け暮れ、自身も笠懸《かさがけ》や流鏑馬《やぶさめ》を行い、競馬に参加して気絶したり盗賊追捕の陣頭指揮をとったりしたという。源平の内乱で宝剣を失ったため刀に執着し、自ら刀剣を焼いて「御所焼の太刀」と呼び近臣に与えた。後鳥羽は菊を好み、刀剣はもちろん衣服、輿《こし》も菊で飾った。これが皇室の菊花紋の起源といわれる。

政治

承久の乱で天皇制はどう変わったのか

朝廷と幕府が正面衝突した戦い

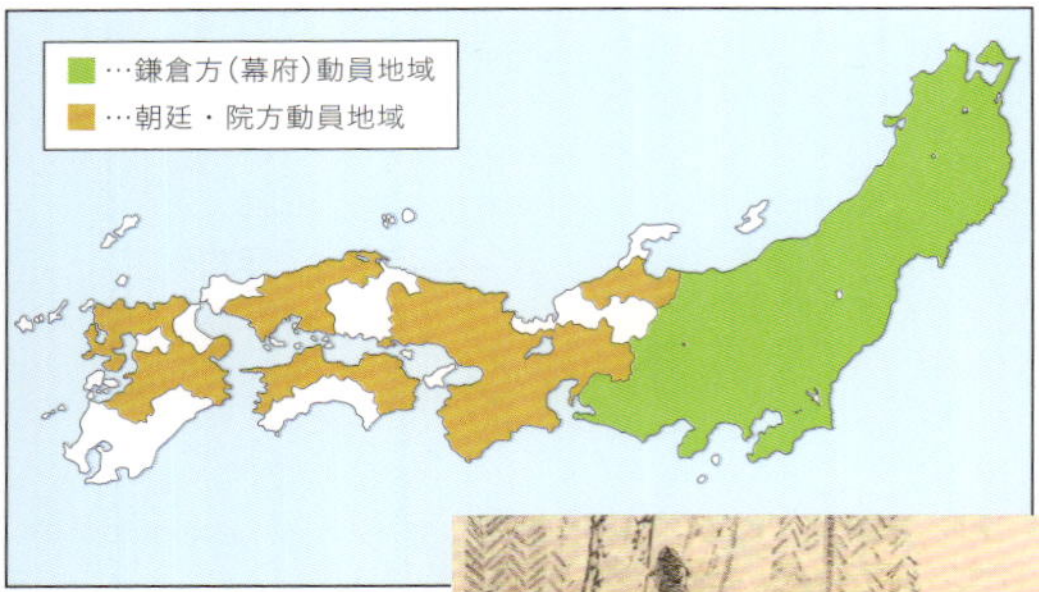

◆承久の乱での勢力の対立

朝廷方には西国の守護や貴族・寺社が、幕府方には東国の武士がつき、東西に勢力が二分された。

人物

演説する北条政子

朝敵となり動揺する武士たちに対して、政子は「頼朝公の恩は山よりも高く、海よりも深い」と説き、彼らを奮い立たせた。

後鳥羽《ごとば》上皇は、親交があった鎌倉幕府3代将軍・源実朝《みなもとのさねとも》が亡くなり朝幕関係が冷え込むと、討幕に傾きはじめる。

きっかけは、**次の将軍候補として後鳥羽の皇子を要望されたこと**だった。しかし後鳥羽は、国内の二分化を懸念し拒否。さらに、後鳥羽の愛妾に与えた所領を管轄する地頭《じとう》の解任を、幕府執権《しっけん》の北条義時《ほうじょうよしとき》が拒んだため、対立が激化。後鳥羽とその子・順徳《じゅんとく》上皇は、**西国の守護を中心に軍を召集、承久《じょうきゅう》の乱《らん》を起こす**。

1221年5月、はじめは朝廷方が優位に立ったが、**北条政《まさ》子《こ》の演説**で結束した東国武士が進軍を開始すると、翌6月には京を制圧してしまった。こうして朝廷と幕府の直接対決は幕府方に軍配が上がり、**後鳥羽は隠《お》岐《き》、順徳は佐渡《さど》へ配流。土御門《つちみかど》上皇も自ら土佐《とさ》に配流される**前代未聞の事態となった。

乱後、朝廷方の所領は幕府が没収。さらに幕府の出張機関、六波羅探題《ろくはらたんだい》が設置され、西国の御家人の統制・朝廷の監視をした。朝廷や西国にまで、幕府の影響が及んだのである。

宇治・瀬田の戦い

朝廷軍は美濃《みの》(岐阜県南部)や尾張《おわり》(愛知県西部)で敗走後、宇治《うじ》・瀬田《せた》に布陣。瀬田川を防衛戦としたが、これが破られると一気に壊滅した。CG/成瀬京司

◆承久の乱での幕府軍の進軍路

政子の演説からわずか3日後に進軍を開始した幕府軍は、北陸道、東海道、中山道の三方から京を目指した。軍勢はゆきだるま式に膨張し、最終的におよそ19万の大軍となって京へ向かった。

乱のきっかけとなった当時の支配体制

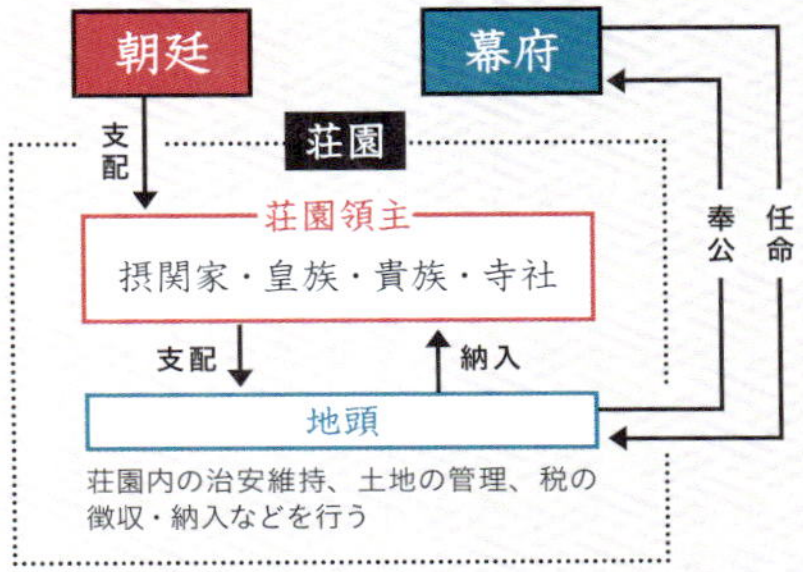

地頭は鎌倉幕府より任命されたが、荘園領主からも支配を受ける二重支配がなされていた。これは朝廷と幕府の力が拮抗していたためだが、承久の乱をきっかけに幕府の力が強まった。

文化

鎌倉・室町期に編纂された 勅撰和歌集

新古今時代を現出した鎌倉前期

勅撰和歌集《ちょくせんわかしゅう》とは、天皇の命令で優れた和歌を選び編纂《へんさん》される歌集である。10世紀初頭の『古今和歌集《こきんわかしゅう》』以来、500年あまりの間に21集が編まれた。

特に、鎌倉時代初頭は宮廷歌壇が活発化した時代で、**後《ご》鳥羽《とば》上皇自ら和歌の選出に携わった『新古今和歌集《しんこきんわかしゅう》』**は、『万葉集《まんようしゅう》』『古今和歌集』と並び称される完成度の高さを誇り、「新古今時代」と呼ばれる隆盛期を現出した。王朝文化の復興をめざした**後嵯峨《ごさが》上皇の時代には『続後撰和歌《しょくごせんわか》集《しゅう》』**が編まれ、伝統を重視し個性を抑制する中世和歌の特徴が確立した。

室町時代になると、武家が勅撰和歌集の編纂に影響力を持つようになる。**足利尊氏《あしかがたかうじ》・義満《よしみつ》ら歴代将軍の執奏《しっそう》**＊により選者が決められ勅撰集が編まれた。しかし、**足利義教《よしのり》が執奏した後花園《ごはなぞの》天皇の『新続《しんしょく》古今和歌集《こきんわかしゅう》』**以後は、足利義《よし》政《まさ》も編纂を望んだが、応仁《おうにん》の乱《らん》の混乱もあって実現せず、勅撰集の編纂は途絶えた。

◆勅撰集一覧

	成立年	勅撰和歌集名	命を出した天皇・上皇
1	905年頃	古今和歌集《こきんわかしゅう》	醍醐《だいご》天皇
2	958年頃	後撰和歌集《ごせんわかしゅう》	村上《むらかみ》天皇
3	1006年頃	拾遺和歌集《しゅういわかしゅう》	花山《かざん》法皇？
4	1086年	後拾遺和歌集《ごしゅういわかしゅう》	白河《しらかわ》天皇
5	1126年	金葉和歌集《きんようわかしゅう》	白河法皇
6	1151年	詞花和歌集《しかわかしゅう》	崇徳《すとく》上皇
7	1188年	千載和歌集《せんざいわかしゅう》	後白河《ごしらかわ》法皇
8	1205年	新古今和歌集《しんこきんわかしゅう》	後鳥羽《ごとば》上皇
9	1235年	新勅撰和歌集《しんちょくせんわかしゅう》	後堀河《ごほりかわ》天皇
10	1251年	続後撰和歌集《しょくごせんわかしゅう》	後嵯峨《ごさが》上皇
11	1265年	続古今和歌集《しょくこきんわかしゅう》	後嵯峨上皇
12	1278年	続拾遺和歌集《しょくしゅういわかしゅう》	亀山《かめやま》上皇
13	1303年	新後撰和歌集《しんごせんわかしゅう》	後宇多《ごうだ》上皇
14	1312年	玉葉和歌集《ぎょくようわかしゅう》	伏見《ふしみ》上皇
15	1320年	続千載和歌集《しょくせんざいわかしゅう》	後宇多法皇
16	1326年	続後拾遺和歌集《しょくごしゅういわかしゅう》	後醍醐《ごだいご》天皇
17	1348年	風雅和歌集《ふうがわかしゅう》	花園《はなぞの》法皇・光厳《こうごん》上皇
18	1359年	新千載和歌集《しんせんざいわかしゅう》	後光厳《ごこうごん》天皇
19	1364年	新拾遺和歌集《しんしゅういわかしゅう》	後光厳天皇
20	1384年	新後拾遺和歌集《しんごしゅういわかしゅう》	後円融《ごえんゆう》上皇
21	1439年	新続古今和歌集《しんしょくこきんわかしゅう》	後花園《ごはなぞの》天皇

八代集（1〜8）　十三代集（9〜21）　二十一代集（1〜21）

＊執奏 … 取り次いで天皇に申し上げること

『新古今和歌集』の代表作

吉野山 花のふるさと 跡たえて
むなしき枝に 春風ぞふく
藤原良経

訳 吉野山の桜の花も散り過ぎた旧都には人の訪れも絶え、花なき桜の枝には春風ばかりが吹いていることだ。

見渡せば 花も紅葉も なかりけり
浦の苫《とま》屋《や》の 秋の夕暮れ
藤原定家

訳 見渡してみると、美しい春の花も秋の紅葉もここにはない。海辺に粗末な小屋だけが見える秋の夕暮れよ。

玉の緒よ 絶えなば絶えね ながらへば
忍ぶることの 弱りもぞする
式子内親王

訳 我が命よ、絶えてしまうのなら絶えてしまえ。このまま生き長らえると、隠した恋心が露わになってしまうから。

何となく さすがに惜しき 命かな
ありへば人や 思ひ知るとて
西行

訳 何とはなしに、やはり惜しい命である。生きていれば、あの人が私の思いをわかってくれるのではないかと。

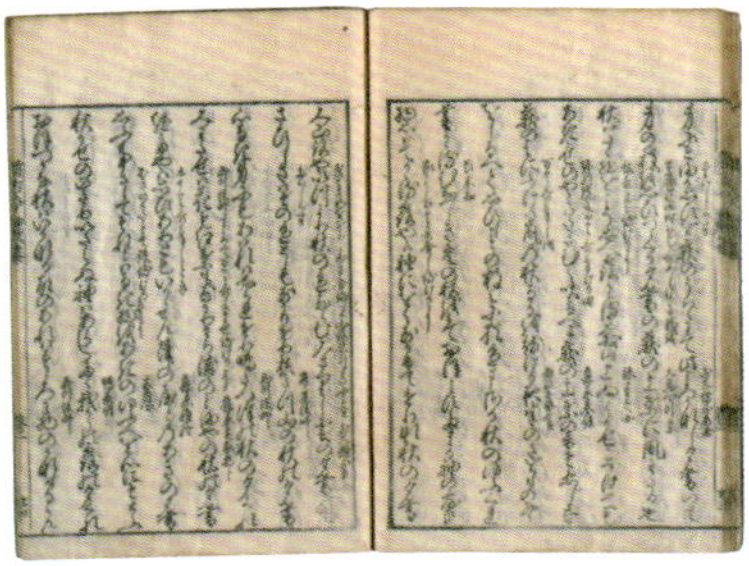

『新古今和歌集』の原本は存在しない。画像は江戸時代の写本。

『続後撰和歌集』の代表作

人もをし 人も恨めし あぢきなく
世を思ふゆゑに 物思ふ身は
後鳥羽上皇

訳 人間がいとおしいとも、また恨めしいとも思う。つまらない世の中だと思うから、悩んでしまうこの私には。

雪のうちに 春はありとも 告げなくに
まづ知るものは 鶯《うぐいす》の声
土御門上皇

訳 雪の降るなかに春はあるとも告げないのに、真っ先に知るものは鶯の声である。

ももしきや
古き軒《のき》端《ば》の
しのぶにも
なほあまりある
昔なりけり
順徳上皇

訳 宮中の古びた軒に下がる忍草をみても、いくら偲んでも偲び尽くせない古きよき時代のことだよ。

83代

土《つち》御《み》門《かど》天《てん》皇《のう》

在位年 1198（4歳）〜1210（16歳）

生没年 1195〜1231（享年37歳）

父 後鳥羽《ごとば》天皇

母 源在子《みなもとのざいし》（承明門院《しょうめいもんいん》）

配 大炊御門麗子《おおいのみかどれいし》（陰明門院《おんめいもんいん》）

同年代の権力者

後鳥羽《ごとば》上皇（父）

源頼家《みなもとのよりいえ》（鎌倉幕府2代将軍）

自ら進んで土佐に配流

外祖父は「源博陸《みなもとのはくりく》」（源氏の関白《かんぱく》の意）と呼ばれ無双の権勢を誇った源通親《みちちか》。即位に際し、源頼朝《よりとも》は幼帝の即位に難色を示したが、**通親の画策により後鳥《ごと》羽《ば》天皇の譲位を受けて即位した。**

治世中、頼朝は謎の死を遂げ、2代将軍・頼家《よりいえ》は北条氏の謀略で暗殺、実朝《さねとも》が3代将軍になるなど、幕府は激動の時を迎えていた。

土御門天皇は、性格は温厚だが世事には疎かったといわれる。それもあって、**在位10余年で後鳥羽の意向により弟の順徳《じゅんとく》天皇に譲位**する。承久《じょうきゅう》の乱《らん》にもかかわらなかったため、幕府の追及を受けなかったが**自ら望んで土佐《とさ》に配流**された。その後、阿波《あわ》に移ったことから土佐院、阿波院とも呼ばれる。乱の10年後に出家して間もなく崩御した。

プロフィール

- 「源博陸」と呼ばれた源通親の権勢をバックに4歳で即位。
- 穏やかな性格だが政治のことには疎かった。
- 後鳥羽上皇の討幕計画に関与しなかったが自ら望んで土佐に配流。

家系図

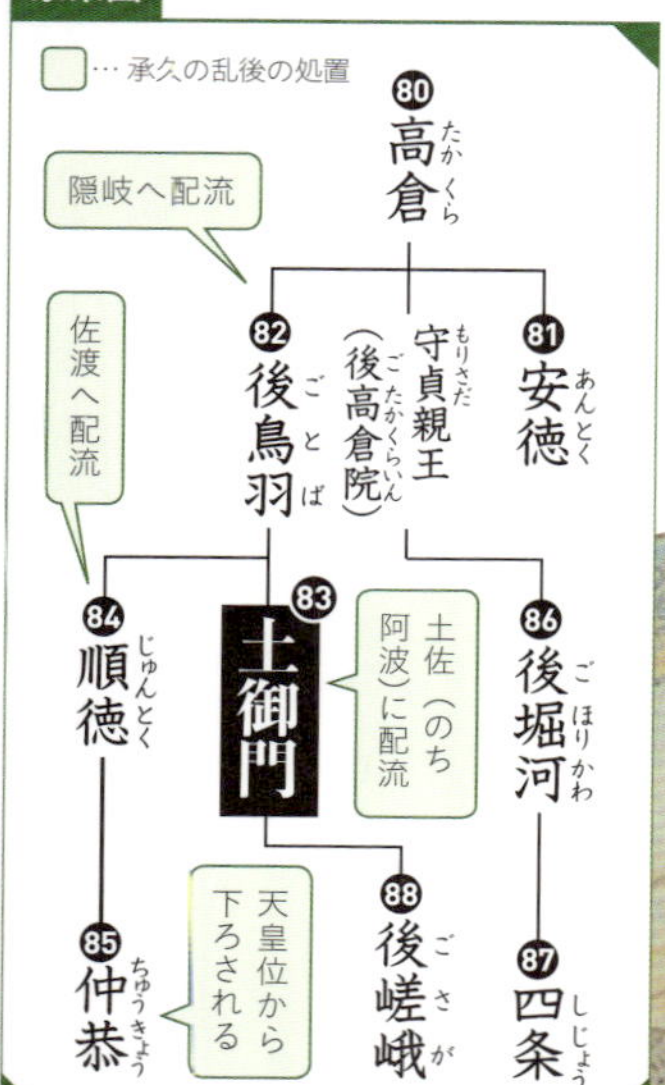

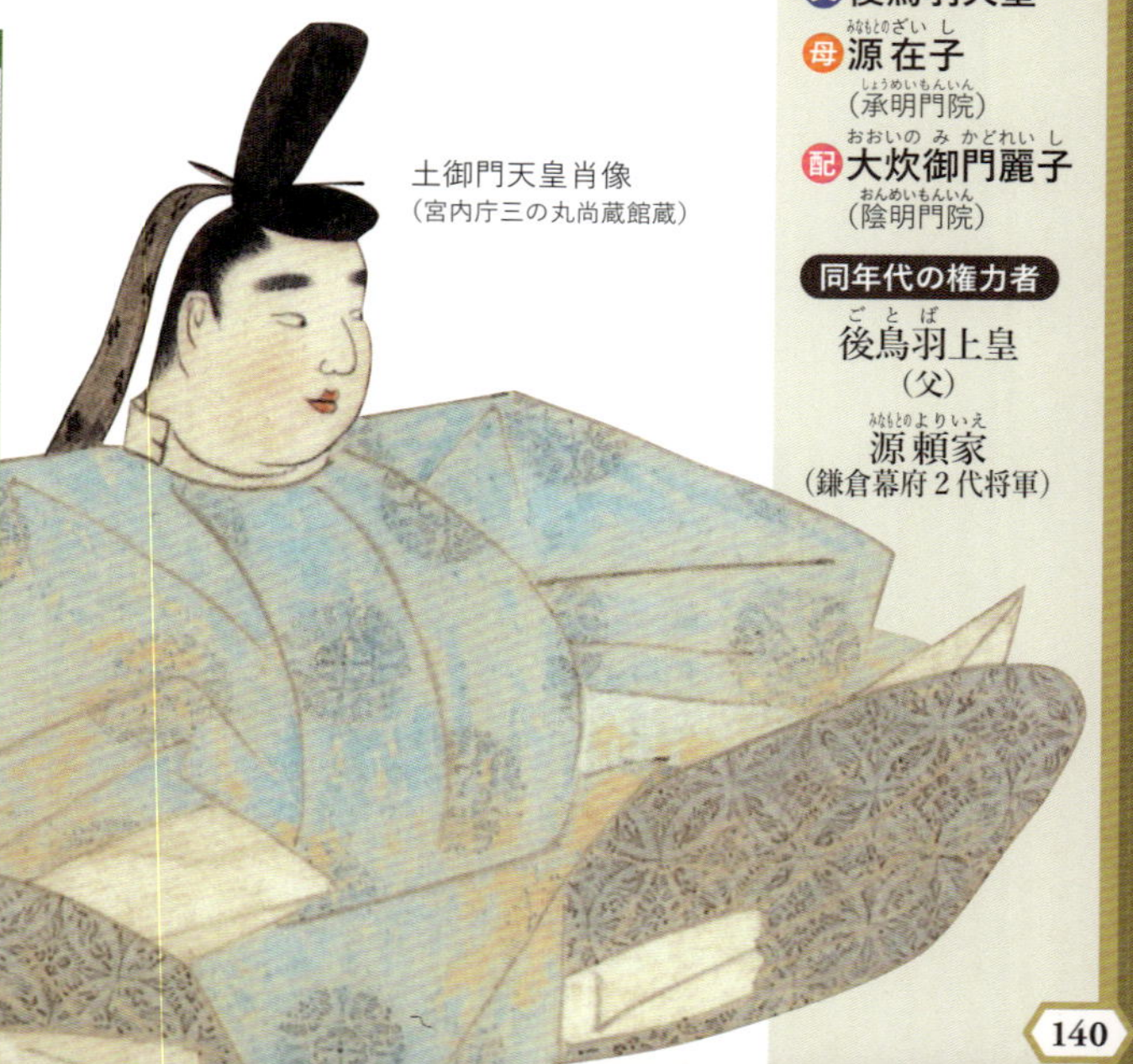

土御門天皇肖像
（宮内庁三の丸尚蔵館蔵）

84代

順《じゅん》徳《とく》天《てん》皇《のう》

4章 鎌倉・室町時代

在位年 1210（14歳）〜1221（25歳）

生没年 1197〜1242（享年46歳）

父 後鳥羽《ごとば》天皇

母 藤原重子《ふじわらのじゅうし》（修明門院《しゅうめいもんいん》）

配 九条立子《くじょうりゅうし》（東一条院《ひがしいちじょういん》）

同年代の権力者

後鳥羽《ごとば》上皇（父）

北条義時《ほうじょうよしとき》（鎌倉幕府２代執権）

プロフィール

- 学問を好み、『禁秘抄』や歌論集、歌集などを残した。
- 平家や源義経に同情的な祖父母の影響で幕府への対抗心を強める。
- 積極的に後鳥羽上皇の討幕計画に加わり佐渡に配流された。

宮廷文化の興隆をめざす

順徳天皇は、優れた歌論書や歌集、有職故実書《ゆうそくこじつしょ》『禁秘抄《きんぴしょう》』を残した学者肌の帝王であった。背景には、**宮廷文化の興隆**を通じて、武家政権に対する優越性を確保しようとする野心があったとされる。

外祖母は壇《だん》ノ浦《うら》で入水した平《たいらの》教盛《のりもり》の娘・教子《のりこ》、外祖父は源義《みなもとのよし》経《つね》の逃亡を助けた藤原範季《ふじわらののりすえ》と、幕府への反発を意識する機会も多かったのだろう。**積極的に後《ご》鳥羽《とば》上皇の討幕計画に関与**し、挙兵直前には子の仲恭《ちゅうきょう》天皇に譲位。幕府との決戦に備えた。

承久《じょうきゅう》の乱《らん》後、佐渡《さど》に流され、現・佐渡市泉《いずみ》の黒木御所《くろきごしょ》で22年の配所生活を送った。晩年、皇子・忠成《ただなり》の即位が検討されたが幕府に却下された。帰京の夢を断たれた順徳は**飲食を断ち、焼石を体にあてて絶命した**という。

順徳天皇肖像（宮内庁三の丸尚蔵館蔵）

中殿御会図《ちゅうでんぎょかいず》

中殿＝清涼殿《せいりょうでん》は天皇の住まい。ここで行われた管弦遊びの様子が記録されており、右上に琵琶を演奏する順徳天皇が描かれている。（金刀比羅宮蔵）

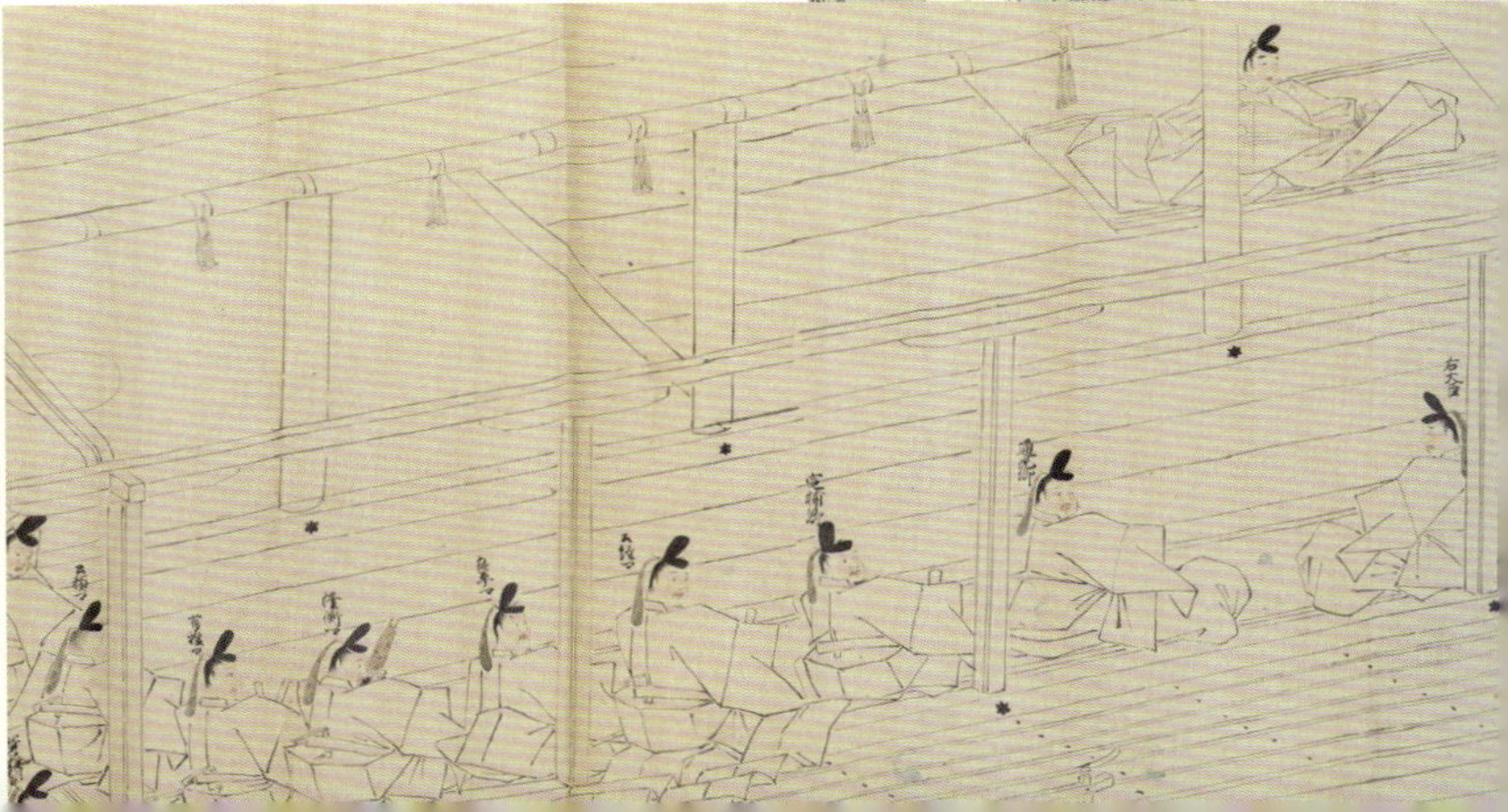

85代

仲恭天皇《ちゅうきょうてんのう》

在位年	生没年
1221（4歳）～1221（4歳）	1218～1234（享年17歳）

父 順徳天皇《じゅんとく》
母 九条立子《くじょうりゅうし》（東一条院《ひがしいちじょういん》）
配 右京大夫局《うきょうのだいぶのつぼね》

即位礼もなく約80日で退位

後鳥羽《ごとば》上皇の討幕計画に参加した父・順徳《じゅんとく》天皇の譲位を受けて、挙兵前月の1221年4月に急遽即位した。しかし、その約2か月後、京方は幕府軍に敗北。仲恭天皇は内裏に三種の神器を残したまま伯父である摂政《せっしょう》・九条道家《くじょうみちいえ》の邸宅に逃れた。

乱後、**即位礼はもちろん、大嘗祭《だいじょうさい》も行われない**まま、幕府の意向により退位し後堀河《ごほりかわ》天皇に位を譲った。そのため死後も諡号《しごう》は定められず九条廃帝《くじょうはいてい》、後廃帝《のちのはいてい》、半帝などと呼ばれ、**明治時代になってようやく「仲恭天皇」とおくり名された。**

九條陵《くじょうのみささぎ》 京都市伏見区にある仲恭天皇の陵墓。

仲恭天皇肖像（早稲田大学図書館蔵）

86代

後堀河天皇《ごほりかわてんのう》

在位年	生没年
1221（10歳）～1232（21歳）	1212～1234（享年23歳）

父 後高倉院《ごたかくらいん》
母 持明院陳子《じみょういんちんし》（北白河院《きたしらかわいん》）
配 九条竴子《くじょうそんし》（藻璧門院《そうへきもんいん》）

承久の乱後の緊急措置で即位

承久《じょうきゅう》の乱《らん》で3上皇が一度に配流されたため、院政を行う治天《ちてん》の君《きみ》の決定が朝廷・幕府にとって焦眉《しょうび》の急となった。しかし、**幕府は非後鳥羽《ごとば》系の天皇擁立を画策**した。

そこで白羽の矢がたったのが、後鳥羽上皇の兄で、かつて平氏に連れられ壇《だん》ノ浦《うら》まで赴いた守貞親王《もりさだしんのう》の子である、10歳の後堀河天皇だった。後堀河が即位すると、守貞親王が後高倉院《ごたかくらいん》として院政を行うことになる。**皇位の経験がなく、出家していた親王が治天《ちてん》の君《きみ》になるのは異例の事態**で

後堀河天皇肖像（宮内庁三の丸尚蔵館蔵）

あらたまの
年も変はらで
立つ春は 霞ばかりぞ
空に知りける

出典：『新勅撰和歌集』巻1

訳 年明け前に立春になると、感覚として春という感じがしないけれど、霞の立った空を見て春だと気づかされたよ。

87代

四《し》条《じょう》天《てん》皇《のう》

在位年 1232（2歳）〜1242（12歳）
生没年 1231〜1242（享年12歳）

父 後堀河《ごほりかわ》天皇
母 九条竴子《くじょうそんし》（藻璧門院《そうへきもんいん》）
配 九条彦子《くじょうげんし》（宣仁門院《せんにんもんいん》）

親鸞伝絵《しんらんでんえ》 天女が蓮の糸で織ったという紫香の錦が四条天皇に献上され、「天神護法錦織之寺」という勅額が下された様子を描いたもの。（錦織寺蔵）

外祖父の力で擁立された幼帝

九条《くじょう》家の勢力拡大をもくろむ外祖父の九条道家《みちいえ》によって擁立。2歳での即位は平安後期の六条《ろくじょう》天皇以来という異例の事態であった。治世中は**摂政《せっしょう》の道家と関《かん》東申次《とうもうしつぎ》（幕府との連絡役）の西《さい》園寺《おんじ》公経《きんつね》**ら母方の公卿が権勢をほしいままにした。

11歳で元服したが、翌年、御所内の事故がもとで亡くなった。悪戯心から女房《にょうぼう》や近習《きんじゅ》を転ばせようとして、板敷に滑石を塗ったところ、誤って自分が転んでしまったという。巷間では**後《ご》鳥《と》羽《ば》上皇の怨霊**によるものとの噂がささやかれた。

あった。

後高倉院の崩御後、後堀河は親政を行い、1232年に**四条《しじょう》天皇に譲位して院政**を開始したが、生まれつき病弱で2年後に崩御した。

後高倉院
後堀河天皇の父。入水した安徳天皇の異母弟であり、平氏滅亡後は出家していた。
（宮内庁三の丸尚蔵館蔵）

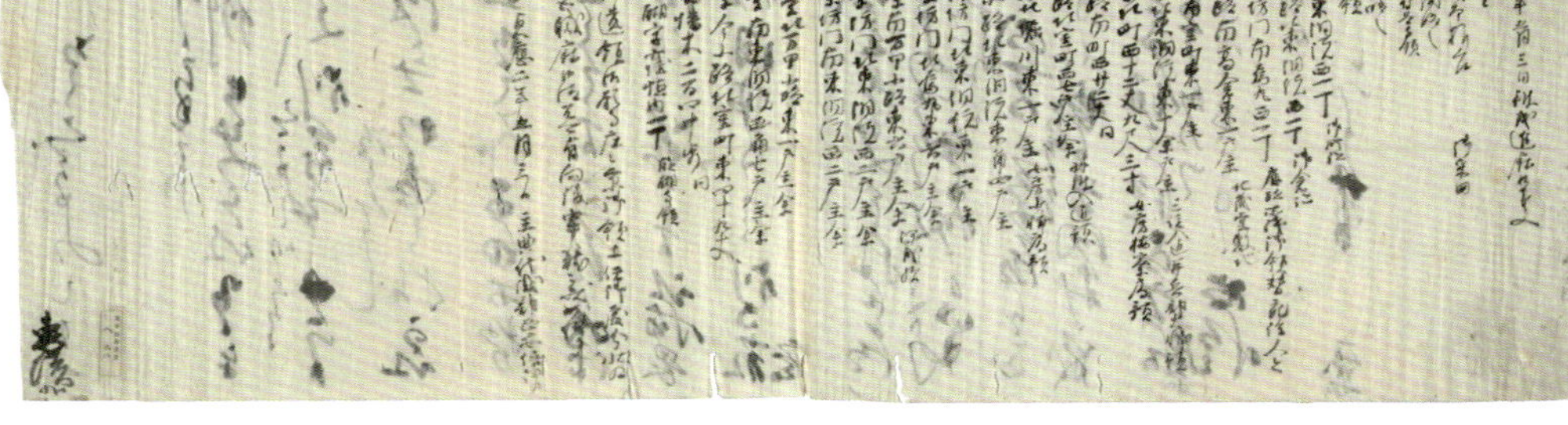
後高倉院庁下文《いんのちょうくだしぶみ》
院の直属機関である「院庁」から発給された、後高倉院が所領する領地に関する文書。
（京都府立京都学・歴彩館蔵）

88代

後嵯峨天皇《ごさがてんのう》

在位年
1242（23歳）〜1246（27歳）

生没年
1220〜1272（享年53歳）

父 土御門天皇《つちみかどてんのう》

母 源通子《みなもとのつうし》

配 西園寺姞子《さいおんじきつし》（大宮院《おおみやいん》）

同年代の権力者

北条経時《ほうじょうつねとき》（鎌倉幕府4代執権）

北条時頼《ほうじょうときより》（鎌倉幕府5代執権）

プロフィール

- 幕府の意向により即位し、2代26年にわたって院政をしいた。
- 幕府と親密な関係を築き、皇子の宗尊親王が初の宮将軍となる。
- 院評定衆や院伝奏などの制度を整え、院政の制度化を進める。

幕府と協調し宮将軍を実現

四条《しじょう》天皇の崩御後、摂政《せっしょう》・九条道家《くじょうみちいえ》は順徳《じゅんとく》天皇の皇子・忠成《ただなり》の即位を画策する。しかし幕府執権・北条泰時《ほうじょうやすとき》の反対にあい、後嵯峨天皇が即位。後嵯峨は在位4年で子の後深草《ごふかくさ》天皇に譲位し、13年後にはその弟・亀山《かめやま》天皇へ譲位させ、**2代26年間、院政をしいた。**

後嵯峨は終生、**親幕の姿勢**を貫いた。3代将軍・実朝《さねとも》の死後、幕府は九条家から**藤原頼経《ふじわらのよりつね》**を迎えて将軍としたが、後嵯峨が即位すると**第1皇子・宗尊親王《むねたかしんのう》を宮将軍《みやしょうぐん》として迎え**、以後、その子孫が将軍職を継いだ。

御嵯峨の時代は**院政の制度化**が進んだ。所領関係の訴訟を扱う院評定制《いんのひょうじょうせい》、上皇へ諸事を取り次ぐ院伝奏《いんのてんそう》が定着。西園寺《さいおんじ》家による関東申次《かんとうもうしつぎ》の世襲も始まった。

家系図

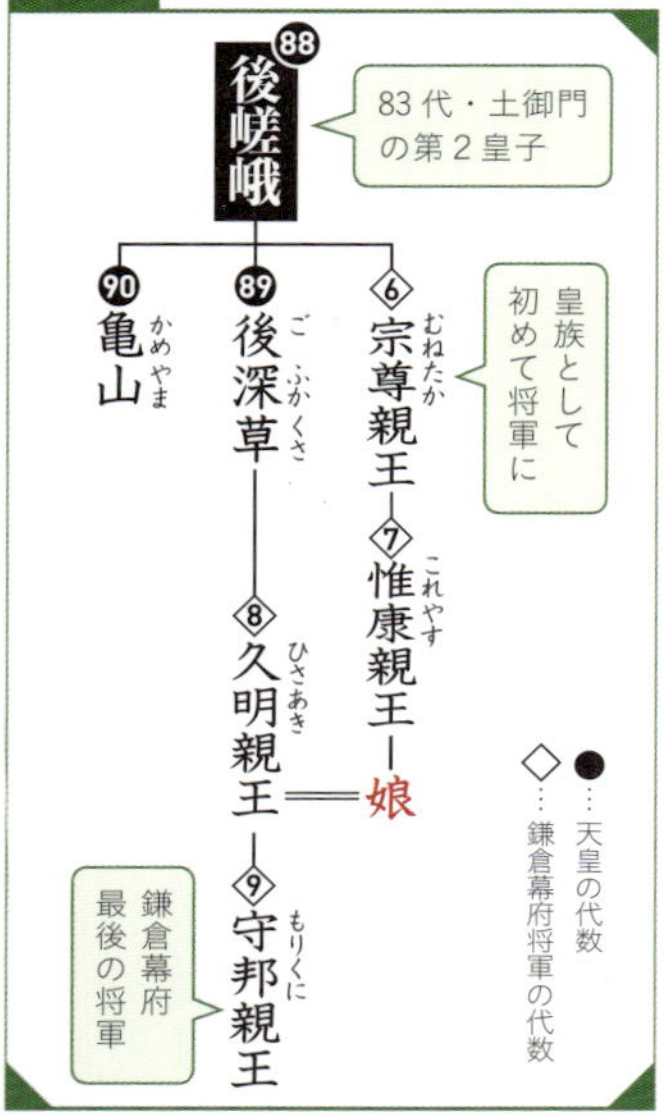

後嵯峨帝聖運開之図

江戸時代に描かれた後嵯峨天皇。

（Image：TNM Image Archives）

89代

後《ご》深《ふか》草《くさ》天《てん》皇《のう》

在位年	生没年
1246（4歳）～1259（17歳）	1243～1304（享年62歳）

父 後嵯峨《ごさが》天皇
母 西園寺姞子《さいおんじきつし》（大宮院《おおみやいん》）
配 西園寺公子《さいおんじきみこ》（東二条院《ひがしにじょういん》）

同年代の権力者
後嵯峨《ごさが》上皇（父）
北条時頼《ほうじょうときより》（鎌倉幕府5代執権）

亀山と治天の君の地位を争う

生来腰が悪く、幼少時は立つこともおぼつかなかったという。そのため、**父・後嵯峨《ごさが》上皇は後深草天皇より弟の亀山《かめやま》天皇に期待をかけた。**

後嵯峨の死後、母・大宮院《おおみやいん》と幕府の支持を得て亀山が治天《ちてん》の君《きみ》に立てられ、その息子・後宇《ごう》多《だ》天皇に譲位すると、**後深草は自身の子への皇位継承を強く望む。**関東申次《かんとうもうしつぎ》の西園寺実兼《さいおんじさねかね》を抱き込んで幕府に働きかけ、**出家の意思まで表明して自分の皇子の熙仁《ひろひと》（伏見《ふしみ》天皇）の立太子を幕府に承諾させた。**

折しも1回目の蒙古《もうこ》襲来（文《ぶん》永《えい》の役《えき》）の直後で、朝廷内の対立の芽を摘んでおきたいという幕府の思惑があった。伏見の即位後、院政を行うが2年余で政治の実権を譲り出家した。

プロフィール

- **治世中は内裏焼亡や飢饉などの災害に悩まされた。**
- **伏見天皇の即位後、院政を敷くが2年余で出家し法皇となる。**
- **弟の亀山天皇と皇位を争い、持明院統の祖となる。**

後深草天皇肖像
（宮内庁三の丸尚蔵館蔵）

『とはずがたり』
後深草上皇に仕えていた女房・二条による日記。後深草の恋人関係、宮中行事が綴られている。（宮内庁書陵部蔵）

政治

なぜ天皇家はふたつの皇統に分裂したのか

発端は幕府に委ねた治天の君の選定

後嵯峨《ごさが》上皇が崩御した時、治天《ちてん》の君《きみ》の候補には後深草《ごふかくさ》上皇と亀山《かめやま》天皇がいた。しかし、後嵯峨は**幕府への遠慮から自ら後継者を決めず裁定を幕府に委ねた**。幕府はふたりの母・大宮院《おおみやいん》の証言をもとに亀山を治天の君に認定した。

これに後深草は納得せず、出家の意思を示し揺さぶりをかけた。幕府は後深草の子・伏見《ふしみ》天皇を即位させる妥協案を出したがかえって対立は激化。以後、後深草系統・亀山系統の両統は激しい皇位争奪戦をくり返す。後深草の系統は京都北郊の持明院《じみょういん》を御所としたため「**持明院統**」、亀山の系統は後宇多《ごうだ》上皇が嵯峨《さが》の大覚寺《だいかくじ》に住んだことから「**大覚寺統**」と呼ばれ、それぞれ平安末期に成立した**長講堂《ちょうこうどう》領と八条院《はちじょういん》領という膨大な荘園《しょうえん》群（天皇家や貴族などの私領）を経済基盤**とした。

幕府は両統が交互に天皇を出す「**両統迭立《りょうとうてつりつ》**」を提案したが、持明院統の**北朝**、大覚寺統の**南朝**が争う南北朝時代まで確執は続いた。

美術　両統迭立の遠因となった元寇《げんこう》の様子

「蒙古襲来絵詞」より。持明院統と大覚寺統による対立が起きた時、幕府は蒙古襲来への対策に注力する必要があった。そのため、皇統をはっきりさせず両統迭立という一時しのぎのような対策をとることになったとされる。（宮内庁三の丸尚蔵館蔵）

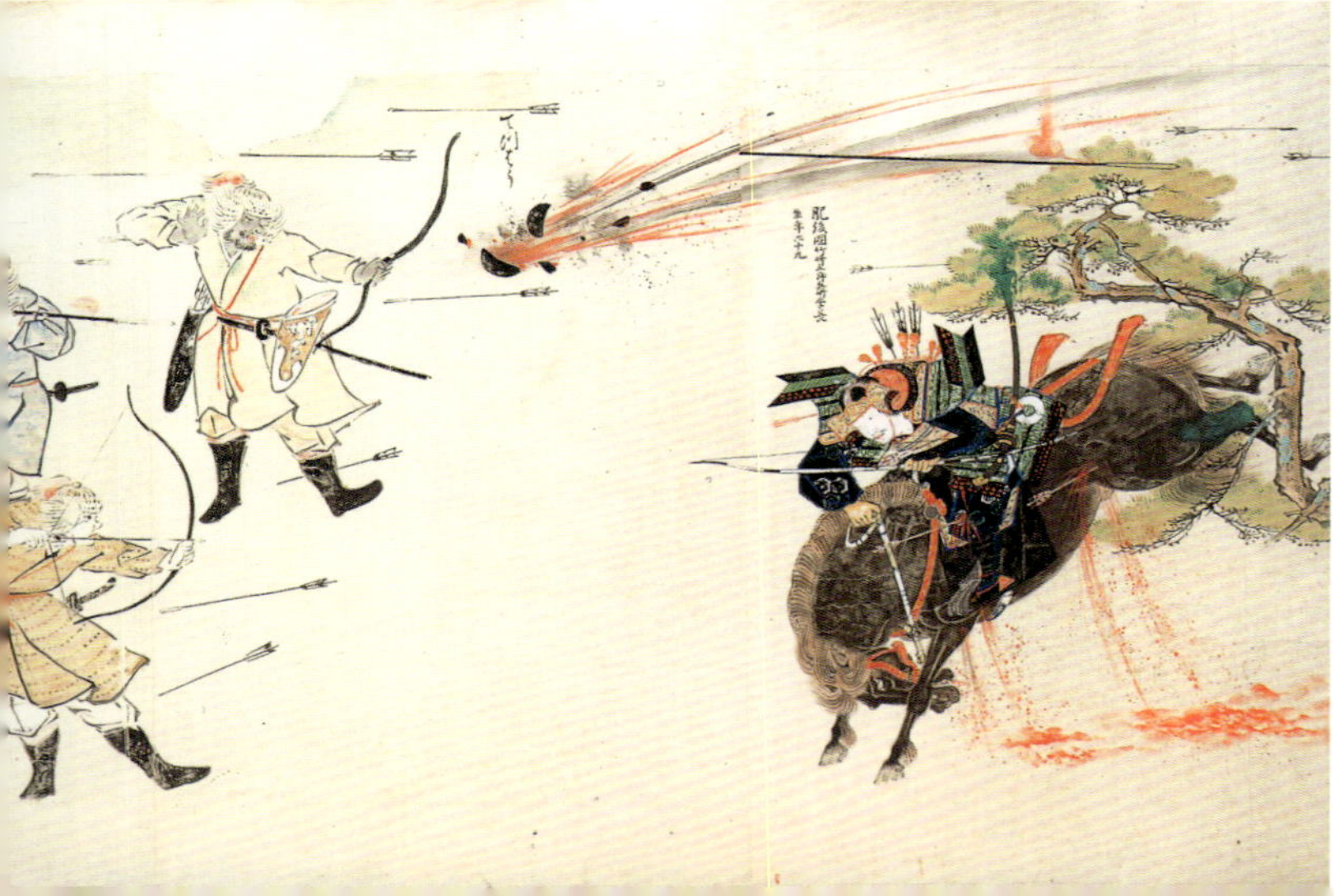

◆持明院統と大覚寺統による確執

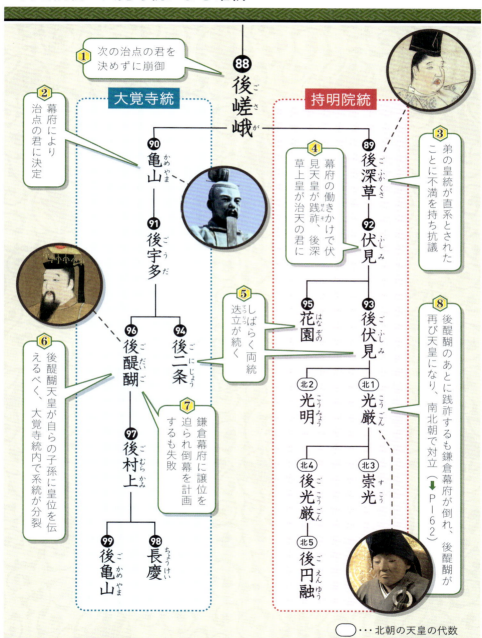

88 後嵯峨《ごさが》

1 次の治点の君を決めずに崩御

大覚寺統

90 亀山《かめやま》

91 後宇多《ごうだ》

94 後二条《ごにじょう》

96 後醍醐《ごだいご》

97 後村上《ごむらかみ》

98 長慶《ちょうけい》

99 後亀山《ごかめやま》

2 幕府により治点の君に決定

6 後醍醐天皇が自らの子孫に皇位を伝えるべく、大覚寺統内で系統が分裂

7 鎌倉幕府に譲位を迫られ倒幕を計画するも失敗

持明院統

89 後深草《ごふかくさ》

92 伏見《ふしみ》

93 後伏見《ごふしみ》

95 花園《はなぞの》

北1 光厳《こうごん》

北2 光明《こうみょう》

北3 崇光《すこう》

北4 後光厳《ごこうごん》

北5 後円融《ごえんゆう》

3 弟の皇統が直系とされたことに不満を持ち抗議

4 幕府の働きかけで伏見天皇が践祚《せんそ》、後深草上皇が治天の君に

5 しばらく両統迭立《てつりつ》が続く

8 後醍醐のあとに践祚するも鎌倉幕府が倒れ、後醍醐が再び天皇になり、南北朝で対立（➡P162）

◯…北朝の天皇の代数

文化

皇室の葬儀を受託した泉涌寺

皇室の葬儀を独占的に行った御寺

古く天皇の葬儀は、**殯宮《もがりのみや》を作って遺体を安置し、陵《りょう》墓《ぼ》の完成後に本格的な葬送**を行う形だった。人々は発《はっ》哀《あい》（悲しみの声を発する）や誄《しのびごと》（遺徳を称える言葉）を奉り、故人を見送った。

仏教の影響が強まるにつれて、僧侶が遺体の側に仕えて**読経を行い、諸臣が焼香して拝礼する形**が増えていく。天皇の墓である陵も、古代のような古墳ではなく、寺域の一角に**墓碑、墓塔が建てられる**ようになった。

中世半ばになると、**皇室の葬儀を独占的に行う「御《み》寺《てら》」が生まれる**。京都市東《ひがし》山《やま》区にある泉涌寺《せんにゅうじ》は、鎌倉時代初頭から皇室の崇敬を受け、13世紀半ばの**四条《しじょう》天皇の崩御の際、初めて天皇の葬儀が行われた**。

室町時代には後光厳《ごこうごん》天皇以後9代の葬場となり、江戸時代初頭の後水尾《ごみずのお》天皇から孝明《こうめい》天皇まで、**近世のすべての天皇・皇妃の御陵がここに造営**され、皇室の厚い崇敬を受けた。

◆孝明天皇陵 「後月輪東山陵」と呼ばれる、孝明天皇が眠る墓陵。泉涌寺内にはこうした天皇陵がいくつもある。

建物 **泉涌寺**

泉涌寺は後鳥羽天皇、順徳天皇をはじめ皇室からの帰依が深く、それが縁で歴代天皇・皇后の葬儀が執り行われた。皇室ゆかりの寺であることから「御寺」と呼ばれる。（泉涌寺提供）

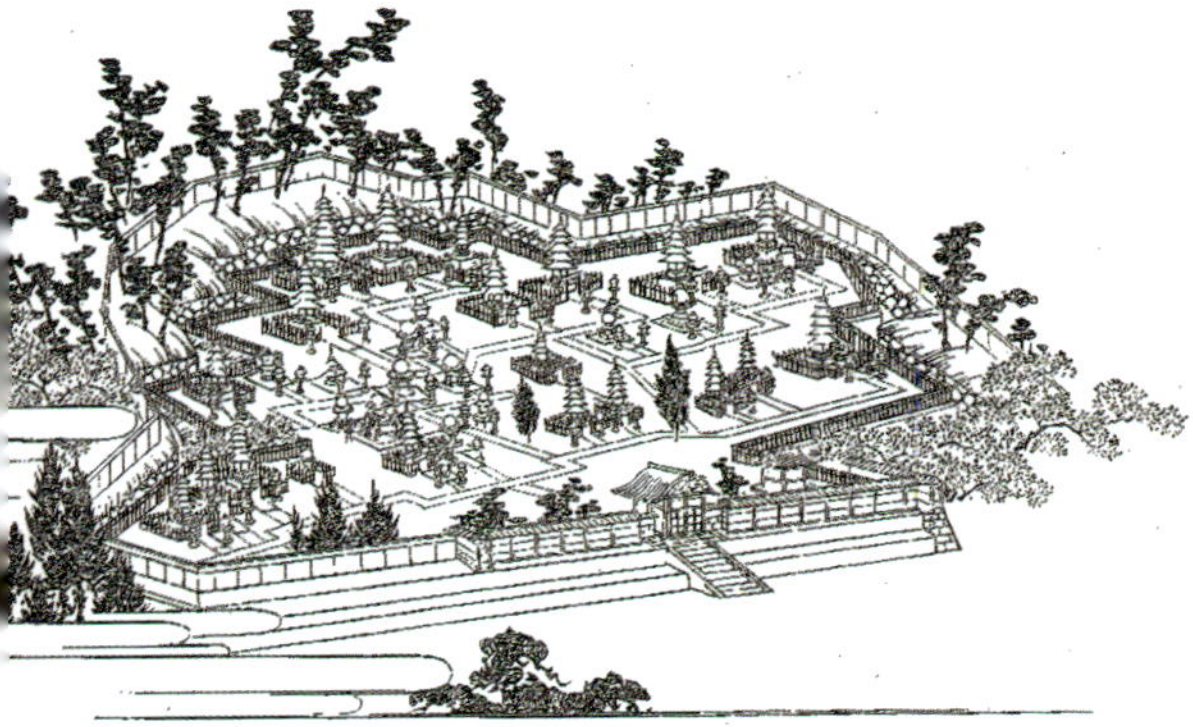

史料 **泉涌寺の月《つきの》輪《わの》陵《みささぎ》**

崩御した天皇を仏式の石塔で祀っている場所で、九輪塔が建ち並んでいる様子が見て取れる。

美術 **大《だい》日《にち》如《にょ》来《らい》坐《ざ》像《ぞう》**

120代・仁孝天皇、121代・孝明天皇の御念持仏である大日如来像。（泉涌寺蔵）

90代

亀山天皇《かめやまてんのう》

在位年	生没年
1259（11歳）〜1274（26歳）	1249〜1305（享年57歳）

父 後嵯峨《ごさが》天皇
母 西園寺姞子《さいおんじきつし》（大宮院《おおみやいん》）
配 洞院佶子《とういんきつし》（京極院《きょうごくいん》）

同年代の権力者
北条時宗《ほうじょうときむね》（鎌倉幕府8代執権）
後深草《ごふかくさ》上皇（兄）

2度の蒙古襲来を受ける

闊達・英明な人柄で、母・大《おお》宮院《みやいん》の後押しで幕府から治天《ちてん》の君《きみ》とされる。治世中は**2度の蒙《も》古《こ》襲来**があり、**亀山天皇は未曽有の国難にあたって率先して寺社への祈願に努めた。**

政治にも積極的に取り組み、幕府の関東新制《かんとうしんせい》に合わせて新制を定め、社会問題化していた所領や訴訟制度の整備を進めた。評定の迅速化、裁判での賄賂の禁止などを厳格化し「徳政」と称えられた。

晩年は持明院《じみょういん》統の天皇が2代（93代・伏見《ふしみ》天皇、94代・後伏《ごふし》見《み》天皇）続き、大覚寺《だいかくじ》統は劣勢に立たされた。亀山は持明院統と対立した西園寺実兼《さいおんじさねかね》や幕府に働きかけて**孫の後二条《ごにじょう》天皇を即位させ、大覚寺統の復権を図った。**

プロフィール

- **治世中2度の蒙古襲来にあい率先して寺社への祈願を行う。**
- **新制の公布、院政機構の改革など政治の刷新に取り組む。**
- **晩年、後二条天皇の即位を実現し大覚寺統の復権を図る。**

祈りを捧げる亀山天皇

蒙古襲来を乗り越えるべく、亀山は「我が身をもって国難に代わらん」と伊勢神宮へ祈りを捧げた。（神宮徴古館蔵）

亀山天皇銅像

元寇に縁のある福岡県福岡市に建てられた亀山の像。

家系図

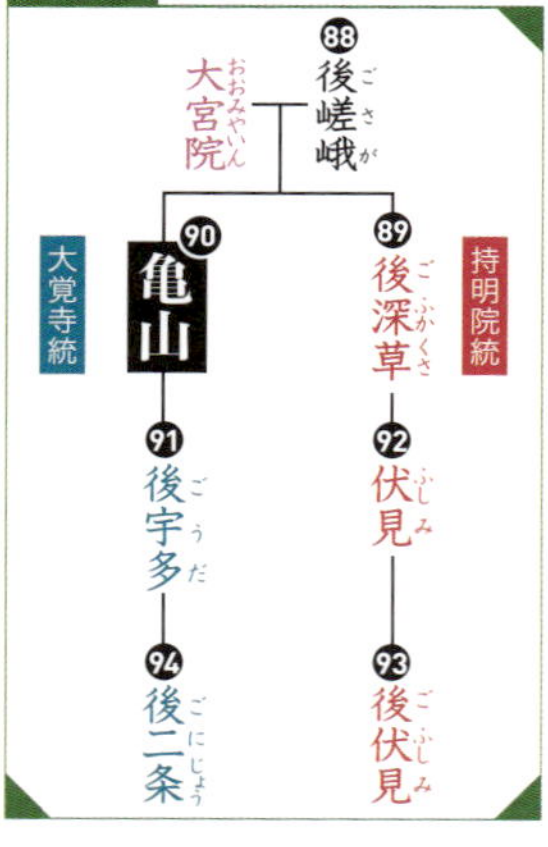

91代

後《ご》宇《う》多《だ》天《てん》皇《のう》

在位年	生没年
1274（8歳）～1287（21歳）	1267～1324（享年58歳）

父 亀山《かめやま》天皇
母 洞院佶子《とういんきつし》（京極院《きょうごくいん》）
配 姈子内親王《れいしないしんのう》（遊義門院《ゆうぎもんいん》）

学才に優れ和歌振興に尽くす

亀山《かめやま》天皇が子・後宇多天皇へ譲位したことで大覚寺《だいかくじ》統の天皇が2代続いた。その後、伏見《ふしみ》天皇に譲位し持明院《じみょういん》統の世が続いた後、後宇多の第1皇子・後二条《ごにじょう》天皇が即位し院政を敷く。しかし、寵愛した遊義門院《ゆうぎもんいん》が亡くなると出家。

その後、第2皇子・**後醍醐《ごだいご》天皇が即位すると、後宇多は幕府の認可を受け院政を停止させた。**

『新後撰和歌集《しんごせんわかしゅう》』『続千載《しょくせんざい》和歌集《わかしゅう》』の撰進を命じ、大規模な歌会を催すなど和歌の振興にも尽くした。

後宇多天皇肖像（東京大学史料編纂所蔵）

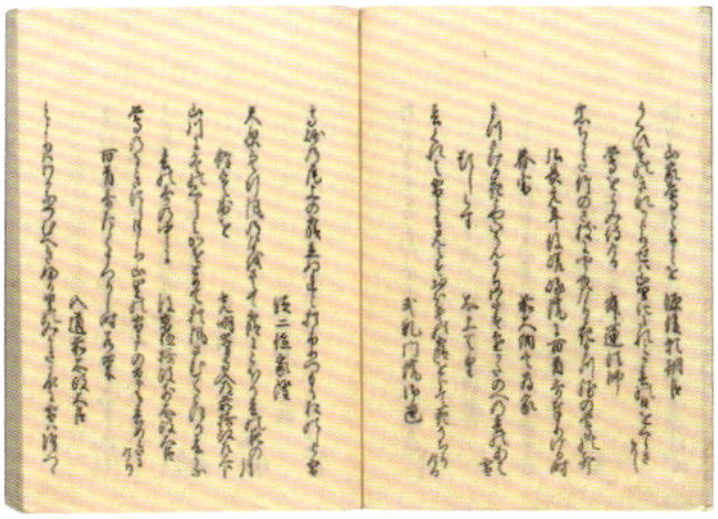

『新後撰和歌集』 後宇多天皇が勅撰した和歌集。

92代

伏《ふし》見《み》天《てん》皇《のう》

在位年	生没年
1287（23歳）～1298（34歳）	1265～1317（享年53歳）

父 後深草《ごふかくさ》天皇
母 洞院愔子《とういんいんし》（玄輝門院《げんきもんいん》）
配 西園寺鏱子《さいおんじしょうし》（永福門院《えいふくもんいん》）

天皇暗殺未遂事件が勃発

大覚寺《だいかくじ》統の後宇多《ごうだ》天皇に代わって即位する。第1皇子・胤仁《たねひと》（後伏見《ごふしみ》天皇）を立太子させ、**持明院《じみょういん》統が続けて皇位継承する姿勢を示したため、両統の対立が激化した。**

1290年、浅原為頼《あさはらためより》が宮中に乱入し伏見天皇の命を狙う事件が勃発。関係者として公卿《くぎょう》の三条実盛《さんじょうさねもり》が捕縛されたほか、叔父・**亀山《かめやま》上皇の関与も噂された。**1315年、伏見側近の京極為兼《きょうごくためかね》が幕府への謀反を企て配流され、伏見にも疑惑が及ぶ。伏見は起請文《きしょうもん》を書いて無実を訴えたが、信用回復はならなかった。

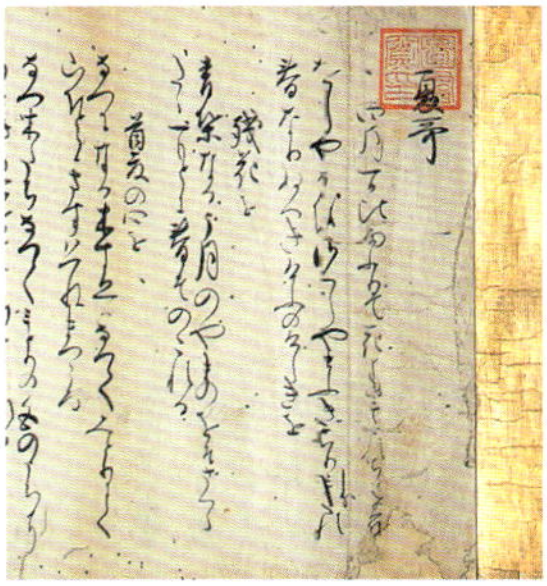

伏見《ふしみ》天皇《てんのう》御集《ぎょしゅう》

書の名手であった伏見は伏見院流の祖となる。（宮内庁書陵部蔵）

伏見天皇肖像（早稲田大学図書館蔵）

93代

後伏見天皇《ごふしみてんのう》

在位年 1298（11歳）〜1301（14歳）
生没年 1288〜1336（享年49歳）

父 伏見天皇《ふしみ》
母 五辻経子《いつつじけいし》
配 西園寺寧子《さいおんじねいし》（広義門院《こうぎもんいん》）

幕府の意向により3年で退位

持明院統《じみょういんとう》の父・伏見《ふしみ》天皇の譲位を受けて即位したが、わずか3年で大覚寺統《だいかくじとう》の後二条《ごにじょう》天皇に譲位した。

背景には**伏見の側近・京極為兼《きょうごくためかね》と対立する関東申次《かんとうもうしつぎ》・西園寺実兼《さいおんじさねかね》の画策があった。**しかし、譲位が急であったため幕府は持明院統に配慮し、後伏見天皇の弟・富仁《とみひと》（花園《はなぞの》天皇）を皇太子とした。

1333年、足利尊氏《あしかがたかうじ》が六波羅探題《ろくはらたんだい》を攻めた際、北条仲時《ほうじょうなかとき》に連れられ東国に逃れようとしたが捕らわれ出家した。

後伏見天皇肖像（宮内庁三の丸尚蔵館蔵）

幕府の介入と両統迭立

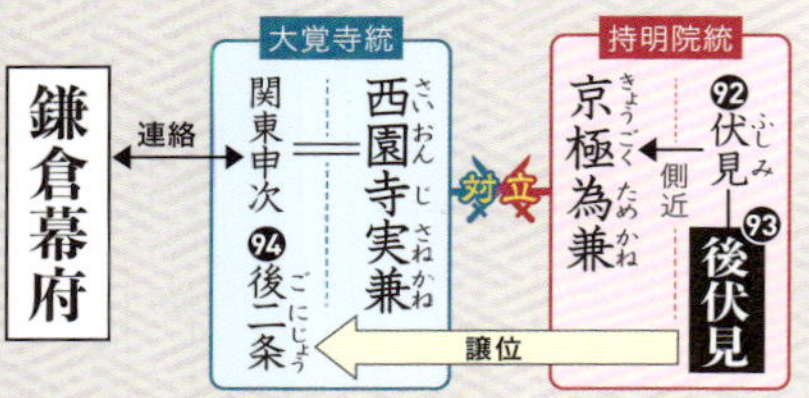

幕府は天皇家の分裂を蒙古に知られるのを恐れ、両統迭立を持ちかけた。

94代

後二条天皇《ごにじょうてんのう》

在位年 1301（17歳）〜1308（24歳）
生没年 1285〜1308（享年24歳）

父 後宇多天皇《ごうだ》
母 堀河基子《ほりかわきし》（西華門院《せいかもんいん》）
配 徳大寺忻子《とくだいじきんし》（長楽門院《ちょうらくもんいん》）

24歳で崩御した容姿端麗な帝

容姿が美しく性質は上品で、物腰は落ち着いていたという。父の後宇多《ごうだ》上皇が伏見《ふしみ》天皇以後、持明《じみょう》院《いん》統の天皇が2代続いたことに対して、「後嵯峨《ごさが》上皇の遺志に背くものである」と幕府に訴えたことで、後二条天皇の即位が実現した。

即位後、後宇多院政がしかれたが、7年後、後二条は発病、**わずか1か月足らずで急死し、持明院統の花園《はなぞの》天皇が即位**した。後宇多は後二条の皇子・邦良《くによし》を大覚寺《だいかくじ》統の後継者にと考えたが幼少だったため、**後二条の弟・尊治《たかはる》（のちの後醍醐《ごだいご》天皇）を中継ぎとして皇太子に立てた。**

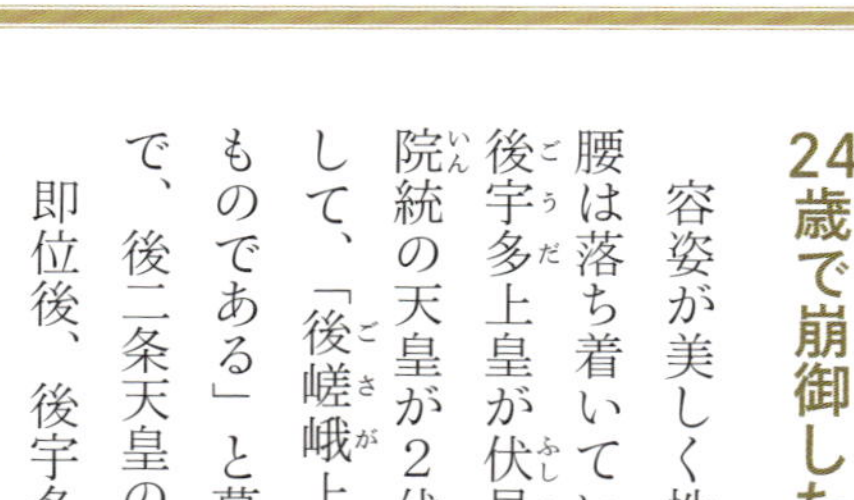

後二条天皇は、即位することなく亡くなった皇子・邦良親王とともに、北白河陵で眠っている。

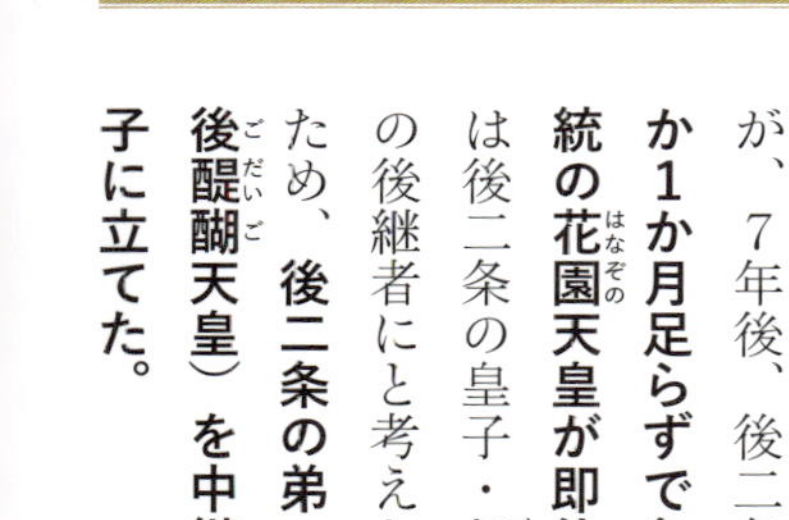
後二条天皇肖像（宮内庁三の丸尚蔵館蔵）

95代

花《はな》園《ぞの》天《てん》皇《のう》

4章 鎌倉・室町時代

在位年
1308（12歳）〜1318（22歳）

生没年
1297〜1348（享年52歳）

父 伏見《ふしみ》天皇

母 洞院季子《とういんきし》（顕親門院《けんしんもんいん》）

配 正親町実子《おおぎまちさねこ》

同年代の権力者

後醍醐《ごだいご》天皇（96代天皇）

北条高時《ほうじょうたかとき》（鎌倉幕府14代執権）

禅宗を信仰し妙心寺を創建

大覚寺《だいかくじ》統の後二条《ごにじょう》天皇に代わって即位した持明院《じみょういん》統の天皇。即位後、**大覚寺統は後宇多《ごうだ》上皇の皇子・尊治《たかはる》（後醍醐《ごだいご》天皇）の即位を急ぐべく幕府に訴えた。**

皇位継承への介入を避けたい幕府は、京都に使者を送り皇位は両統の話し合いで決めるよう伝える（**文保《ぶんぽう》の和談**）。同年、伏見《ふしみ》上皇が崩御し劣勢となった持明院統は、やむなく**後醍醐の即位を了承した。**

幼い頃から毎朝読経を欠かさず、性質は清廉であったという。譲位後は禅宗に帰依し、学問に没頭。後伏見《ごふしみ》天皇の子・量仁《かずひと》（のちの北朝初代・光厳《こうごん》天皇）を猶《ゆう》子《し》としてわが子のように慈しみ、訓戒書を与えた。1335年に出家し、洛西花園の御所を寺院に改め妙心寺《みょうしんじ》を創建した。

プロフィール

- **幼少時から毎朝の読経を欠かさず女色も退けた。**
- **文保の和談の後、大覚寺統の後醍醐天皇に譲位する。**
- **譲位後は禅宗を信仰し、洛西花園に妙心寺を創建。**

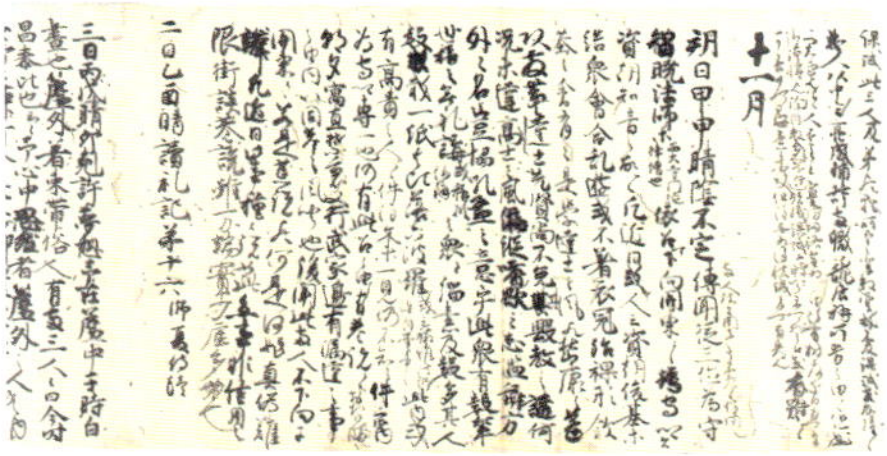

『花園天皇宸記《はなぞのてんのうしんき》』

花園天皇が若い頃に綴っていた日記。鎌倉時代後半の歴史を知る上での貴重史料。（宮内庁書陵部蔵）

花園天皇肖像（長福寺蔵）

妙心寺

法堂の天上に描かれた「雲龍図」で有名な日本最大級の禅寺。もとは離宮であったのを信心深い花園上皇が寺に改修した。

96代

後《ご》醍《だい》醐《ご》天《てん》皇《のう》

在位年
1318（31歳）〜1339（52歳）

生没年
1288〜1339（享年52歳）

父 後宇多《ごうだ》天皇
母 五辻忠子《いつつじちゅうし》（談天門院《だんてんもんいん》）
配 西園寺禧子《さいおんじきし》（後京極院《ごきょうごくいん》）
恂子内親王《じゅんしないしんのう》（新室町院《しんむろまちいん》）

同年代の権力者
後宇多上皇《ごうだ》（父）
足利尊氏《あしかがたかうじ》（室町幕府初代将軍）

時代を変えた不撓不屈《ふとうふくつ》の天皇

31歳という中世では珍しい高齢での即位である。天皇制の全盛期といわれる「延喜《えんぎ》・天暦《てんりゃく》の治《ち》」を理想とした後醍醐天皇は家柄にとらわれず有能な廷臣を重用し、親政を推進した。

その一方、近臣と謀って討幕計画を進め、1331年、京都を脱出して笠置山《かさぎやま》に籠もり挙兵する。この挙兵は失敗に終わり、後醍醐は隠岐《おき》に流されたが、楠《くす》木正成《のきまさしげ》・護良親王《もりよししんのう》らの奮戦により各地の武士も反幕府に転じ、**足利尊氏《あしかがたかうじ》・新田義貞《にったよしさだ》らの活躍で鎌倉幕府は滅亡**。京に帰還した後醍醐は**「建武《けんむ》の新政」と呼ばれる政治改革に着手**する。

しかし、公家中心の政治は武士の反発を招き、やがて関東で尊氏が挙兵。京都を制圧し、室町幕府を樹立する。尊氏が持明《じみょう》院《いん》統の光明《こうみょう》天皇を擁立すると、後醍醐は**三種の神器を携えて吉《よし》野《の》に下り、王朝は京都の北朝と吉野の南朝に分裂、南北朝時代が幕を開ける**。後醍醐は各地に皇子や武将を派遣して拠点づくりに努めたが、義貞らの戦死後、退勢を立て直せず、京都奪還を夢見ながら吉野で崩御した。

後醍醐天皇肖像（清浄光寺蔵）

プロフィール

- **身分にかかわらず有能な人材を登用し親政を進める。**
- **鎌倉幕府を滅ぼして「建武の新政」を行い公家の復権を図る。**
- **持明院統を擁立する足利尊氏と対立し吉野に下って南朝を開く。**

後醍醐天皇と武士の動向

朝廷
後醍醐
（大覚寺統）
楠木正成
護良親王
足利尊氏
新田義貞

鎌倉幕府

1331年 討伐（鎌倉幕府 → 後醍醐）
1333年 倒幕（新田義貞 → 鎌倉幕府）

当初は「鎌倉幕府討幕」の意思でひとつになっていた後醍醐天皇と武士たちだったが、建武の新政の公家優遇政策で一転した。

建武の新政の始まり
公家中心の政治に足利尊氏ら武士が反発

南朝
後醍醐
＋
三種の神器
楠木正成
新田義貞

北朝
光明天皇
（持明院統）
光厳上皇
（持明院統）
足利尊氏

1336年 討伐（足利尊氏 → 南朝）

後醍醐天皇方と足利尊氏方に別れた戦いが始まる。しかし、尊氏方が有利になると後醍醐は三種の神器を抱えて吉野へ逃亡した。

笠置山で敗走する後醍醐天皇

倒幕を試みた後醍醐だったが、その挙兵は事前に幕府に知られ、失敗に終わった。

吉野朝宮跡《よしのちょうぐうあと》

吉野に逃れた後醍醐天皇は実城寺《じつじょうじ》を皇居とし、南朝を立てた。

ゆかりの人物 新田義貞《にったよしさだ》

後醍醐天皇の忠臣・新田義貞は、同じ清和源氏の名門である足利尊氏に激しいライバル心をもっていた。しかし地位も声望も遠く及ばず、鎌倉攻略の立役者でありながら武士の多くは尊氏を支持した。義貞が後醍醐に尽くしたのは、天皇の忠臣であることで自己の地位を確立する必要があったからともいわれる。尊氏の京都制圧後、後醍醐の皇子を伴い北陸に下ったが、越前藤島で室町幕府軍に敗れ自害した。

太刀を海に投げ入れる新田義貞
（都立中央図書館特別文庫室蔵）

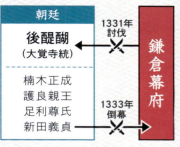

政治

なぜ建武の新政は失敗に終わったのか

天皇全盛時代への回帰をめざす

鎌倉幕府滅亡後、**政権を握った後醍醐《ごだいご》天皇が行った親政を、年号にちなみ「建《けん》武《む》の新政」**と呼ぶ。特徴は天皇制の全盛期といわれる醍醐《だいご》・村上《むらかみ》天皇の治世（延《えん》喜《ぎ》・天暦《てんりゃく》の治《ち》）を理想として「公家一統」（公家中心の政治）をめざした点にある。**摂政《せっしょう》・関白《かんぱく》を廃止し、官職の世襲を改めて天皇自ら人事権を掌握。**形骸化していた太政官《だじょうかん》の長官に大臣級の上流貴族をあて、天皇の直接指揮下に置いた。

建武の新政は因習を打破し、天皇権力の絶対化を図る意欲的なものであったが、性急な改革に人々は反発。所領の保証は**天皇の綸《りん》旨《じ》**（意向）によると定めたため、朝廷に訴訟が殺到し政務は停滞した。

武士の恩賞である土地が公家に与えられることもあり、各地で武士の反乱が続発。**武士たちの期待は源氏の棟梁《とうりょう》である足利尊氏《あしかがたかうじ》に集まり、南北朝の分裂**という激動の時代を迎える。

後醍醐天皇の「建武の新政」

1. 幕府・院政・摂政・関白を廃止し、天皇に権力を集中させる
   ➡ 公家の慣習を無視
2. 所領の安堵は天皇の綸旨による
   ➡ 武士の慣習を無視
3. 所領関係の裁判を中央で行う
   ➡ 訴訟が殺到し、政務が停滞
4. 新政の支配機構には多くの公家が登用される
   ➡ 倒幕に努めた武士たちの反感を買う
5. 大内裏の造営計画が始まり、その費用を増税でまかなおうとする
   ➡ 庶民からの反感を買う

討幕への道のり

後醍醐天皇は２度倒幕計画を立てるも失敗。隠岐に配流されるも、幕府に不満を持った全国の武士に呼びかけ、３度目の倒幕計画で悲願を達成する。

① 1324年 9月
正中の変
後醍醐天皇１度目の倒幕計画。六波羅探題に察知され失敗に終わる
② 1331年 5月
元弘の変
後醍醐の倒幕計画２度目の失敗。後醍醐は隠岐に流される
隠岐
④ 1333年 閏2月
後醍醐、隠岐を脱出
伯耆
鎌倉
京
⑦ 1333年 6月
後醍醐、帰京
赤坂城
⑤ 1333年 4月～5月
足利尊氏が後醍醐側につき六波羅探題を攻略する
③ 1331年 9月
楠木正成が挙兵
⑥ 1333年 5月
新田義貞が鎌倉に突入。北条氏一族は自刃し鎌倉幕府滅亡

美術 **後醍醐天皇の即位**

「太平記絵巻」より。鎌倉幕府は、後醍醐を隠岐へ配流した後、持明院統の光厳天皇を擁立する。幕府滅亡後、後醍醐は帰京し即位、光厳は廃された。（埼玉県立歴史と民俗の博物館蔵）

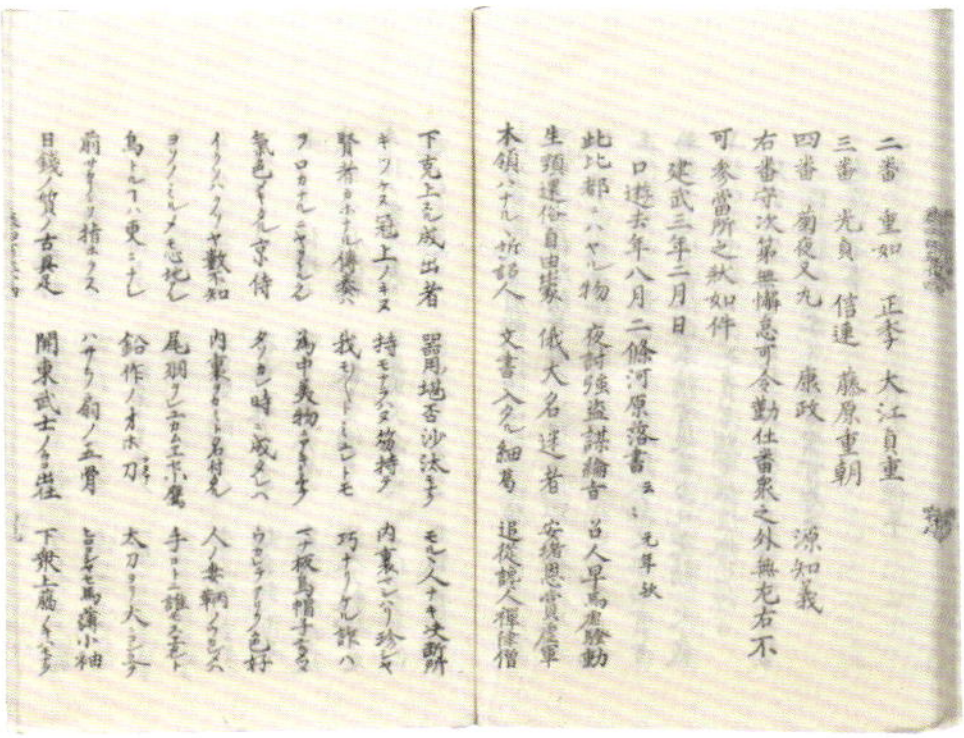
二番 重如 正季 大江貞重
三番 光貞 信連 藤原重朝
四番 匊夜叉丸 康政 源知義
右番守次第無懈怠可令勤仕番衆之外無左右不
可参當所之状如件
建武三年二月日
口遊去年八月二條河原落書云々 元年歟
此比都ニハヤル物 夜討強盗謀綸旨 召人早馬虚騒動
生頸還俗自由出家 俄大名迷者 安堵恩賞虚軍
本領ハナルヽ訴訟人 文書入タル細葛 追従讒人禅律僧
下克上スル成出者 器用ノ堪否沙汰モナク モルヽ人ナキ決断所
キツケヌ冠上ノキヌ 持モナラハヌ笏持テ 内裏マシハリ珍シヤ
賢者カホナル伝奏ハ 我モ我モトミユレトモ 巧ナリケル詐ハ
ヲロカナルニヤヲトルラム 為中美物ニアキミチテ マナ板烏帽子ユカメツヽ
気色メキタル京侍 タソカレ時ニ成ヌレハ ウカレテアリク色好
イクソハクソヤ数不知 内裏ヲカミト名付タル 人ノ妻鞆ノウカレメハ
ヨソノミル目モ心地アシ 尾羽ヲレユカムエセ小鷹 手コトニ誰モスヱタレト
鳥トル事ハ更ニナシ 鉛作ノオホ刀 太刀ヨリオホキニコシラヘテ
前サカリニソ指ホラス ハサラ扇ノ五骨 ヒロコシヤセ馬薄小袖
日銭ノ質ノ古具足 関東武士ノカコ出仕 下衆上臈ノキハモナク

史料 **『二条河原落書《にじょうがわらのらくしょ》』**

建武の新政に対する批判が書かれた史料。「此比都《このごろみやこ》ニハヤル物、夜討強盗謀綸旨《にせりんじ》」と世が多いに乱れていたことがわかる。

97代

後《ご》村《むら》上《かみ》天《てん》皇《のう》

後醍醐天皇の遺志を継ぐ

鎌倉幕府の滅亡後、東国における**足利《あしかが》氏の勢力拡大を抑えるため、後醍醐《ごだいご》天皇は側近の北畠《きたばたけ》顕家《あきいえ》を足利氏派の多い陸奥《むつ》多賀国府《がこくふ》に派遣**し、奥州《おうしゅう》統治の全権を委任した。この時、顕家とともに奥州に下ったのが義良親《のりよししん》王《のう》、のちの後村上天皇である。

南北朝の動乱が始まると、京に戻り、顕家とともにたびたび幕府軍と戦うが、1337年に顕家が戦死すると、吉野《よしの》に入った。翌年、再び奥州に拠点を築くため船で東下したが暴風に阻

プロフィール

- **北畠顕家とともに奥州に下り、東国の足利尊氏を牽制。**
- **西上して幕府軍と戦ったが顕家の敗死後、吉野に入り即位。**
- **正平の一統後、何度か京都を奪回するも退勢を挽回できず崩御。**

後村上天皇肖像（守口市 来迎寺蔵）

在位年
1339（12歳）～1368（41歳）

生没年
1328～1368（享年41歳）

父 後醍醐《ごだいご》天皇

母 阿野廉子《あのれんし》（新待賢門院《しんたいけんもんいん》）

配 近衛勝子《このえしょうし》（嘉喜門院《かきもんいん》）

同年代の権力者

後醍醐《ごだいご》天皇（父）

足利尊氏《あしかがたかうじ》（室町幕府初代将軍）

家系図

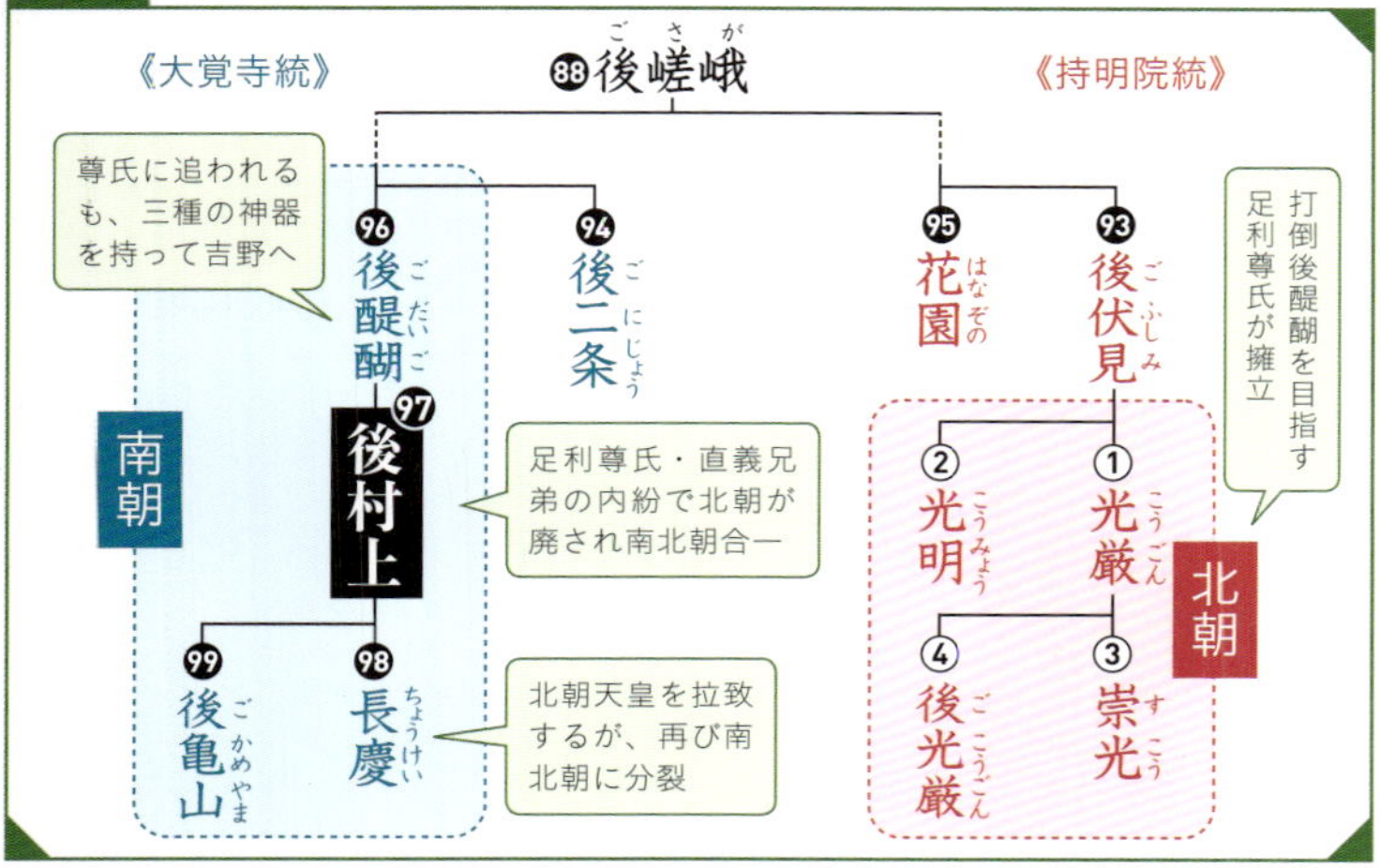

まれ**吉野に戻り、後醍醐の譲位を受けて即位**した。

南朝は終始劣勢で、1348年には足利尊氏《たかうじ》の重臣・高師直《こうのもろなお》に吉野を攻められ、大和賀名生《やまとあのう》に退いた。1352年、幕府の内紛（⬇P164）により尊氏が南朝に下ると、**一時北朝が廃され後村上が唯一の天皇となった（正平《しょうへい》の一統《いっとう》）**。その後、楠木正儀《くすのきまさのり》らの活躍で何度か京都を奪還したがいずれも短時日に終わり、劣勢を覆せないまま摂津住吉《せっつすみよし》で崩御する。

幼少から戦場に身を置き軍事的才能を磨く一方、学問にも長けた文武両道の帝王であった。

忠臣・北畠顕家

後村上天皇につき従い、多賀城国府の国司となる。南北朝時代に入ると京に戻り、東国の雄・足利尊氏を征討した。

太平記絵巻　南北朝の動乱を描いた絵巻物。本図は北畠顕家と足利尊氏の激突を描く。（埼玉県立歴史と民俗の博物館蔵）

キーワード

鎌倉支配の要となった「陸奥将軍府《むつしょうぐんふ》」

義良親王（後村上天皇）は6歳の時、北畠顕家とともに奥州に下った。当時、鎌倉には足利氏を主君と仰ぐ武士が多く、鎌倉を背後から牽制するのが目的であった。この機構は義良親王を将軍、顕家を執権に擬したものといわれており陸奥将軍府とも呼ばれる。対する尊氏は、後村上の兄・成良親王《なりよししんのう》に尊氏の弟・直義《ただよし》をつけて鎌倉に同様の機構を置いた。

陸奥国府が置かれた多賀城跡

98代

長《ちょう》慶《けい》天《てん》皇《のう》

在位年	生没年
1368（26歳）〜1383（41歳）	1343〜1394（享年52歳）

父 後村上天皇《ごむらかみ》

母 近衛勝子《このえしょうし》（嘉喜門院《かきもんいん》）

配 不明

同年代の権力者

足利義満《あしかがよしみつ》（室町幕府3代将軍）

後光厳天皇《ごこうごん》（北朝4代天皇）

北朝への強硬路線を貫く

南朝第3代の天皇。南朝の衰退により、事績はほとんど伝えられておらず即位礼が行われた形跡もないが、**北朝に対して強硬な態度で臨んだ**といわれる。

父・後村上《ごむらかみ》天皇の晩年、幕府との間でたびたび和平交渉がもたれたが、**長慶天皇の治世中は一切行われなかった。**また、長慶即位の直後に、幕府との交渉役だった重臣の楠木正儀《くすのきまさのり》が北朝に投降したことも、長慶の強硬姿勢の原因であったといわれる。

和歌や文学に秀で、伯父・宗《むね》良《よし》親《しん》王《のう》の撰による『新《しん》葉《よう》和《わ》歌《か》集《しゅう》』に50首以上入集したほか、『源氏物語』の注釈書である『仙源抄《せんげんしょう》』を著した。弟の後亀《ごかめ》山《やま》天皇は南北朝合一の際、京都に上ったが、長慶はこれに同行せず、その2年後に崩御した。

プロフィール

- 南朝の衰退が著しく、皇室財政は逼迫し即位礼も行われなかった。
- 北朝に対して強硬な態度で臨み、南北朝合一後も帰京しなかった。
- 和歌・文学に秀で多くの作歌を残し『源氏物語』の注釈書を著した。

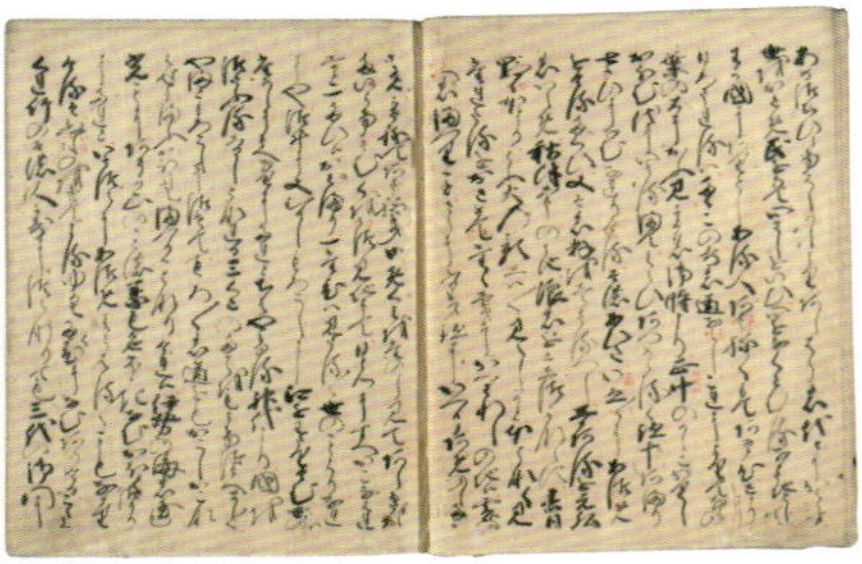

『新葉和歌集《しんようわかしゅう》』

宗良親王が私的に集めたものを、長慶天皇が勅撰集に準ずるよう命じたとされる和歌集。南朝を正統とする水戸学派にとって、本書は『神皇正統記』とならぶ南朝の貴重史料である。

赤糸威鎧兜《あかいとおどしよろいかぶと》（大袖付《おおそでつき》）

長慶天皇のものと伝わる鎧。全体にあしらわれた籬菊金物から「菊一文字鎧」とも呼ばれる。（櫛引八幡宮蔵）

99代

後《ご》亀《かめ》山《やま》天《てん》皇《のう》

4章 鎌倉・室町時代

在位年 1383(?)～1392(?)

生没年 ?～1424(享年?)

父 後村上《ごむらかみ》天皇

母 近衛勝子《このえしょうし》?(嘉喜門院《かきもんいん》)

配 不明

同年代の権力者

足利義満《あしかがよしみつ》(室町幕府３代将軍)

後小松《ごこまつ》天皇(北朝6代・100代天皇)

南北朝時代の幕引き役を担う

対北朝強硬派だった長慶《ちょうけい》天皇の譲位を受けて即位する。**後亀山天皇は北朝との和平を模索し続け**、後亀山側近の阿野実為《あのさねため》らが交渉役となり北朝・室町幕府側と折衝を重ね、１３９２年閏10月、**三種の神器を北朝に渡して、約60年ぶりに南北朝の合一が成し遂げられた。**

その後、後亀山は入京したが、従う者は数十名に過ぎず、南朝の没落を印象付けた。３代将軍・足利義満《あしかがよしみつ》と会見した後、太上天皇の尊号を辞退し出家して嵯峨大覚寺《さがだいかくじ》に住んだ。しかし１４１０年、突如吉野《よしの》に出奔する。経済的な困窮のためとされるが、南北朝合一の条件を北朝が守らなかったことへの不満ともいわれる。６年後、幕府の説得を受けて帰京し、小倉山《おぐらやま》で余生を送った。

プロフィール

- 対北朝強硬派の兄・長慶天皇の譲りを受けて即位。
- 幕府と交渉して北朝との和平を実現させ南北朝合一を果たす。
- 退位後、出家したが幕府への不満から吉野へ出奔。

後亀山天皇肖像(大覚寺蔵)

大覚寺正寝殿

後亀山天皇が出家した大覚寺。その正寝殿で南北朝合一の講和和議が行われたと伝わっている。

政治

なぜ皇室はふたつに分立したのか

足利尊氏の挙兵で動乱が勃発

後醍醐《ごだいご》天皇とのちの室町幕府初代将軍・足利尊氏《あしかがたかうじ》の確執は、建武《けんむ》政権の時から始まった。後醍醐は尊氏を警戒し重要政務から除外したため人々は「新政に尊氏なし」と噂したという。

両者の確執が深まるなか、1335年7月、北条《ほうじょう》氏の残党が東国で蜂起し鎌倉を占拠すると、尊氏は独断で東海道を下り謀叛を鎮圧（中先代《なかせんだい》の乱《らん》）。**後醍醐の帰京命令を拒み、朝廷に反旗を翻す。**

京都近郊の戦いで尊氏は敗れるも、九州で体勢を立て直し、湊川《みなとがわ》で楠木正成《くすのきまさしげ》を破り入京。**持明院統《じみょういん》の光明《こうみょう》天皇を擁立し、政権の施政方針を示した建武式目《けんむしきもく》を定めて室町幕府を樹立**する。

後醍醐はあきらめず、**吉《よし》野《の》に逃れて南朝を立ち上げ**、尊氏討伐を呼びかける。しかし、北朝を擁する幕府との戦力差は大きく、新田義《にったよし》貞《さだ》・北畠顕家《きたばたけあきいえ》ら有力武将が戦死すると、南朝は急速に弱体化していった。

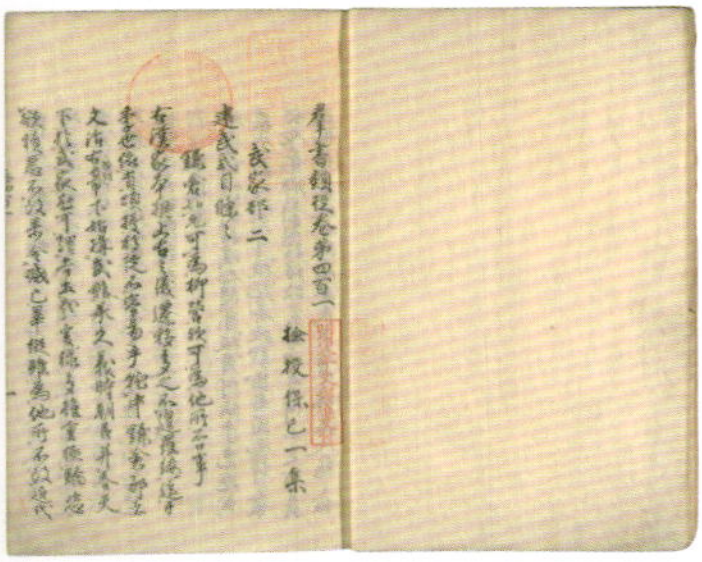

史料 『建武式目《けんむしきもく》』

足利尊氏が制定。室町幕府の基本方針を示す。

人物 足利尊氏

当初は後醍醐天皇方についていたものの、確執が深まり敵方となる。光厳上皇・光明天皇を擁立し、室町幕府を開く。

（個人蔵／栃木県立博物館提供）

人物 尊氏の挙兵を説得する直義《ただよし》

「太平記絵巻」より。尊氏が中先代の乱を鎮圧した後、後醍醐天皇は尊氏追討軍を鎌倉に送り込む。その際、後醍醐に刃向かうのを恐れた尊氏に対し、迎撃を説得したのが、尊氏の弟・直義であった。

（国立歴史民俗博物館蔵）

足利尊氏
足利直義

朝廷分立までの流れ

足利尊氏は当初、後醍醐天皇方の猛将によって苦戦を強いられるが、西国の武士の協力を得て入京を成し遂げる。

京
鎌倉
吉野
大宰府
① 建武の新政始まる
② 中先代の乱
北条氏の反乱を足利尊氏が鎮圧
➡ 尊氏、そのまま朝廷に反抗
③ 尊氏の敗北
尊氏、北畠顕家・楠木正成・新田義貞軍に攻められる
➡ 尊氏、西国へ逃げる
④ 多々良浜の戦い
尊氏、後醍醐天皇方を破り、再び京をめざす
➡ 途中光厳上皇の院宣を獲得し、西国武士を味方につける
⑤ 湊川の戦い
尊氏、楠木・新田を破る
⑥ 後醍醐逃亡
湊川の戦いの敗戦を知った後醍醐は逃亡
➡ 尊氏、光厳を擁して入京
⑦ 室町幕府成立
光明天皇即位＆建武式目制定
➡ 即位礼のため後醍醐は三種の神器を返還、その後幽閉される
⑧ 後醍醐、本物の三種の神器を持って吉野へ
光明が所持している神器は偽物であるとし、南朝を立ち上げる
➡ 南北朝時代の始まり

人物 楠木正成

後醍醐天皇の倒幕を支え、尊氏と激戦をくり広げた。天皇の忠臣として幕末に評価され、皇居に銅像が立てられた。

政治

将軍・義満が成し遂げた南北朝合一

観応の擾乱と南北朝時代の終焉

室町幕府は足利尊氏《あしかがたかうじ》・直《ただ》義《よし》兄弟の二頭政治で運営されていたが、やがて尊氏の重臣・高師直《こうのもろなお》と直義の対立から、幕府を二分する内紛が勃発する（観応《かんのう》の擾乱《じょうらん》）。

南朝第2代・後村上《ごむらかみ》天皇率いる南朝を味方に付けた直義に、尊氏は敗北。その後尊氏は南朝と和睦し直義に反撃、その際**一時的に両朝の合一が成される（正平《しょうへい》の一統《いっとう》）**。直義の死後、南朝が北朝天皇の拉致事件を起こしたのを機に、南北朝の対立はふたたび激化した。

南朝第3代・長慶《ちょうけい》天皇の頃、南朝は楠木正儀《くすのきまさのり》らの活躍で何度か京都を奪うも劣勢は覆らず、対する幕府は3代将軍・足利義満《よしみつ》の下で全盛期を迎えつつあった。

その実力を背景に、義満は北朝・後小松《ごこまつ》天皇への神器の譲渡、両統迭立《りょうとうてつりつ》などを条件に、南朝第4代・後亀山《ごかめやま》天皇に和平を呼びかけ、1392年、**南北朝合一が実現**。約60年の動乱に終止符が打たれた。

南朝を巻き込んだ室町幕府の「観応の擾乱」

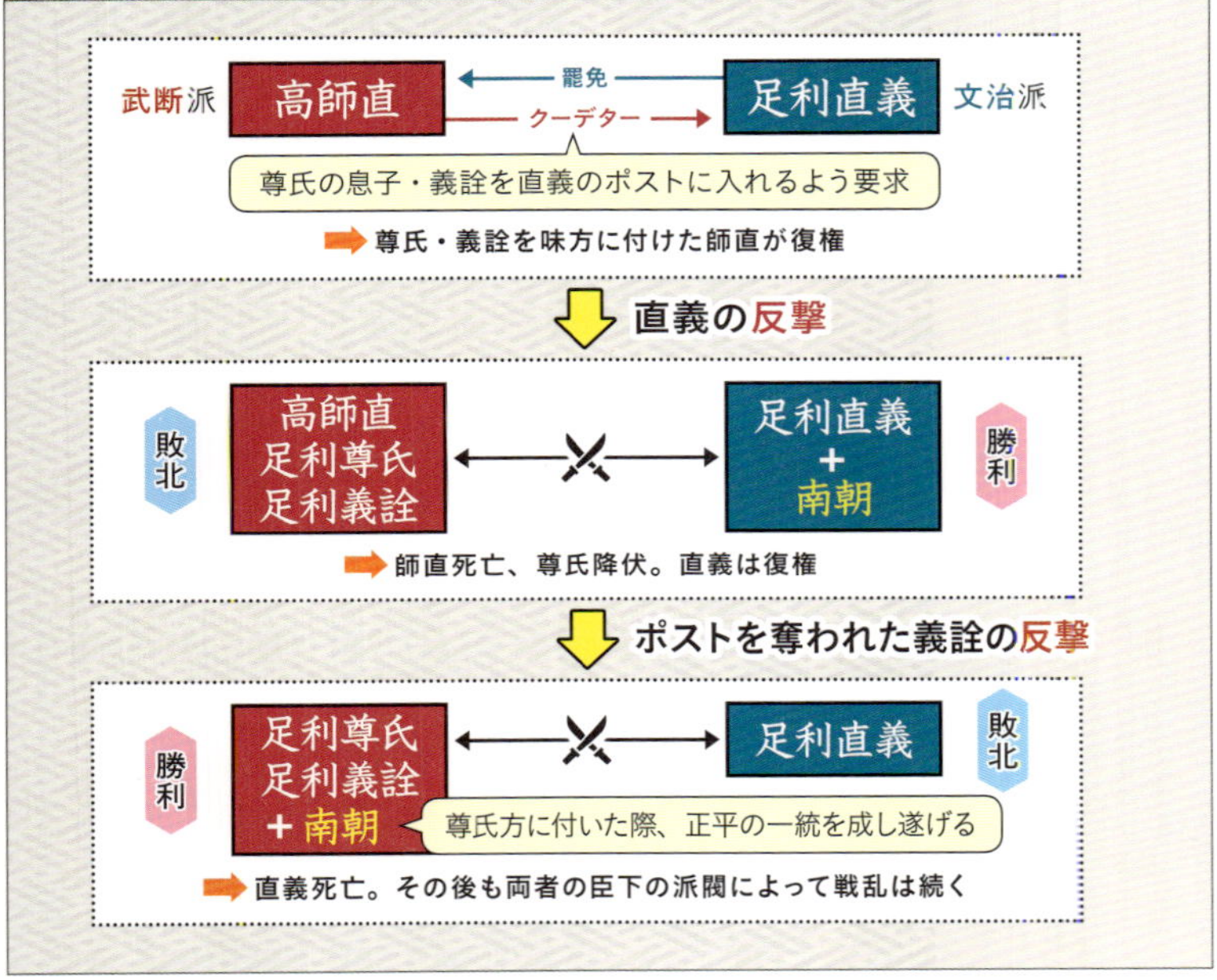
武断派
高師直
罷免
クーデター
足利直義
文治派
尊氏の息子・義詮を直義のポストに入れるよう要求
尊氏・義詮を味方に付けた師直が復権
直義の反撃
敗北
高師直
足利尊氏
足利義詮
足利直義
+
南朝
勝利
師直死亡、尊氏降伏。直義は復権
ポストを奪われた義詮の反撃
勝利
足利尊氏
足利義詮
+ 南朝
足利直義
敗北
尊氏方に付いた際、正平の一統を成し遂げる
直義死亡。その後も両者の臣下の派閥によって戦乱は続く

北朝 初代

光《こう》厳《ごん》天《てん》皇《のう》

在位年	生没年
1331（19歳）～1333（21歳）	1313～1364（享年52歳）

父 後伏見天皇《ごふしみてんのう》
母 西園寺寧子《さいおんじねいし》（広義門院《こうぎもんいん》）
配 三条秀子《さんじょうひでこ》（陽禄門院《ようろくもんいん》）

尊氏に擁立され北朝を興す

討幕に失敗し隠岐《おき》に流された**後醍醐《ごだいご》天皇に代わって室町幕府に擁立**された。足利尊氏《あしかがたかうじ》が幕府に背いた際、北条《ほうじょう》氏に連れられて東国に向かう途中に捕らえられ、**後村上《ごむらかみ》天皇によって廃された。**

1336年、打倒建武《けんむ》政権の兵を挙げた尊氏の要請に応じて院宣《いんぜん》を発し、**尊氏の挙兵に大義名分を与えた。**弟の光明《こうみょう》天皇の即位後は治天《ちてん》の君《きみ》として15年間、院政をしいたが、正平《しょうへい》の一統《いっとう》後、京に進撃した南朝に連れ去られ賀名生《あのう》に幽閉された。帰京後、出家して諸国を巡礼、晩年は丹波《たんば》の常照寺《じょうしょうじ》に隠棲した。

光厳天皇肖像（常照皇寺蔵）

北朝 2代

光《こう》明《みょう》天《てん》皇《のう》

在位年	生没年
1336（16歳）～1348（28歳）	1321～1380（享年60歳）

父 後伏見天皇《ごふしみてんのう》
母 西園寺寧子《さいおんじねいし》（広義門院《こうぎもんいん》）
配 三条氏《さんじょうし》

禅宗に帰依した理論派天皇

1336年、**京都を制圧した足利尊氏《あしかがたかうじ》に擁立される。**当時、後醍醐《ごだいご》天皇が三種の神器を携えて比叡山《ひえいざん》に立てこもっていたため、光厳《こうごん》天皇の先例に則って、**神器なしで即位**した。

在位12年で甥の崇光《すこう》天皇に譲位。禅に帰依し、夢窓疎石《むそうそせき》に師事する一方、中世の天皇には珍しく合理的精神の持ち主で、療養のために当時タブーだった獣肉を食べることもあったという。

一時、光厳・崇光とともに南朝に拉致されて賀名生《あのう》に移ったが、帰京後、諸国を遍歴し、大和長谷寺《やまとはせでら》で崩御した。

光明天皇肖像（泉涌寺蔵）

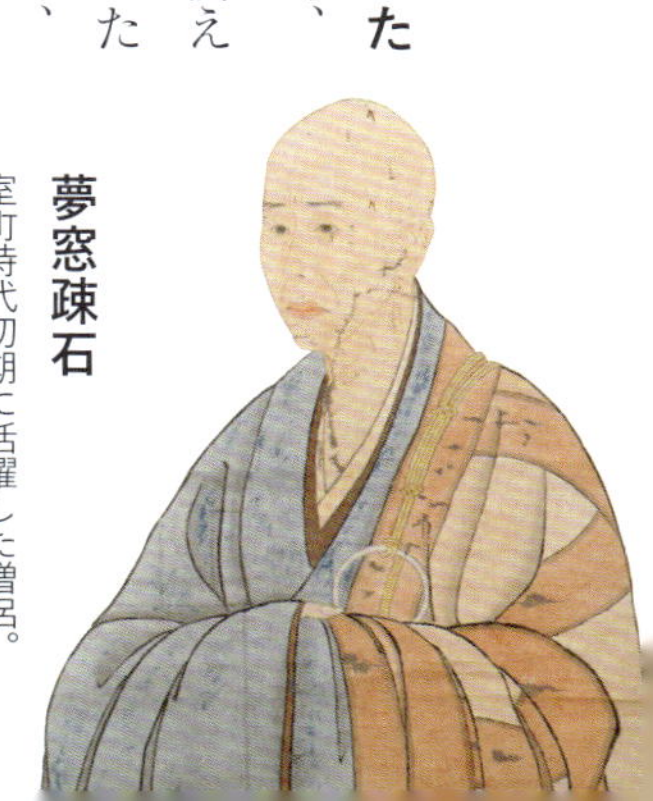

夢窓疎石
室町時代初期に活躍した僧侶。足利尊氏・直義兄弟や後醍醐天皇など、南北朝から篤い信仰を受けた。
（東京大学史料編纂所蔵）

北朝 3代

崇《す》光《こう》天《てん》皇《のう》

在位年 1348（15歳）〜1351（18歳）
生没年 1334〜1398（享年65歳）

父 光厳《こうごん》天皇
母 三条秀子《さんじょうひでこ》（陽禄門院《ようろくもんいん》）
配 庭田資子《にわたしし》

正平の一統で無念の退位

叔父である光明《こうみょう》天皇の譲位を受け即位した。しかし、その3年後、**正平《しょうへい》の一統《いっとう》がなり一時的に北朝が廃された**ため、一大の盛儀である大嘗会《だいじょうえ》も行われないまま**退位を余儀なくされた。**

1352年、光厳《こうごん》上皇・光明とともに南朝に拉致され賀《あ》名生《のう》に幽閉された。5年後、帰京を許されたが、その条件として、今後は子孫ともども皇位を望まないことを誓約させられたという。帰京後、皇子・栄仁《よしひと》の即位を望み、幕府に要請したが実現しなかった。

音曲に優れ、特に琵琶や和琴、神楽などで才を発揮したと伝わる。

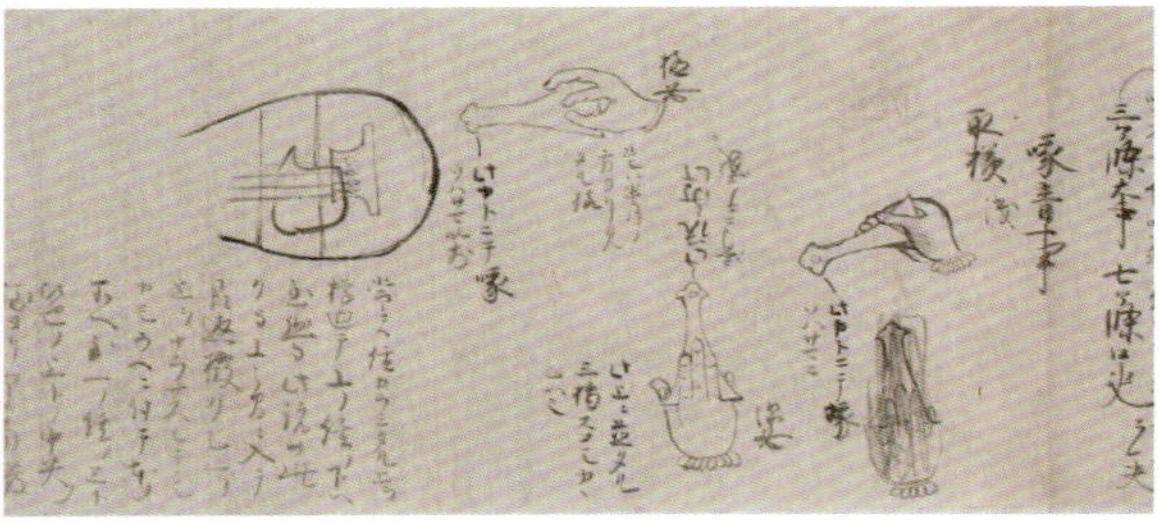

一人口決《ひとりぐちきめ》 崇光天皇が書写した琵琶の秘伝書。（宮内庁書陵部蔵）

北朝 4代

後《ご》光《こう》厳《ごん》天《てん》皇《のう》

在位年 1352（15歳）〜1371（34歳）
生没年 1338〜1374（享年37歳）

父 光厳《こうごん》天皇
母 三条秀子《さんじょうひでこ》（陽禄門院《ようろくもんいん》）
配 紀仲子《きのちゅうし》（崇賢門院《すうけんもんいん》）

女院の後見により即位

正平《しょうへい》の一統《いっとう》後、**南朝は光厳《こうごん》上皇ら3上皇と皇太子・直仁《なおひと》を拉致**して賀名生《あのう》に退いた。治天《ちてん》の君《きみ》になりうる持明院《じみょういん》統の上皇と皇太子を連れ去ることで、**北朝がふたたび天皇を立てるのを防ぐのがねらい**であった。

そこで幕府は、出家予定だった光厳の第2皇子・弥仁《いやひと》（後光厳天皇）を擁立し、祖母・広義《こうぎ》門院《もんいん》の後見の下で即位させ**北朝を再興**した。後光厳の治世中は南朝の攻勢が激しさを増し、しばしば京都を奪われ、そのたびに後光厳は美濃《みの》や近江《おうみ》への逃亡を余儀なくされた。

後光厳天皇肖像（東京大学史料編纂所蔵）

賀名生《あのう》皇居跡

拉致された3天皇が過ごした。後村上天皇がこの地で両朝統一を成し遂げたことから、（願いが）賀名生《かなう》の地と改名された。

北朝
5代

後《ご》円《えん》融《ゆう》天《てん》皇《のう》

在位年	生没年
1371（14歳）〜1382（25歳）	1358〜1393（享年36歳）

父 後光厳天皇《ごこうごん》
母 紀仲子《きのちゅうし》（崇賢門院《すうけんもんいん》）
配 三条厳子《さんじょうたかこ》（通陽門院《つうようもんいん》）

将軍足利義満との確執

伯母・良子《りょうし》は3代将軍・足利《あしかが》義満《よしみつ》の実母で、義満は従兄弟にあたる。治世中は義満が将軍権力の強化を推進し、朝政にも積極的に介入したため、両者はたびたび衝突した。後小松《ごこまつ》天皇に譲位した後は院政を敷いたが、**公家衆はこぞって義満に追従したため、治天《ちてん》の君《きみ》としての権力は有名無実**であった。

そのため精神的にも安定を欠き、妃の三条厳子《さんじょうたかこ》を刀の峰で打ち据えたり、自害を図る一幕もあった。晩年は母・仲子《ちゅうし》の仲介により関係は改善され、南北朝合一の翌年に崩御した。

後円融天皇肖像（雲龍院蔵）

家系図

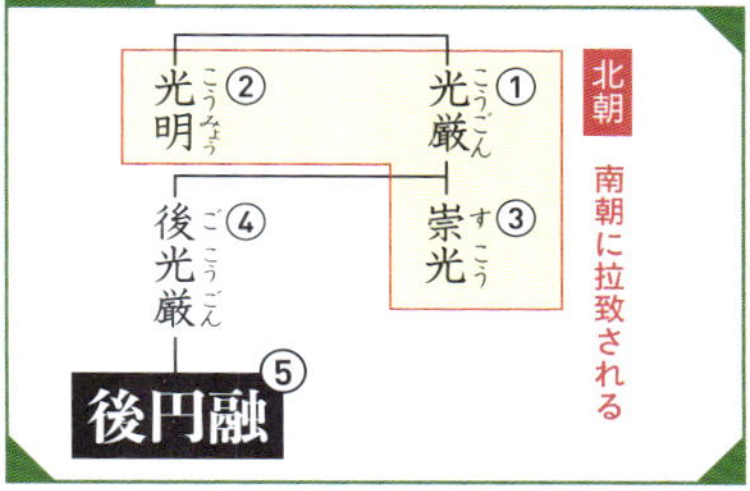

キーワード 南北朝合一後の「後南朝《ごなんちょう》」

南北朝合一の条件のひとつに、北朝最後の天皇・後小松天皇は、南朝最後の天皇・後亀山天皇の皇子へ皇位を譲り、皇位を南北朝両統で迭立するというものがあった。しかし、将軍・足利義満の画策によって、後小松の皇子・称光天皇が譲位し、条件は破られた。以降、伊勢《いせ》国司・北畠満雅《きたばたけみつまさ》が後亀山の孫・小倉宮《おぐらのみや》を立てて挙兵したのをはじめ、しばしば南朝の残党が南朝の後裔を立てて蜂起するようになり、彼らを後南朝と呼ぶ。戦後には南朝後裔の「熊沢《くまざわ》天皇」を称し昭和《こうえい》天皇の退位を求める者まで現れた。

◆後南朝の人物と事績

金蔵主	出自は不明だが、後村上天皇の孫という説がある。後花園天皇を襲撃し、三種の神器の一部を奪う
尊秀王	奪われた三種の神器を取り戻しに来た室町幕府によって襲撃される
西陣南帝	応仁の乱の際、東軍の後土御門天皇・後花園上皇に対して、西軍によって奉じられる。両軍の和議が進むと西軍に捨てられ、以降、後南朝の蜂起はなくなる
熊沢寛道	西陣南帝の後裔を自称し、昭和天皇を訴えた

南朝後裔を自称し、世間をざわつかせた熊沢天皇こと熊沢寛道。（朝日新聞社提供）

100代

後《ご》小《こ》松《まつ》天《てん》皇《のう》

在位年
1382（6歳）〜1412（36歳）

生没年
1377〜1433（享年57歳）

父 後円融天皇《ごえんゆうてんのう》

母 三条厳子《さんじょうたかこ》（通陽門院《つうようもんいん》）

配 日野資子《ひのすけこ》

同年代の権力者

足利義満《あしかがよしみつ》（室町幕府3代将軍）

後亀山《ごかめやま》天皇（99代天皇）

南朝から神器を受け継ぐ

父・後円融《ごえんゆう》天皇の譲りを受けて即位。10年後、**南北朝合一が実現し、南朝の後亀山《ごかめやま》天皇から三種の神器を引き継ぎ、皇統は統一**された。翌年、院政を敷いていた後円融が崩御したが、その後は将軍・**足利義満《あしかがよしみつ》が治天《ちてん》の君《きみ》の権限を吸収**し、公武の頂点に立ったため、後小松天皇が実権を握ることはなかった。

両統迭立《りょうとうてつりつ》は南北朝合一の条件のひとつであり、本来なら南朝の後亀山の皇子が立てられるべきであったが、幕府の意向により反故にされ、後小松は即位21年で皇子の実仁《みひと》（称光《しょうこう》天皇）に譲位。院政を開始した。

称光が早世した後、伏見宮貞《ふしみのみやさだ》成親王《ふさしんのう》の皇子・彦仁《ひこひと》（後花《ごはな》園《その》天皇）を猶子として即位させ引き続き院政を行った。

プロフィール

- 南朝の後亀山天皇から三種の神器を引き継ぎ南北朝合一を果たす。
- 後円融上皇の崩御後も将軍・足利義満に実権を握られる。
- 両統迭立の原則を破って称光天皇に譲位し院政を敷く。

後小松天皇の落胤《らくいん》・一休宗純

大覚寺の僧侶・一休宗純は、後小松天皇の落胤《らくいん》という説がある。そのためか、一休の墓所は宮内庁が管理している。

（東京大学史料編纂所蔵）

家系図

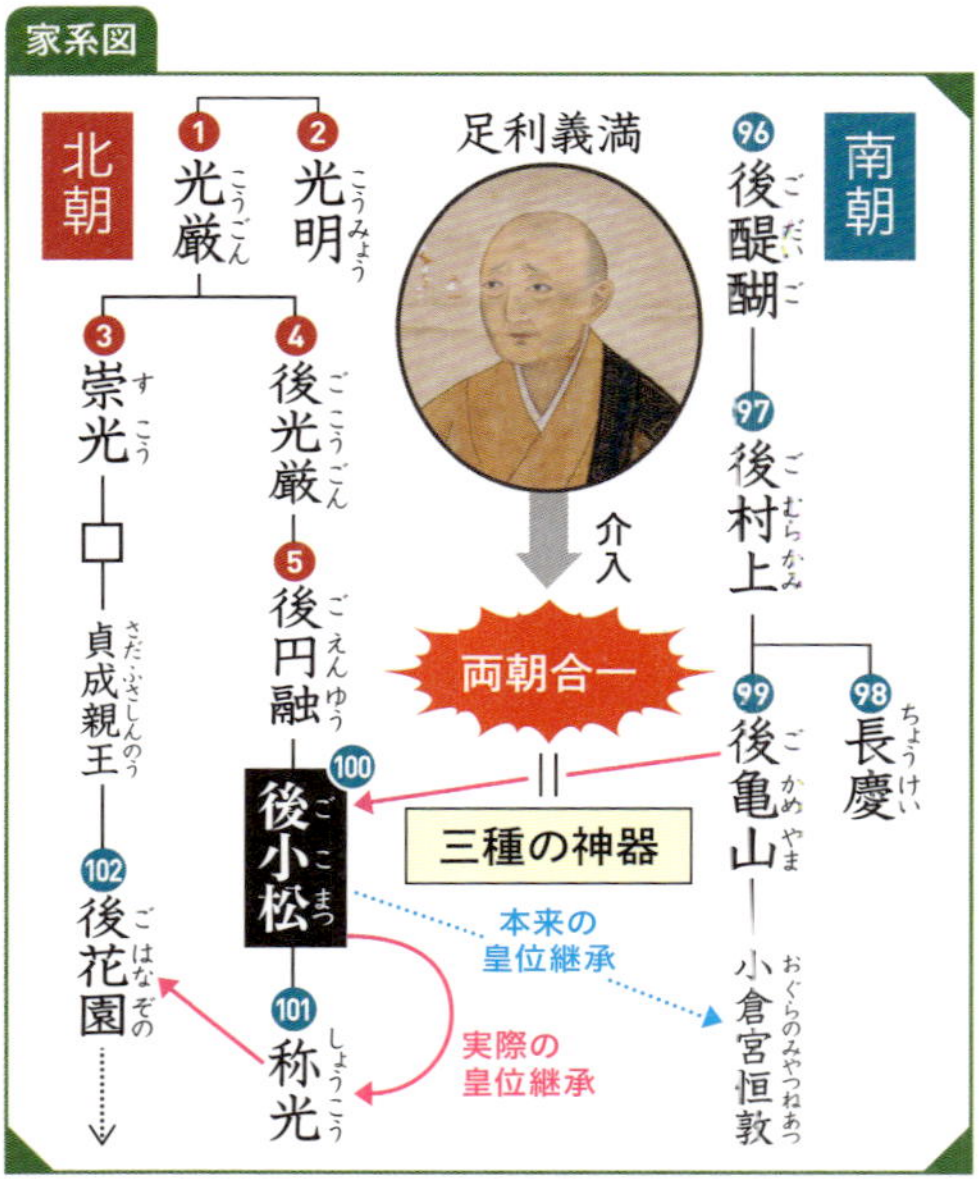

101代

称《しょう》光《こう》天《てん》皇《のう》

在位年
1412（12歳）
〜
1428（28歳）

生没年
1401
〜
1428（享年28歳）

父 後小松天皇《ごこまつ》
母 日野資子《ひのすけこ》
配 日野光子《ひのみつこ》

上皇の父と対立した病弱な天皇

病弱で精神的な疾患を抱えていたといわれる。その一方、太刀や弓矢を扱うのが好きで、近臣や女官を弓で射たり、打ち据えることもあった。

父の**後小松《ごこまつ》上皇との折り合いも悪く、父との不和を理由に出家を宣言する**が、4代将軍・足利義持《あしかがよしもち》の説得を受けて思いとどまる一幕もあった。父との喧嘩の理由は、琵琶法師を宮中に呼ぶことを反対されたためという。

ただしその背後には、**伏見宮《ふしみのみや》貞成親王《さだふさしんのう》の皇子（後花園《ごはなぞの》天皇）を即位させようとしていた後小松への反発**もあったといわれている。

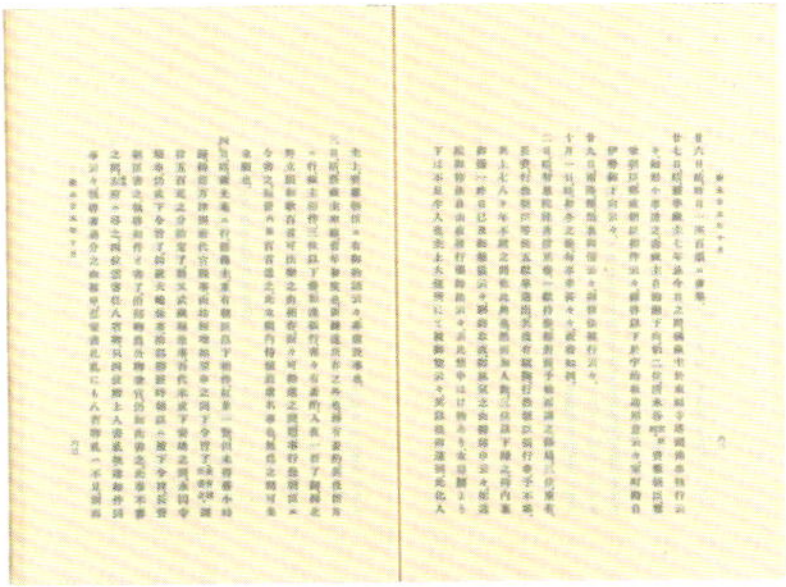

『看聞日記《かんぶんにっき》』
貞成親王の日記。称光天皇は宮中で化け物を見て以来、精神病にかかったという記事が残っている。

102代

後《ご》花《はな》園《ぞの》天《てん》皇《のう》

在位年
1428（10歳）
〜
1464（46歳）

生没年
1419
〜
1470（享年52歳）

父 伏見宮貞成親王《ふしみのみやさだふさしんのう》（後崇光院《ごすこういん》）
母 庭田幸子《にわたこうし》（敷政門院《ふせいもんいん》）
配 藤原信子《ふじわらのしんし》

室町動乱の時代を生きる

皇子のないまま崩御した称光《しょうこう》天皇に代わって即位した。治世中は日本初の民衆蜂起といわれた**正長《しょうちょう》の土一揆《どいっき》**、6代将軍・足利義教《あしかがよしのり》が暗殺された**嘉吉《かきつ》の乱《らん》**、多くの餓死者を出した**長禄《ちょうろく》・寛正《かんせい》の飢饉**などの重大事件・災害が相次いだ。飢饉のなか、贅沢三昧の生活を続ける8代将軍・**足利義政《よしまさ》に対し、漢詩に託して行状を諫めた**こともあった。

1468年、**応仁《おうにん》の乱《らん》勃発の責任は自身の不徳にあるとして出家**。大乱の終息を見ないまま、避難先である足利義政の室町第《むろまちだい》で崩御した。

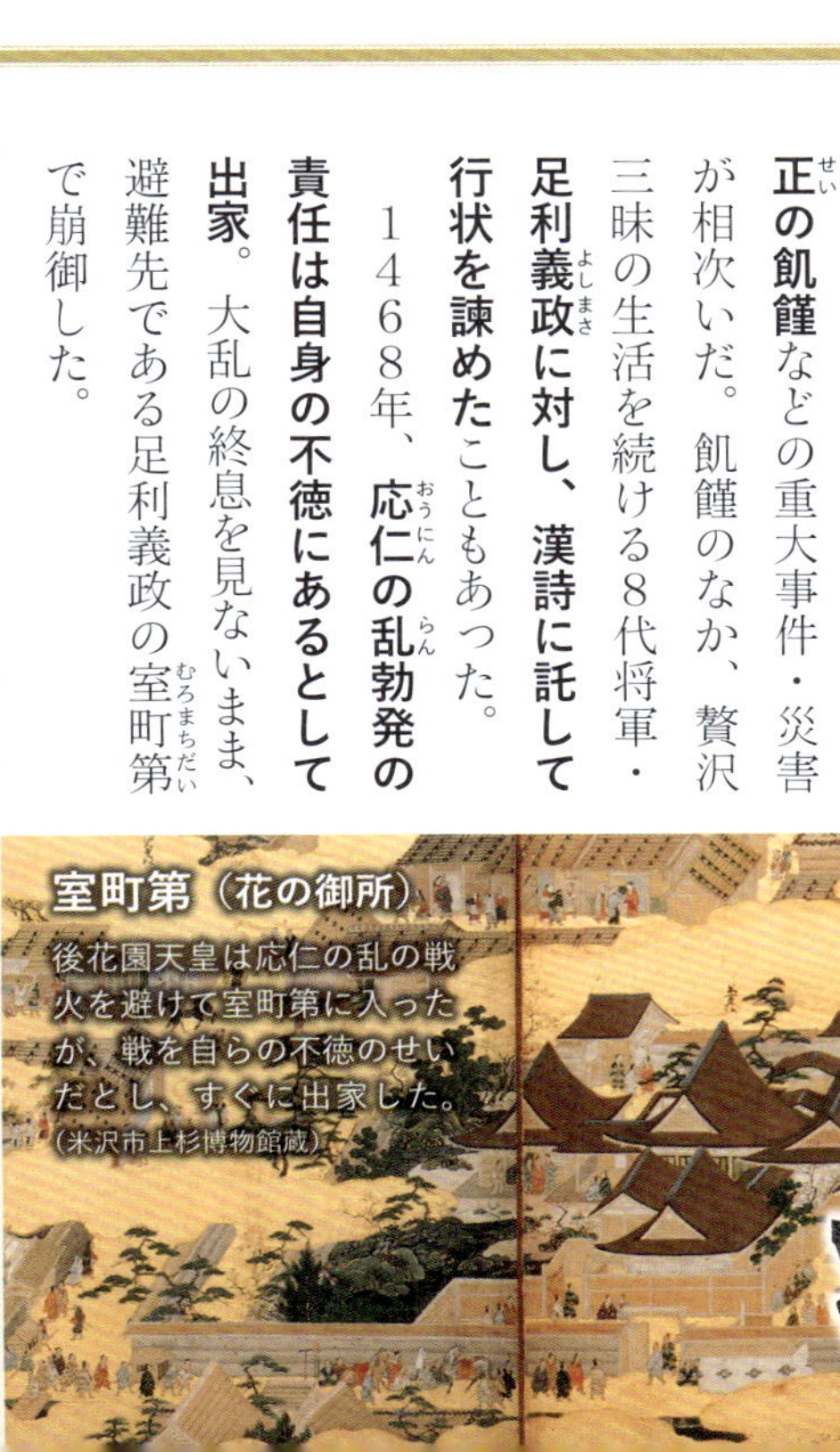

室町第（花の御所）
後花園天皇は応仁の乱の戦火を避けて室町第に入ったが、戦を自らの不徳のせいだとし、すぐに出家した。
（米沢市上杉博物館蔵）

後花園天皇肖像（大應寺蔵）

政治

足利義満は日本国王になろうとしていた？

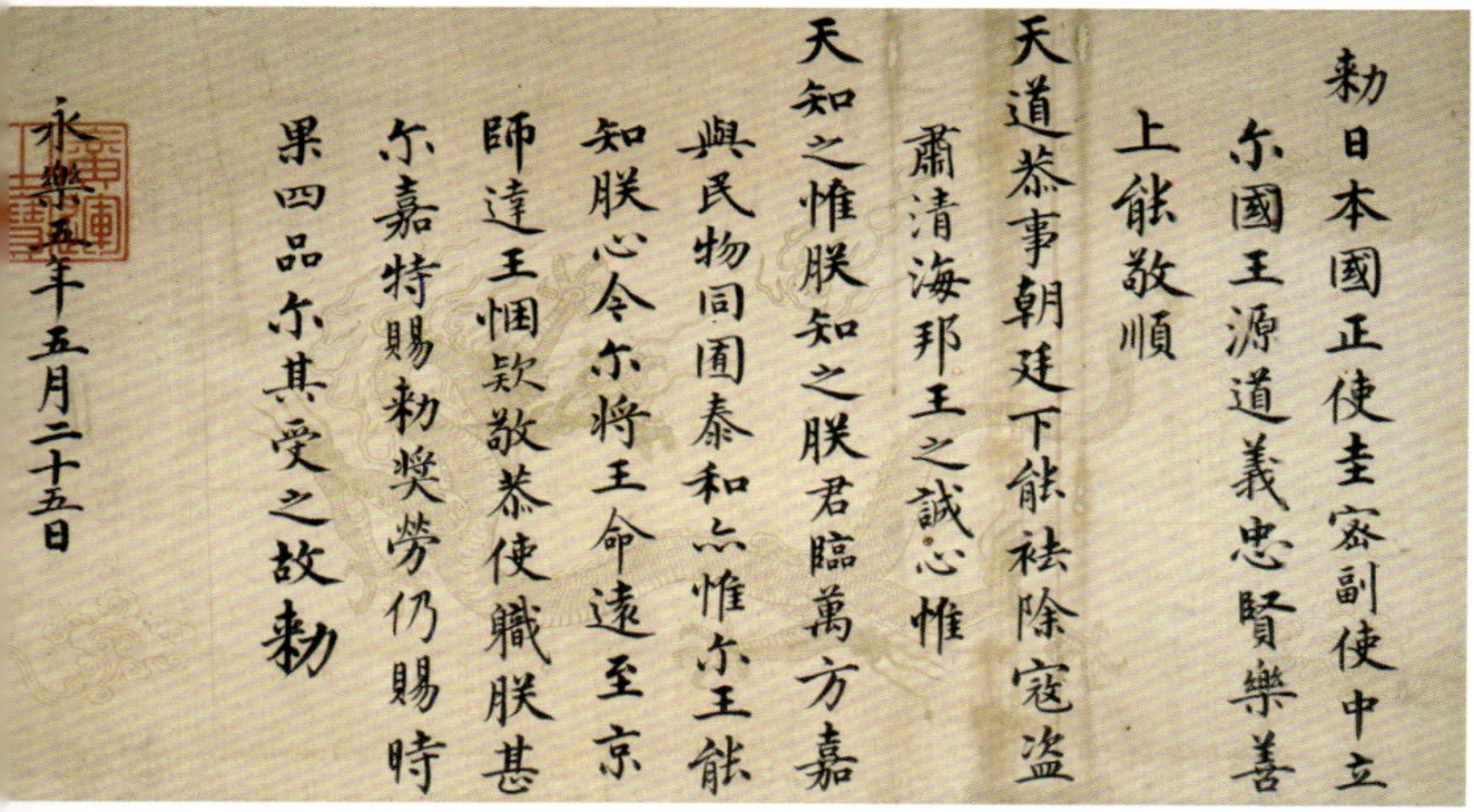
勅日本國王使圭密副使中立
尓國王源道義忠賢樂善
上能敬順
天道恭事朝廷下能祛除寇盗
肅清海邦王之誠心惟
天知之惟朕知之朕君臨萬方嘉
與民物同囿泰和亦惟尓王能
知朕心令尓将王命遠至京
師達王悃欵敬恭使職朕甚
尓嘉特賜勑奬勞仍賜時
果四品尓其受之故勅
永樂五年五月二十五日

史料　国王の文字が書かれた「明成祖勅書」

遣明使によって持ち帰られた、永楽帝からの勅書。2行目に「国王 源道義（＝足利義満）」の文字が見られる。（相国寺蔵／相国寺承天閣美術館提供）

国内で使わなかった「日本国王」

室町幕府3代将軍・足利義満《あしかがよしみつ》は、皇位を簒奪《さんだつ》し、日本のトップに立とうとした、といわれてきた。1401年、義満は**大陸の明《みん》に使節を送り、永楽帝《えいらくてい》から「日本国王」の称号を贈られている**からである。はたして実態はどうだったのだろうか。

実際、義満の権威は頂点を極め、将軍と太政大臣《だじょうだいじん》という公武の最高位に就き、それらを辞任することで両職を超越。さらに、妻・日野康子《ひのやすこ》が後小松《ごこまつ》天皇の准《じゅん》母《ぼ》（名目上の母）となったことで義満も准父《じゅんふ》の立場となる。

ほかにも、行幸《ぎょうこう》した天皇と並座したり、死後に太上法皇《だじょうほうおう》の号が贈られたり（4代将軍・義持《よしもち》が辞退）するなど、その権勢をしのばせるエピソードは枚挙にいとまがない。ここに「日本国王」の称号をもって、国内での地位を確立する意図があったのではないか、と疑われるのは当然の流れだろう。

しかし実際の**「日本国王」の称号には、明との貿易を行うための通行上の名義以上の意味はもたなかった**。というのも、明は国王以外との通行を認めてい

足利義満の超越した権力と立場

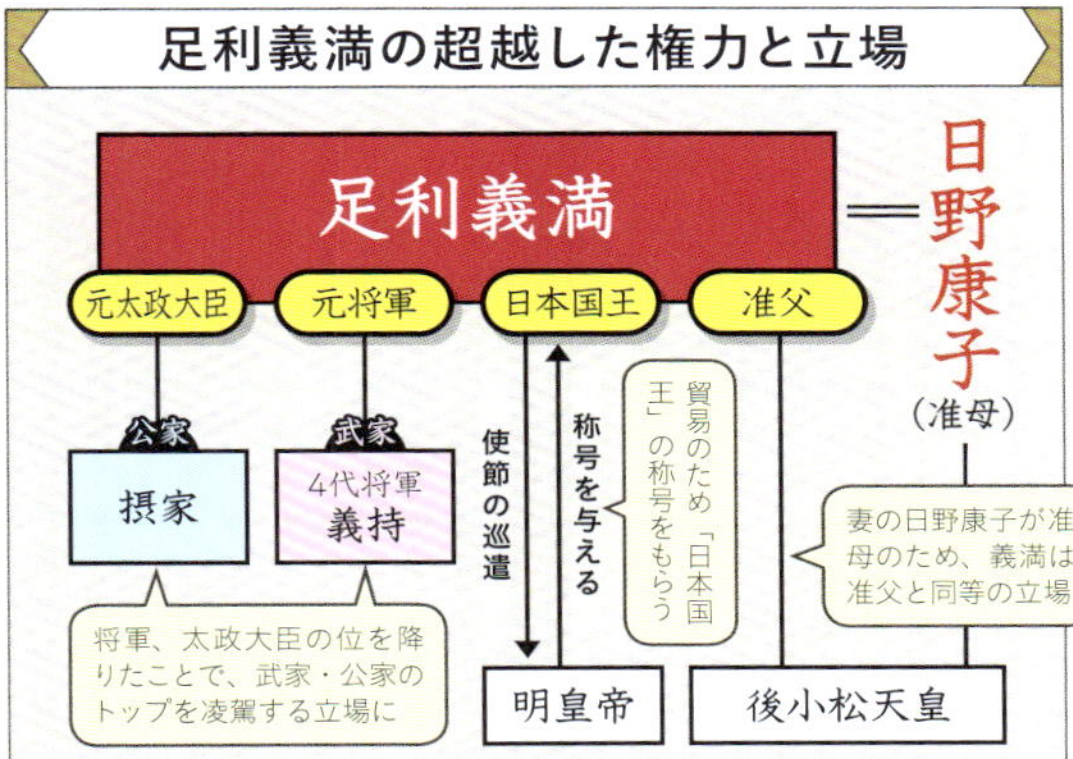

義満は准父、日本国王、元将軍、元太政大臣という面を持っていた。武家・公家のトップを超越し、後小松天皇の名目上の父となったことで、その権勢は押しも押されぬものとなった。

人物 **足利義満**

室町幕府3代将軍。土岐氏・山名氏・大内氏など有力守護の力を削ぎ、権力を集中させる。さらに南北朝合一や明との国交開始を実現し、幕府の全盛期を生み出した。京の北山に金閣を建てた北山文化でも知られる。（東京大学史料編纂所蔵）

建物 **花《はな》の御《ご》所《しょ》跡**

京都府京都市にある大聖寺内にある、花の御所跡碑。「花の御所」とは足利将軍家の邸宅の通称。

なかったからだ。なにより、**義満は「日本国王」号を国内で使用していない**。明との国交を開き、貿易で幕府に莫大な利益を生み出すための、便宜的な号だったのである。

むしろ、義満は**足利家の家格を、摂関《せっかん》家の上に置こうとしていた**という説がある。摂関家は治天《ちてん》、すなわち院政（上皇による院政がないときは天皇の親政）の政務を司る公家の家柄のこと。義満は摂関家がもつ治天の機能を吸収・奪取し、事実上の「武家の治天」というべき地位にのぼった。

義満は名ばかりの皇位ではなく、その下の**実質的な権威を持っていた治天の地位を狙っていた**と考えられるのである。

COLUMN 4

皇位の象徴として重視された
三種の神器

神代から伝わる稀代の宝器

三種の神器は歴代天皇が即位の証として受け継いだ宝器で、八咫鏡《やたのかがみ》・草《くさ》薙剣《なぎのつるぎ》・八尺瓊勾玉《やさかにのまがたま》の３つをさす。いずれも天皇家の祖先とされる神・瓊々杵尊《ににぎのみこと》が祖母・天照大神《あまてらすおおみかみ》から託されたとされるもので、奈良時代には後宮に安置され、平安時代以後は玉璽《ぎょくじ》と草薙剣の形代《かたしろ》（レプリカ）が天皇の身辺に置かれ、神鏡《しんきょう》は内侍所に保管された。

歴史的に注目されるのは中世のこと。平氏は都落ちした時、安徳《あんとく》天皇とともに神器を持ち去った。この時、草薙剣が壇《だん》ノ浦《うら》の戦いで失われ、その後は伊勢《いせ》神宮が後白河《ごしらかわ》法皇に贈った剣が形代となった。南北朝時代には後醍醐《ごだいご》天皇が吉野《よしの》に神器を持ち去り、南北朝合一の際も神器の譲渡が焦点となるなど、正統性の証として重視され続けた。

三種の神器と現在の保管場所

八咫鏡

瓊々杵尊が天孫降臨した際、天照大神が「自分だと思い祀りなさい」と託した鏡。11代・垂仁天皇の代に倭姫命の手によって伊勢神宮に移された。

伊勢神宮内宮

草薙剣

素戔嗚尊が八岐大蛇を退治した時に出現した剣。日本武尊が東国遠征した時に用いていた。日本武尊の妃・宮簀媛命によって熱田神宮に祀られる。

熱田神宮

八尺瓊勾玉

皇居内にある剣璽の間に納められている。

5章

戦国・江戸時代の天皇

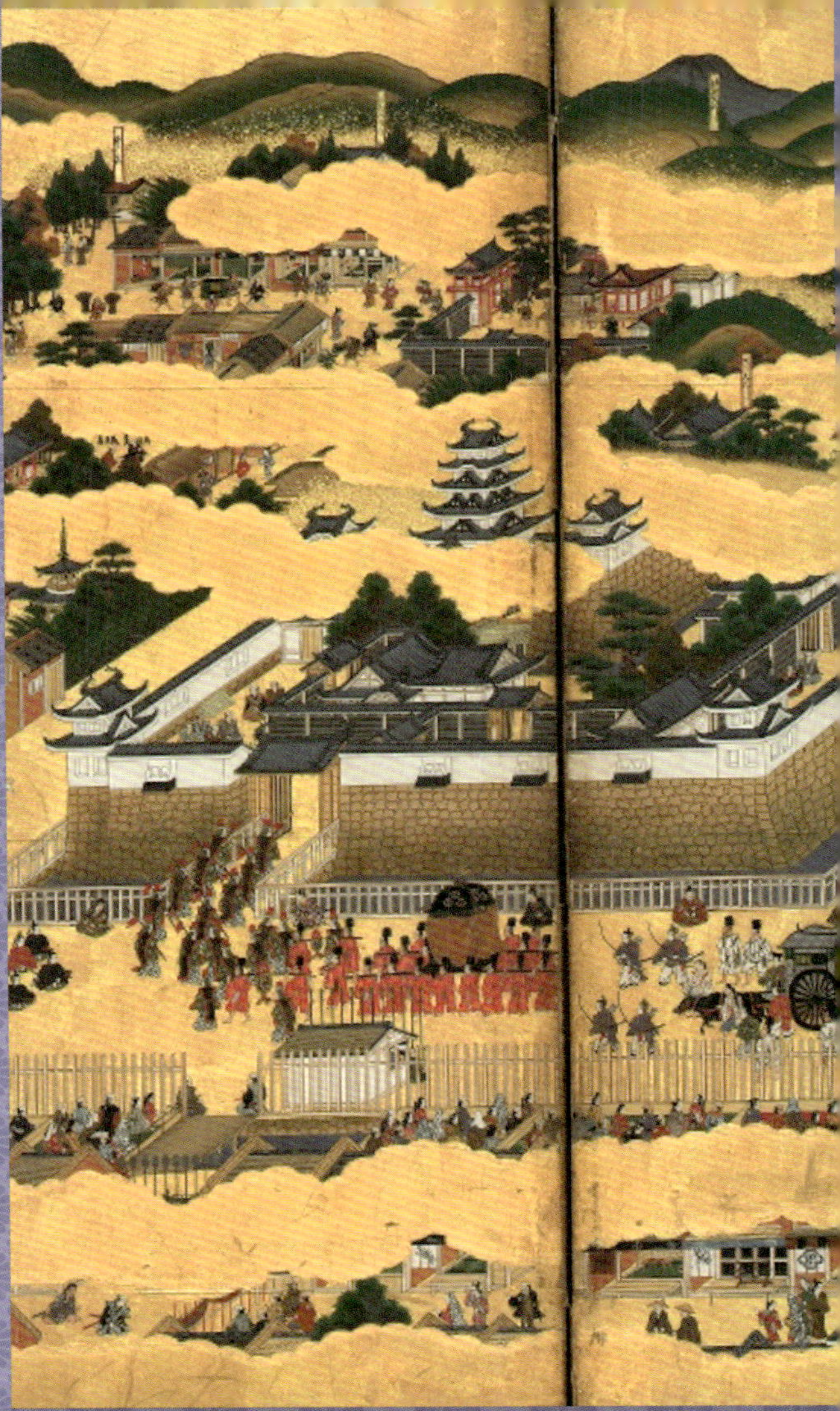

戦国時代までの天皇は権威として存在したものの、江戸時代に入ると江戸幕府の管理下におかれ、政治面から完全に排除されてしまう。しかし幕末になると、天皇を持ち上げる尊王運動が活発化、天皇の存在が倒幕へとつながることとなる！

年表

戦国・江戸時代の天皇一覧

▲応仁の乱

1640　1610　1580　1550　1520　1490　1460

代	天皇	生年・没年	在位年	頁
103代	後土御門	生年：1442年　没年：1500年	在位年：1464~1500年	P178
104代	後柏原	生年：1464年　没年：1526年	在位年：1500~1526年	P179
105代	後奈良	生年：1496年　没年：1557年	在位年：1526~1557年	P179
106代	正親町	生年：1517年　没年：1593年	在位年：1557~1586年	P180
107代	後陽成	生年：1571年　没年：1617年	在位年：1586~1611年	P181
108代	後水尾	生年：1596年　没年：1680年	在位年：1611~1629年	P184
109代	明正	生年：1623年　没年：1696年	在位年：1629~1643年	P190
110代	後光明	生年：1633年　没年：1654年	在位年：1643~1654年	P190
111代		生年：1637年　没年：1685年	在位年：1654~1663年	P191

織田・豊臣の支援を受ける

徳川幕府に反発

◀後水尾天皇

▲仙洞御所

- 1467　応仁の乱
- 1485　山城の国一揆が起こる
- 1488　加賀の一向一揆が起こる
- 1543　種子島に鉄砲が伝わる
- 1573　室町幕府が滅ぶ
- 1590　豊臣秀吉、全国統一
- 1600　関ヶ原の戦い
- 1603　徳川家康が征夷大将軍となる

登場する天皇

103代 後土御門天皇 ← 121代 孝明天皇

▲孝明天皇の歌会始

▲東山天皇の即位式

▲織田信長と正親町天皇

1910 1880 1850 1820 1790 1760 1730 1700 1670

■：即位していた期間　■：退位から没年までの期間

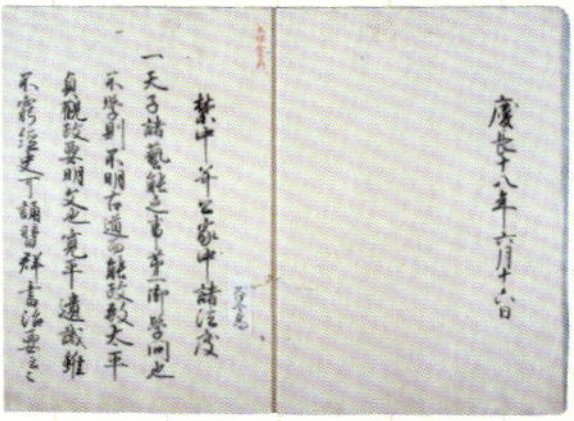

▲禁中並公家中諸法度

▲光格天皇

閑院宮家の皇統がはじまる

光格 119代　生年：1771年　没年：1840年　在位年：1779~1817年 P195

仁孝 120代　生年：1800年　没年：1846年　在位年：1817~1846年 P195

孝明 121代　生年：1831年　没年：1866年　在位年：1846~1866年 P196

▲孝明天皇

秀忠の孫娘が天皇に

後西

霊元 112代　生年：1654年　没年：1732年　在位年：1663~1687年 P191

東山 113代　生年：1675年　没年：1709年　在位年：1687~1709年 P192

中御門 114代　生年：1701年　没年：1737年　在位年：1709~1735年 P192

桜町 115代　生年：1720年　没年：1750年　在位年：1735~1747年 P193

桃園 116代　生年：1741年　没年：1762年　在位年：1747~1762年 P193

後桜町 117代　生年：1740年　没年：1813年　在位年：1762~1770年 P194

最後の女帝

後桃園 118代　生年：1758年　没年：1779年　在位年：1770~1779年 P194

- 1867 大政奉還
- 1853 ペリーが浦賀に来航
- 1841 天保の改革
- 1787 寛政の改革
- 1716 享保の改革
- 1669 シャクシャインの戦い

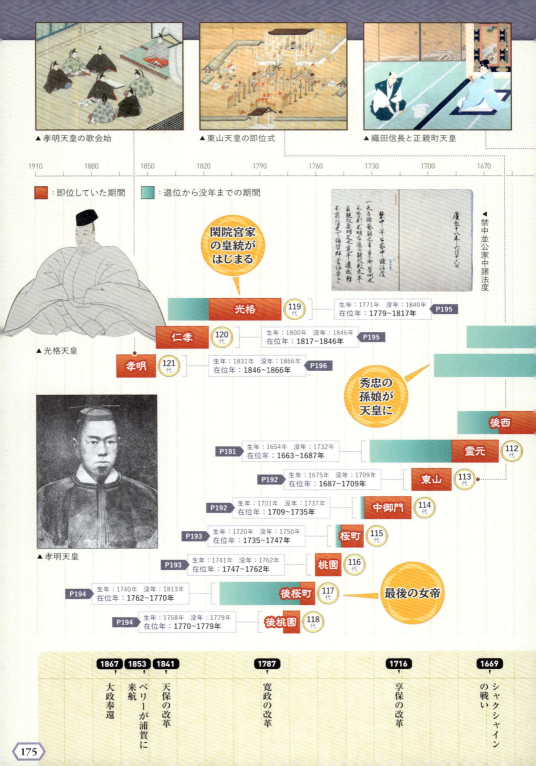

総論

戦国・江戸時代の天皇の歴史と役割

戦国・江戸時代の天皇を理解する3ポイント

その1
信長・秀吉の支援
衰微しきっていた朝廷は織田信長、豊臣秀吉の支援で回復。

その2
薄れる存在感
江戸幕府は法度により朝廷を管理し、政治から切り離した。

その3
幕末の主役に
天皇・朝廷の取り込みが幕末の政局の中心となる。

宗教・文化面の存在から幕末に政治の表舞台へ

戦国時代の天皇は、武家に官位を与えるなど権威として存在し、戦乱時に下す綸旨《りんじ》（命令文書）が合戦・鎮定の許可証となった。とはいえ、**当時の朝廷は概して貧しく、神事や儀式をしばしば断念せざるを得ず、中断した朝儀は少なくない。**天下人として台頭した織《お》田信長《だのぶなが》とそれを継いだ豊臣秀吉《とよとみひでよし》は朝廷を積極的に援助し、天皇の保護者となった。

江戸時代になると、幕府は「禁《きん》中並《ちゅうならびに》公家《くげ》中諸法度《ちゅうしょはっと》」によって朝廷を管理。政治・軍事から排除され、天皇はおもに宗教・文化面だけの存在となった。しかし、江戸後期になると、諸藩は飢饉などの財政難に見舞われ幕府の求心力は低下。相対的に天皇の権威が増し、西国諸藩を中心に朝廷が支持されるようになった。

そして幕末の動乱のなかで、**外国を打ち払う「攘夷《じょうい》」の意志を示した天皇は一気に政治の表舞台に躍り出る。**天皇は幕府再建のために担ぎ出される一方、尊王《そんのう》攘夷運動を刺激。朝廷の秩序は乱れた。

数々の争乱を経て幕府が瓦解すると、政変により王政復古《おうせいふっこ》が実現し、天皇を中心とする新政府が生まれた。

ポイント その1

天下人の支援で困窮状態から脱却

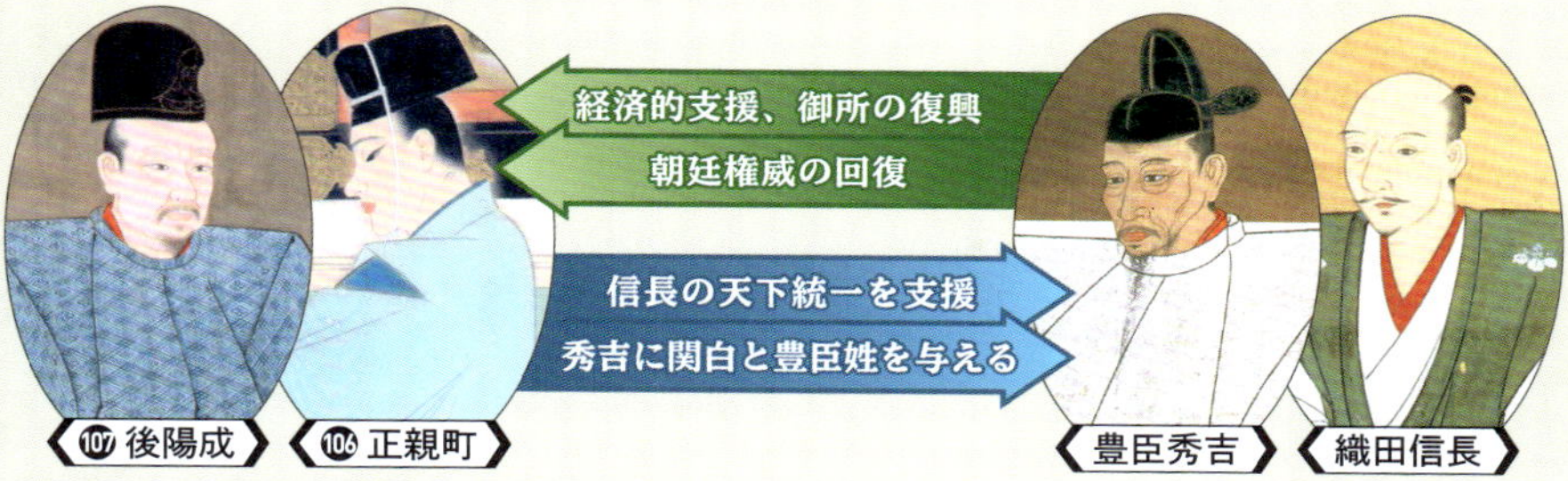

解説 戦国時代の朝廷は衰微を極め、儀式や葬儀の金も工面できないほどだった。天下人の信長と秀吉は朝廷を支えてその権威を回復させ、天皇は信長・秀吉の権力の後ろ支えとなった。

ポイント その2

天皇は宗教・文化面を体現する存在に

- 朝廷は幕府の監視下に置かれる
- 天皇は諸芸や学問に励むことが務め

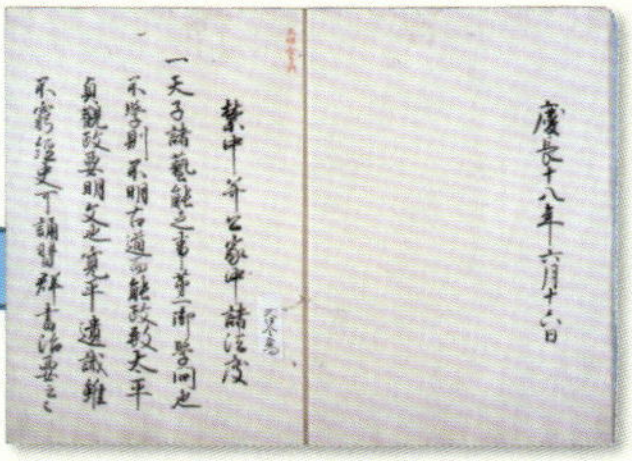

「禁中並公家中諸法度」を制定

解説 1615年、江戸幕府は「禁中並公家中諸法度」を発令し、朝廷を管理下に置いた。天皇の役割を学問や宗教面に留め、天皇が高僧に与える紫衣にまで幕府は干渉するようになる。

ポイント その3

幕末には政局の表舞台に立つ

解説 ペリー来航後、難航する政局を打開するため幕府は朝廷を頼るようになり、相対的に幕府の立場は弱くなる。幕府を信頼していた孝明天皇の死去により、倒幕派有利の状況が生まれた。

103代

後土御門天皇《ごつちみかどてんのう》

応仁の乱に翻弄された生涯

後花園天皇《ごはなぞの》の譲位により即位するが、1467年に**応仁《おうにん》の乱《らん》が勃発**し、後土御門天皇も巻き込まれていく。応仁の乱は、**守護大名《しゅごだいみょう》の勢力争いと将軍の継嗣《けいし》争い**を発端とする内乱である。後土御門は将軍・足利義政《あしかがよしまさ》の室町第《むろまちだい》へと逃れた。

乱の結果、**室町幕府は衰退**、**戦国の乱世へ突入**する。後土御門は乱で中止になっていた朝儀の再興を目指すもさほど叶わず、失意の日々を送ったという。さらに、崩御後も火葬費用を用意できず、亡骸が43日間も御所に放置された。まさに応仁の乱に翻弄された生涯だった。

プロフィール

- **在位中に応仁の乱が勃発し、将軍・足利義政の室町第に避難する。**
- **応仁の乱終結後、元旦・踏歌・白馬の各節会を再興した。**
- **朝廷の費用が底をつき、後土御門の葬儀費用が用意できなかった。**

家系図

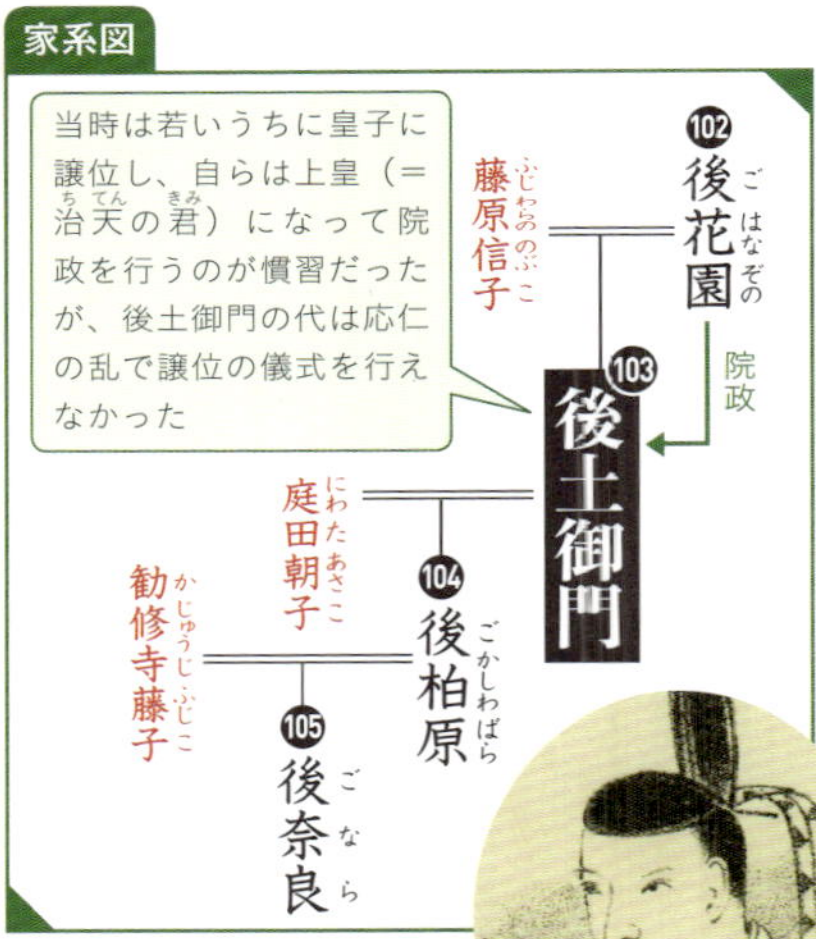

後土御門天皇肖像（早稲田大学図書館蔵）

在位年	生没年
1464（23歳）〜1500（59歳）	1442〜1500（享年59歳）

父 後花園天皇《ごはなぞのてんのう》

母 藤原信子《ふじわらののぶこ》（嘉楽門院《からくもんいん》）

配 庭田朝子《にわたあさこ》

同年代の権力者

足利義政《あしかがよしまさ》（室町幕府8代将軍）

細川勝元《ほそかわかつもと》（守護大名）

真如堂縁起絵巻《しんにょどうえんぎえまき》

応仁の乱の様子が描かれた貴重な絵巻。後土御門天皇は荒れ果てる京都を眼前に悲嘆にくれるばかりだったという。（真正極楽寺蔵）

104代

後《ご》柏《かしわ》原《ばら》天《てん》皇《のう》

在位年	生没年
1500（37歳）～1526（63歳）	1464～1526（享年63歳）

父 後土御門天皇《ごつちみかど》
母 庭田朝子《にわたあさこ》
配 勧修寺藤子《かじゅうじふじこ》（豊楽門院《ぶらくもんいん》）

在位22年目に即位礼を行う

父・**後土御門天皇**《ごつちみかど》が崩御すると37歳で即位が決まるが、朝廷はまだ応仁《おうにん》の乱《らん》の余波に苦しんでいた。公家らは諸国へ逃れていて朝儀が行えず、即位の礼の資金すら集められない有様だったのだ。結局、将軍家や本願寺《ほんがんじ》の援助を得て即位式を執り行ったのは22年後のこと。後柏原天皇は59歳になっていた。

後柏原は、こうした状況でも**儀式の再興などに力を尽くした。**また、敬虔《けいけん》な仏教徒だった後柏原は、民の平安を願って般若心《はんにゃしん》経《ぎょう》を写経したり、伊勢神宮《いせじんぐう》で祈願したりしたという。

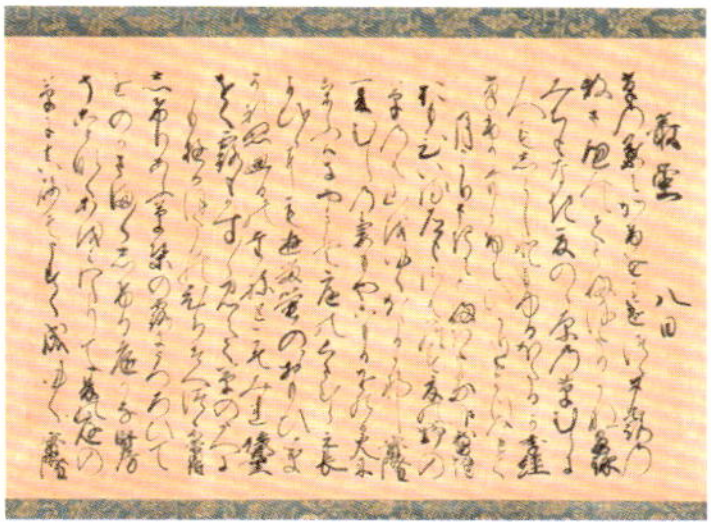

後柏原天皇宸翰《しんかん》
後柏原天皇の宸筆。叢蛍《くさむらのほたる》を題に詠まれた9首の和歌が書かれている。
（香川県立ミュージアム蔵）

後柏原天皇肖像（早稲田大学図書館蔵）

105代

後《ご》奈《な》良《ら》天《てん》皇《のう》

在位年	生没年
1526（31歳）～1557（62歳）	1496～1557（享年62歳）

父 後柏原天皇《ごかしわばら》
母 勧修寺藤子《かじゅうじふじこ》（豊楽門院《ぶらくもんいん》）
配 万里小路栄子《までのこうじえいこ》（吉徳門院《きっとくもんいん》）

混迷の時代に平安を祈る

御柏原《ごかしわばら》天皇の第2皇子で、父の崩御を受け即位する。当時もまだ、**応仁《おうにん》の乱《らん》**の余波で朝廷の財政難が改善されておらず、**後奈良天皇も践祚《せんそ》から10年後にようやく即位の礼を執り行っている。**その**献金元となったのが、各地で台頭していた戦国大名たちだ。**関東では今川《いまがわ》氏や北条《ほうじょう》氏が勢力を増し、下剋上《げこくじょう》の時代を迎えていた。

治世中は、天災が相次ぎ、飢饉と疫病が列島を襲った。後奈良は民の安らかな暮らしを願い、般若心経《はんにゃしんぎょう》を写経して諸国の寺社に奉納し、亡くなった霊を供養した。

後奈良天皇肖像（神宮徴古館蔵）

106代

正親町天皇《おおぎまちてんのう》

在位年 1557（41歳）～1586（77歳）

生没年 1517～1593（享年77歳）

父 後奈良《ごなら》天皇

母 万里小路栄子《までのこうじえいこ》（吉徳門院《きっとくもんいん》）

配 万里小路房子《までのこうじふさこ》

同年代の権力者

織田信長《おだのぶなが》（戦国大名）

足利義昭《あしかがよしあき》（室町幕府15代将軍）

織豊政権下で権威が回復

父・後奈良《ごなら》天皇が崩御すると41歳で即位。**毛利元就《もうりもとなり》の献金**でなんとか即位の礼を行えるほどの財政状況だったが、やがて**織田信長《おだのぶなが》が室町幕府15代将軍・足利義昭《あしかがよしあき》を擁して入京**すると、豊かな財力に助けられることになる。

信長からの支援を得て、荒れていた**御所は修繕**され、御領地は回復。伊勢神宮《いせじんぐう》の式年遷宮《しきねんせんぐう》を再開するなど**朝廷儀式の再興**も叶う。一方、正親町天皇は信長の敵対勢力に対する**講和の勅命を出すなどして天下統一に協力**。

信長の死後、天下統一事業を継いだ豊臣秀吉《とよとみひでよし》もこうした姿勢にならったため、**天皇の権威はさらに回復**していった。約120年ぶりに譲位して上皇となったのも、象徴的な慶事であった。

プロフィール

- **織田信長の支援を受け、天下統一に協力した。**
- **伊勢神宮の式年遷宮を123年ぶりに執り行った。**
- **約120年ぶりに譲位して上皇となり、政務などを勤め上げた。**

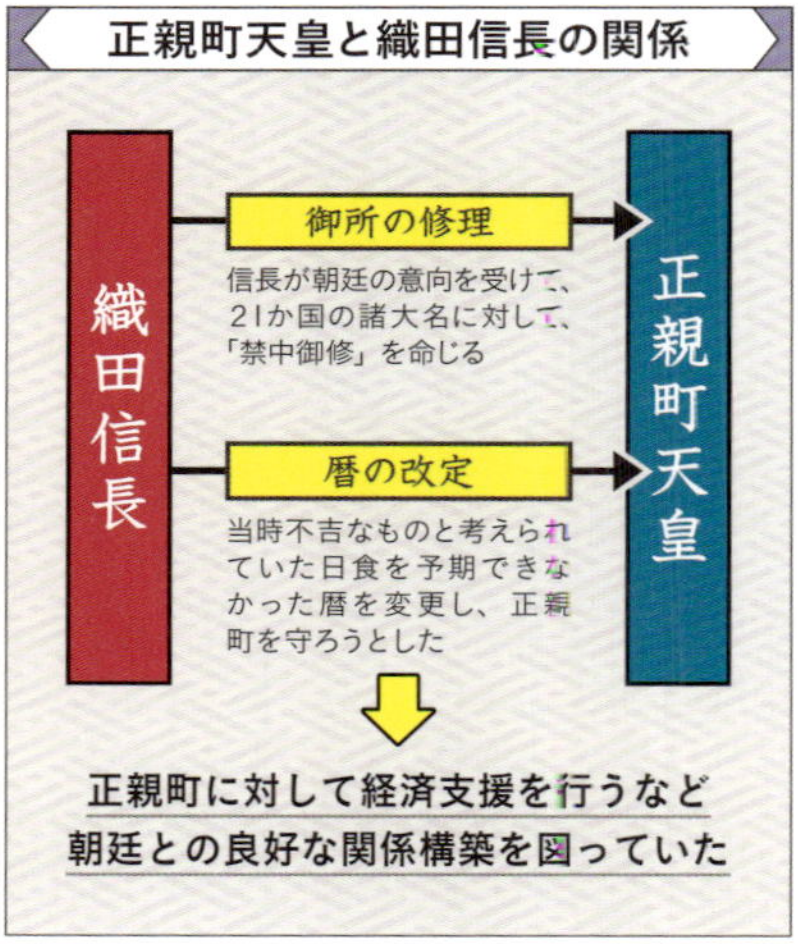

織田信長の勤皇

戦前は信長が勤皇家、戦後は正親町天皇との対立説があったが、現在では正親町と信長の対立はないとする意見が多い。（神宮徴古館蔵）

家系図

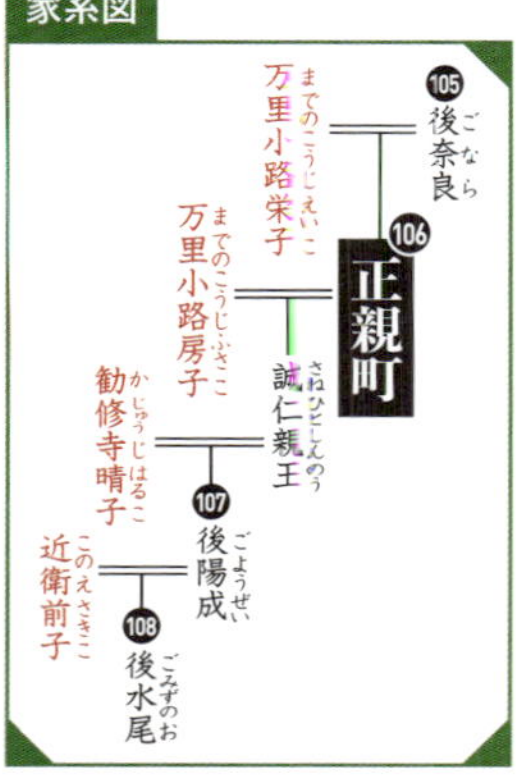

107代

後陽成天皇《ごようぜいてんのう》

5章 戦国・江戸時代

在位年 1586（16歳）〜1611（47歳）

生没年 1571〜1617（享年47歳）

父 誠仁親王《さねひとしんのう》

母 勧修寺晴子《かじゅうじはるこ》（新上東門院《しんじょうとうもんいん》）

配 近衛前子《このえさきこ》（中和門院《ちゅうわもんいん》）

同年代の権力者

豊臣秀吉《とよとみひでよし》（関白）

徳川家康《とくがわいえやす》（江戸幕府初代将軍）

天下を統一した家康と対立

正親町《おおぎまち》天皇の後継者だった父・誠仁親王《さねひとしんのう》が病没したため、祖父から譲位を受けて16歳で即位した。

この折に**後ろ盾となったのが、天皇家の権威を求めていた豊臣秀吉《とよとみひでよし》**だ。秀吉は猶子《ゆうし》*の**近衛《このえ》前子《さきこ》を養女として入内**させて後陽成天皇の外戚になると、朝廷を財政面などで手厚く保護するようになる。

だが秀吉が没すると、**天下を平定した徳川家康《とくがわいえやす》**が朝廷に干渉し始める。象徴的な事件としては、官女と公家の密通が発覚した際、後陽成は厳罰を求めたが、朝廷から処置を依頼された家康はそうしなかった。このため、後陽成はこの処分を不満として、**譲位の意志を示すなど、確執**があったという。

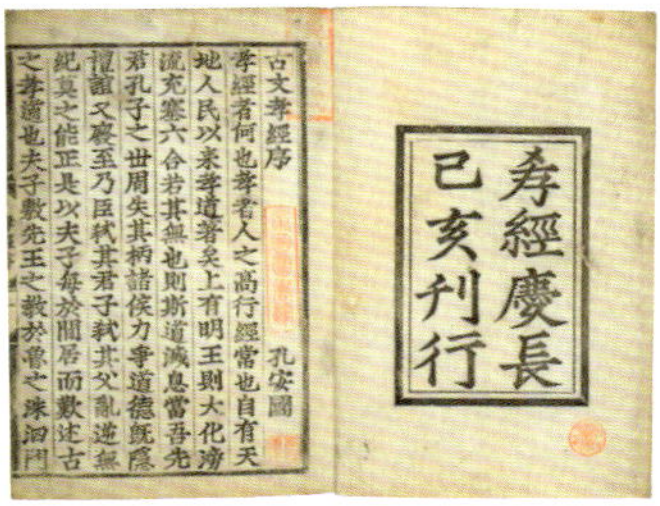

『古文孝経《こぶんこうきょう》』

後陽成天皇の勅命により出版された木活字本。ほかにも『日本書紀』や『職原抄』が印刷された。

後陽成院鷹攫雉之御絵《ごようぜいいんようかくちのおんえ》

後陽成天皇筆。後陽成は学問や文芸を好み、近世宮廷文化の基礎を築いたとされる。

（国立歴史民俗博物館蔵）

後陽成天皇肖像（泉涌寺蔵）

プロフィール

- **豊臣秀吉の経済支援を受け、朝廷の威信の回復に尽くした。**
- **在位後半の朝政は徳川家康をはじめ、江戸幕府の介入を受ける。**
- **学問をたしなみ、近世宮廷文化の基礎を築く。**

*猶子…親族の子を自分の子として迎え入れること

天皇の行幸は信長や秀吉に何をもたらしたのか

尊王家の信長にならった秀吉

天守台跡
豪華絢爛に飾られた天守。本丸御殿を見下ろしている位置に建つ
平面図が清涼殿に似ていることから、本丸御殿の「御幸の御間」が天皇のために築かれたという説もある
大手道は天皇の道として扱われたため、家臣は城下町に近い百々橋口道などを使用していた
大手道は正門である黒金門につながっておらず、防御を意識していない直線道だったことから天皇の行幸のための道という説もある
復元された大手道

建物 **安土城**

権力のシンボル・天守が初めて取り入れられた織田信長の城。正親町天皇の安土城行幸は山科言継《やましなときつぐ》の娘宛書状によって裏付けられており、本丸御殿は清涼殿に酷似していることから、天皇のために造られたといわれている。

CG/es 監修/三浦正幸

織田信長肖像（長興寺蔵）

織田信長《おだのぶなが》は**天下統一のために天皇・朝廷を援助**するなど**尊王家《そんのうか》の顔をもっていた**ことが、近年、史料の精査などにより明らかになっている。

信長が拠点とした安土城《あづちじょう》への**天皇の行幸《ぎょうこう》を願っていた**との説も、その根拠のひとつだ。足利義満《あしかがよしみつ》が北山殿《きたやまどの》（現・金閣寺《きんかくじ》）に後《ご》小松《こまつ》天皇を迎えた例など、**権力者が天皇を行幸させるのは、力を誇示するのに最適な方法**だった。

安土城の発掘調査では、本丸御殿《ほんまるごてん》が清涼殿《せいりょうでん》を、大手門《おおてもん》が平安京《へいあんきょう》の朱雀門《すざくもん》を模したと一説にはいわれており、行幸の意図が読み取れるという。

美術 聚楽第行幸図屏風《じゅらくだいぎょうこうずびょうぶ》

1588年に、後陽成天皇が聚楽第へと行幸する様子を描いた屏風。
（堺市博物館蔵）

豊臣秀吉肖像（高台寺蔵）

信長の跡を引き継いた豊臣秀吉《とよとみひでよし》は、聚楽第《じゅらくだい》に後陽成《ごようぜい》天皇を迎えて盛大にもてなし、行幸を実現している。聚楽第は、天皇の補佐役である関白《かんぱく》に任じられた秀吉の拠点であり、その権勢を象徴する場だ。そこに後陽成を招いたことで、**秀吉の名声はおおいに高まった**ことだろう。

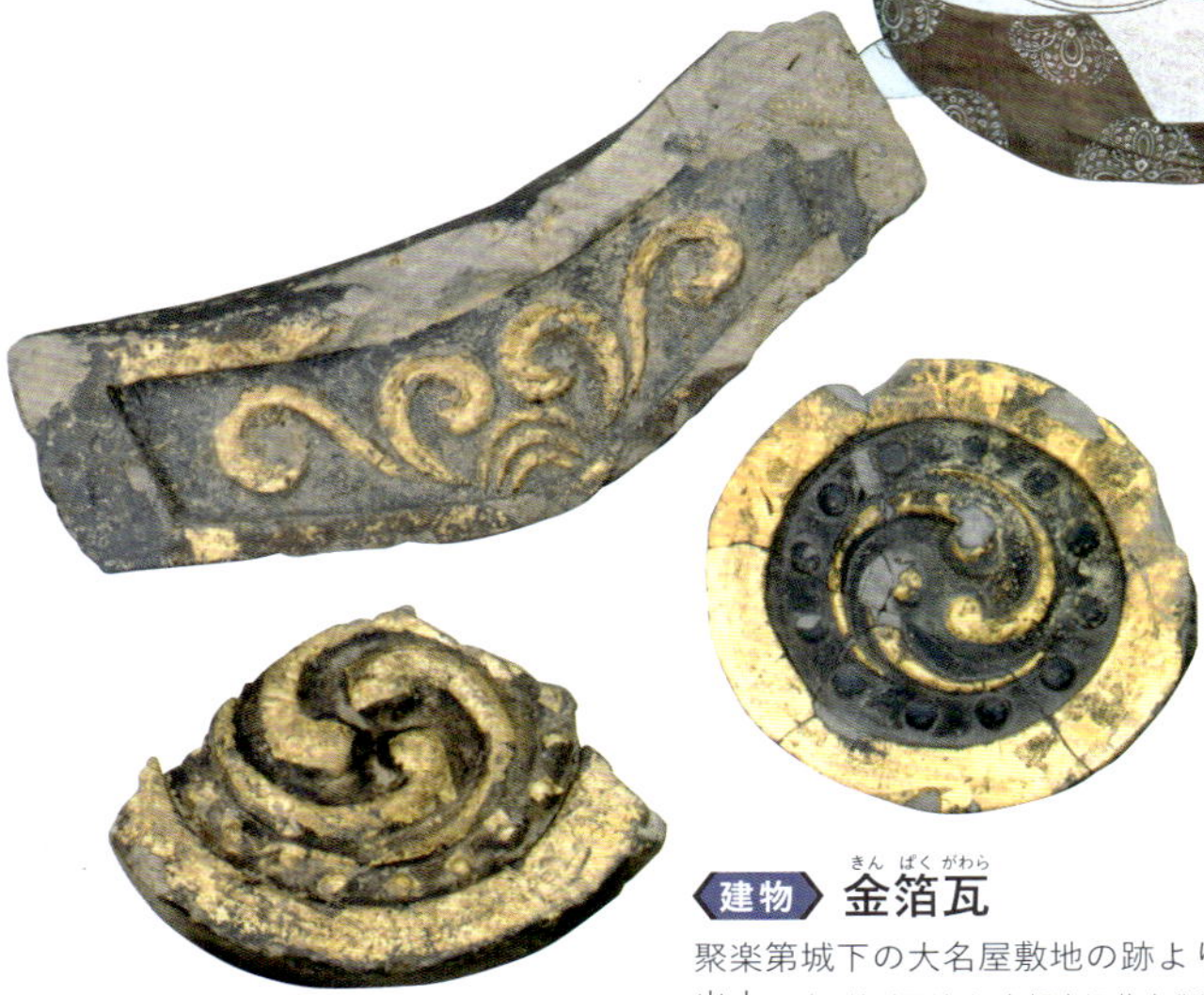

建物 金箔瓦《きんぱくがわら》

聚楽第城下の大名屋敷地の跡より出土。（公益財団法人 京都府埋蔵文化財調査研究センター蔵）

後《ご》水《みずの》尾《お》天《てん》皇《のう》

在位年
1611（16歳）～1629（34歳）

生没年
1596～1680（享年85歳）

父 後陽成天皇《ごようぜいてんのう》

母 近衛前子《このえさきこ》（中和門院《ちゅうわもんいん》）

配 徳川和子《とくがわまさこ》（東福門院《とうふくもんいん》）

同年代の権力者

徳川秀忠《とくがわひでただ》（江戸幕府2代将軍）

徳川家光《とくがわいえみつ》（江戸幕府3代将軍）

政治力に長け、幕府にも挑む

江戸時代初頭、幕府は体制を固めるため、**朝廷に対する締めつけを強化**した。この折、父・後陽成《ごようぜい》天皇と同じく**幕府に抵抗したのが後水尾天皇**だ。

後水尾を即位させた徳川家康《とくがわいえやす》は朝廷への警戒を隠さず、**管理下に置く法度《はっと》を制定し、皇位継承に介入する**など、朝廷の統制を進めた。また、家康の方針を継いだ2代将軍・秀忠《ひでただ》は、**徳川の血脈を天皇家に入れて外戚となり、さらに優位に立つべく娘の和子《まさこ》を入内**させた。

譲位してこそ権威が確立されるとの考えから、たびたび譲位を決行し

寛永行幸図巻《かんえいぎょうこうずまき》

後水尾天皇が二条城に行幸する様子が描かれた図巻。鳳輦《ほうれん》には後水尾天皇が乗り、前後を公家が行列する。（宮内庁蔵）

後水尾天皇肖蔵（泉涌寺蔵）

家系図

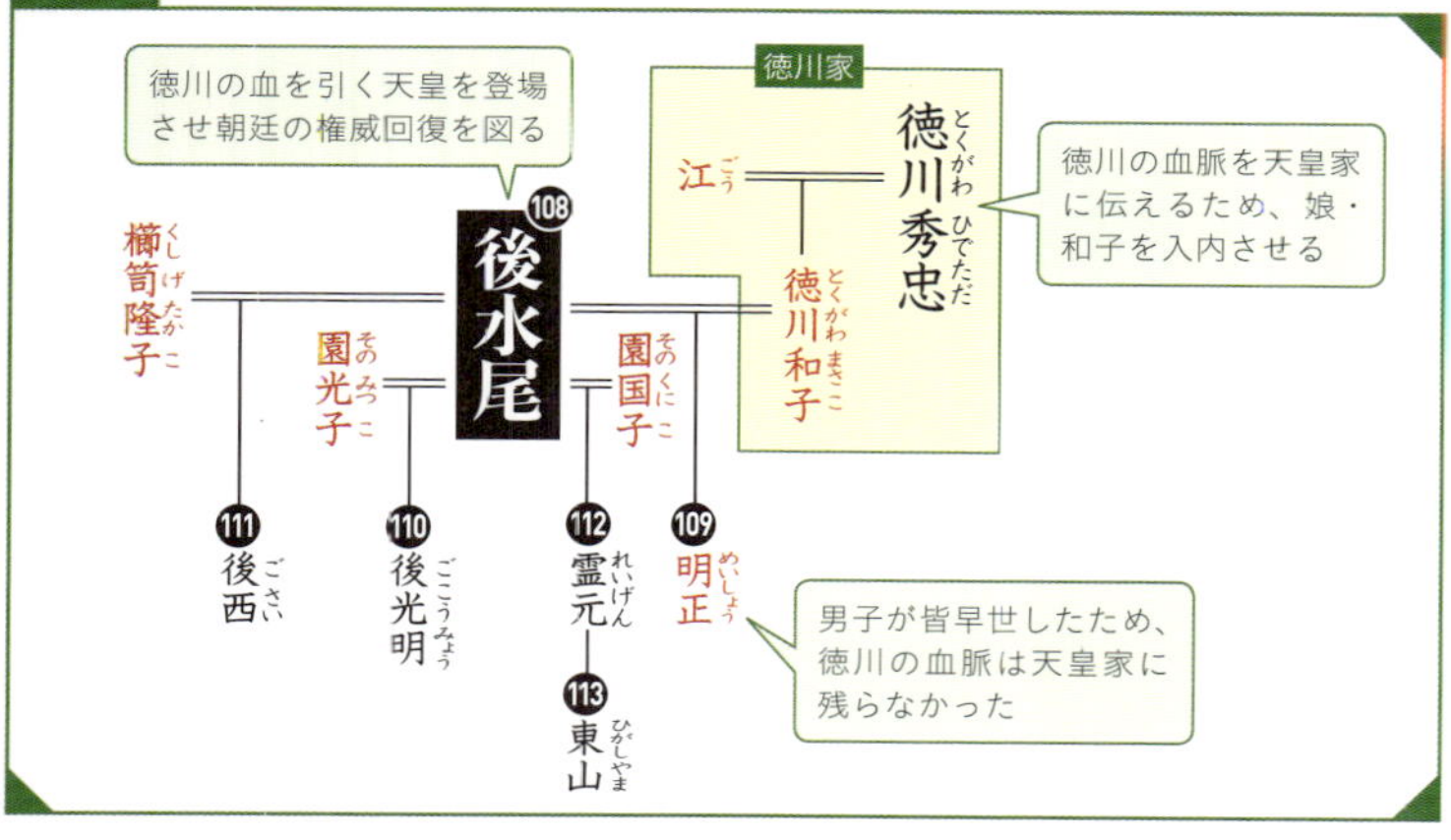

ようとした後水尾だが、幕府は徳川家の血を引く皇子の誕生まで譲位を留まらせたかった。

　しかし、紫衣事件《しえじけん》、自身の病気などをきっかけに、1629年、突如、**興子内親王《おきこないしんのう》（明正天皇《めいしょう》）に譲位を強行**した。幕府との関係は一時、険悪となるが、3代・家光《いえみつ》が朝廷に融和的だったため改善していく。

　その後、後水尾は**霊元天皇《れいげん》までの4代にわたり院政をしき**、85歳の長寿をまっとうした。昭和《しょうわ》天皇以前では歴代最長寿である。

プロフィール

- **ますます朝廷内への介入を強める江戸幕府に対抗する。**
- **徳川の血を引く天皇の登場による朝廷の権威回復を図る。**
- **譲位を強行し、4代にわたって院政をしいた。**

キーワード

幕府の権力を誇示した「紫衣事件《しえじけん》」

　幕府は、長く権力を得てきた寺社が朝廷と結びつくことを警戒し、紫衣（高徳の僧が着る法衣）の下賜《かし》に対して幕府の内諾を得るよう定めた。紫衣を下賜される僧は見返りに金品を献上してきたから、この収入源を断ち切ることで経済的支配を強めようとしたのだ。ところが、後水尾天皇がこれを無視して勅許を出していたため、幕府は沢庵宗彭《たくあんそうほう》ら反発した高僧を罰するなどして大騒動に発展した。

紫衣事件で流罪にされた沢庵宗彭。（東京大学史料編纂所蔵）

政治

なぜ幕府は朝廷の統制を行ったのか

法度や組織で朝廷を牽制《けんせい》する

江戸時代初頭、公家たちが大坂城の豊臣秀頼《とよとみひでより》のもとへ年賀の挨拶に出向くなど、**豊臣の威信はいまだ健在**だった。

こうしたなか、幕府は**天皇の権威を保ちつつ朝廷を統制する体制づくり**に臨む。大坂冬の陣にて豊臣が倒れた1615年には「**禁中並公家中諸法度《きんちゅうならびにくげちゅうしょはっと》**」を定め、天皇は諸芸や学問に励み、古道と和歌など文化・宗教を体現することが務めとされた。

しかし、実際には幕府が学ぶことを推奨した学問は主に帝王学の教科書であり、幕府は天皇を新しい時代のあるべき君主の姿にすることを目指したという。

組織固めも進んだ。もとは織《お》田信長《だのぶなが》の上洛《じょうらく》時に都の治安維持として発足した「**京都所司代《きょうとしょしだい》**」は、朝廷・公家の監視にも目を光らせるようになり、違反者を幕府が罰する構図を強調。また、新設した「**武家伝奏《ぶけてんそう》**」には親幕府の担当者を任命し、**朝議の結果を幕府に報告**させた。

こうして、天皇と朝廷を監視下に置いた**徳川幕府は、幕藩体制を確かなものとする基盤を固めた**のである。

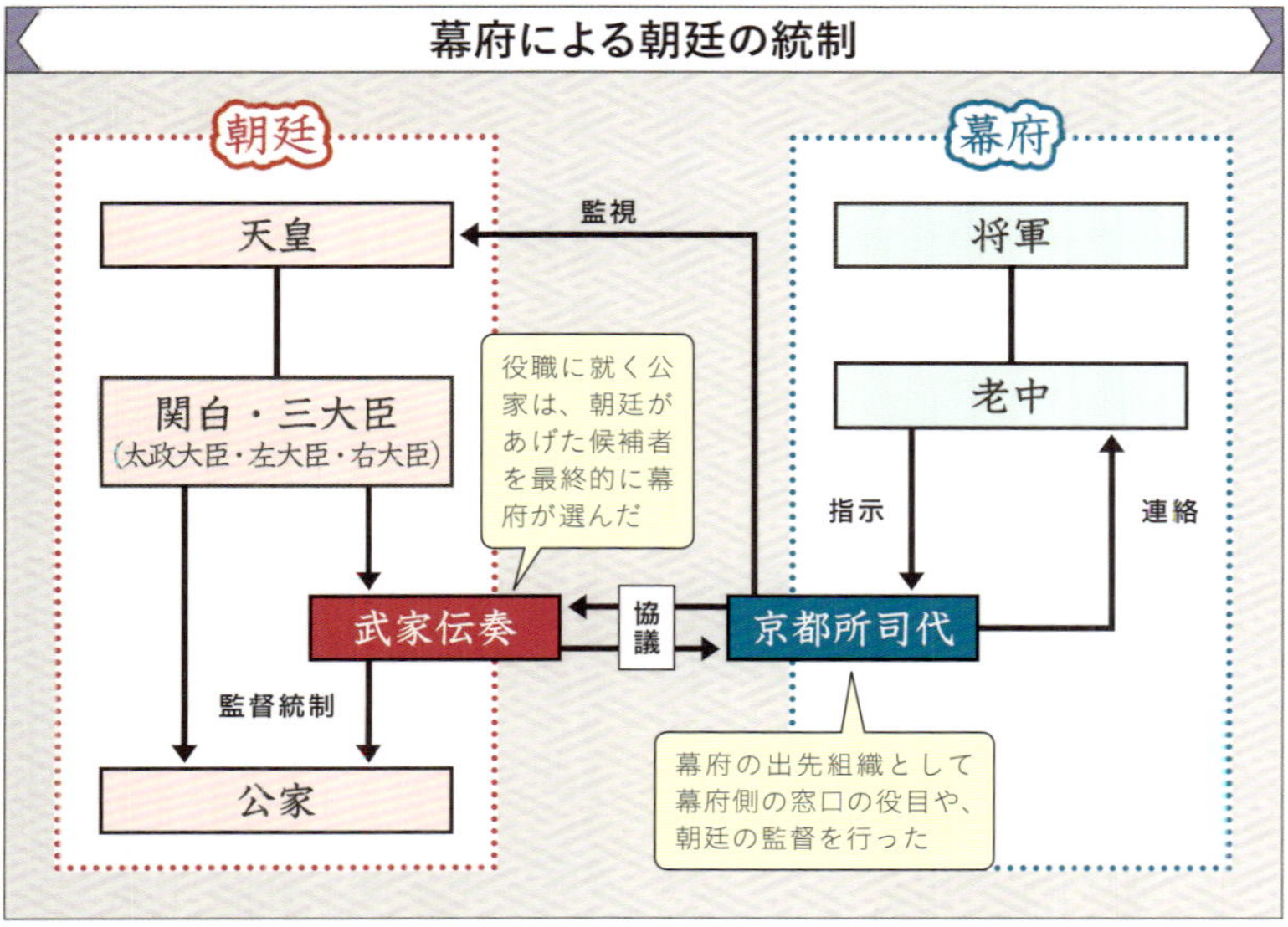

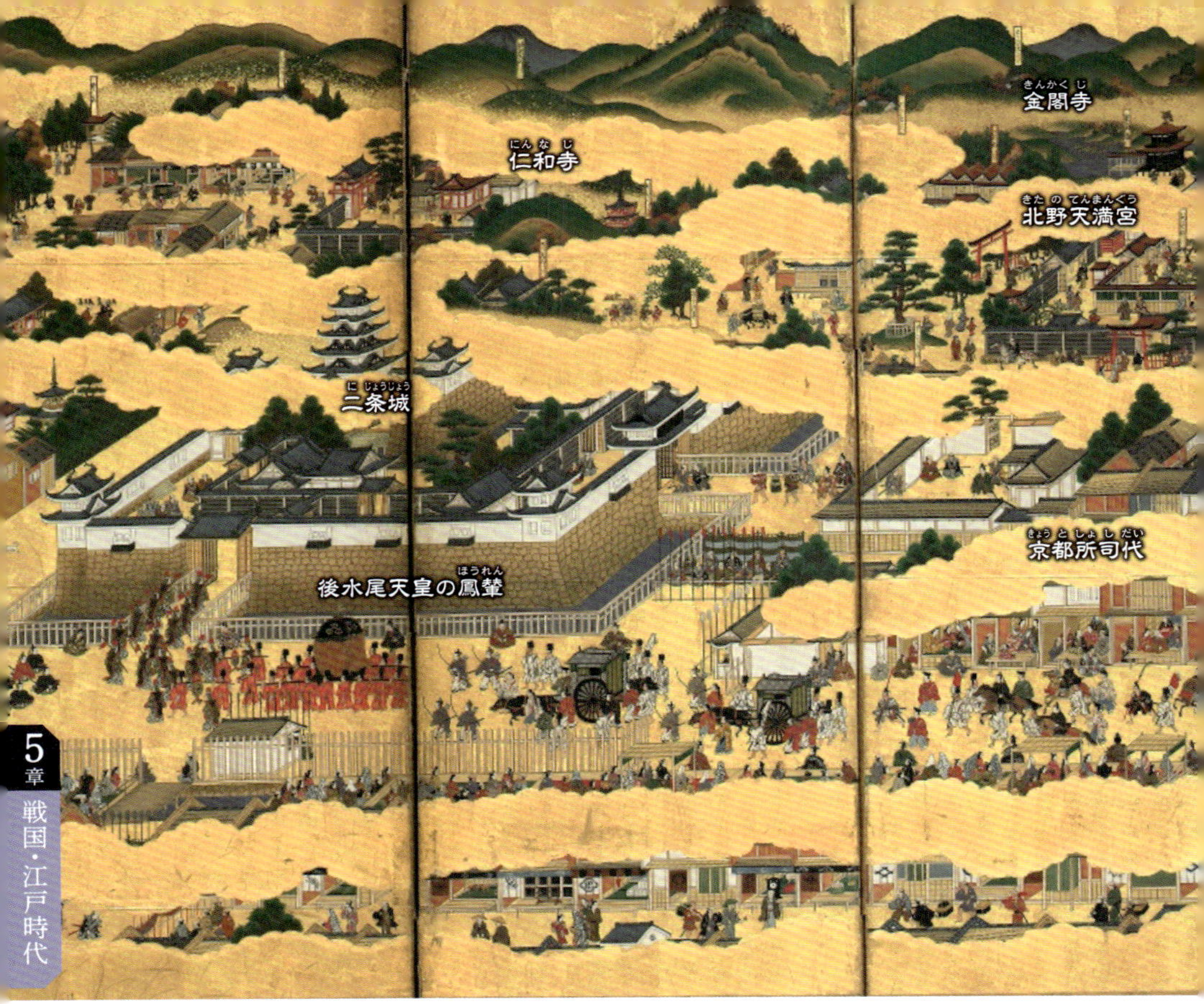

美術 **洛中洛外図屏風《らくちゅうらくがいずびょうぶ》**

2代将軍・徳川秀忠は娘・和子を入内させ、天皇家との縁戚関係を結ぶ。その際に公武融和をアピールするため、二条城に後水尾天皇の行幸を挙行した。（国立歴史民俗博物館蔵）

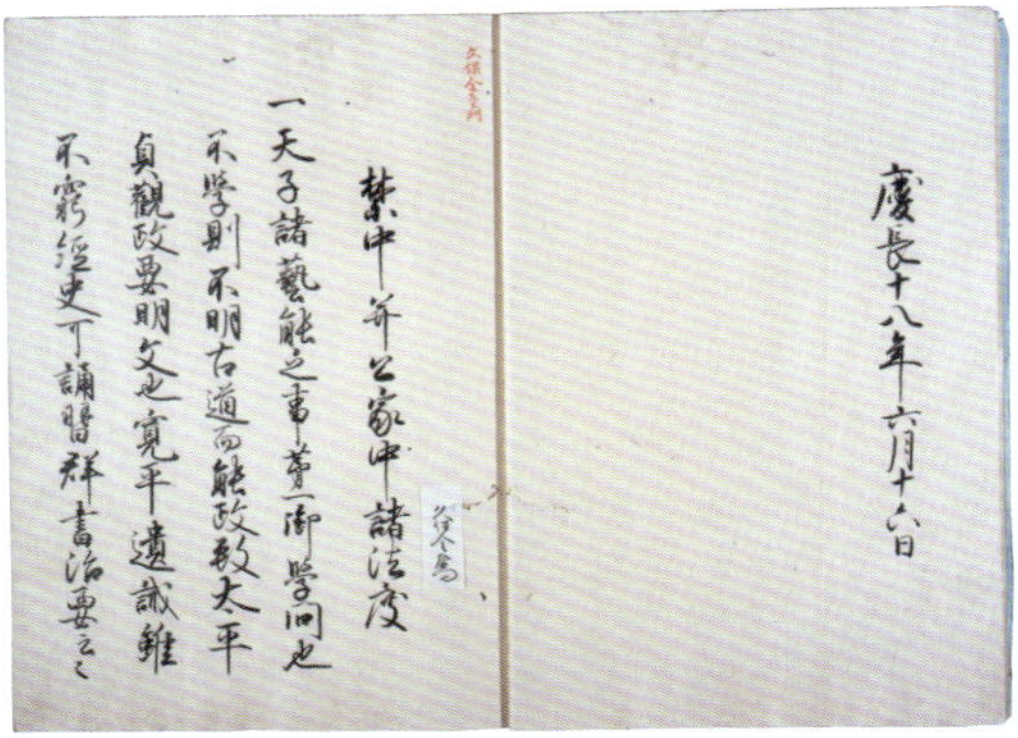
慶長十八年六月十六日

禁中并公家中諸法度

一 天子諸藝能之事第一御學問也

不學則不明古道而能政致太平

貞觀政要明文也寛平遺誡雖

不窮經史可誦習群書治要云々

主な内容	
第1条	天皇の仕事の第一は学問である
第4条	摂関になれる家柄であっても、能力のないものは任命してはならない
第7条	武家に与える官位は、公家の定員外の取り扱いをすべきとする
第8条	元号を改める時は、中国の年号の中からめでたいものを選び、定めるようにせよ
第16条	最近ではみだりに紫衣を勅許される高僧が増えている。今後は才能のある立派な人だけを選ぶべきである

史料 **「禁中並公家中諸法度《きんちゅうならびにくげちゅうしょはっと》」**

1615年に全17条からなる禁中並公家中諸法度が定められ、徳川家康・秀忠と関白が署名。これによって、朝廷の立ち位置は儀礼的な機能にのみ制限され、幕府の厳しい監視下に置かれることとなった。（明治大学博物館蔵）

文化

後水尾天皇 自ら設計した美しき離宮

京都を代表する観光名所に

江戸幕府に対しても気概を示し、政治センスに長けていた後水尾《ごみずのお》天皇は、**御所建築の設計を手がけるなど文化面にも才能を発揮した。**後水尾ゆかりの地が現在も残る京都では「ごみのお（後水尾）さん」と呼ばれ親しまれている。

桂離宮《かつらりきゅう》とならんで王朝建築の代表作といわれるのが、後水尾が上皇時代の別邸として建てた修学院離宮《しゅうがくいんりきゅう》と仙洞御所《せんとうごしょ》だ。修学院離宮は、下離宮・中離宮・上離宮に分れた広大な敷地からなる庭園を中心とした山荘。池のかたわらに茶亭などの建物がゆ

修学院離宮

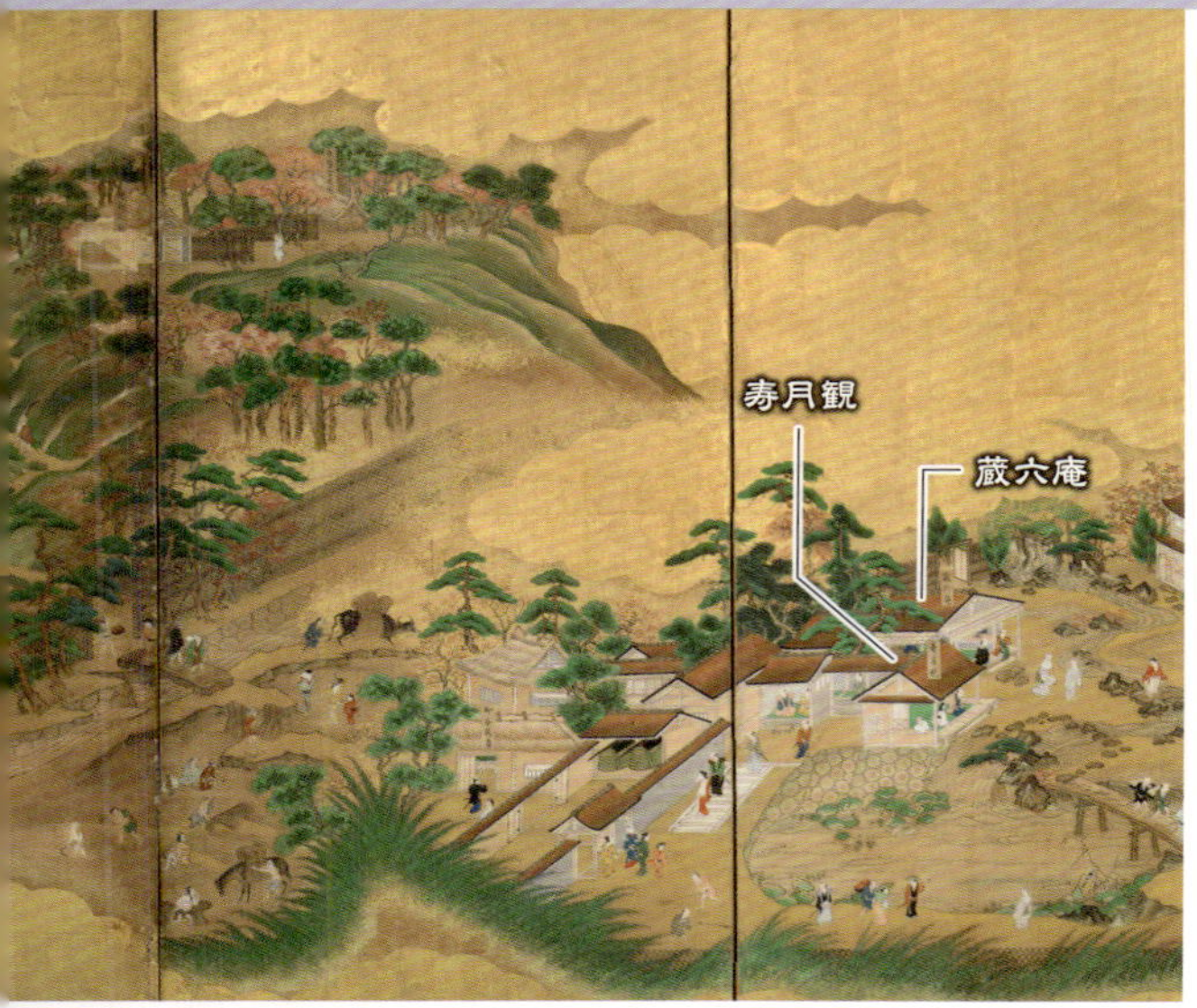

美術 **修学院図屏風**《しゅうがくいんずびょうぶ》

造営当初の修学院離宮を描いた屏風。公家や庶民など、身分に関係なく行楽を楽しんでいる様子が見られる。

（岡田美術館蔵）

建物 ① **隣雲亭**《りんうんてい》

延宝期に焼失し、文政期に再建された茶亭。上離宮の頂上に設けられ、浴龍池《よくりゅうち》を一望することができる。

建物 ② **窮邃亭**《きゅうすいてい》

浴龍池の中島にある茶亭。修学院離宮の建物の多くが火災により焼失した中で、唯一現存している。

その他の御所

建物 **仙洞御所　北池**

当初は女院御所として造営された庭園。18世紀前半に造られた掘割によって南池とつながっている。

建物 **仙洞御所　醒花亭《せいかてい》**

庭園の最南に位置する仙洞御所内で一番格式の高い茶室。醒花亭の名前の由来は、中国の詩人・李白の詩に由来している。

建物 **桂離宮**

八条宮智仁親王の別荘として、豊臣秀吉の援助を受け創設。造営されてから400年以上火災に遭っていないため、当時の姿を残している。

ったりと配置され、『源氏物語《げんじものがたり》』のような典雅な王朝世界をイメージして設計されたという。

仙洞御所も庭園を愛でる別邸だったが、建築群が幕末の火災で失われ、今は庭園だけが当時の面影を伝えている。

後水尾はまた、**松永貞徳《まつながていとく》（歌人）や本阿弥光悦《ほんあみこうえつ》（芸術家）ら文人の支援にも熱心だったという。**

御即位行幸図屏風 明正天皇の即位式の様子を描いた屏風。（宮内庁蔵）

109代

明《めい》正《しょう》天《てん》皇《のう》

在位年	生没年
1629（7歳）〜1643（21歳）	1623〜1696（享年74歳）

父 後水尾《ごみずのお》天皇
母 徳川和子《とくがわまさこ》（東福門院《とうふくもんいん》）
配 なし

約860年ぶりに女帝が誕生する

後水尾《ごみずのお》天皇は、腫れ物の治療を受けるため、幕府の反対を無視し、娘・興子内親王《おきこないしんのう》に譲位。天皇でいる間はお灸による治療は体を傷つけるとし、禁じられていたからだ。幕府は後水尾と徳川和子《とくがわまさこ》の間に皇子が生まれるのを待ちたがったが、諦めざるを得ず、ここに、称徳《しょうとく》天皇以来、約860年ぶりの**女帝・明正天皇がうまれた。**

明正は即位したとき7歳と幼かったため、**後水尾が実権を握った。**15年間の在位中は目立つ事績もないまま、21歳で異母弟の**紹仁親王《つぐひとしんのう》（後光明《ごこうみょう》天皇）に譲位**し、以後は京都の仙洞御所《せんとうごしょ》で過ごした。

110代

後《ご》光《こう》明《みょう》天《てん》皇《のう》

在位年	生没年
1643（11歳）〜1654（22歳）	1633〜1654（享年22歳）

父 後水尾《ごみずのお》天皇
母 園光子《そのみつこ》（壬生院《みぶいん》）
配 庭田秀子《にわたひでこ》

早世した文武両道の天皇

後水尾《ごみずのお》天皇の第4皇子で、明《めい》正《しょう》天皇の後継者として育ち、11歳で即位した。

幼少時から将来を期待されていたものの、気性の荒さゆえ後水尾から訓戒書《くんかいしょ》をもらうこともあった。**学問は漢学・漢詩を好んでこれを奨励した。**また、剣術にも長け、文武両道の人だったと伝わる。

即位したときは幼かったため後水尾院政の影響下にあったが、20歳ごろから政務に積極的に取り組んでいった。だが、そんなさなか、天然痘《てんねんとう》を患い22歳で急死してしまう。

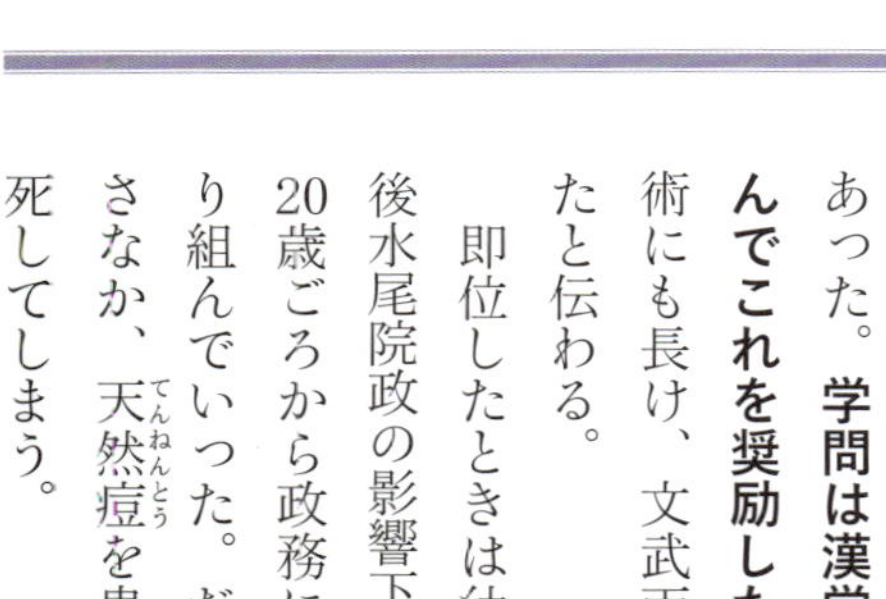

月輪陵《つきのわのみさぎ》 京都・泉涌寺にある陵墓。四条天皇、後水尾天皇から仁孝天皇までの御陵がある。

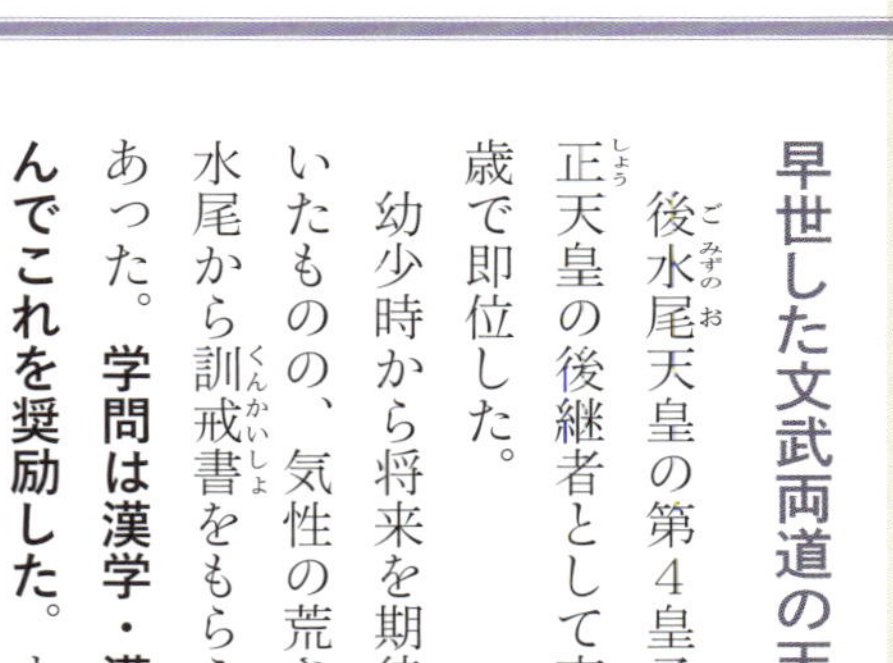

後光明天皇肖像（泉涌寺蔵）

111代

後《ご》西《さい》天《てん》皇《のう》

在位年
1654（18歳）
〜
1663（27歳）

生没年
1637
〜
1685（享年49歳）

父 後水尾《ごみずのお》天皇
母 櫛笥隆子《くしげたかこ》（逢春門院《ほうしゅんもんいん》）
配 明子女王《あきこじょおう》

書に長け文化事業にも尽力

後水尾《ごみずのお》天皇の第8皇子として生まれ、父が後継者としていた識仁《さとひと》（のちの霊元《れいげん》天皇）が成長するまで、**年長の後西天皇が在位することに**なった。

いわゆる中継ぎという立場ながら、在位した約9年間は積極的に政務にあたった。また、後西は書に長けており、**禁裏御文《きんりごぶん》庫《こ》（京都御所内の書庫）の整備**など、文化事業にも熱心だったという。

治世中、江戸で**明暦《めいれき》の大火《たいか》**が、京都では地震が起こるなど、譲位を決めたのは災厄が相次いだ影響だとも伝わる。

後西天皇肖像
（泉涌寺蔵）

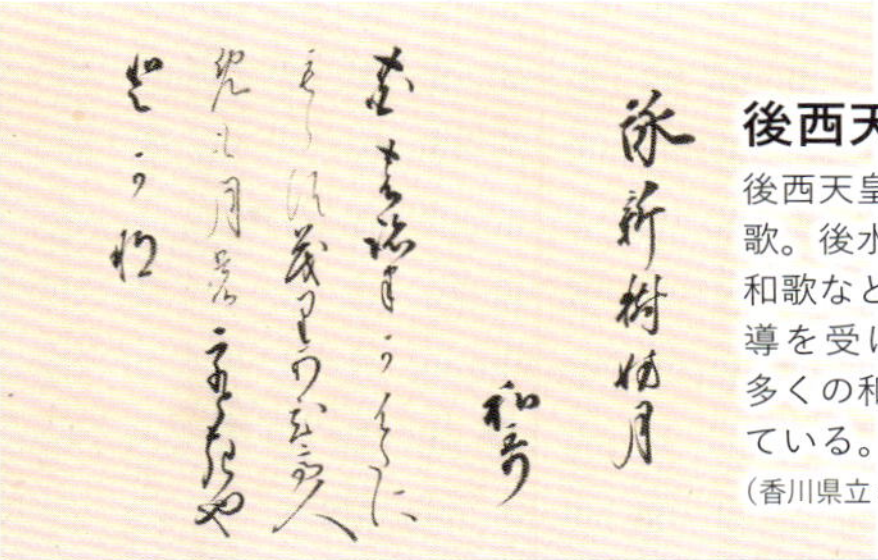

後西天皇宸翰御懐紙《しんかんごかいし》
後西天皇が詠んだ和歌。後水尾上皇から和歌などの厳しい指導を受けた後西は、多くの和歌集を残している。
（香川県立ミュージアム蔵）

112代

霊《れい》元《げん》天《てん》皇《のう》

在位年
1663（10歳）
〜
1687（34歳）

生没年
1654
〜
1732（享年79歳）

父 後水尾《ごみずのお》天皇
母 園国子《そのくにこ》（新広義門院《しんこうぎもんいん》）
配 鷹司房子《たかつかさふさこ》（新上西門院《しんじょうせいもんいん》）

幕府と良好な関係を築く

異母兄の110代・後光明《ごこうみょう》天皇の後継者として育ち、幼少から聡明だったため期待を集めていたという。

治世中は5代将軍・綱吉《つなよし》から多大な援助を得て、不完全な形式ながら**大嘗祭《だいじょうさい》を200年ぶりに復活させるなど、儀式の復興、朝廷の地位向上を目指した。**このように、幕府との関係がきわめてよかったことから、霊元天皇は**7代将軍・家継《いえつぐ》の名づけ親**にもなっている。父・後水尾《ごみずのお》上皇が崩御すると朝仁親王《あさひとしんのう》（のちの東山《ひがしやま》天皇）に譲位。約50年間、実力者として君臨した。

貞享四年大嘗会図《ていきょうよねんだいじょうえず》
天皇即位の儀式のひとつ・大嘗祭の様子を描く。霊元天皇の尽力により、221年ぶりに東山天皇の大嘗祭が開かれた。
（國學院大學図書館蔵）

113代

東《ひがし》山《やま》天《てん》皇《のう》

在位年	生没年
1687（13歳）〜1709（35歳）	1675〜1709（享年35歳）

父 霊元天皇《れいげんてんのう》
母 松木宗子《まつのきむねこ》（敬法門院《けいほうもんいん》）
配 幸子女王《さちこじょおう》（承秋門院《しょうしゅうもんいん》）

東山天皇御即位図
霊元天皇から譲位を受けた東山天皇。その即位式を描いた図。（東京大学史料編纂所蔵）

東山天皇肖像（泉涌寺蔵）

安定した治世を築く

13歳のとき、父・**霊元天皇《れいげんてんのう》の意を受けて即位**。父の院政を退けながら実権を握っていった。

霊元の代と同じく、**幕府との関係は良好**だった。財政支援を得て御料《ごりょう》（皇室領）が増え、霊元の代に不完全だった**大嘗祭《だいじょうさい》を本格的に行う**など、**朝儀や祭祀の再興**が進んだ。

また、6代将軍・家宣《いえのぶ》の近臣だった**新井白石《あらいはくせき》の提案**により、東山天皇の第6皇子（直仁親王《なおひとしんのう》）が**閑院宮《かんいんのみや》家を創設**している。

このように安定した治世だったが、東山は譲位してから約半年後、35歳の若さで世を去った。

114代

中《なか》御《み》門《かど》天《てん》皇《のう》

在位年	生没年
1709（9歳）〜1735（35歳）	1701〜1737（享年37歳）

父 東山天皇《ひがしやまてんのう》
母 櫛笥賀子《くしげよしこ》（新崇賢門院《しんすうけんもんいん》）
配 近衛尚子《このえなおこ》（新中和門院《しんちゅうわもんいん》）

幕府の支援で朝儀を再興

9歳で即位し、半年後に父・**東山《ひがしやま》上皇が急死**したため、治世の前半は祖父である**霊元《れいげん》上皇の院政下**にあった。

当時は8代将軍・徳川吉宗《とくがわよしむね》が**享保《きょうほう》の改革**を進めて幕府財政が改善していた。さらに、吉宗は有職故実《ゆうそくこじつ》*に対して理解があったため、朝儀の再興が進む。

こうした状況のなか、中御門天皇は霊元の娘・吉子内親王《よしこないしんのう》を7代将軍・**家継《いえつぐ》**に降嫁させることを決定。家継が早世したため実現しなかったが、**初めての降嫁**は大きな決断だったといえる。

譲位後、37歳で病没した。

象図
将軍・吉宗が購入したベトナム産の象を描いた図。中御門天皇、霊元上皇に拝謁した際、象が無位無冠であるとして、「広南従四位白象」の称号を与え、見物した。
（長崎歴史文化博物館蔵）

＊有職故実 … 朝廷の儀式や慣習の研究

115代

桜《さくら》町《まち》天《てん》皇《のう》

在位年	生没年
1735（16歳）〜1747（28歳）	1720〜1750（享年31歳）

父 中御門《なかみかど》天皇
母 近衛尚子《このえなおこ》（新中和門院《しんちゅうわもんいん》）
配 二条舎子《にじょういえこ》（青綺門院《せいきもんいん》）

現在に続く大嘗祭《だいじょうさい》を再復興

歴代天皇のなかでも珍しい元旦生まれで、誕生したときは宮中が喜びに包まれたという。

補佐役を務めた右大臣《うだいじん》・一条《いちじょう》兼香《かねよし》の日記によれば、即位した16歳のころは学問よりも和歌や蹴鞠《けまり》を好み、夜更かしをして周囲を心配させていたようだ。

だが、幕府の厚い支援もあって朝儀の復活に努めるようになり、先代に中断された**大嘗祭《だいじょうさい》を再び復活。新嘗祭《にいなめさい》、七社奉幣使《しちしゃほうへいし》**などほかの儀礼も復興させた。

こうして朝廷の権威向上に尽くした桜町天皇だったが、長命には恵まれず、31歳で病没した。

桜町天皇肖像（泉涌寺蔵）

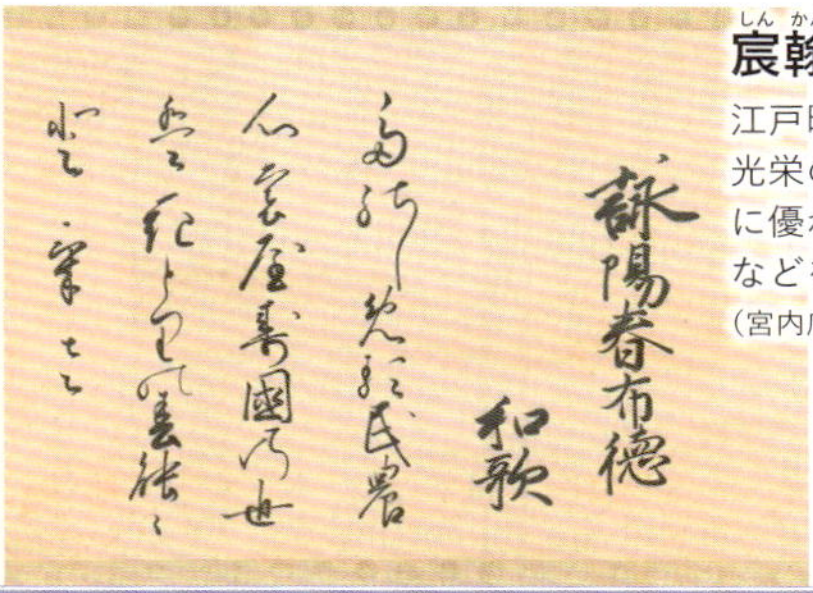

宸翰和歌懐紙幅《しんかんわかかいしふく》
江戸時代の歌人・烏丸光栄の門下として歌道に優れ、『桜町院御集』などをまとめた。
（宮内庁書陵部蔵）

116代

桃《もも》園《その》天《てん》皇《のう》

在位年	生没年
1747（7歳）〜1762（22歳）	1741〜1762（享年22歳）

父 桜町《さくらまち》天皇
母 姉小路定子《あねのこうじさだこ》（開明門院《かいめいもんいん》）
配 一条富子《いちじょうとみこ》（恭礼門院《きょうれいもんいん》）

桃園天皇肖像（泉涌寺蔵）

玉津島神社《たまつしまじんじゃ》
和歌山県にある和歌の神様・衣通姫尊《そとおりひめのみこと》を祀る神社。桃園天皇のほか、霊元天皇や光格天皇が和歌を奉納している。

進講をめぐり宮中が揺れる

桜町《さくらまち》天皇の第1皇子。7歳で即位した頃から学問を好み、利発だったため期待を集めた。

ところが、近習の勧めで**竹内《たけのうち》式部《しきぶ》から激烈な尊王論《そんのうろん》*を学んだ**ことで宮中に動揺が広がる。桃園天皇があまりに尊王論に傾くと、幕府との関係が悪化しかねないからだ。

そこで、摂関家《せっかんけ》が幕府と協力して竹内に圧力をかけ、桃園に進講《しんこう》を勧めた近習たちも朝廷から排除した。この**宝暦《ほうれき》事件**によって朝廷の内紛が続き、桃園は目立った事績も残せないまま22歳で急死した。

＊**尊王論**…天皇を神聖なものとし敬う思想

117代 後《ご》桜《さくら》町《まち》天《てん》皇《のう》

在位年 1762（23歳）〜1770（31歳）
生没年 1740〜1813（享年74歳）

父 桜町天皇《さくらまち》
母 二条舎子《にじょういえこ》（青綺門院《せいきもんいん》）
配 なし

後桜町天皇肖像（早稲田大学図書館蔵）

仙院七十御賀御屏風画様《せんいんしちじゅうのおんがおびょうぶがよう》

宮廷画家・鶴沢探泉作。後桜町天皇が70歳を迎えた際に行われた「七十御賀」の際に作成された御賀屏風の下絵。（宮内庁書陵部蔵）

現在までで最後の女性天皇

2代前の桜町《さくらまち》天皇の第2皇女で、桃園《ももぞの》天皇の異母姉にあたる。

桃園が若くして崩御した折、後継者とされた英仁親王《ひでひとしんのう》（のちの後桃園《ごももぞの》天皇）がまだ5歳だったため即位することになった。

明正《めいしょう》天皇以来119年ぶりの女帝であり、**現在までで最後の女性天皇**である。

後桜町天皇は英仁親王の教育に積極的に取り組み、8年の在位を見事に果たした。慈悲深い人格者としても知られ、**天明《てんめい》の飢饉のときには被災者にりんごを配る**などした。文筆にすぐれ、歌道の名人としても知られる。

118代 後《ご》桃《もも》園《ぞの》天《てん》皇《のう》

在位年 1770（13歳）〜1779（22歳）
生没年 1758〜1779（享年22歳）

父 桃園天皇《ももぞの》
母 一条富子《いちじょうとみこ》（恭礼門院《きょうれいもんいん》）
配 近衛維子《このえこれこ》（盛化門院《せいかもんいん》）

皇子もなく早世し皇統の危機を招く

伯母である**後桜町《ごさくらまち》天皇の譲位**を受けて即位する。

当時、財政難におちいっていた幕府では**田沼意次《たぬまおきつぐ》**が実権を握っていた。政治の失敗により飢饉が広がり、幕府の屋台骨がきしみはじめていた頃だ。朝廷もその影響を受けて資金を要する儀式が減っていた。**幕府は朝廷の経理に直接介入**してくるようになり、不正が発覚して処罰者が出るなど、不穏な空気に覆われていく。

そんななか、後桃園天皇は22歳の若さで、しかも皇子もなく崩御。閑院宮家《かんいんのみや》*出身の光格《こうかく》天皇へ譲位された。

家系図

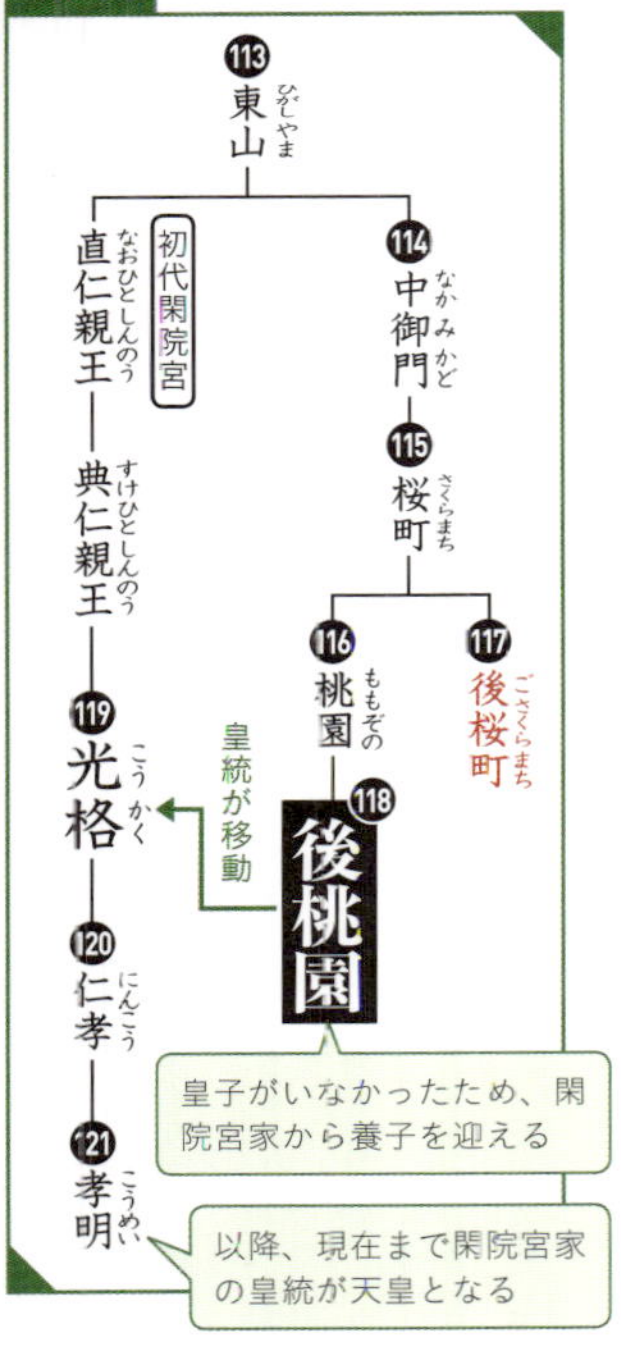

*閑院宮家…天皇にならなかった東山天皇の皇子・直仁親王から始まる世襲親王家

119代

光《こう》格《かく》天《てん》皇《のう》

在位年 1779（9歳）～1817（47歳）
生没年 1771～1840（享年70歳）

父 典仁親王《すけひとしんのう》（閑院宮《かんいんのみや》）
母 岩室磐代《いわむろいわしろ》
配 欣子内親王《よしこないしんのう》（新清和院《しんせいわいん》）

光格天皇肖像
（泉涌寺蔵）

桜町殿行幸図《さくらまちでんぎょうこうず》
光格天皇が上皇の御所である仙洞御所へ向かう行列を描いた図。図の真ん中に光格。前後に公家が行列を作る。

幕府に意見した「強い」天皇

後桃園《ごももぞの》天皇が皇子を残さず早世したため、**閑院宮《かんいんのみや》家**（⬇P202）**から即位したのが光格天皇**である。光格の家系が現代の皇室まで繋がっている。

傍系という立場ゆえ天皇になるための教育を受けておらず、理想の君主像を自ら模索。結果、強い皇統意識を抱くようになり、**朝廷の権威復活を図る**言動をみせた。幕府にも強い態度で臨み、政治領域にも踏み込んでいる。

在位38年、院政20年越えと異例の長さで君臨した光格の強い姿は、精神的支柱として幕末の朝廷に活きることになる。

120代

仁《にん》孝《こう》天《てん》皇《のう》

在位年 1817（18歳）～1846（47歳）
生没年 1800～1846（享年47歳）

父 光格天皇《こうかく》
母 勧修寺婧子《かしゅうじただこ》（東京極院《とうきょうごくいん》）
配 鷹司繋子《たかつかさしげこ》

子弟教育のため学習所を構想

父・**光格《こうかく》天皇の譲位**を受け、18歳で即位。博学多才だった父と同じく学問を好んだ仁孝天皇は、『日本書紀《にほんしょき》』や和歌の勉強会をよく催すようになる。

また、父の遺志を継ぎ、平安時代の大学寮のような教育機関の復活を目指し、「学習所」の構想を温めた。これは仁孝の急死により在位中には実現しなかったが、1847年に完成し、**学習院の前身**となった。

治世中は列島近海で外国船が相次いで現われるようになったが、海防に対する懸案は次代へと持ち越されることになった。

仁孝天皇肖像
（泉涌寺蔵）

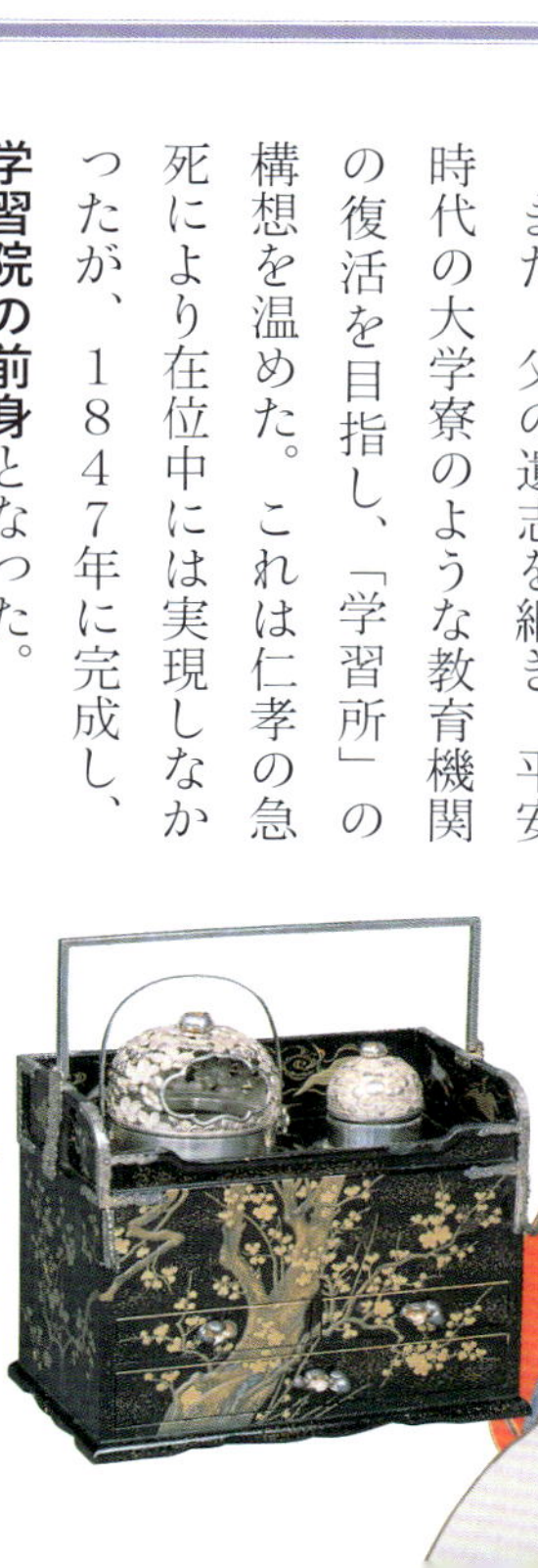
鶴《つる》に梅樹《ばいじゅ》図《ず》蒔絵《まきえ》
煙草《たばこ》盆《ぼん》
金と銀の蒔絵で鶴と梅樹が施された煙草盆。仁孝天皇の御料だったが、付属のキセルは失われてしまった。
（冷泉家時雨亭文庫蔵）

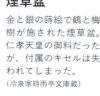

121代

孝《こう》明《めい》天《てん》皇《のう》

在位年
1846（16歳）～1866（36歳）

生没年
1831～1866（享年36歳）

父 仁孝天皇《にんこう》

母 正親町雅子《おおぎまちまさこ》（新待賢門院《しんたいけんもんいん》）

配 九条夙子《くじょうあさこ》（英照皇太后《えいしょうこうたいごう》）

同年代の権力者

徳川家茂《とくがわいえもち》（江戸幕府14代将軍）

徳川慶喜《とくがわよしのぶ》（江戸幕府15代将軍）

攘夷と安寧を願った波乱の生涯

孝明天皇の即位から7年、黒船来航に始まる動乱の時代が幕を開けた。生理的な外国嫌いだった孝明は、**外国を打ち払う「攘夷《じょうい》」の意思を示し、政治的存在に躍り出る。**

大老《たいろう》・井伊直弼《いいなおすけ》が勅許《ちょっきょ》を得ずに通商条約に調印したことに対しては怒りを表明。尊王《そんのう》を掲げる水戸《みと》藩に攘夷と幕政改革を求める密勅《みっちょく》を送り、さらに譲位の意思も示し抵抗した。

尊王攘夷派を弾圧した井伊が水戸浪士らに暗殺されると、**幕府は失墜した権威回復のため朝廷と協力する公武合体《こうぶがったい》路線をとった。**孝明はこれ

プロフィール

- 勅許なき通商条約の締結に対して抵抗の意思を示した。
- 妹・和宮を将軍家に降嫁させ、公武合体に協力した。
- 秩序を保つため、長州系の過激攘夷派を朝廷から排除した。

孝明天皇肖像（東京大学大学院法学政治学研究科附属近代日本法政資料センター）

儀式の際に着用した黄《こう》櫨《ろ》染《ぜんの》御《ご》袍《ほう》と冠

孝明天皇が着用していた冠と衣服。所蔵する平安神宮には祭神として桓武天皇と孝明が祀られている。（平安神宮蔵）

に応じ、**妹の和宮《かずのみや》を将軍・徳川家茂《とくがわいえもち》に降嫁させる。**

降嫁の政略は尊王攘夷派の反発を招き、攘夷運動が各地で相次ぐようになる。浪士らは、孝明の意思である攘夷こそが公論であると訴え、朝廷でも長州《ちょうしゅう》系浪士と結んだ過激攘夷派が台頭した。

秩序の乱れを憂えた孝明は彼らを追放したが、公武合体と攘夷の実現はもはや現実的ではなくなっていく。裏で長州・薩摩《さつま》藩が倒幕を目指すようになるなか、孝明は疱瘡《ほうそう》により急死した。一説には暗殺説もささやかれている。以後、倒幕運動が本格化する。

ゆかりの人物 徳川慶喜《とくがわよしのぶ》

御所にせまる長州藩を退けた禁門《きんもん》の変《へん》以降、御所守備を指揮した徳川慶喜は会津《あいづ》藩・桑名《くわな》藩とともに京都政局を担い、孝明天皇の信頼を得ていく。慶喜は、母が有栖川宮織仁親王《ありすがわのみやおりひとしんのう》の息女であり、孝明の血縁にあたる。さらに、生家の水戸藩からは尊王思想を受け継いでおり、孝明にとっては気を許しやすい相手だったのだ。孝明の急死により慶喜の政治構想は大きく狂うことになる。

孝明天皇に信任されていた徳川慶喜。（福井県立郷土歴史博物館蔵）

孝明天皇紀附図原稿《こうめいてんのうきふずげんこう》

嘉永元年に御所で催された歌会始を描いている図の下絵。江戸時代の歌会始の様子がわかる貴重な資料となっている。（宮内庁蔵）

後月輪東山陵《のちのつきのわのひがしのみささぎ》

孝明天皇が埋葬されている陵墓。ほかにも光格天皇の天皇陵にもなっている。

なぜ天皇を頂点とする新体制に移行できたのか

尊王攘夷運動から討幕へ世が傾く

黒船の砲艦外交により開国を余儀なくされた幕府は、慣例を破って朝廷や諸大名に広く外交の意見を求めた。幕府の求心力が落ちるなかで、孝明《こうめい》天皇が通商条約拒否と攘夷の意思を表明すると、**天皇を尊ぶ"尊王《そんのう》"と、異国人は打ち払うべきと考える"攘夷《じょうい》"が合体した尊王攘夷運動**の嵐が巻き起こっていく。

これは、水戸学《みとがく》の「天皇を中心に藩幕体制を強化する」という考えに、国学（＝日本古来の思想を研究する学問）の「天皇

揺らぐ朝幕関係

光格《こうかく》天皇が父に太上《だじょう》天皇（上皇）の尊号を贈ろうとしたが、幕府の強い反対にあい実現せず。この一件で朝幕関係にわだかまりが残った。

光格天皇肖像（泉涌寺蔵）

朝廷に意見を求める

ペリーに開国を求められた幕府の老中・阿部正弘《あべまさひろ》は、朝廷や諸大名に意見を求める、これまでにない異例の対応をとった。朝廷は攘夷を通達、結局は意見がまとまらないまま開国されたが、これをきっかけに朝廷および諸大名の発言力が増した。

将軍	年月	出来事	天皇
家斉	1789.2？	尊号事件	光格
家慶	1841.8	弘道館仮開校	仁孝
家慶	1853.6	ペリー来航	孝明
家定	1854.3	日米和親条約締結	孝明
家定	1858.9	安政の大獄が始まる（〜1859）	孝明

※出来事の地色は幕府と朝廷の力関係を表す

□…幕府　□…朝廷

尊王攘夷とは？

「尊王」とは天皇を尊ぶこと、「攘夷」とは異国人を打ち払うこと。水戸藩の徳川光圀《みつくに》が編纂した『大日本史』から起こった「水戸学」で唱えられた、天皇中心に幕藩体制を強化する思想が、やがて強い尊王攘夷論に発展。水戸藩の学者・藤田東湖《ふじたとうこ》は、藩校・弘《こう》道館《どうかん》の教育指針で尊王攘夷論を示し、多くの志士に影響を与えた。

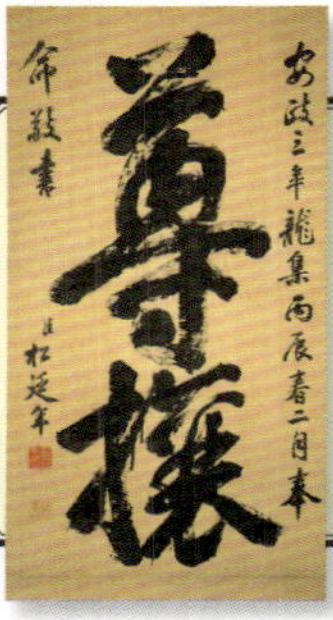

弘道館に掲げられた「尊攘」の書（弘道館蔵）

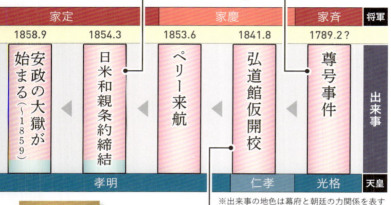

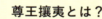

尊攘派を追放したクーデター

和宮降嫁後、京では尊攘派の長州藩と公家が実権を握っていた。彼らの動きに危機感を抱いた公武合体派の薩摩藩・会津藩は、尊攘派の長州藩と公家を京から追い出すクーデターを起こす。三条実美《さんじょうさねとみ》ら尊攘派の公家は、長州へ落ち延びた。

三条実美

公武合体とは？

朝廷（公）と幕府（武）が結びつき、藩幕体制の立て直しを狙った考え方。桜田門外《さくらだもんがい》の変《へん》で権威が揺らいだ幕府は、公武合体を強化しようと、将軍家と天皇家の婚姻を結ぶことを提案。孝明天皇は、攘夷の実行を約束するかわりに、妹・和宮《かずのみや》を14代将軍・家茂《いえもち》に嫁がせることを許可した。

家茂

1860.3	1860.8	1862.1	1863.3	1863.8	1864.7
桜田門外の変	和宮降嫁が決定	坂下門外の変	将軍家茂上洛	八月十八日の政変	禁門の変

孝明

家茂の上洛を描いた錦絵

229年ぶりの上洛

公武合体をさらに強化するため、家茂が京へ上洛し、孝明天皇に謁見した。3代将軍・家光《いえみつ》以来のことだった。孝明は、家茂に攘夷を改めて誓わせ、事柄によっては朝廷が直接諸藩に通達を行うことなどを宣言した。

孝明天皇肖像（泉涌寺蔵）

は神聖なものである」という思想が合わさり、発展したものだった。

朝廷の発言力が増したことで、政治の舞台は江戸から京都に移り、長州《ちょうしゅう》藩を中心とした尊攘派浪士らは、天皇の威を借りるようにして活動を展開。「攘夷の手段化」により増長した過激尊攘派だが、孝明はこの状態をよく思っていなかった。

朝廷は長年にわたり政権に携わってこなかったため、**朝廷の頼るべき存在は幕府**と考えていたからである。つまり、孝明は**朝廷と幕府が力をあわせる公武《こうぶ》合体《がったい》を持論**としていた。

こうした孝明の意もあり、尊攘派である公家および長州藩は、八月十八日の政変で京から失脚する。これに対して長州藩が巻

幕府消滅、朝廷の復活

大政奉還によって討幕の密勅の大義名分を失わせた15代将軍・徳川慶喜は、長年政権を運営してこなかった朝廷にかわって、政権に関わるつもりだった。しかし、岩倉具視、大久保利通らを中心とした倒幕派がその裏をかいて、明治天皇の勅許を得て王政復古を宣言。幕府の廃絶が決定し、天皇を中心とした新政府が誕生することとなった。

従来之旧習を改メ、政権ヲ朝廷ニ奉帰
（訳：これまでの旧習を辞め、政権を朝廷にお返しする）
徳川慶喜

「大政奉還」（元離宮二条城事務所提供）

慶喜					家茂
1867.12	1867.10	1867.10	1866.12	1866.6	1866.1
王政復古の大号令 ◀	大政奉還 ◀	討幕の密勅 ◀	孝明天皇崩御 ◀	第二次長州征討 ◀	薩長同盟成立 ◀
明治				孝明	

偽の勅書が下される

討幕の機会を狙っていた岩倉具視、薩摩藩の大久保利通《おおくぼとしみち》を中心として、討幕の密勅（内密の勅命）が薩摩藩と長州藩に下された。幕府の権威が失墜していたとはいえ、討幕の大義名分として勅命が必要だった。この密勅は偽勅説もある。

孝明天皇は暗殺された!?

薩摩藩が討幕へと藩論を変え、長州藩に幕府が敗れるなど、世が討幕へと傾くなか、公武合体派の孝明天皇が突如崩御した。病死とされるが、討幕派の公家・岩倉具視《いわくらともみ》がこのままでは討幕できないと考え、孝明を暗殺したという説もある。

岩倉具視

き返しを図った禁門《きんもん》の変《へん》では、公武合体派の薩摩《さつま》藩・会津《あいづ》藩に大敗を期した。

　禁門の変と前後して、薩摩藩はイギリスと、長州藩は4国連合艦隊と対外戦を行う。この件で攘夷は不可能と悟った薩摩藩と長州藩は、倒幕を目指しひそかに手を組んだ。

　それから1年も経たないうちに、公武合体と攘夷を強く訴えていた孝明が崩御。孝明の信任を得ていた15代将軍・徳川慶喜《とくがわよしのぶ》は後ろ盾を失うが、**朝廷へ政権を返上する大政奉還《たいせいほうかん》によって、倒幕派の武力討幕を阻止することに成功した。**

　大政奉還後も実権は慶喜が握るつもりでいたが、**王政復古《おうせいふっこ》の大号令《だいごうれい》で天皇を中心とした新政権樹立を宣言。**こうして倒幕派

天皇、東京へ移る

新しい政府をつくり出すため、政治の中心地と天皇を、京都から東京へと移す必要があった。しかし、いきなり遷都となると公家の反感を買うため、明治天皇は行幸という形で東京へ向かい、一旦京都へ戻ったのち、東京への遷都が行われた。

錦の御旗

錦の御旗がはためく

錦《にしき》の御《み》旗《はた》とは、朝廷軍(官軍)が掲げる旗印。官軍に敵対するものは「朝敵《ちょうてき》」と見なされるため、戦いにおいて相手の戦意を喪失させる絶大な効果をもった。実際、錦の御旗が翻ると、旧幕府軍は勢いをなくしていったという。

1868.1	1868.3	1868.9	1868.9	1869.3	1871.7
鳥羽・伏見の戦い	五箇条の誓文	東京行幸	一世一元の制	東京再幸	太政官制(三院制)が確立

明治

時代は「明治」に

鳥羽・伏見の戦いを皮切りとした戊辰戦争のさなか、明治天皇の即位式が行われ、年号が「明治」にかわった。同時に、天皇一代につきひとつの年号を採用する一世一元《いっせいいちげん》の制《せい》が定められた。

明治新政府の体勢の変遷

中央集権国家に向けて、それまであった摂政《せっしょう》や関白《かんぱく》が廃止され、中央官制の三職《さんしょく》が発足。その後、太政官制《だじょうかんせい》が定められた。

三職

総裁	議定	参与
有栖川宮熾仁親王	公 中山忠能	公 岩倉具視
	土 山内豊信	薩 西郷隆盛
	越 松平慶永	薩 大久保利通
	薩 島津忠義ら	土 後藤象二郎ら

↓

太政官制(三院制)

太政官

- 左院(立法)
- 正院(行政)
  - 太政大臣：公 三条実美
  - 右大臣：公 岩倉具視　左大臣：欠員
  - 参議：薩 西郷隆盛　長 木戸孝允　土 板垣退助　肥 大隈重信
  - 神祇省　兵部省　司法省　外務省　文部省　宮内省　大蔵省　工部省　開拓使
- 右院(調整機関)

が一気に巻き返し、旧幕府側は鳥羽《とば》・伏見《ふしみ》の戦いをはじめとした戊辰《ぼしん》戦争で負け終焉を告げた。

その後、五箇条《ごかじょう》の御誓文《ごせいもん》によって天皇の御代であることを宣言。明治《めいじ》改元、東京奠都《てんと》と、天皇を取り巻く環境は一新され、新しい時代へと突入していく。

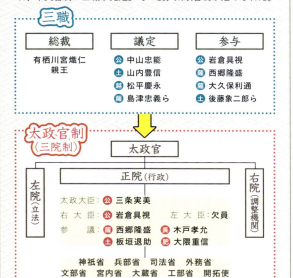

COLUMN 5

天皇家の断絶を防いだ 世襲親王家

天皇継承を繋いだ4つの宮家

世襲親王家《せしゅうしんのうけ》とは、江戸時代に皇位継承の控えとして「(内《ない》) 親王宣下《しんのうせんげ》」を受けたうえで、代々、親王を称する者を出した宮家のこと。伏見宮《ふしみのみや》・桂宮《かつらのみや》・有栖川宮《ありすがわのみや》・閑院宮《かんいんのみや》の４家があった。

江戸後期、118代・後桃園《ごももぞの》天皇が皇子を残さず急死したため、世襲親王家から次帝を迎えることになった。この時、４家のなかで創設が新しい閑院宮家から天皇と血筋が近い９歳の師仁《もろひと》親王（のちの119代・光格《こうかく》天皇）が親王宣下を受けた。当時の世襲親王家では親王宣下を受けない者の多くが出家しており、光格も当初は聖護院《しょうごいん》に入り出家する予定だったという。明治時代に皇室典範《こうしつてんぱん》が改正され、世襲親王家の制度は廃止された。

❖ 4つの世襲親王家

伏見宮（始祖：栄仁親王）

創始者の北朝第３代・崇光天皇の第１皇子・栄仁は、後光厳天皇や足利氏の介入により即位できなかった。約540年間の歴史を誇る世襲親王家。

輩出した天皇　**102代・後花園天皇**

桂宮（始祖：智仁親王）

創始者は豊臣秀吉の猶子で、106代・正親町天皇の孫の智仁親王。智仁親王の別邸が日本屈指の美しさを誇る庭園を持つ桂離宮である。

輩出した天皇　**なし**

有栖川宮（始祖：好仁親王）

創始者は107代・後陽成天皇の子。妻は将軍・徳川秀忠の養女。好仁には子がなく、後水尾天皇の子・良仁が養子に入り、有栖川宮家は存続した。

輩出した天皇　**なし**

閑院宮（始祖：直仁親王）

新井白石の提案によって創設された最も新しい世襲親王家。創始者は113代・東山天皇の皇子。現在の皇統は閑院宮家から繋がっている。

輩出した天皇　**119代・光格天皇**

6章

近・現代の天皇

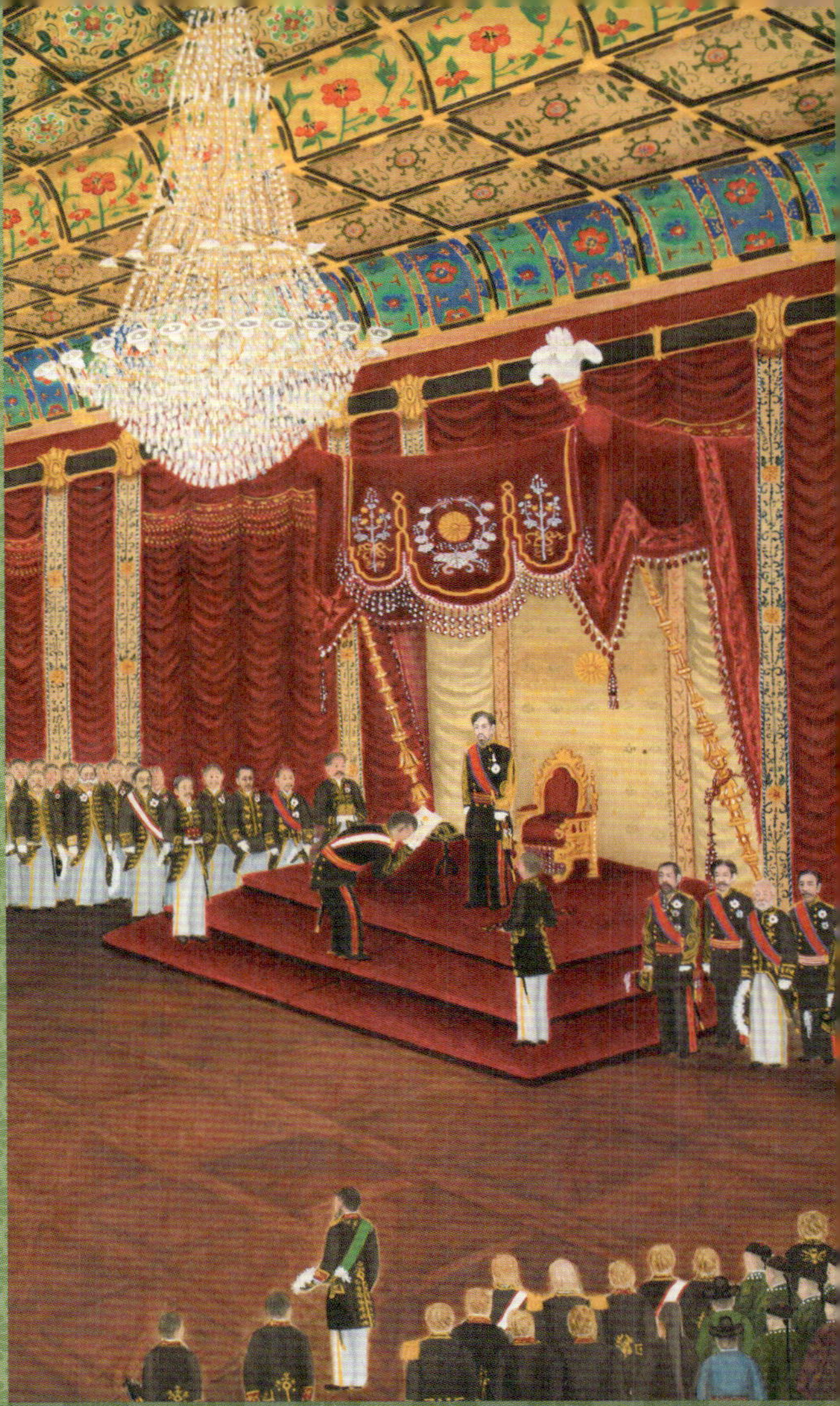

近代国家への道を歩み出した日本は、天皇の在り方にも影響を与えた。明治には天皇を国家元首に位置づけたが、第二次世界大戦後に「国民の象徴」と定められた天皇は、どのような役割を果たしてきたのだろうか。

▲日露戦争（三笠保存会蔵）

▲大日本帝国憲法の発布

近・現代の天皇・皇子一覧

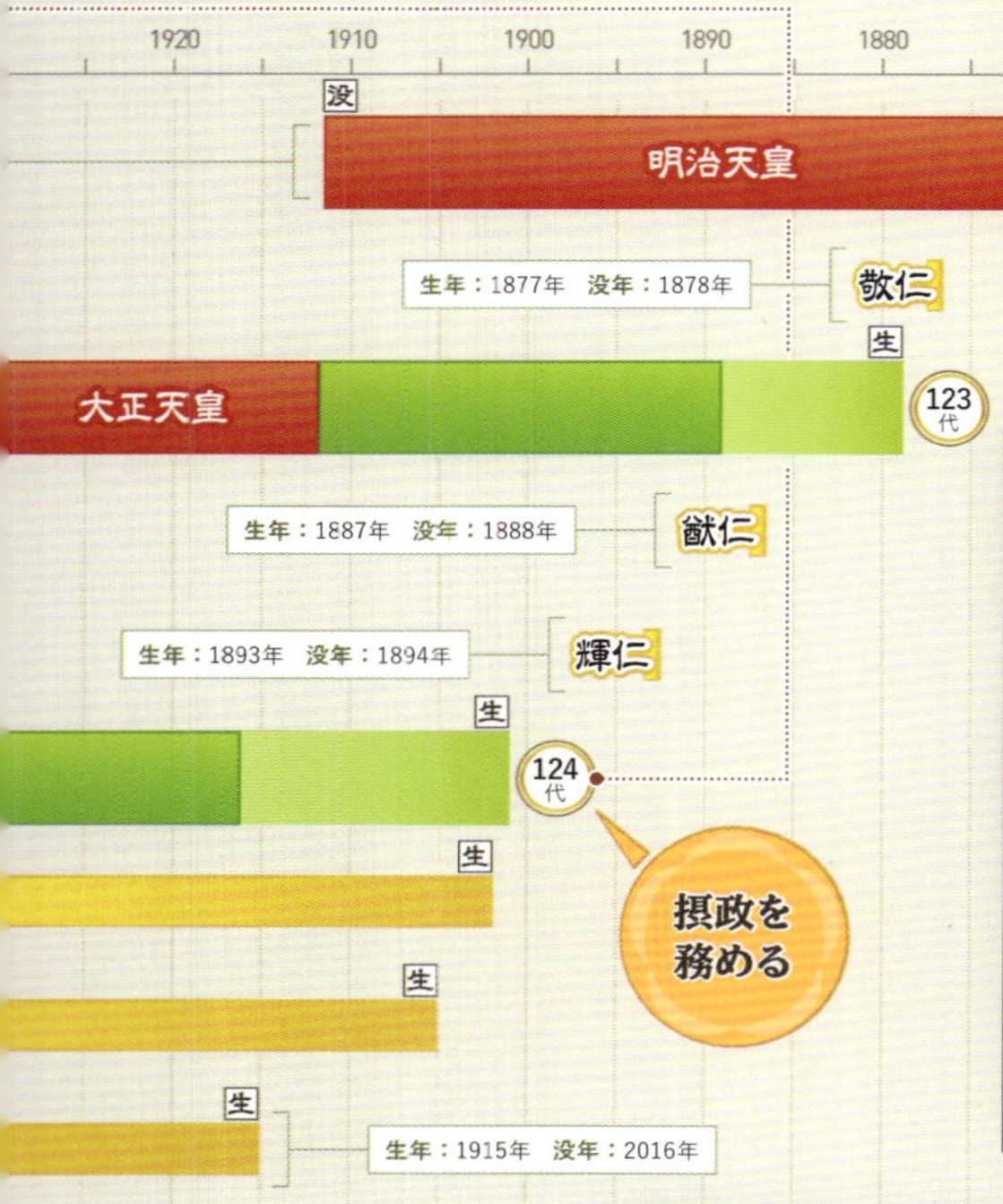

▲明治天皇肖像

◀昭和天皇とマッカーサー

1923	1914	1904	1894	1889	1877	1868
関東大震災	第一次世界大戦	日露戦争	日清戦争	大日本帝国憲法発布	西南戦争	戊辰戦争

登場する天皇

122代 明治天皇 ← 125代 今上天皇

▲東日本大震災

▲東京オリンピック（朝日新聞社提供）

▲太平洋戦争終戦

2020　2010　2000　1990　1980　1970　1960　1950　1940　1930

：即位していた期間　：皇太子の期間

P208　生年：1852年　没年：1912年　在位年：1867~1912年

P210　生年：1879年　没年：1926年　在位年：1912~1926年

◀今上天皇と美智子皇后

P212　生年：1901年　没年：1989年　在位年：1926~1989年　昭和天皇

生年：1902年　没年：1953年　秩父宮雍仁

生年：1905年　没年：1987年　高松宮宣仁

三笠宮崇仁

今上天皇　125代

常陸宮正仁

徳仁皇太子　126代　生年：1960年　在位年：2019年～予定

秋篠宮文仁　生年：1965年

2011　東日本大震災

1995　阪神・淡路大震災

1978　日中平和友好条約

1972　沖縄の本土復活

1964　東京オリンピック開催

1947　日本国憲法施行

1941　太平洋戦争

1937　日中戦争

1931　満州事変

総論

近・現代の天皇の歴史と役割

近・現代の天皇を理解する3ポイント

その1

主権者で国家元首

大日本帝国憲法下では天皇が主権者であり国家元首であった。

その2

限定的な政治関与

権限は憲法に規定され、政治への直接的関与は少なかった。

その3

「国民の象徴」

戦後、象徴天皇制となり、国政への関与は認められていない。

国家元首という立場から政治的関与のない象徴へ

維新により誕生した新政府は、ヨーロッパの立憲君主国をモデルとし、中央集権による近代的な国家の建設を目指した。それを明確にしたのが、1889年に発布された大日本帝国憲法だ。この第4条で「天皇ハ国ノ元首ニシテ統治権ヲ総攬《そうらん》シ此ノ憲法ノ条規《じょうき》ニ依リ之ヲ行フ」と、**天皇を国家元首に位置づけた。**

天皇に絶大な権力が集中したかのように見えるがその実、**天皇が政治に対して直接命令を下すことは少なく、実際に政治を動かしていたのは元老や内閣であった。**しかし昭和に入ると、「軍の統帥《とうすい》権《けん》は天皇にあるので、政府の方針に従わなくてもよい」という勝手な解釈が生まれ、軍の政治関与を生み出すきっかけとなった。

戦後に公布された日本国憲法では、天皇は「国民の象徴」と位置づけられた。天皇の仕事としては、憲法が定める特定の国事に関することだけを行うとされた。

その国事行為も内閣の助言と承認が必要なので、実質的には内閣の責任において実施されている。国事行為とは別に、被災地を見舞う天皇皇后両陛下の姿には、多くの国民が勇気づけられた。

ポイント その1

戦前まで、天皇は主権者であり国家元首だった

明治天皇の治世

- 維新後の東京奠都により、江戸城が宮殿となる
- 帝国憲法下では国家元首とされる

大正天皇の治世

- 病弱であり、裕仁親王（のちの昭和天皇）が摂政として政務を代行

昭和天皇の治世

- 軍部が政治関与し独断専行した

アジア太平洋戦争の勃発と敗戦

戦後、「人間宣言」を発し、「国民の象徴」となる

解説　明治維新のシンボル的存在だった明治天皇は憲法下で臣民の統治者とされ、近代化のなかでカリスマ的君主となる。大正天皇は病弱のため、のちの昭和天皇が摂政として補佐した。

ポイント その2

大日本帝国憲法下で天皇の政治関与は限定的

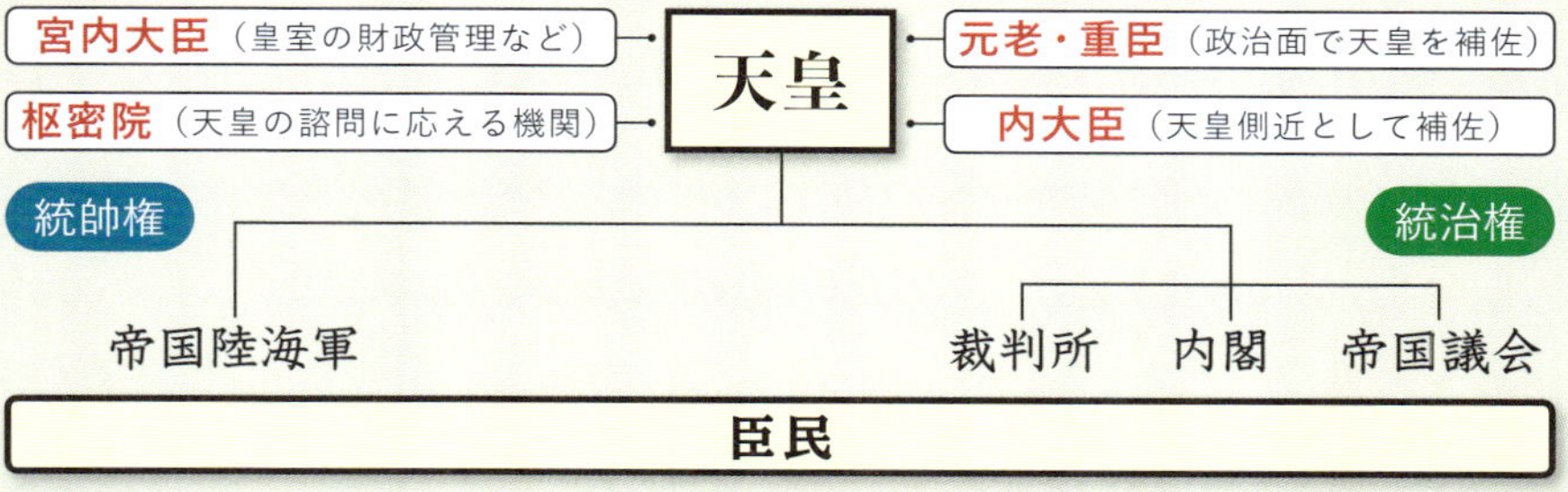

解説　戦前の天皇は主権者であり、三権に対しては統治権（任命権）、軍に対しては統帥権を持っていた。ただし、実際には元老や大臣らが政治を主導し、天皇自らの関与は少なかった。

ポイント その3

戦後、「国民の象徴」となった天皇

	大日本帝国憲法	日本国憲法
天皇	国家元首であり、統治権の総攬者。神聖不可侵の存在	日本国と日本国民統合の象徴。形式的･名目的な国事行為を行う
主権	天皇主権。天皇大権中心主義	国民主権。権力分立主義
内閣	天皇の補弼機関。国務大臣は天皇に対して責任を負う	最高の行政機関。議院内閣制をとり、国会に責任を負う
国民の権利	天皇の臣民としての権利。法律の範囲内での保障	主権者。基本的人権の保障

解説　戦後、アメリカの占領下で制定された日本国憲法で天皇は「国民の象徴」とされた。また、天皇自ら「人間宣言」を発して神格を否定し、全国各地への巡幸を行った。

122代

明治天皇《めいじてんのう》

在位年
1867（14歳）〜1912（59歳）

生没年
1852〜1912（享年59歳）

父 孝明天皇《こうめいてんのう》
母 中山慶子《なかやまよしこ》
配 一条美子《いちじょうはるこ》（昭憲皇太后《しょうけんこうたいごう》）

内閣総理大臣
初代 伊藤博文《いとうひろぶみ》
↓
14代 西園寺公望《さいおんじきんもち》

富国強兵の日本の象徴となる

1867年、孝明《こうめい》天皇の突然の死により即位。**薩摩《さつま》・長州藩《ちょうしゅう》を中心に、江戸幕府を倒さんとしていた時期だった。**

翌年、明治天皇は薩長両藩に対し、「倒幕《とうばく》の密勅《みっちょく》」を下した。しかしこれには天皇の裁可であることを示す御画可《ごかく》が書かれていないことから、偽物であると考えられ、また同じタイミングで幕府が大政奉還《たいせいほうかん》を行ったため、密勅は無意味となった。

その後、**王政復古《おうせいふっこ》が宣言され、御一新《ごいっしん》のなか、即位式と明治に改元が行われた。**同時に天皇1代に元号はひとつと定める「一《いっ》世一元《せいいちげん》の制《せい》」も布告された。そして強力な中央集権国家を造り上げるため、明治天皇の名の元に東京奠都《てんと》、版籍奉還《はんせきほうかん》、廃藩置県《はいはんちけん》などの大改革が行われた。

日清《にっしん》戦争では大本営に詰め、1912年、不平等条約改正の翌年に崩御。**日本を1代で列強国とした明治天皇は多くの国民から畏敬されていた。**

しかし、皇后や女官らを自分で考えたあだ名で呼ぶなど、私生活は意外に茶目っ気に溢れていたという。

プロフィール

- 明治天皇を最高権力とした新政府が立ち上げられ、近代化政策が進められる。
- 形式上、領民と領地が天皇の元へ返還される版籍奉還と、一世一元の制が定められる。
- それまでの天皇と代わって全国各地を巡幸する。

家系図

- 121 孝明《こうめい》 ＝ 英照皇太后《えいしょうこうたいごう》
- 121 孝明 ＝ 中山慶子《なかやまけいこ》
  - 122 明治 ＝ 昭憲皇太后《しょうけんこうたいごう》
  - 122 明治 ＝ 柳原愛子《やなぎはらなるこ》
    - 123 大正《たいしょう》 ＝ 貞明皇后《ていめいこうごう》
      - 124 昭和《しょうわ》 ＝ 香淳皇后《こうじゅんこうごう》
        - 125 今上《きんじょう》

軍服姿の明治天皇（宮内庁提供）

憲法発布式之図

憲法発布の諸儀式を記録するために床次正精《とこなみまさよし》に宮内庁が依頼した絵。制作にあたり、床次は列席者の顔写真や女性の服の生地や色まで取材を行った。（宮内公文書館蔵）

臣民ハ此ノ憲法ニ対シ永遠ニ従順ノ義務ヲ負フヘシ
睦仁
天皇御璽
明治二十二年二月十一日
内閣総理大臣伯爵黒田清隆
枢密院議長伯爵伊藤博文
外務大臣伯爵大隈重信
海軍大臣伯爵西郷従道
農商務大臣伯爵井上馨
司法大臣伯爵山田顕義
大蔵大臣兼内務大臣伯爵松方正義
陸軍大臣伯爵大山巌
文部大臣子爵森有礼
逓信大臣子爵榎本武揚

大日本帝国憲法御署名原本

帝国憲法の原本。右ページには明治天皇の御名御璽《ぎょめいぎょじ》、左ページには各大臣の署名が入っている。（国立公文書館蔵）

皇后 昭憲皇太后

学問を好み、現・お茶の水女子大学をはじめとする教育機関や、現・日本赤十字などの発展に寄与した。また、欧化政策を先導するため女子の洋装を奨励したという。（宮内庁提供）

奥羽御巡幸万世橋之真景《おううごじゅんこうまんせいばしのしんけい》

明治天皇はそれまでの天皇とは対照的に、各地を訪問した。本図は1876年の巡幸の際、東北へ向かって出発した様を描く。

キーワード 明治時代に始まった天皇の「行幸《ぎょうこう》」

天皇がお出かけされることを行幸、2か所以上に行幸することを巡幸と呼ぶ。御所からほとんど出ずに過ごした孝明天皇と代わって、明治天皇は積極的に巡幸を行った。これは天皇が民衆と接することで、新しい日本の君主が天皇であることを全国に知らせるためであった。

明治天皇の六大巡幸

年	ご年齢	行幸先
1872年	19歳	九州・中国・近畿
1876年	24歳	東北・北海道
1878年	25歳	北陸・東海道
1880年	27歳	甲州・東山道
1881年	28歳	東北・北海道
1885年	32歳	山陽道

123代

大《たい》正《しょう》天《てん》皇《のう》

在位年
1912（32歳）～1926（47歳）

生没年
1879～1926（享年47歳）

父 明治《めいじ》天皇
母 柳原愛子《やなぎわらなるこ》
配 九条節子《くじょうせつこ》（貞明《ていめい》皇后）

内閣総理大臣
14代 西園寺公望《さいおんじきんもち》
↓
25代 若槻禮次郎《わかつきれいじろう》

生涯病に苦悩し、晩年は摂政を擁立

明治《めいじ》天皇の第3皇子として生まれ、明宮嘉仁親王《はるのみやよしひとしんのう》と名付けられる。誕生の翌年に曾祖父・中山忠能《なかやまただやす》の家に里子に出され、7歳の時に宮中へ戻る。

同時に美子《はるこ》皇后の養子となり、生母である柳原愛子《やなぎわらなるこ》に育てられることはなかった。そればかりでなく、弟宮の全員と妹宮のほとんどが薨去《こうきょ》。年の近い兄弟姉妹が存在せず、家族との触れ合いが少ない生い立ちであった。

嘉仁親王は幼少期から病気がちだった。中等科に進学した後

プロフィール

- 幼少から病に臥し、療養生活を送った。
- 旅行は健康によいとし、各地を行幸。また歴代天皇で初めて外遊を行った。
- 晩年は療養に専念するため皇太子・裕仁（のちの昭和天皇）を摂政とした。

大正天皇肖像（宮内庁提供）

皇后 **貞明皇后**

ふたりの結婚式は宮中賢所大前で行われる神前式結婚で、史上初の試みであった。皇子4人をもうけ、天皇家の一夫一妻制を進めた。皇太后となってからは慈善事業に熱心に取り組んだことが知られる。（宮内庁提供）

も変わらず、学習院を中退し赤坂離宮内の御学問所で学んだ。

1900年に九条道孝《くじょうみちたか》の四女・節子《さだこ》と結婚。その後、結婚報告のため歴代天皇の墓がある泉涌寺《せんにゅうじ》を訪問。この旅の間、嘉仁親王はみるみる回復したことから、旅行は健康によいとし、以降嘉仁親王は**在位中に日本全国へ行幸《ぎょうこう》するようになる**。一般の人の前にも姿を現し、気軽に声をかけたりした。また、韓国統監・伊藤博文《いとうひろぶみ》の要請に応じ、大韓帝国にも訪れ、**日本史上初の外遊も果たした**。

明治天皇が崩御し即位すると、日々の激務から再び体調を崩す。1921年、**療養に専念するため裕仁《ひろひと》皇太子が摂政《せっしょう》に置かれ、政務から離れる**。5年後、わずか47歳で崩御する。

多摩御陵

1926年に崩御した大正天皇が埋葬された陵墓。関東に埋葬された初めての天皇となった。

大韓帝国への外遊

大正天皇は皇太子時代、伊藤博文の要請を受けて、韓国を巡啓。皇太子が天皇の代理として外国を公式訪問するのは初めてのことだった。（朝日新聞社提供）

キーワード 大正天皇を支えた「摂政《せっしょう》」

即位後、大正天皇は幼少期から患っていた脳の病気が悪化、天皇が懇意にしていた内閣総理大臣・原敬《はらたかし》が東京駅で暗殺されると、病はさらに進行した。宮内大臣・牧野伸顕《まきののぶあき》は天皇の病状を鑑み、摂政設置を決意。1921年、枢密《すうみつ》会議や皇室会議で、裕仁皇太子（のちの昭和天皇）の摂政就任が決定された。大正天皇は摂政に関して「御点頭（うなずくこと）遊ばされた」と記録されているが、牧野は「天皇は言上が理解できていない様子だった」といい、天皇の病が深刻なものであったことがわかる。裕仁皇太子は大正天皇崩御までの5年間、摂政として政務を司った。

摂政時代の裕仁皇太子（宮内庁提供）

124代

昭和天皇《しょうわてんのう》

在位年
1926（25歳）
～
1989（87歳）

生没年
1901
～
1989（享年87歳）

父 大正天皇《たいしょうてんのう》

母 九条節子《くじょうせつこ》
（貞明《ていめい》皇后）

配 久邇宮良子《くにのみやながこ》
（香淳《こうじゅん》皇后）

内閣総理大臣

14代 若槻禮次郎《わかつきれいじろう》
↓
25代 竹下登《たけしたのぼる》

戦争の時代を経て、国民の象徴天皇となる

大正《たいしょう》天皇崩御により1926年に即位。在位中は激動の時代で、1931年には満州事変《まんしゅうじへん》、1937年には日中戦争が勃発する。そして1941年、ついに太平洋戦争に突入。**昭和天皇はずっと軍部の拡大方針にはためらいを示していた**が、最終的には内閣の決定に従っている。

1945年、戦争が終結すると、日本はGHQ（連合国軍最高司令官総司令部）が占領。そこで昭和天皇は自ら現御神《あきつかみ》としての天皇の地位を否定する「人間宣言」を発する。新たに発布された日本国憲法第一条には、「**天皇は、日本国の象徴であり日本国民統合の象徴であって、この地位は、主権の存する日本国民の総意に基づく**」と記されている。そして国民への慰めと復興への激励を目的に、全国各地への巡幸《じゅんこう》を行っている。

昭和天皇は大の相撲好きで、国技館へ観戦に訪れ、多くの国民にその姿を見せるようになった。『皇室アルバム』でテレビの被写体になり、親しみやすい人間性が広く浸透していった。

プロフィール

- **在位中に日中戦争・太平洋戦争が勃発。激動の時代を生きる。**
- **戦後、現御神としての天皇の神格を否定する「人間宣言」を行う。**
- **天皇は日本国憲法で「日本国の象徴」としての位置づけられるようになる。**

昭和天皇肖像（宮内庁提供）

気付かれない昭和天皇

軍服の印象が強かったため、背広姿の昭和天皇に戸惑う国民も多かった。写真は、1949年の九州行幸の際に撮影された、昭和天皇の姿を探す女性。（朝日新聞社提供）

皇后 **香淳皇后**

昭和天皇が側室を拒否したため、天皇家の一夫一妻制を成し遂げる。行事や式典には天皇に臨席し、ふたり一緒の姿が恒例となった。（宮内庁提供）

全国行幸

1946年から昭和天皇は、戦争で疲弊した国民を励ます目的で、全国46都道府県をまわった。しかし、唯一アメリカ占領下の沖縄県のみ訪問できなかった。（朝日新聞社提供）

ゆかりの人物 **マッカーサー**

終戦直後の1945年9月27日、昭和天皇はGHQ最高司令官・マッカーサーと会見するため、通訳だけを連れアメリカ大使館公邸へ向かった。マッカーサーは、天皇の「戦争に関する一切の責任は私にある。私の命で行なわれた限り、罰は私ひとりが受ける。しかしながら罪なき日本国民に、閣下のご配慮をもって衣食住の点のみご高配を賜りたい」という言葉を聞き、感動にうち震えたという。

公邸で撮影された昭和天皇とマッカーサー。（GHQ提供）

125代

今《きん》上《じょう》天《てん》皇《のう》

常に国民に寄り添う新しい時代の天皇

1933年、今上天皇は昭和《しょうわ》天皇と香淳《こうじゅん》皇后の第5子にして、初めての皇子として誕生した。1944年には日光《にっこう》に疎開していて、そこで終戦を迎えている。皇太子時代はまさに戦後復興と重なっていた。

なかでも国民を大いに喜ばせたのが、正《しょう》田《だ》美《み》智《ち》子《こ》さんとの婚約である。それまで皇太子妃は皇族か特定の華族から選ぶのが習わしであった。**民間出身の美智子妃殿下の誕生は、新しい時**

天皇皇后両陛下

2018年に行った沖縄訪問の際に、那覇空港に見送りに集まった人に対して手を振る天皇皇后両陛下。
（朝日新聞社提供）

被災者を見舞う今上天皇

2011年東日本大震災が起こった際には、被害にあった地域を訪れ、労いの言葉を被災者に掛けた。なかでも膝をついて被災者に声を掛ける姿は印象的だった。（宮内庁提供）

園遊会

天皇皇后両陛下が主催する社交会。皇太子を初めとする皇族や内閣総理大臣に加えて、芸能人やアスリートなどが参加する。（宮内庁提供）

在位年
1989
（55歳）
〜
2019
（予定）

生没年
1933
〜

父 昭《しょう》和《わ》天皇
母 久《く》邇宮《にのみや》良《なが》子《こ》
（香淳《こうじゅん》皇后）
配 正《しょう》田《だ》美《み》智《ち》子《こ》

内閣総理大臣
74代 竹下登《たけしたのぼる》
↓
97代 安《あ》倍《べ》晋三《しんぞう》

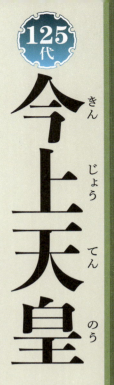

代の空気を感じることができた象徴的なできごとであった。ご成婚後のパレードはテレビで中継されたため、この日のためにテレビを購入した人も多かった。

皇太子夫妻は全国を行幸した。沖縄が返還された後の1975年、ひめゆりの塔へ献花するために訪れた際、火炎瓶を投げられる事件が起こっている。

昭和天皇の崩御で即位し、平《へい》成《せい》へと改元された。それから日本は阪神淡路大震災や東日本大震災など、数々の自然災害に見舞われた。その度に被災者を慰め励ます両陛下のお姿がある。

2016年8月8日、**今上天皇は生前退位のご意向を表明された。**2019年4月には、約200年ぶりとなる生前退位と、126代天皇として徳仁《なるひと》皇太子の即位が行われる予定だ。

皇后 **美智子妃殿下**

初の民間出身の皇太子妃として宮中に入る。ご婚約発表後にはファッションリーダー的存在となり、若い女性の間で「ミッチーブーム」が起こった。皇室初の病院出産や、自ら育児を行うなど、新しい皇后の姿を示された。（宮内庁提供）

プロフィール

- **歴代天皇で初となる民間出身の皇后・正田美智子さんを迎え入れる。**
- **戦没者の慰霊や被災者へのお見舞いを始め、全国各地を訪問される。**
- **生前退位のお気持ちを表明され、2019年4月に生前退位予定。**

キーワード

「生物学者《せいぶつがくしゃ》」としての今上天皇

今上天皇は日本魚類学会の会員として、長きにわたりハゼを始めとする魚類の研究を行っている。1963年から現在までの間に32編の論文を発表された。また、国立科学博物館と共同執筆で皇居内に生息するタヌキの生態に関する論文も執筆しており、魚類以外の生物の研究も行っている。これらの業績は世界的に認められており、英国王立協会から科学の進歩に貢献した元首に送られるチャールズ2世メダルの初の受賞者として受け取られた。

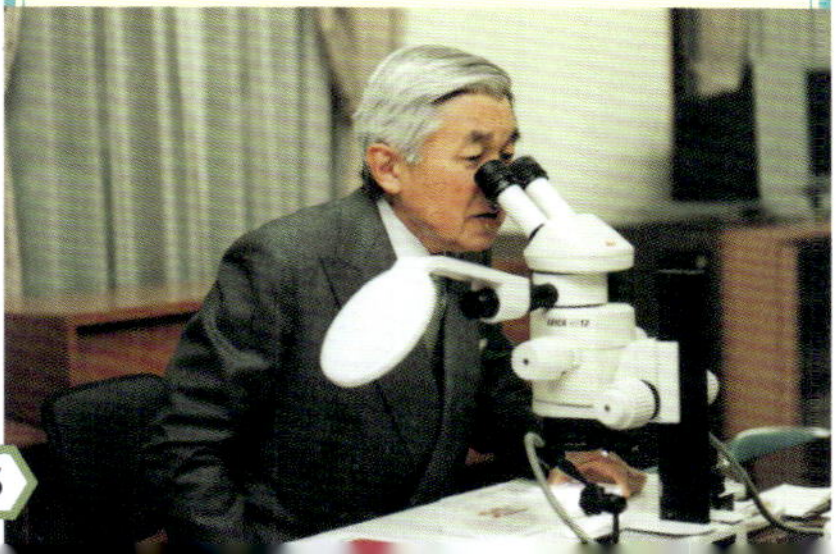

ご研究を進める今上天皇（宮内庁提供）

天皇系図

数字は皇統譜にもとづく即位順、赤字は女性を示す
（　）は在位年

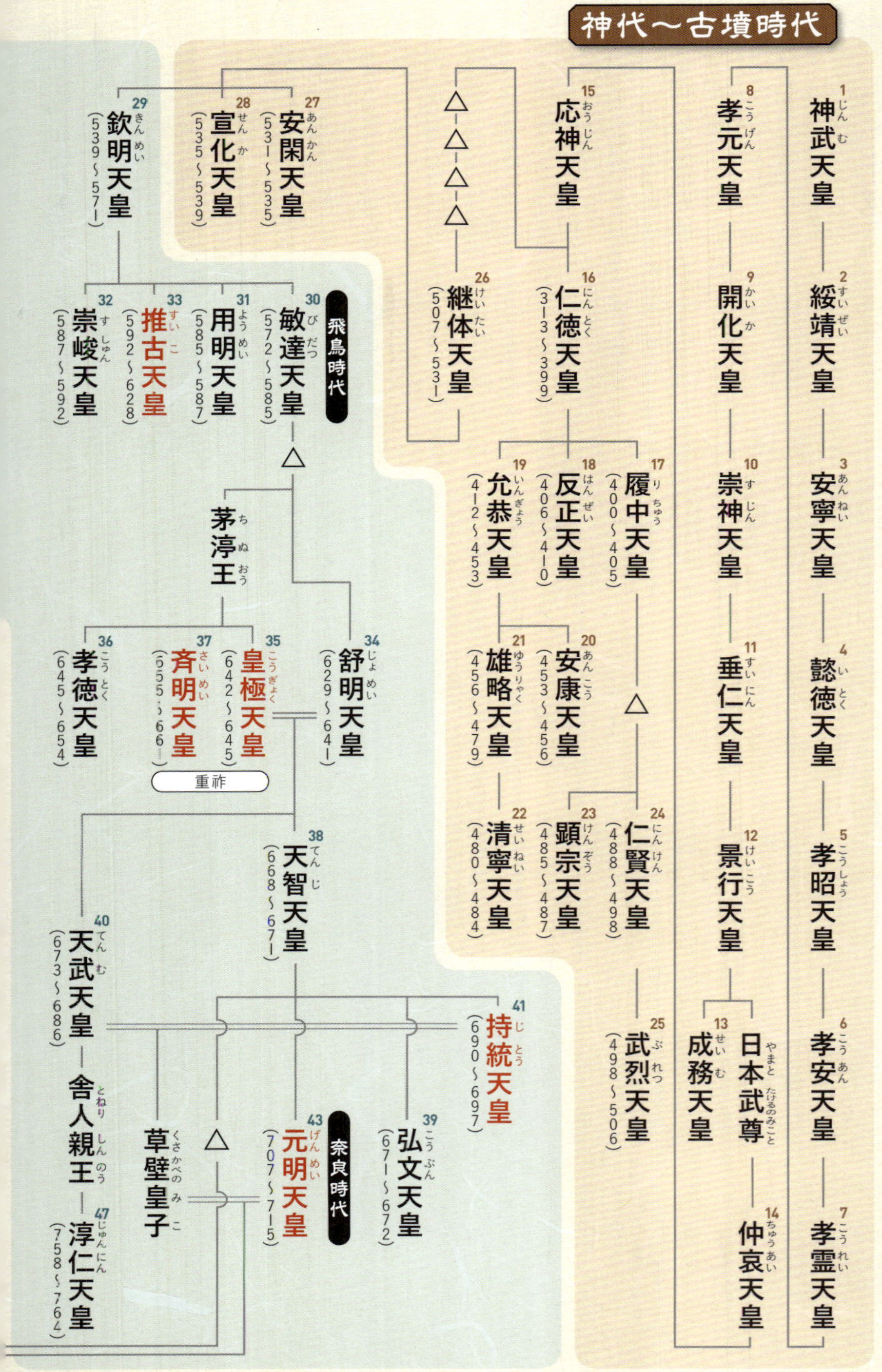

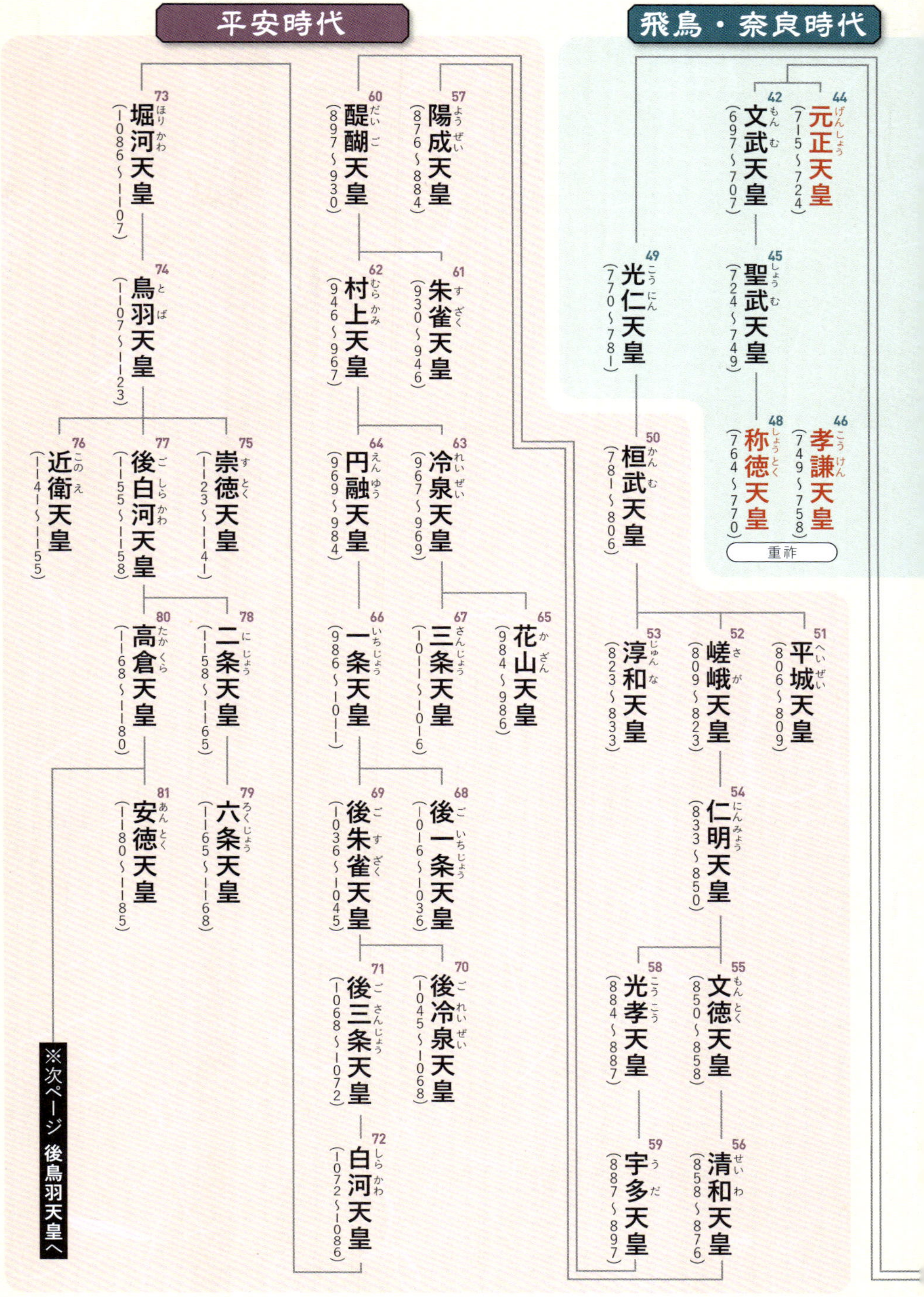

飛鳥・奈良時代
44 元正《げんしょう》天皇 (715～724)
42 文武《もんむ》天皇 (697～707)
45 聖武《しょうむ》天皇 (724～749)
49 光仁《こうにん》天皇 (770～781)
46 孝謙《こうけん》天皇 (749～758)
48 称徳《しょうとく》天皇 (764～770)
重祚
50 桓武《かんむ》天皇 (781～806)
51 平城《へいぜい》天皇 (806～809)
52 嵯峨《さが》天皇 (809～823)
53 淳和《じゅんな》天皇 (823～833)
54 仁明《にんみょう》天皇 (833～850)
55 文徳《もんとく》天皇 (850～858)
58 光孝《こうこう》天皇 (884～887)
56 清和《せいわ》天皇 (858～876)
59 宇多《うだ》天皇 (887～897)
平安時代
57 陽成《ようぜい》天皇 (876～884)
60 醍醐《だいご》天皇 (897～930)
61 朱雀《すざく》天皇 (930～946)
62 村上《むらかみ》天皇 (946～967)
63 冷泉《れいぜい》天皇 (967～969)
64 円融《えんゆう》天皇 (969～984)
65 花山《かざん》天皇 (984～986)
67 三条《さんじょう》天皇 (1011～1016)
66 一条《いちじょう》天皇 (986～1011)
68 後一条《ごいちじょう》天皇 (1016～1036)
69 後朱雀《ごすざく》天皇 (1036～1045)
70 後冷泉《ごれいぜい》天皇 (1045～1068)
71 後三条《ごさんじょう》天皇 (1068～1072)
72 白河《しらかわ》天皇 (1072～1086)
73 堀河《ほりかわ》天皇 (1086～1107)
74 鳥羽《とば》天皇 (1107～1123)
75 崇徳《すとく》天皇 (1123～1141)
77 後白河《ごしらかわ》天皇 (1155～1158)
76 近衛《このえ》天皇 (1141～1155)
78 二条《にじょう》天皇 (1158～1165)
80 高倉《たかくら》天皇 (1168～1180)
79 六条《ろくじょう》天皇 (1165～1168)
81 安徳《あんとく》天皇 (1180～1185)
※次ページ 後鳥羽天皇へ

鎌倉・室町時代

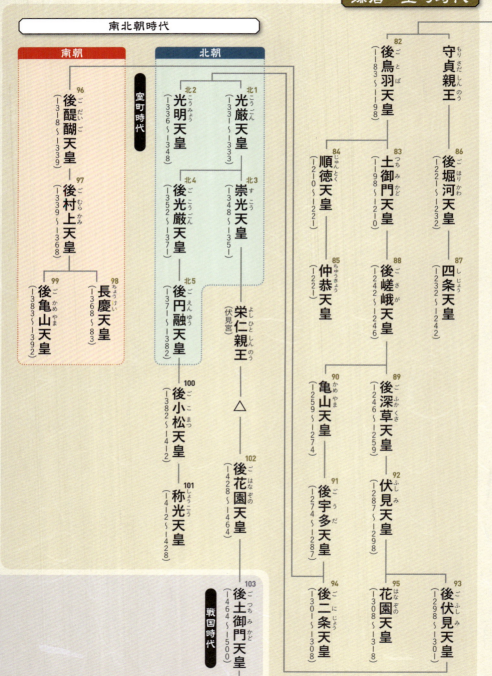

- 守貞親王《もりさだしんのう》
- 82 後鳥羽天皇《ごとば》（1183～1198）
- 86 後堀河天皇《ごほりかわ》（1221～1232）
- 83 土御門天皇《つちみかど》（1198～1210）
- 84 順徳天皇《じゅんとく》（1210～1221）
- 87 四条天皇《しじょう》（1232～1242）
- 88 後嵯峨天皇《ごさが》（1242～1246）
- 85 仲恭天皇《ちゅうきょう》（1221）
- 89 後深草天皇《ごふかくさ》（1246～1259）
- 90 亀山天皇《かめやま》（1259～1274）
- 92 伏見天皇《ふしみ》（1287～1298）
- 91 後宇多天皇《ごうだ》（1274～1287）
- 93 後伏見天皇《ごふしみ》（1298～1301）
- 95 花園天皇《はなぞの》（1308～1318）
- 94 後二条天皇《ごにじょう》（1301～1308）

南北朝時代

北朝

- 北1 光厳天皇《こうごん》（1331～1333）
- 北2 光明天皇《こうみょう》（1336～1348）
- 北3 崇光天皇《すこう》（1348～1351）
- 北4 後光厳天皇《ごこうごん》（1352～1371）
- 北5 後円融天皇《ごえんゆう》（1371～1382）

南朝

- 96 後醍醐天皇《ごだいご》（1318～1339）
- 97 後村上天皇《ごむらかみ》（1339～1368）
- 98 長慶天皇《ちょうけい》（1368～1383）
- 99 後亀山天皇《ごかめやま》（1383～1392）

室町時代

- 栄仁親王《よしひとしんのう》（伏見宮）
- △
- 102 後花園天皇《ごはなぞの》（1428～1464）
- 100 後小松天皇《ごこまつ》（1382～1412）
- 101 称光天皇《しょうこう》（1412～1428）

戦国時代

- 103 後土御門天皇《ごつちみかど》（1464～1500）

戦国・江戸時代

104 後柏原天皇《ごかしわばらてんのう》（1500～1526）

105 後奈良天皇《ごならてんのう》（1526～1557）

106 正親町天皇《おおぎまちてんのう》（1557～1586）

△

107 後陽成天皇《ごようぜいてんのう》（1586～1611）

智仁親王《としひとしんのう》（桂宮）

江戸時代

108 後水尾天皇《ごみずのおてんのう》（1611～1629）

好仁親王《よしひとしんのう》（有栖川宮）

109 明正天皇《めいしょうてんのう》（1629～1643）

110 後光明天皇《ごこうみょうてんのう》（1643～1654）

111 後西天皇《ごさいてんのう》（1654～1663）

112 霊元天皇《れいげんてんのう》（1663～1687）

113 東山天皇《ひがしやまてんのう》（1687～1709）

114 中御門天皇《なかみかどてんのう》（1709～1735）

直仁親王《なおひとしんのう》（閑院宮）

115 桜町天皇《さくらまちてんのう》（1735～1747）

116 桃園天皇《ももぞのてんのう》（1747～1762）

117 後桜町天皇《ごさくらまちてんのう》（1762～1770）

118 後桃園天皇《ごももぞのてんのう》（1770～1779）

△

119 光格天皇《こうかくてんのう》（1779～1817）

120 仁孝天皇《にんこうてんのう》（1817～1846）

121 孝明天皇《こうめいてんのう》（1846～1866）

近代・現代

122 明治天皇《めいじてんのう》（1867～1912）

123 大正天皇《たいしょうてんのう》（1912～1926）

124 昭和天皇《しょうわてんのう》（1926～1989）

125 今上天皇《きんじょうてんのう》（1989～）

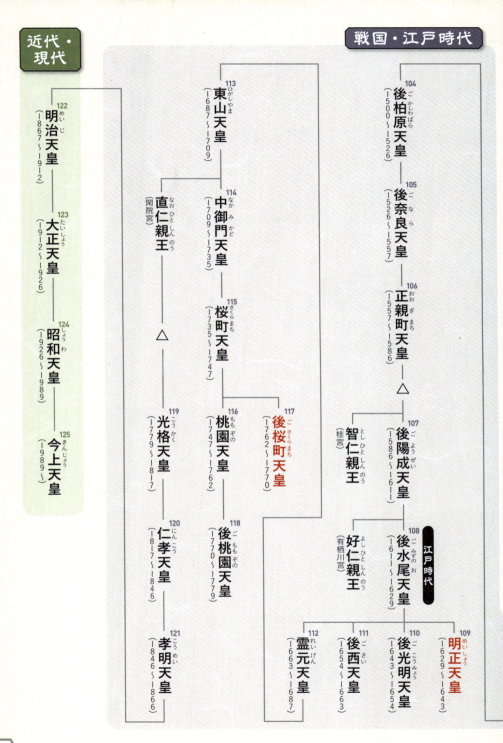

元号一覧

時代	西暦年	元号	読み	天皇
飛鳥	645~650	大化	たいか	孝徳
	650~654	白雉	はくち	
	686	朱鳥	しゅちょう	天武
	701~704	大宝	たいほう	文武
	704~708	慶雲	けいうん	
	708~715	和銅	わどう	元明
奈良	715~717	霊亀	れいき	元正
	717~724	養老	ようろう	
	724~729	神亀	じんき	聖武
	729~749	天平	てんぴょう	
	749	天平感宝	てんぴょうかんぽう	
	749~757	天平勝宝	てんぴょうしょうほう	孝謙
	757~765	天平宝字	てんぴょうほうじ	淳仁
	765~767	天平神護	てんぴょうじんご	称徳
	767~770	神護景雲	じんごけいうん	
	770~781	宝亀	ほうき	光仁
	781~782	天応	てんのう	
平安	782~806	延暦	えんりゃく	桓武
	806~810	大同	だいどう	平城／嵯峨
	810~824	弘仁	こうにん	嵯峨／淳和
	824~834	天長	てんちょう	淳和／仁明
	834~848	承和	じょうわ	仁明
	848~851	嘉祥	かしょう	
	851~854	仁寿	にんじゅ	文徳
	854~857	斉衡	さいこう	
	857~859	天安	てんあん	
	859~877	貞観	じょうがん	清和
	877~885	元慶	がんぎょう	陽成
	885~889	仁和	にんな	光孝
	889~898	寛平	かんぴょう	宇多
	898~901	昌泰	しょうたい	醍醐
	901~923	延喜	えんぎ	
	923~931	延長	えんちょう	
	931~938	承平	じょうへい	朱雀

時代	西暦年	元号	読み	天皇
平安	938~947	天慶	てんぎょう	
	947~957	天暦	てんりゃく	村上
	957~961	天徳	てんとく	
	961~964	応和	おうわ	
	964~968	康保	こうほう	
	968~970	安和	あんな	冷泉
	970~974	天禄	てんろく	円融
	974~976	天延	てんえん	
	976~979	貞元	じょうげん	
	979~983	天元	てんげん	
	983~985	永観	えいかん	
	985~987	寛和	かんな	花山
	987~989	永延	えいえん	一条
	989~990	永祚	えいそ	
	990~995	正暦	しょうりゃく	
	995~999	長徳	ちょうとく	
	999~1004	長保	ちょうほう	
	1004~1013	寛弘	かんこう	
	1013~1017	長和	ちょうわ	三条
	1017~1021	寛仁	かんにん	後一条
	1021~1024	治安	じあん	
	1024~1028	万寿	まんじゅ	
	1028~1037	長元	ちょうげん	
	1037~1040	長暦	ちょうりゃく	後朱雀
	1040~1044	長久	ちょうきゅう	
	1044~1046	寛徳	かんとく	
	1046~1053	永承	えいしょう	後冷泉
	1053~1058	天喜	てんぎ	
	1058~1065	康平	こうへい	
	1065~1069	治暦	じりゃく	
	1069~1074	延久	えんきゅう	後三条
	1074~1077	承保	じょうほう	白河
	1077~1081	承暦	じょうりゃく	
	1081~1084	永保	えいほう	
	1084~1087	応徳	おうとく	
	1087~1095	寛治	かんじ	堀河
	1095~1097	嘉保	かほう	
	1097~1098	永長	えいちょう	
	1098~1099	承徳	じょうとく	
	1099~1104	康和	こうわ	
	1104~1106	長治	ちょうじ	
	1106~1108	嘉承	かじょう	

時代	西暦年	元号	読み	天皇
平安	1108~1110	天仁	てんにん	鳥羽
	1110~1113	天永	てんえい	
	1113~1118	永久	えいきゅう	
	1118~1120	元永	げんえい	
	1120~1124	保安	ほうあん	
	1124~1126	天治	てんじ	崇徳
	1126~1131	大治	だいじ	
	1131~1132	天承	てんしょう	
	1132~1135	長承	ちょうしょう	
	1135~1141	保延	ほうえん	
	1141~1142	永治	えいじ	近衛
	1142~1144	康治	こうじ	
	1144~1145	天養	てんよう	
	1145~1151	久安	きゅうあん	
	1151~1154	仁平	にんぴょう	
	1154~1156	久寿	きゅうじゅ	
	1156~1159	保元	ほうげん	後白河
	1159~1160	平治	へいじ	二条
	1160~1161	永暦	えいりゃく	
	1161~1163	応保	おうほう	
	1163~1165	長寛	ちょうかん	
	1165~1166	永万	えいまん	六条
	1166~1169	仁安	にんあん	高倉
	1169~1171	嘉応	かおう	
	1171~1175	承安	じょうあん	
	1175~1177	安元	あんげん	
	1177~1181	治承	じしょう	
	1181~1182	養和	ようわ	安徳
	1182~1184	寿永	じゅえい	
	1184~1185	元暦	げんりゃく	後鳥羽
鎌倉	1185~1190	文治	ぶんじ	
	1190~1199	建久	けんきゅう	
	1199~1201	正治	しょうじ	土御門
	1201~1204	建仁	けんにん	
	1204~1206	元久	げんきゅう	
	1206~1207	建永	けんえい	
	1207~1211	承元	じょうげん	
	1211~1214	建暦	けんりゃく	順徳
	1214~1219	建保	けんぽう	
	1219~1222	承久	じょうきゅう	順徳~後堀河
	1222~1225	貞応	じょうおう	後堀河
	1225	元仁	げんにん	

時代	西暦年	元号	読み	天皇
鎌倉	1225~1227	嘉禄	かろく	後堀河
	1227~1229	安貞	あんてい	
	1229~1232	寛喜	かんぎ	
	1232~1233	貞永	じょうえい	四条
	1233~1234	天福	てんぷく	
	1234~1235	文暦	ぶんりゃく	
	1235~1238	嘉禎	かてい	
	1238~1239	暦仁	りゃくにん	
	1239~1240	延応	えんのう	
	1240~1243	仁治	にんじ	後嵯峨
	1243~1247	寛元	かんげん	後深草
	1247~1249	宝治	ほうじ	
	1249~1256	建長	けんちょう	
	1256~1257	康元	こうげん	
	1257~1259	正嘉	しょうか	
	1259~1260	正元	しょうげん	
	1260~1261	文応	ぶんおう	亀山
	1261~1264	弘長	こうちょう	
	1264~1275	文永	ぶんえい	
	1275~1278	建治	けんじ	後宇多
	1278~1288	弘安	こうあん	
	1288~1293	正応	しょうおう	伏見
	1293~1299	永仁	えいにん	
	1299~1302	正安	しょうあん	後伏見
	1302~1303	乾元	けんげん	後二条
	1303~1307	嘉元	かげん	
	1307~1308	徳治	とくじ	
	1308~1311	延慶	えんきょう	花園
	1311~1312	応長	おうちょう	
	1312~1317	正和	しょうわ	
	1317~1319	文保	ぶんぽう	
	1319~1321	元応	げんおう	後醍醐
	1321~1325	元亨	げんこう	
	1325~1326	正中	しょうちゅう	
	1326~1329	嘉暦	かりゃく	
	1329~1331	元徳	げんとく	

時代	西暦年	元号（赤字）	元号	読み	天皇	北朝天皇
鎌倉	1331~1332	元弘	元徳	げんこう・げんとく	後醍醐	光厳
	1332~1333		正慶	げんこう・しょうきょう		
室町	1334~1338	建武	建武	けんむ		光明
	1338~1342	延元	暦応	えんげん・りゃくおう		
	1342~1345	興国	康永	こうこく・こうえい	後村上	
	1345~1350	正平	貞和	しょうへい・じょうわ		崇光
	1350~1352		観応	しょうへい・かんのう		後光厳
	1352~1356		文和	しょうへい・ぶんな		
	1356~1361		延文	しょうへい・えんぶん		
	1361~1362		康安	しょうへい・こうあん		
	1362~1368		貞治	しょうへい・じょうじ		
	1368~1375	建徳	応安	けんとく・おうあん	長慶	後円融
	1375~1379	文中	永和	ぶんちゅう・えいわ		
	1379~1381	天授	康暦	てんじゅ・こうりゃく		
	1381~1384	弘和	永徳	こうわ・えいとく		後小松
	1384~1387	元中	至徳	がんちゅう・しとく	後亀山	
	1387~1389		嘉慶	がんちゅう・かきょう		
	1389~1390		康応	がんちゅう・こうおう		
	1390~1394		明徳	がんちゅう・めいとく		
	1394~1428		応永	おうえい	後小松／称光	
	1428~1429		正長	しょうちょう	称光／後花園	
	1429~1441		永享	えいきょう	後花園	
	1441~1444		嘉吉	かきつ		
	1444~1449		文安	ぶんあん		
	1449~1452		宝徳	ほうとく		
	1452~1455		享徳	きょうとく		
	1455~1457		康正	こうしょう		
	1457~1461		長禄	ちょうろく		
	1461~1466		寛正	かんしょう		
	1466~1467		文正	ぶんしょう	後土御門	
戦国	1467~1469		応仁	おうにん		
	1469~1487		文明	ぶんめい		
	1487~1489		長享	ちょうきょう		
	1489~1492		延徳	えんとく		
	1492~1501		明応	めいおう		
	1501~1504		文亀	ぶんき	後柏原	
	1504~1521		永正	えいしょう		
	1521~1528		大永	だいえい		
	1528~1532		享禄	きょうろく	後奈良	
	1532~1555		天文	てんぶん		
	1555~1558		弘治	こうじ		
	1558~1570		永禄	えいろく	正親町	
	1570~1573		元亀	げんき		

時代	西暦年	元号	読み	天皇
戦国	1573~1593	天正	てんしょう	
	1593~1596	文禄	ぶんろく	後陽成
	1596~1615	慶長	けいちょう	
江戸	1615~1624	元和	げんな	後水尾
	1624~1645	寛永	かんえい	後水尾~後光明
	1645~1648	正保	しょうほう	後光明
	1648~1652	慶安	けいあん	
	1652~1655	承応	じょうおう	
	1655~1658	明暦	めいれき	後西
	1658~1661	万治	まんじ	
	1661~1673	寛文	かんぶん	
	1673~1681	延宝	えんぽう	霊元
	1681~1684	天和	てんな	
	1684~1688	貞享	じょうきょう	東山
	1688~1704	元禄	げんろく	
	1704~1711	宝永	ほうえい	中御門
	1711~1716	正徳	しょうとく	
	1716~1736	享保	きょうほう	桜町
	1736~1741	元文	げんぶん	
	1741~1744	寛保	かんぽう	
	1744~1748	延享	えんきょう	桃園
	1748~1751	寛延	かんえん	
	1751~1764	宝暦	ほうれき	
	1764~1772	明和	めいわ	後桜町
	1772~1781	安永	あんえい	後桃園
	1781~1789	天明	てんめい	光格
	1789~1801	寛政	かんせい	
	1801~1804	享和	きょうわ	
	1804~1818	文化	ぶんか	
	1818~1831	文政	ぶんせい	仁孝
	1831~1845	天保	てんぽう	
	1845~1848	弘化	こうか	
	1848~1855	嘉永	かえい	孝明
	1855~1860	安政	あんせい	
	1860~1861	万延	まんえん	
	1861~1864	文久	ぶんきゅう	
	1864~1865	元治	げんじ	
	1865~1868	慶応	けいおう	
明治	1868~1912	明治	めいじ	明治
大正	1912~1926	大正	たいしょう	大正
昭和	1926~1989	昭和	しょうわ	昭和
平成	1989~	平成	へいせい	今上

※赤字は南朝の元号、西暦は北朝の元号にあわせています

天皇用語集

一般には馴染みのない
天皇・皇室に関する用語を
ピックアップ。

御所《ごしょ》

天皇や皇太子などが住む（住んでいた）邸宅。歴代天皇がいた京都にある京都御所、天皇・皇后が住む皇居内の御所、皇太子が住む東宮《とうぐう》御所などがある。

三種《さんしゅ》の神器《じんぎ》

天皇に代々受け継がれる三種の宝物、八《や》咫《たの》鏡《かがみ》・八《や》尺《さか》瓊《にの》勾玉《まがたま》・草薙剣《くさなぎのつるぎ》のこと。八尺瓊勾玉・草薙剣はあわせて剣璽《けんじ》と称される。天皇でさえも実物は見られない。

上皇《じょうこう》

天皇を退位した「太上天《だじょうてん》皇《のう》」の略称。中国の皇帝が位をしりぞくと「太上皇」と称したことに由来するとされる。今上天皇は退位後、上皇と呼ばれる。

臣籍降下《しんせきこうか》

皇族がその身分を離れて臣下となること。源氏や平氏は、臣籍降下した皇族の子孫。皇族の増加による財政の逼迫解消のため、皇子のほとんどが出家するか臣籍降下された。

御璽《ぎょじ》

「天皇御璽」と刻まれた天皇の印。国事行為の文書に押印される。「大日本國璽」と刻まれた国璽《こくじ》（国の印）とともに、天皇に代々受け継がれる。

皇嗣《こうし》

皇位継承第一位の人物を指す。現在の皇室典範では「天皇の子」でなければ皇太子になれないため、新天皇の弟にあたる秋篠《あきしのの》宮《みや》文仁《ふみひと》親王は皇嗣となる。

皇太子《こうたいし》

天皇の子で皇位継承第一位、すなわち次の天皇となる親王を指す。古くは東宮《とうぐう》（春宮）といった。皇太子がいない場合は、天皇の孫で皇位継承第一位の親王を皇太孫《こうたいそん》という。

皇統譜《こうとうふ》

天皇や皇族の身分に関することを登録するもので、一般の戸籍にあたる。これとは別に、天皇・皇后に関する事項が登録される大統譜《だいとうふ》がある。

院政《いんせい》

上皇または法皇が行う政治のことで、72代・白河《しらかわ》天皇が堀河《ほりかわ》天皇に譲位したのが始まり。天皇が政務に当たる場合は「親政《しんせい》」という。

行幸《ぎょうこう》

天皇が外出すること。行幸先から帰ってくることは還幸《かんこう》という。また、一度の行幸において目的地が複数にわたる場合は巡《じゅん》幸《こう》と呼ばれる。

行幸啓《ぎょうこうけい》

天皇と皇后がともに外出すること。行幸啓先から帰ってくることは還幸啓《かんこうけい》という。皇后・皇太后・皇太子・皇太子妃が外出することは行啓《ぎょうけい》という。